Isolde Kommer
Tilly Mersin

Adobe
Photoshop CS4
für professionelle Einsteiger

Markt+Technik

Bibliografische Information der Deutschen Nationalbibliothek
Die Deutsche Nationalbibliothek verzeichnet diese Publikation in der Deutschen Nationalbibliografie;
detaillierte bibliografische Daten sind im Internet über http://dnb.d-nb.de abrufbar.

Umwelthinweis:
Dieses Buch wurde auf chlorfrei gebleichtem Papier gedruckt. Um Rohstoffe zu sparen, haben wir auf
Folienverpackung verzichtet.

10 9 8 7 6 5 4 3 2
11 10 09

ISBN 978-3-8272-4447-5

© 2009 by Markt+Technik Verlag,
ein Imprint der Pearson Education Deutschland GmbH,
Martin-Kollar-Straße 10-12, D-81829 München/Germany
Alle Rechte vorbehalten
Covergestaltung: Thomas Arlt, tarlt@adesso21.net
Lektorat: Kristine Kamm, kkamm@pearson.de
Herstellung: Elisabeth Prümm, epruemm@pearson.de
Satz: Isolde Kommer und Tilly Mersin
Druck und Verarbeitung: Firmengruppe APPL, aprinta druck, Wemding
Printed in Germany

Inhaltsverzeichnis

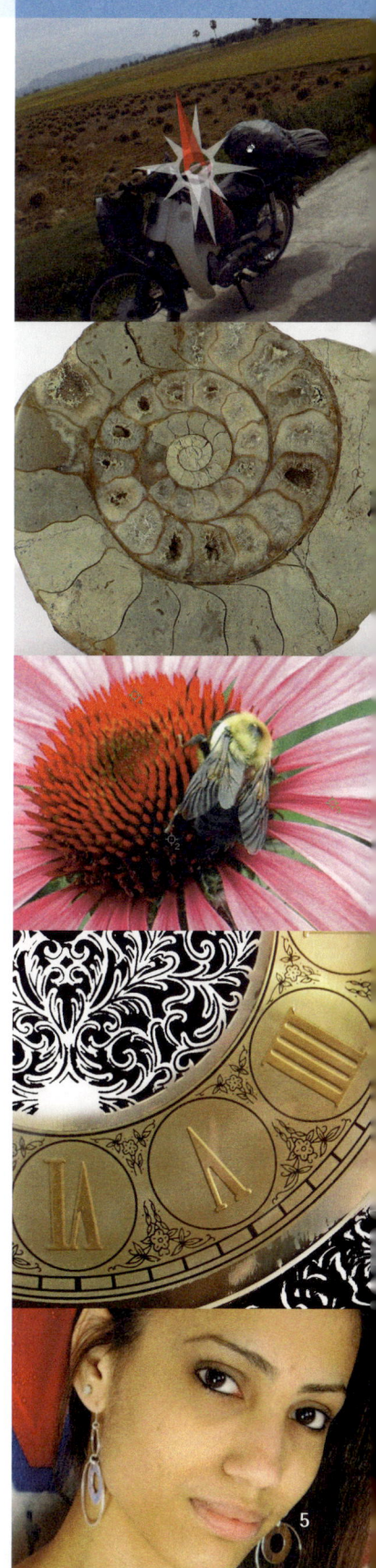

4 Bildeigenschaften editieren 93

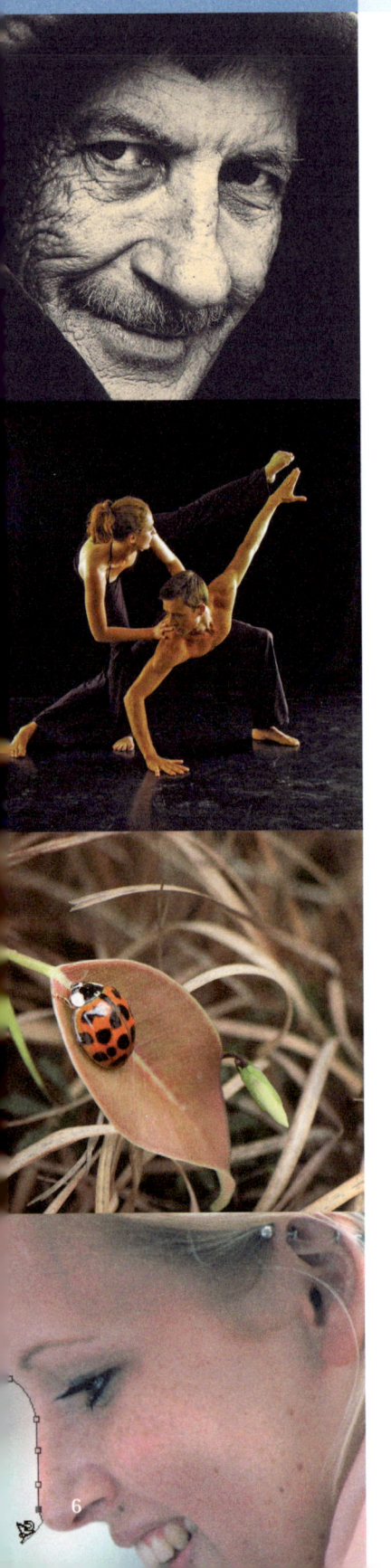

5 Auswahlbereiche erstellen 111

14

Vorwort

Willkommen zu Photoshop CS4 und zu der mittlerweile sechsten Version dieses Buchs! Das Wissen zwischen diesen beiden Buchdeckeln soll sowohl interessierten Amateuren als auch professionellen Einsteigern zu einem leichten Einstieg in die Welt der digitalen Bildbearbeitung verhelfen. Mit dafür verantwortlich sind Sie, liebe Leser, die uns in den vergangenen Jahren immer wieder mit wertvollen Tipps und konstruktiver Kritik unterstützt haben!

Ob Sie Ihre Digitalfotografien optimieren möchten oder ob Ihnen der Sinn nach interessanten Bildcomposings steht – dieses Buch bringt alle notwendigen Kenntnisse auf den Punkt. Bereits fortgeschrittene Anwender finden ein Nachschlagewerk, das in kurzen eingängigen Abschnitten die komplexeren Funktionen von Photoshop behandelt.

Besonderes Gewicht legen wir wie immer auf die digitale Fotografie: Informieren Sie sich ausführlich über die Organisation Ihres Bildmaterials mit Adobe Bridge, über die Verwendung von Camera-RAW-Daten in Photoshop und professionelle Optimierung und Retusche von Digitalfotos.

Die DVD

Gerade bei einem komplexen Bildbearbeitungsprogramm wie Photoshop stehen Sie vor dem Problem, dass die eigentliche Arbeit erst beginnen kann, wenn Sie sich schon relativ tief gehende Kenntnisse angeeignet haben. Aus diesem Grund würde es wenig Nutzen bringen, einen Menübefehl nach dem anderen mit allen seinen Variationen vorzustellen. Bild-Workshops innerhalb der Kapitel zeigen Ihnen vielmehr, wie Sie die umfangreichen Features von Photoshop CS4 in der Praxis einsetzen.

Dazu verwenden wir unter anderem Bildmaterial von Kristine Kamm Kreativphotos (vielen Dank dafür!), das Sie auf der beigefügten DVD finden. Diese Bilder dürfen Sie nur zu Übungs- und nicht für kommerzielle Zwecke verwenden. Andere Bilder stammen aus dem Internet-Archiv *www.morguefile. com*, einer hervorragenden Quelle für Bildmaterial, das auch Sie zu Übungszwecken und für Ihre privaten und kommerziellen Arbeiten frei verwenden können.

Aufbau

Wir beginnen mit einigen grundlegenden Kenntnissen über digitale Bilder. Dieses Kapitel ist vor allem dann interessant für Sie, wenn Sie bisher noch keine oder nur wenige Erfahrungen mit der Bildbearbeitung gesammelt haben.

Die nächsten Kapitel beschäftigen sich mit dem grundsätzlichen Umgang mit Bildern. Ein wichtiges Thema ist hierbei das Digitalisieren von Bildern – ob nun mit dem Scanner oder der Digitalkamera. Sie sehen hier auch, wie Sie Camera-RAW-Daten vor dem Laden in Photoshop bearbeiten und wie Sie Adobe Bridge nutzbringend einsetzen.

Danach erfahren Sie alles rund um das Erstellen und Bearbeiten von Auswahlbereichen und wie Sie diese Funktionen etwa für interessante Bildmontagen und -collagen einsetzen.

Die Kapitel 7 bis 12 vermitteln Ihnen alles Wichtige über die Arbeit mit Farben und Verläufen, den Malwerkzeugen, mit Ebenen, Kanälen, Texten und Pfaden.

Die unglaubliche Filtervielfalt ist eine der Stärken von Photoshop. In der Version CS3 hat Adobe mit den komfortablen Smartfiltern nachgelegt. In Kapitel 13 zeigen wir Ihnen anhand vieler Beispiele, wie Sie mit den Photoshop-Filtern verblüffende Effekte erzielen.

Das Kapitel 14 liefert Ihnen umfangreiches Detailwissen zur Optimierung und Retusche von Digitalfotos und gescannten Vorlagen. Sie erfahren hier beispielsweise, wie Sie den Tonwertumfang und die Farben Ihrer Bilder professionell optimieren, wie Sie Vorlagen mit Beschädigungen digital reparieren, „rote Augen" retuschieren und natürlich, wie Sie die verbesserten CS4-Einstellungsebenen einsetzen.

Kapitel 15 und 16 runden das Buch mit Wissen bezüglich Druckvorbereitung und Entwicklung Ihrer Fotos und Bildoptimierung und -export für das World Wide Web ab.

Mac und Windows

Dieses Buch wurde sowohl für Windows- als auch für Mac-Anwender geschrieben. Die Photoshop-Versionen unter Windows und am Mac gleichen sich weitestgehend. Wo Abweichungen auftreten, ist dies im Text vermerkt.

Bei unterschiedlichen Tastaturkürzeln ist immer zuerst die Windows-Taste, anschließend durch einen Schrägstrich abgetrennt die Mac-Taste angegeben, z.B. [Strg]/[⌘] + [C].

Die Autorinnen

Neben ihrer Tätigkeit als Autorinnen von erfolgreichen Computerbüchern und Fachartikeln zum Thema Grafik und Layout sind Isolde Kommer und Tilly Mersin vor allem als Gestalterinnen von Fachbüchern, Zeitschriften und Webseiten tätig.

Feedback

Verlag und Autorinnen freuen sich über Ihre Anregungen, Kritik, Lob oder Fragen zum Buch. Sie erreichen uns unter info@mut.de. Bitte nennen Sie bei Ihren Anfragen Buchtitel und ISBN-Nummer, damit wir Ihre Anfrage schnell beantworten können.

Vorkenntnisse

Dieses einführende Kapitel versorgt Sie mit dem für Ihre Arbeit mit Photoshop benötigten Grundlagenwissen.

Vektorgrafiken und Pixelgrafiken

Traditionell ist Photoshop ein Programm zum Erstellen und Bearbeiten von Pixelbildern. Doch zusätzlich verfügt Photoshop auch über sehr leistungsfähige Werkzeuge, um Vektorgrafiken zu erzeugen und zu editieren.

Computergrafiken lassen sich grundsätzlich in zwei verschiedene Typen unterteilen:

- Pixelgrafiken. Dies sind Bilder, die aus einer Anhäufung von Punkten bestehen. Jeder Punkt hat eine eigene Positionszuweisung in einem Koordinatensystem.
- Vektorgrafiken. Dies sind mit mathematischen Formeln berechnete Linien.

Sowohl Vektor- als auch Pixelgrafiken haben Vor- und Nachteile. Vektorgrafiken lassen sich ohne Verlust der Bildqualität beliebig skalieren, d.h. vergrößern oder verkleinern, und ihre Dateigröße ist relativ gering. Dafür erreichen sie niemals die Vielfalt der Farben und Texturen, die bei Fotodateien möglich ist. Vektorgrafiken mit sehr vielen Ankerpunkten werden nur langsam am Bildschirm aufgebaut.

Pixelbilddateien sind häufig das Ergebnis digitalisierter Fotos oder gescannter Grafiken. Sie setzen sich aus vielen Punkten, den Pixeln, zusammen, die in einem Koordinatensystem angeordnet sind. Jedes Pixel trägt eine eigene Farbinformation. Pixel ist die Abkürzung von „Picture Elements", Bildelemente. Pixeldateien benötigen viel Speicherplatz, weil jedes einzelne Pixel Informationen wie Position und Farbe zu diesem Bildpunkt enthält. Ein Beispiel: Ein farbig digitalisiertes Foto im CMYK-Modus in 8 Bit Farbtiefe/Kanal und mit einer Auflösung von 300 ppi in DIN-A4-Größe belegt ohne Kompression mindestens 32,2 MB (mit zusätzlichen Ebenen, Alphakanälen usw. noch mehr).

Abbildung 1.1
Pixelbilder bestehen aus einzelnen Bildpunkten.

Abbildung 1.2
Vektorgrafiken sind Zeichnungen mit Start- und Endpunkten sowie daraus erzeugten Flächen.

Abbildung 1.3

In der starken Vergrößerung erkennt man deutlich die Zusammensetzung der Pixelgrafik aus einzelnen Punkten (Pixeln).

Abbildung 1.4

Vektorgrafiken lassen sich hingegen stufenlos skalieren.

Die Pixel bilden in dem Koordinatensystem Muster von Formen und Farben, so dass sie im Allgemeinen nicht als einzelne Punkte wahrgenommen werden. Die einfachsten Bilder setzen sich nur aus den Farben Schwarz und Weiß zusammen. Der Eindruck von Schattierungen und Grautönen entsteht dort durch eine bestimmte Verteilung von schwarzen und weißen Pixeln, die für das menschliche Auge miteinander zu Mustern verwachsen. Meist arbeiten Sie in Photoshop jedoch mit Echtfarbenbildern, die über 16 Millionen unterschiedliche Farben darstellen können. Echtfarbenbilder benötigen wesentlich mehr Speicherplatz als Schwarzweißbilder.

Bei Pixelgrafiken sind drei Faktoren für Qualität und Dateigröße maßgeblich:

- Der Farbtyp (RGB, Graustufen, indizierte Palette usw.) bestimmt die Vielfalt der Farben und Schattierungen.
- Das Dateiformat legt fest, wie der Computer die Bildinformationen speichert und reproduziert.
- Die Auflösung bestimmt die Anzahl von Pixeln pro Fläche in einem Bild.

Die Auflösung

Jeder Bildpunkt eines Pixelbilds hat seine eigene Farbinformation.

Linien werden durch die Aneinanderreihung von vielen einzelnen Punkten dargestellt. Ein digitales Bild mit feiner und detaillierter Zeichnung enthält mehr Punkte als ein grob gerastertes Bild.

In diesem Zusammenhang ist die Bildauflösung zu verstehen. Diese wird bemessen, indem man die Anzahl der Bildpunkte auf einer Strecke von einem Zoll oder Zentimeter berechnet. Daraus resultiert die Maßeinheit dpi (dots per inch = Punkte pro Zoll). Bei einer Auflösung von 100 dpi befinden sich auf einer Fläche von einem Quadratzoll 100 x 100, also 10.000 Pixel.

Die Auflösung hat großen Einfluss auf die Dateigröße: Ein Bild mit einer Auflösung von 300 dpi benötigt nicht etwa nur doppelt so viel Speicherplatz auf Ihrer Festplatte wie eines mit den gleichen Abmessungen, aber einer Auflösung von 150 dpi – vielmehr wächst die Datenmenge bei Verdoppelung der Auflösung im Quadrat an!

Wie eingangs erläutert, verliert ein Pixelbild an Qualität, wenn es nachträglich vergrößert wird. Es können keine Bildinformationen hinzukommen, vielmehr werden diese lediglich auf mehr Pixel verteilt. Über die richtige Auflösung in der Praxis erfahren Sie noch mehr ab Seite 33.

In den Abbildungen auf der linken Seite sehen Sie einen Vergleich zwischen einer Pixelgrafik und einer Vektorgrafik. Die Grafiken auf Seite 17 wurden dazu stark vergrößert. Die vergrößerte Pixelgrafik wird unscharf und unschön „pixelig". Hingegen sind die Konturen der Vektorgrafik trotz Skalierung glatt geblieben.

Das Skalieren von Vektorgrafiken ist problemlos, weil diese nicht aus einzelnen Bildpunkten bestehen, sondern aus mathematisch berechneten Elementen – Kurven, Linien, Rechtecken, Ellipsen oder Polygonen. Alle Elemente haben einen Anfangs-, einen Endpunkt und einen bestimmten Winkel. Diese Parameter werden mithilfe einer Formel genau beschrieben. Deshalb gibt es beim Skalieren von Vektorgrafiken keine Qualitätsverluste. Auch das Löschen oder Verschieben von einzelnen Elementen einer Vektorgrafik ist problemlos und keine so große Herausforderung wie die Bearbeitung von Pixelgrafiken.

Die Farbtiefe

Die Farbtiefe legt fest, wie viele Farben ein Bild maximal enthalten kann und wie sie definiert werden – genauer gesagt, wie viele Bits zum Speichern der Farbinformation verwendet werden. Die Anzeige der einzelnen Datentypen hängt unter anderem vom Bildschirm ab. Ein Monochrom-Monitor kann Farbbilder zwar zeigen, aber sie erscheinen selbstverständlich nur in Graustufen. Im 16-Bit-Farbmodus können Echtfarbenbilder wohl dargestellt werden, jedoch werden die meisten Farben durch Streuung anderer, vordefinierter Farben dargestellt (man nennt diese Simulation „Dithering").

Farbtiefe (Bit)	Farbanzahl
1 Bit	Schwarz und Weiß
8 Bit	256 Farben
16 Bit	65.536 Farben
24 Bit	16.777.216 Farben
48 Bit	281 Billionen Farben

Die rechts abgebildete Tabelle zeigt, welche Farbtiefen Sie mit den meisten professionellen Bildbearbeitungsprogrammen und auch in Photoshop definieren können:

- Schwarzweiß (1-Bit). Wird ein Bild in diesem Datentyp gespeichert, kann jedes Pixel nur schwarz oder weiß sein. Diese Pixel können jedoch so geschickt in Mustern angeordnet sein, dass sich Grautöne und Schattierungen vortäuschen lassen (siehe Abbildung 1.5 unten rechts). Dieser Datentyp benötigt nur sehr wenig Speicherplatz.

- Indizierte 16 Farben (4 Bit) und indizierte 256 Farben (8 Bit). Bilder mit indizierten Farben haben eine eigene Farbtabelle, in der die verfügbaren Farben definiert sind. Farben, die in der Tabelle nicht vorhanden sind, werden bei Bedarf durch Dithering (Fehlerstreuung) vorgetäuscht.

Abbildung 1.5
Graustufen (oben) und Echtfarben (oben Mitte) eignen sich bestens für Bilder, die auf Papier reproduziert werden sollen. Oben rechts: Bei indizierten Farben kommt es je nach verwendetem Palettentyp zu mehr oder minder starken Farbverlusten. Die harten Farbabstufungen könnten mittels Dithering etwas weicher gestaltet werden, wie die Abbildung unten links zeigt. Unten rechts: Selbst 1-Bit-Bilder (nur schwarz und weiß/ein und aus) können optisch wirkungsvoll sein, wenn die schwarzen und die weißen Pixel geschickt verteilt sind.

- Graustufen (8 Bit). Auch Graustufenbilder benötigen nicht allzu viel Speicherplatz. Sie bestehen aus acht Bit pro Pixel, d.h., es sind 254 verschiedene Abstufungen von Grau möglich. Für Schwarzweißdrucker ist dies der ideale Grafiktyp. Wenn Sie farbige Fotos vorliegen haben, die ohnehin nur auf einem solchen Drucker ausgegeben werden sollen, wandeln Sie sie vorher am besten in Graustufenbilder um, um die Systemressourcen zu schonen.

- 16 Bit und RGB-Echtfarben (24 Bit, 2^{24} mögliche Farben). Die Buchstaben RGB stehen für Rot, Grün und Blau. Auf diesen drei Farben basieren alle Farben auf einem Farbmonitor.

Farbmodelle

Wie Farben in Photoshop definiert werden, hängt ganz vom verwendeten Farbmodell ab. Farbmodelle stellen die Beziehungen der Farben untereinander und ihre Werte auf unterschiedliche Weise dar.

Abbildung 1.6
Links: die Mischung der Farben Cyan, Magenta und Gelb im additiven Farbmodell. Rechts: Das subtraktive Farbmodell verhält sich genau umgekehrt zum additiven Farbmodell; die Mischung der drei Grundfarben Cyan, Magenta und Gelb ergibt Schwarz.

RGB: ein additives Farbmodell

Wie Sie vielleicht schon festgestellt haben, lassen sich nicht alle am Bildschirm darstellbaren Farben auch korrekt drucken. Umgekehrt erscheinen nicht alle Druckfarben richtig auf dem Bildschirm. Farben werden beim Drucken und am Monitor auf völlig unterschiedliche Art erzeugt. Ihr Monitor arbeitet genauso wie Fernseher, Scanner, Digitalkameras und Projektoren mit der additiven Farbmischung. Professionelle Druckmaschinen, beispielsweise im Offsetdruck, verwenden dagegen die subtraktive Farbmischung. Etwas verallgemeinert ausgedrückt, entstehen Farben im additiven Farbsystem durch das Addieren von Licht in verschiedenen Farben.

In der additiven Farbmischung gibt es drei Grundfarben (Primärfarben): Rot, Grün und Blau. Das Merkmal von Grundfarben ist, dass sie nicht durch das Mischen anderer Farben erzeugt werden können. Mischt man diese drei Grundfarben zu gleichen Anteilen miteinander, ergibt sich ein Neutralton zwischen Weiß und Schwarz. Mischt man jeweils zwei der Grundfarben zu gleichen Anteilen miteinander, ergibt sich eine Sekundärfarbe – Cyan, Magenta oder Gelb. Durch anteilige Farbmischungen erzielen Sie auf diese Weise einen großen Teil des sichtbaren Farbspektrums.

Um sich diesen Sachverhalt zu verdeutlichen, betrachten Sie das Schema in Abbildung 1.7.

Das für Bildschirmpräsentationen, Webseitenbilder und Video und von Scannern und Digitalkameras verwendete RGB-Farbsystem beruht auf dieser additiven Farbmischung.

Dabei werden die Farbwerte in Prozent oder auf einer Skala von 0 bis 255 angegeben. Je nachdem, welche Anteile die drei Grundfarben erhalten, ergibt sich ein anderer Farbton.

Abbildung 1.7
Das additive Farbsystem lässt sich auch mithilfe von Projektoren darstellen: Wo rotes Licht auf grünes Licht trifft, entsteht Gelb, wo blaues auf grünes Licht trifft, entsteht Cyan. Die gleichmäßige Mischung aller Farben erzeugt Weiß.

	Rot	Grün	Blau
Rot	255	0	0
Grün	0	255	0
Blau	0	0	255
Magenta	255	0	255
Cyan	0	255	255
Gelb	255	255	0
Schwarz	0	0	0
Weiß	255	255	255

CMYK: subtraktive Farbmischung

Bilder enthalten häufig unzählige Farbtöne, Sättigungs- und Helligkeitsstufen. Selbstverständlich ist es unmöglich, dafür einzelne Druckfarben bereitzuhalten. Daher musste eine Möglichkeit gefunden werden, möglichst wenige Farben zu verwenden und doch das erwähnte riesige Farb- und Tonspektrum zu Papier zu bringen. Man fand bald heraus, dass die drei Farben Cyan, Magenta und Gelb ausreichen, um eine große Farbskala zu drucken.

Weil im Vierfarbdruck mehrere Druckfarben übereinander auf das Papier aufgetragen werden, wird hier das subtraktive Farbmodell verwendet. Hierbei wird kein farbiges Licht gemischt, sondern die Farben ergeben sich aus der Reflexion von Licht.

Bei der subtraktiven Farbmischung liegen ebenfalls drei Primärfarben vor, und zwar Cyan (Blaugrün), Magenta (Purpurrot) und Gelb. Mischt man alle drei Grundfarben in gleichen Anteilen miteinander, ergibt sich durch Lichtabsorption theoretisch Grau. Eine der Besonderheiten von CMYK ist jedoch, dass das Mischverhältnis nicht linear ist: Im RGB-Farbraum ergeben 50 % Rot, 50 % Grün und 50 % Blau ein perfektes Grau. 50 % Cyan, 50 % Magenta und 50 % Yellow ergeben in CMYK kein Grau, sondern eine Art Graubraun.

Da sich in der Praxis mit Cyan, Magenta und Gelb kein wirkliches Schwarz erzielen lässt, verwendet man zusätzlich noch schwarze Druckfarbe. Um in Texten ein reines Schwarz zu erzielen, ist sie unverzichtbar. Die schwarze Druckfarbe kann aber auch die Bildtiefe und den Kontrast verstärken. Die drei Normaldruckfarben Cyan, Magenta und Gelb absorbieren jeweils etwa ein Drittel des Spektrums von weißem Licht, also entweder Blau, Grün oder Rot. Die verbleibenden zwei Drittel werden zurückgegeben und bewirken in unserem Auge den entsprechenden Farbeindruck. Die Druckfarbe Schwarz absorbiert alle drei Drittel des Spektrums. Sie wird also separat verwendet und in diesem Farbmodell als K aufgeführt. So kommt die Bezeichnung CMYK (Cyan, Magenta, Yellow, Key) zustande. Sie können den K-Wert aber auch mit „Kontrast" übersetzen, denn der Schwarzkanal ist naturgemäß für die Kontraste in Ihrem Bild zuständig.

Abbildung 1.8
Oben: RGB – 150 % Rot, 150 % Grün, 150 % Blau. Unten: CMYK – 50 % Cyan, 50 % Magenta, 50 % Gelb

CMY und Schwarz
Im Gegensatz zum RGB-Farbsystem, in dem jede Farbe eine eindeutige Wertekombination hat, lässt sich in CMYK durch die Anwesenheit des Schwarzkanals jede Farbe auf unterschiedliche Weise definieren.

CMYK-Einschränkungen
Viele Photoshop-Befehle funktionieren in CMYK nicht. Erhalten Sie ein CMYK-Bild, wandeln Sie es zur Bearbeitung am besten nicht in RGB, sondern in LAB um. Auch hier können Sie die meisten Funktionen verwenden. Die Vorteile von LAB erfahren Sie auf der nächsten Seite.

	Cyan	Magenta	Gelb
Rot	0	100	100
Grün	100	0	100
Blau	100	100	0
Magenta	0	100	0
Cyan	100	0	0
Gelb	0	0	100
Schwarz	100	100	100
Weiß	0	0	0

Das LAB-Farbmodell

Dem LAB-Farbmodell kommt in Photoshop eine wichtige Rolle zu – es ist das Farbmodell, mit dem das Programm intern arbeitet.

Die Grundlage für das LAB-Farbmodell ist das 1931 von der Commission Internationale d´Eclairage festgelegte „CIE-Normfarbensystem", das zur internationalen Farbmessungsnorm wurde.

Das LAB-Farbsystem ist geräteunabhängig und eignet sich für die genaue Definition von Farbe. Zu beachten ist allerdings, dass der LAB-Farbraum sehr viel größer ist als der von CMYK und auch von RGB. Bei der Rückkonvertierung von Farben aus dem LAB-Modus muss Photoshop die verwendeten Farben deshalb selbstständig anpassen, was zu Farbabweichungen führen kann. Andererseits ist diese Rückkonvertierung notwendig, weil nur wenige Ausgabegeräte oder weiterverarbeitende Programme mit LAB arbeiten können.

LAB ist völlig anders aufgebaut als RGB und CMY(K); es enthält zwei Gegenfarbkanäle und einen Helligkeitskanal. Ändern Sie in RGB oder CMY(K) die Helligkeit einer Farbe, ändern sich auch die übrigen Komponenten der Farbe. In LAB hingegen befinden sich Farbe und Kontrast getrennt auf eigenen Achsen.

Photoshop-LAB hat drei Kanäle: den L-Kanal, in dem sich nur die Bildhelligkeit befindet, den A-Kanal, der sämtliche Grün- und Rottöne enthält (von −128 – Grün bis +127 – Rot), und den B-Kanal, der sämtliche Blau- und Gelbfarben (−128 – Blau bis + 127 – Gelb) enthält.

Negative Zahlen stellen in den beiden Farbkanälen also kalte Werte dar, positive Werte bedeuten warme Farben. Die AB-Farbkanäle enthalten keinerlei Helligkeits-, sondern nur Farbinformationen. Die folgende Tabelle zeigt, wie verschiedene Farben in LAB definiert werden.

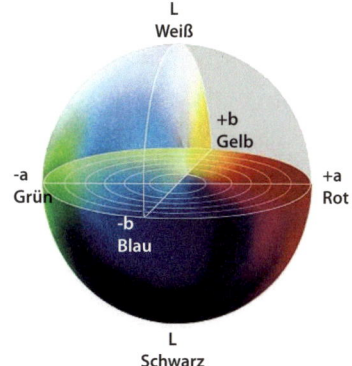

Abbildung 1.9
Kugelförmige Darstellung des LAB-Farbmodells

	L	A	B
Schwarz	0	0	0
Neutralgrau	50	0	0
Weiß	100	0	0
Magenta	100	+127	0
Grün	0–100	−127	0
Blau	0–100	0	−128
Gelb	0–100	0	+127

Abbildung 1.10
Sichtbare Farben, RGB- und CMYK-Gamut

Gamuts

Der RGB- und der CMYK-Farbraum oder -Gamut unterscheiden sich von ihrem Umfang her erheblich – der CMYK-Farbraum ist kleiner als der RGB-Farbraum.

Sie können mit RGB also deutlich mehr Farben darstellen als mit CMYK. Doch es gibt auch einige wenige CMYK-Farben, die außerhalb des RGB-Gamut liegen: Sehr leuchtende Töne sowie satte Blautöne, die sich in RGB ohne Weiteres definieren lassen, kann man in der CMYK-Ausgabe nur schlecht darstellen. Was an Ihrem Monitor brillant aussieht, könnte im Offsetdruck also eventuell enttäuschend herauskommen. Photoshop bietet Ihnen deshalb verschiedene Proof-Möglichkeiten, auf die wir in Kapitel 15 noch eingehen werden.

Zudem differiert der Umfang des RGB-Gamut bzw. des CMYK-Gamut auch noch von Gerät zu Gerät etwas. Der RGB-Gamut einer Digitalkamera oder eines Scanners kann sich beispielsweise leicht vom RGB-Gamut eines Bildschirms unterscheiden, der CMYK-Farbumfang einer professionellen Offsetdruckmaschine von dem eines Tintenstrahldruckers.

Rechts sehen Sie eine schuhsohlenförmige Fläche. Das ist der CIE-Gamut in der xy-Darstellung, der die Gesamtheit aller vom menschlichen Auge unterscheidbaren Farben darstellt und von dem das vorhin erwähnte LAB-Farbsystem abgeleitet ist. Dem Normfarbsystem LAB liegt kein Ausgabegerät zugrunde, sondern es basiert auf der Farbwahrnehmung des menschlichen Auges. Die Vorteile sind, dass das LAB-Farbsystem geräteneutral und standardisiert ist sowie alle sichtbaren Farben umfasst – also auch sämtliche CMYK- und RGB-Farben. Diesen Farbraum verwenden daher viele Programme zur internen Farbumrechnung.

Der rote Umriss innerhalb des abgebildeten CIE-LAB-Farbraums ist der RGB-Gamut, wie er von Scannern, Monitoren, Digitalkameras und Projektoren genutzt wird. Die dunklere Linie bezeichnet den CMYK-Gamut, den Farblaserdrucker, Tintenstrahldrucker und der Offsetdruck verwenden.

Die drei Farbsysteme in der Photoshop-Praxis

Filter in RGB anwenden
Beachten Sie auch: Viele Filter, beispielsweise der *Relief*-Filter, zeigen in RGB ein besseres Ergebnis.

In Photoshop kommt dem RGB-Farbsystem eine große Bedeutung zu. Alle Bilder aus Ihrer Digitalkamera liegen zunächst in RGB vor. So gut wie alle Photoshop-Funktionen lassen sich auf RGB-Bilder anwenden, während viele Filter die Bearbeitung von CMYK-Bildern verweigern. Bezüglich der Speicheranforderung benötigt RGB ein Viertel weniger

Speicher als CMYK, weil es nur drei Farbkanäle, CMYK hingegen vier Farbkanäle besitzt.

Der Farbumfang des CMYK-Farbsystems ist kleiner als der des RGB-Farbsystems. Sie erkennen dies auch daran, dass ein Bild nach der Umwandlung von RGB in CMYK am Monitor häufig blasser wirkt, da einige Farbinformationen verloren gehen.

Möchten Sie Ihre Bilder im Internet oder für andere Bildschirmanwendungen verwenden, arbeiten Sie von Anfang bis Ende im RGB-Modus. Auch Bilder, die Sie über Tintenstrahldrucker ausgeben möchten, sollten Sie ausschließlich in RGB bearbeiten und speichern. Details zu diesem Thema erfahren Sie in Kapitel 15.

Viele Bildbearbeiter ziehen es in der Praxis vor, ihre Bilder zunächst für die groben Korrekturen und Retuschearbeiten im RGB-Modus zu bearbeiten, um anschließend in CMYK die finale Kontrast- und Farbkorrektur vorzunehmen. Für die Kontrastkorrektur bietet sich besonders das Schärfen des Schwarzkanals im CMYK-Modus an.

Haben Sie sich für einen Modus entschieden, sollten Sie ihn während der Arbeit möglichst selten wechseln. Häufig führen mehrfache Konvertierungen zu Qualitätseinbußen. Besonders deutlich wird dies bei der Konvertierung von RGB in CMYK; hier können Farbinformationen verloren gehen, da der CMYK-Gamut kleiner ist als der RGB-Gamut.

Druckfarben

Generell werden in DTP- und Grafikprogrammen zwei Arten von Farben unterschieden: Prozessfarben (auch Skalenfarben genannt) und Volltonfarben (auch Schmuckfarben genannt).

Vor der professionellen Reproduktion (z.B. Offset-Druck) werden die Bilder in die Prozessfarben mit ihren vier Grundfarben Cyan, Magenta, Gelb und Schwarz zerlegt. Diesen Vorgang bezeichnet man als Farbseparation. Die einzelnen Farben werden nacheinander auf das Papier aufgebracht. Zusätzlich können Volltonfarben verwendet werden. Jede Volltonfarbe erhält einen eigenen, zusätzlichen Auszug. In Kapitel 4 kommen wir noch einmal auf die Arbeit mit Volltonfarben zurück.

Wenn Sie ein in Prozessfarben gedrucktes Plakat aus der Nähe oder ein Bild in einer Zeitschrift mit der Lupe betrachten, sehen Sie, dass es aus lauter einzelnen Farbpunkten in den Farben Cyan, Magenta, Gelb und Schwarz besteht, die in einem feinen Raster gedruckt sind. Diese kleinen Farbpunkte

Sechsfarbdruck
Neben dem üblichen Vierfarbdruck gibt es auch erweiterte Systeme, die mehr als vier Farben verwenden. Ein bekanntes Beispiel ist Hexachrome, ein Sechsfarbdruck, der von PANTONE entwickelt wurde. In diesem Verfahren wird das CMYK-System um orangefarbene und grüne Druckfarben erweitert.

Abbildung 1.11

Das Gesamtbild (oben) setzt sich in der Druckpraxis aus vier Druckplatten zusammen, auf denen die Bildanteile der Farben Cyan, Magenta, Gelb und Schwarz (von oben nach unten) aufgetragen sind. Weil das Getränk gelb ist, wird an dieser Stelle auf der Gelbdruckplatte am meisten Farbe aufgetragen. Daher ist der Gelbauszug hier so dunkel.

auf der Fläche erfasst das menschliche Auge durch seine begrenzte Detailwahrnehmung als ganzes Bild (siehe Abbildung auf der folgenden Seite oben).

Verwenden Sie Prozessfarben, wenn Sie Ihr Bild auf einem CMYK-Ausgabegerät ausgeben möchten und dabei mehr als drei Farben benötigen.

Gelegentlich sind noch Sonderfarben nötig, zum Beispiel bei typischen Marken- und Produktfarben. Solche Farben nennt man Vollton- oder Schmuckfarben. Sie werden nicht aus Cyan, Magenta, Gelb und Schwarz gemischt, sondern als fertige Volltonfarben hergestellt.

Es handelt sich dabei um fest definierte Farben eines Farb-Systems. Dies garantiert Ihnen eine präzise Reproduktion der gewählten Farben. Zur Reproduktion wird in der Druckerei für jede verwendete Sonderfarbe eine separate Platte benötigt. Verwenden Sie Volltonfarben, wenn Sie maximal drei Farben oder gezielt nur Farbtöne aus einer oder zwei Farbe(n) verwenden möchten. Weiterhin sollten Sie auf diese Farben zurückgreifen, wenn eine exakte Farbübereinstimmung (z.B. bei Firmenlogos) bei der Reproduktion gewährleistet sein muss.

Zu diesem Zweck werden Volltonfarben zu standardisierten Farbbibliotheken zusammengefasst, zum Beispiel HKS oder Pantone. Solche Standardisierungen sind notwendig, um Farben jederzeit korrekt wiederzugeben.

Dateiformate

In der Grundeinstellung erhält ein neues Bild beim Speichern das Photoshop-eigene PSD-Format. Für viele Aufgaben ist dies eines der besten Dateiformate. Der Austausch zwischen den verschiedenen Anwendungen der Adobe-CS4-Suite geht mit PSD-Daten besonders elegant und reibungslos vonstatten.

Im PSD-Format können Sie beispielsweise Volltonfarben, Ebenen, Ebenenmasken (Kapitel 9) und Alphakanäle (Kapitel 12) speichern. Auch ICC-Farbprofile (Kapitel 15) betten Sie bei Bedarf in Photoshop-Dateien ein. Programme wie Adobe InDesign können bei aktiviertem Farbmanagement diese Farbinformationen verwenden.

Allerdings steht Ihnen eine Vielzahl von weiteren Dateiformaten zur Verfügung. Je nach Verwendungszweck kann es angebracht sein, ein anderes als das PSD-Format zu wählen.

Abbildung 1.12
Betrachten Sie ein im Offsetdruck gedrucktes Bild unter der Lupe, sehen Sie, dass es sich aus vielen Punkten in den vier Druckfarben zusammensetzt.

Aus der Vielzahl der verfügbaren Dateiformate greifen wir uns die wichtigsten Bildformate TIFF, GIF, JPEG, PNG, BMP, PICT und EPS heraus.

- Das TIFF-Format ist für Dateien, die gedruckt werden sollen, das am weitesten verbreitete Format, vor allem, weil es sehr flexibel ist. TIFF unterstützt CMYK-, RGB-, Graustufen-, LAB-indizierte und Schwarzweißbilder sowie Alpha- und Schmuckfarbenkanäle. Fast alle Mal-, Bildbearbeitungs- und Seitenlayoutprogramme unterstützen es. Auch fast alle Desktop-Scanner können TIFF-Bilder produzieren. TIFF-Grafiken werden im Bedarfsfall ohne Qualitätsverlust komprimiert. Die Kompression ist allerdings nicht sehr hoch; sie liegt meist bei 20 bis 40 %.

- Das GIF-Format gehört zu den gebräuchlichsten Dateiformaten im Internet. Es komprimiert Dateien stark, hat aber den Nachteil, dass höchstens 256 Farben verwendet werden können. Dafür unterstützt es Transparenzen und sogar Animationen. GIF-Bilder sollten Sie ausschließlich für Arbeiten verwenden, die für die Betrachtung am Bildschirm gedacht sind.

- Das JPEG-Format wird üblicherweise für die Darstellung von Fotos und anderen Halbtonbildern im Internet verwendet. Die Kompressionsrate ist noch sehr viel höher als die des GIF-Formats, dafür aber verlustbehaftet. Dafür komprimiert es im Echtfarbenmodus. Es unterstützt CMYK, RGB und Graustufenbilder. Digitalkamerabilder werden wahlweise im JPEG-Format gespeichert.

Abbildung 1.13
GIF-Bilder können höchstens 256
Farben aufweisen und eignen sich
eher für plakative Motive, Strich-
zeichnungen oder Schriften im Web,
weniger für fotorealistische Bilder.

Abbildung 1.14
Fotos und Gemälde wie dieses sollten
Sie für das Web im JPEG-Format spei-
chern, um die Farbtiefe zu erhalten.

Hinweis
Mehr über Webgrafiken und
-formate erfahren Sie in Kapitel 16.

Da die JPEG-Kompression mit Qualitätsverlusten einhergeht, sollten Sie JPEG stets nur als Exportformat verwenden. Denn jede Neubearbeitung mit anschließendem Speichern bedeutet auch einen erneuten Bildverlust – selbst bei maximaler Qualität. Deshalb sollten Sie stets eine Originaldatei im RAW-, Photoshop- oder TIFF-Format für eventuelle Nachbearbeitungen bereithalten und diese erst ganz am Schluss im JPEG-Format speichern. Besonders problematisch ist dies bei Digitalkameras. Viele Geräte speichern die Bilder im JPEG-Format. Um das Problem zu reduzieren, speichern Sie das Bild erst in einem verlustfreien Format, zum Beispiel PSD, und bearbeiten es dann. Erst zum Schluss komprimieren Sie es in eine JPEG-Datei.

- PNG wird ebenfalls vor allem für Webgrafiken verwendet. Es vereinigt die Vorteile von GIF und JPEG ohne deren Nachteile: Transparenzen sind möglich, die Kompression erfolgt je nach Farbtiefe ohne Qualitätsverluste. Allerdings ist die Kompression in den meisten Fällen geringer als die eines JPEG-Bilds. Echtfarben sind möglich. Ein weiterer Vorteil des PNG-Formats ist, dass es im Gegensatz zum GIF-Format lizenzfrei ist. Moderne Browser unterstützen dieses Format mit allen Features. Bis zum Internet Explorer 6.0 werden die stufenlosen Transparenzen hingegen als einheitliche graue Fläche dargestellt und ältere Browser können das PNG-Format nur mit Plug-in anzeigen. Farbige PNG-Bilder sind immer RGB- oder indizierte Bilder, die nicht separiert werden können. Graustufen-PNGs verwenden Sie bei Bedarf auch für den Druck auf hochauflösenden Geräten.

- Das EPS-Format wird im Allgemeinen für Bilder verwendet, die in DTP-Programmen weiterverarbeitet und dann professionell reproduziert werden sollen. Das EPS-Format war lange Standard für den Transfer von Bildern, vor allem von Vektordaten, zwischen Grafik- und DTP-Anwendungen. Sämtliche professionellen Programme auf diesem Sektor unterstützen den Import von EPS-Dateien. EPS-Dateien können sowohl Vektor- als auch Pixelgrafiken enthalten. Da PostScript-Dateien auf „normalem" Wege am Bildschirm nicht angezeigt werden können, erstellen die meisten Anwendungen beim EPS-Export ein Vorschaubild im Pixelformat, das dann auf dem Bildschirm erscheint, sobald Sie die EPS-Datei in der entsprechenden Anwendung platziert haben. Möchten Sie ein solches Dokument nun auf einem nicht postscriptfähigen Drucker ausgeben, gibt dieser lediglich das qualitativ geringwertigere Vorschaubild aus statt der eigentlichen EPS-Datei.

Heutzutage ist das Photoshop-PSD- bzw. das PDF-Format dem EPS-Format vorzuziehen.

- BMP ist ein typisches Windows-Pixelbildformat und wird für bestimmte Aufgabenbereiche wie z.B. das Speichern von Desktop-Hintergründen verwendet. Es unterstützt kein CMYK und ist damit nur eingeschränkt für die professionelle Druckvorstufe geeignet. Wenn Sie BMP-Daten erhalten, sollten Sie sie in Photoshop in das PSD- oder TIFF-Format konvertieren.

- PICT war jahrelang das typische Macintosh-Bildformat. Erst seit Neuestem bevorzugt OS X das PDF- bzw. das PNG-Format. Bilder lassen sich im PICT-Format sehr gut komprimieren, besonders wenn sie große einfarbige Flächen aufweisen. Auch PICT-Bilder eignen sich weniger für die professionelle Druckvorstufe.

- Das PDF-Format ist ein plattformübergreifendes Dateiformat, das 1993 veröffentlicht wurde. Einer der Vorteile von PDF-Dateien ist, dass sie sowohl Pixel- als auch Vektordaten einschließlich Schriften enthalten können. Weitere Vorteile sind, dass PDF-Dateien stets plattformübergreifend sind und dass sie mehrere Bilder in einer einzigen PDF-Datei speichern können.

Abbildung 1.15
Einer der Vorteile des EPS-Formats ist die Möglichkeit, sowohl Vektor- als auch Pixeldaten zu speichern. Die moderneren Formate PSD und PDF sowie das altbewährte TIFF-Format erfüllen diesen Anspruch aber mindestens ebenso gut.

Wie kommt das Bild in den Rechner?

Möchten Sie für Ihre Arbeiten nicht nur auf bereits digitalisierte Vorlagen, zum Beispiel Bilder auf einer CD-ROM, zurückgreifen, sondern auch eigenes oder fremdes Fotomaterial, Bilder aus Zeitschriften (Vorsicht: Copyright!) o. Ä. verwenden, dann benötigen Sie einen Scanner, eine Digitalkamera oder Ihre eigenen Bilder auf einer Photo-CD.

Abbildung 1.16
Kompakt-Digitalkamera (Pressefoto von Canon)

Digitalkameras

Von der Handhabung und vom Aussehen her ähnelt eine Digitalkamera einer herkömmlichen Fotokamera. Der Unterschied liegt darin, dass das Bild nicht auf einen Film belichtet wird, sondern dass das Motiv von Fotozellen auf einem Chip in Pixel zerlegt wird.

Die Bilder werden temporär in einem kamerainternen Speicher abgelegt. Je nachdem, wie hoch die Auflösung der aufgenommenen Bilder ist, speichern Sie unterschiedlich viele Aufnahmen auf der Speicherkarte der Kamera.

Die Bilder werden dann heutzutage meist über die USB-Schnittstelle in den Rechner übertragen und können dann in Photoshop bearbeitet werden.

Abbildung 1.17
Digitale Spiegelreflexkamera (Pressefoto von Sony)

Tipps für gelungene Aufnahmen

- Die Korrekturfunktionen der Kamera-Software – beispielsweise Kontrast, Schärfe und Sättigung – sollten Sie ausschalten.

- Manche Kameras nehmen Fotos grundsätzlich mit unattraktiven Farben auf. In diesem Fall sollten Sie den automatischen Weißabgleich abschalten. Stattdessen wählen Sie die Tageslichteinstellung. Falls Ihre Kamera dies ermöglicht, können Sie stattdessen eine weiße oder graue Fläche fotografieren und diesen Wert als Weiß bzw. Neutralgrau festlegen. In späteren Aufnahmen korrigiert die Kamera diese Werte in Weiß bzw. Neutralgrau.

- Weichgezeichnete Hintergründe erzeugen Sie besser in Photoshop, hier haben Sie mehr Flexibilität. Am besten ist es daher, wenn Ihr Digitalbild vollständig scharf ist. Geeignet sind hierfür Voreinstellungen wie „Nahaufnahme" oder „Landschaft".

- Versuchen Sie, Bildrauschen bereits beim Fotografieren zu vermeiden, da es sich auch in Photoshop meist nur unvollständig entfernen lässt. Viel Rauschen erhalten Sie mit hoher ISO-Empfindlichkeit. ISO 50 oder 100 ist für Kompaktkameras geeignet, für Spiegelreflexgeräte bis ISO 400.

- Auch wenn Sie im Endeffekt Graustufenbilder erzielen möchten, sollten Sie Ihre Digitalkamera nicht auf Schwarzweiß umschalten. Photoshop bietet Ihnen viel flexiblere Möglichkeiten, attraktive Graustufenbilder zu erzeugen.

Viele Fotohändler und Online-Services bieten die Möglichkeit, von digitalen Bildern Papierabzüge zu herstellen.

Die Qualitäts- und Preisunterschiede sind bei Digitalkameras deutlich. Geräte im oberen Preissegment, die mehr Einstellungsmöglichkeiten, bessere Objektive etc. bieten, eignen sich für professionelle Fotografen. Es handelt sich hierbei normalerweise um auch aus der analogen Fotografie bekannte Spiegelreflexkameras.

Die Kompaktkameras des mittleren Preissegments eignen sich auch für den ambitionierten Hobbyfotografen. Besonders preisgünstige Kameras sind nur für gelegentliche Schnappschüsse geeignet, wenn Sie an diese keine zu hohen Qualitätsansprüche stellen. Mit vielen Digitalkameras können Sie auch Filme mit Ton aufnehmen.

Eine Mischform zwischen Kompakt- und Spiegelreflexkameras stellen die sogenannten Bridgekameras mit festem Objektiv und elektronischem Sucher ähnlich dem optischen Sucher einer Spiegelreflexkamera dar.

Beim Kauf einer Digitalkamera ist zu beachten, dass heutzutage nicht mehr die Pixelanzahl das ausschlaggebende Kriterium ist; heutige Kompaktkameras verfügen stets über eine mehr als ausreichende Pixelanzahl. Achten Sie vielmehr auf die Größe der Bildpunkte und damit eine der Pixelzahl angemessene Fläche des Bildsensors. Je größer die Pixel, desto geringer wird auch das Problem des Bildrauschens.

Ein weiteres wichtiges Qualitätsmerkmal ist die Arbeitsgeschwindigkeit der Digitalkamera. Wichtig ist hier die Zeitspanne, die der Autofokus zum Scharfstellen benötigt, außerdem die Zeitspanne, die nach dem Abdrücken bis zur Aufzeichnung des Bilds vergeht, sowie der Zeitpunkt, nach dem die Kamera nach einer Aufnahme ein weiteres Bild anfertigen kann.

Höherwertige Kameras können Digitalfotos verlustfrei im Rohdatenformat RAW speichern. Mehr über RAW-Bilder erfahren Sie im folgenden Kapitel.

Bilder scannen

Photoshop ermöglicht es Ihnen, gleich aus Photoshop heraus zu scannen. Beim Scannen werden die Bilder als Koordinatensystem von einzelnen Pixeln (Bildpunkten) erfasst. Welche Farben jedes Pixel mitbekommt, hängt dabei nicht nur von der Scanvorlage ab, sondern auch von der für den Scan gewählten Farbtiefe. Die Farbtiefe ist ein wichtiger Faktor für die Qualität der Digitalisierung.

Über die Farbtiefe und ihre Bedeutung konnten Sie sich in Kapitel 1 informieren.

Zum Starten eines Scans gehen Sie folgendermaßen vor:

Wählen Sie im Menü *Datei* den Befehl *Importieren*. Wählen Sie aus dem Untermenü den gewünschten Scanner.

Zunächst führen Sie in der Scansoftware einen Prescan (Vorschau-Scan) durch. Dieser hat die Funktion, den Scanbereich festzulegen und bestimmte Voreinstellungen wie etwa Helligkeit, Kontrast, Bildausschnitt und Auflösung vorzunehmen.

1. Klicken Sie auf die Schaltfläche zum Starten des Prescan. Die gesamte Fläche des Vorlagenglases wird eingescannt.

2. Legen Sie anhand eines Auswahlrahmens den zu scannenden Bereich fest.

3. Nehmen Sie die gewünschten Einstellungen vor.

4. Klicken Sie zuletzt auf die Schaltfläche zum endgültigen Scannen des Bilds.

Das Bild wird vom Scannersensor abgetastet und digitalisiert. Dieser Vorgang kann eine Weile dauern. Danach erscheint das Bild im Photoshop-Programmfenster und kann nun bearbeitet und gespeichert werden.

Die Wahl der Farbtiefe beim Scannen

Bevor Sie eine Vorlage endgültig scannen, sollten Sie sich Gedanken über den Verwendungszweck des daraus resultierenden Bilds machen. Denn davon hängt die Wahl der Auflösung und Farbtiefe vor dem Scannen ab.

Das RGB-Farbmodell wird sowohl beim Scannen als auch bei der Darstellung am Bildschirm verwendet. Der RGB-Modus ist bestens geeignet für farbige Vorlagen, die nachträglich vergrößert, verkleinert oder bearbeitet werden sollen.

Es gibt Fälle, in denen der Echtfarbenmodus gar nicht notwendig ist. Wenn Sie das Bild zum Beispiel auf einem Schwarzweißlaserdrucker ausgeben möchten, digitalisieren Sie es gegebenenfalls gleich in Graustufen (obwohl die gezielte Schwarzweißkonvertierung in Photoshop häufig bessere Ergebnisse bringt). Manche Schwarzweißzeichnungen mit scharf abgegrenzten Linien (etwa technische und Bauzeichnungen) digitalisieren Sie am besten als Strichvorlage (1 Bit, Schwarzweiß). Auf diese Weise erhalten Sie bereits beim Scannen eine wesentlich kleinere Datei. Die Farbinformationen von in Graustufen oder Schwarzweiß gescannten Bildern sind unwiderruflich verloren. Sie müssen das Bild neu einscannen, wenn Sie es eines Tages doch in Farbe benötigen.

Farbtiefe beim Scannen

Achten Sie bereits beim Scannen auf die richtige Farbtiefe. Sie können diese in Photoshop zwar nachträglich ändern, aber ein bereits in einer Farbtiefe von 8 Bit gescanntes Bild verliert beim Scanvorgang Farbinformationen, die sich nachträglich nicht mehr wiederherstellen lassen – unter Umständen kann nur ein erneuter Scan in einer höheren Farbtiefe weiterhelfen. Am besten scannen Sie vorsichtshalber immer in der höchstmöglichen Farbtiefe – ideal wären 16 Bit/Kanal.

Wie funktioniert ein Flachbettscanner?

Ein Flachbettscanner ist mit einem Kopiergerät vergleichbar– er tastet die Vorlage mit einer Lichtquelle und einem CCD-Zeilensensor ab und wandelt sie in Pixel um. Sie können damit sowohl nicht transparente Papiervorlagen wie Fotos oder gedruckte Seiten scannen als auch flache dreidimensionale Gegenstände. Dabei werden im RGB-Modus die Farbanteile jedes einzelnen Pixels mit Rot-, Grün- und Blaufiltern entsprechend festgelegt. Es gibt auch Flachbettscanner, die – wenn eine Durchlichteinheit vorhanden ist – Durchsichtvorlagen (z.B. Dias oder Negative) digitalisieren.

Welche Auflösung soll der Scanner haben?

Die Auflösung bestimmt die Schärfe und Feinheit des gescannten Bilds. Demnach spielt es durchaus eine Rolle, welche maximale Auflösung Ihr Scanner erreicht. Informieren Sie sich beim Kauf über die physische oder optische Auflösung des Scanners. Diese wird normalerweise in dpi angegeben, woraus Sie entnehmen, wie viele Punkte pro Zoll (dots per inch; 1 inch = 2,54 cm) die Sensoren des Scanners erfassen können. Übliche physikalische Auflösungen sind 1.200 bis 4.800 dpi. Sie brauchen zwar nicht für jeden Zweck eine besonders hohe Auflösung – doch je höher die Auflösung beim Scannen eingestellt wird, desto besser ist die resultierende Bildqualität, das heißt, Sie erhalten nach der Digitalisierung feinere Details. Die Auflösung auf ein geeignetes Maß heruntersetzen können Sie auch später noch, zum Beispiel 300 dpi für Druckzwecke. Oder Sie stellen von vornherein eine niedrige Scanauflösung ein; das erlaubt nahezu jeder Scanner.

Die interpolierte Auflösung

Manche Scannerhersteller geben bei ihren Modellen auch noch eine sogenannte „interpolierte Auflösung" an. Diese liegt häufig beeindruckend hoch. Lassen Sie sich davon nicht täuschen: Bei einer Interpolation werden Pixel aus benachbarten, physisch erfassten Pixeln hochgerechnet, d.h., erfasste Pixel werden in kleinere Pixel unterteilt. Die Auflösung wird dadurch zwar in der Tat höher, die Details werden allerdings nicht feiner. Es ergibt sich keine Verbesserung gegenüber der maximalen physischen Auflösung.

Wenn Ihr Scanner in der höchstmöglichen optischen Auflösung Bilddetails nicht erfassen kann, kann er das in der höheren interpolierten Auflösung auch nicht! Der einzige Unterschied zwischen beiden Bildern ist dann, dass das interpolierte Bild mit der höheren Auflösung mehr Speicherplatz beansprucht – schlimmstenfalls erhalten Sie eine extrem große Datei ohne die geringste Qualitätsverbesserung. Nehmen wir an, Ihr Scanner bietet eine maximale optische Auflösung von 1.200 dpi und eine interpolierte Auflösung von 2.400 dpi. Sie scannen ein Bild mit 2.400 dpi ein. Das resultierende Bild ist viermal so groß wie dasselbe Bild mit 1.200 dpi, aber keinen Deut detailreicher. Nun könnte man daraus schließen, dass die Angabe einer interpolierten Auflösung reiner Betrug wäre. Das ist aber nicht ganz so zu sehen. Es gibt einige Fälle, in denen sich ein Scan mit einer hohen interpolierten Auflösung lohnt – dann nämlich, wenn Sie ein gescanntes Bild stark vergrößern möchten. In diesem Fall wird durch die größere Pixelanzahl der gefürchtete „Sägezahn"- oder „Treppchen"-Effekt gemildert. Allerdings können Sie dies auch später noch in Photoshop erledigen.

Abbildung 1.18
Für spezielle Einsatzgebiete dienen Filmscanner (Produktfoto von Nikon).

Kleinbild-Diascanner

Eine gute Ergänzung zum herkömmlichen Flachbettscanner ist ein Kleinbild-Diascanner. Sie digitalisieren mit diesem Scannertyp Kleinbilddias und Negative. Die Scanqualität dieser Geräte ist der von Flachbettscannern mit Durchlichteinheit deutlich überlegen.

Die richtige Auflösung beim Scannen

Der Scanner erfasst Ihre Vorlage in einem Koordinatensystem aus einzelnen Bildpunkten. Je höher Sie die Auflösung beim Scannen einstellen, desto feinere Details wird das digitalisierte Bild enthalten.

Für Bilder, die ohnehin nur am Bildschirm betrachtet werden sollen, ist eine geringere Auflösung notwendig als für Bilder, die beispielsweise im Offsetdruck reproduziert werden sollen.

- Bilder, die später gedruckt werden sollen, werden je nach Druckverfahren in unterschiedlichen Auflösungen gescannt. Die für digitale Medien übliche Bildschirmauflösung von 72 ist auf jeden Fall zu wenig – was am Bildschirm noch perfekt aussieht, wirkt im Druck unzureichend.

- Im Offset-Druck erhalten Sie bei einer Auflösung von 300 dpi eine qualitativ hochwertige Wiedergabe.

- Für Bilder, die auf einem 300-dpi-Laserdrucker gedruckt werden sollen, erzielen Sie bereits mit 150 dpi eine gute Qualität.

- Ein Laserdrucker mit einer Auflösung von 600 dpi hingegen benötigt mindestens eine Bildauflösung von 220 dpi.

- Allerdings sollten Sie nicht nur bei professionellen Drucken, sondern auch beim Heimdruck zusätzlich noch die Rasterweite sowie den Qualitätsfaktor berücksichtigen. Mehr zu diesem Thema und eine Zusammenfassung empfohlener Auflösungen erhalten Sie weiter hinten in diesem Kapitel.

Die Auflösung des digitalisierten Bilds verdoppelt sich gegenüber einem in der Originalgröße gescannten Bild nicht, sondern sie vervierfacht sich, da die Pixelzahl in diesem Fall nicht auf eine Strecke von einem Zoll, sondern auf eine Fläche von einem Quadratzoll berechnet wird. Dazu eine kleine Beispielrechnung:

Sie haben ein Bild mit einer Größe von einem Quadratzoll und einer Auflösung von 100 dpi. Da sich in diesem Fall auf einer Strecke von einem Zoll 100 Pixel befinden, benötigt das gesamte Bild 100 x 100 Pixel. Das Bild besteht also aus 10.000 Bildpunkten.

Verdoppeln Sie nun die Auflösung, setzen Sie sie also auf 200 dpi hoch, enthält eine Strecke von einem Quadratzoll 200 Pixel. Das gesamte Bild enthält 200 x 200 Pixel = 40.000 Pixel.

Wichtig

Bei allen Angaben wird vorausgesetzt, dass das Bild in 1:1-Größe reproduziert wird.

Abbildung 1.19
Je geringer die Auflösung ist, desto mehr Bilddetails gehen verloren.

Das Beispiel oben (Verdoppelung der Bildgröße) ist relativ einfach. Komplizierter wird es, wenn Sie die benötigte Auflösung anhand der Endabmessungen des zu reproduzierenden Bilds berechnen wollen. Für solche Fälle gibt es die folgende Formel:

$$\text{Scanauflösung} = \frac{\text{Höhe des digitalen Bilds}}{\text{Höhe der Vorlage}} \times \text{benötigte Auflösung für Drucker/Ausgabegerät}$$

Achtung

Wenn das digitale Bild größer als die Vorlage reproduziert werden soll, sollten Sie beim Scannen die Auflösung erhöhen, um Qualitätsverluste beim Skalieren zu vermeiden.

Auch dies soll wieder anhand eines Beispiels verdeutlicht werden. Sie haben eine Vorlage mit einer Größe von 14 x 14 cm. Dieses Bild wollen Sie auf einem Tintenstrahldrucker mit einer Auflösung von 170 dpi drucken. Die Kantenlänge des Bilds soll im Ausdruck 21 x 21 cm betragen. Berechnen Sie die Auflösung für den Scanner anhand der obigen Formel folgendermaßen:

$$\frac{21 \text{ cm}}{14 \text{ cm}} \times 170 \text{ dpi} = 255 \text{ dpi}$$

Allerdings sollten Sie die berechnete Scanauflösung für ein bestmögliches Ergebnis noch runden – sie sollte durch die maximale optische Auflösung des Scanners ohne Rest teilbar sein. Besonders wenn Ihr Bild professionell gedruckt werden soll oder ein Kleinbild-Dia daraus angefertigt werden soll,

Auflösung für Tintenstrahldrucker

Im Gegensatz zur Offsetdruckmaschine, die Graustufen lediglich in Form von größeren oder kleineren Druckpunkten simuliert, arbeiten Schwarzweißlaserdrucker sowie Farbtintenstrahldrucker mit dem sogenannten Ditherverfahren zur Erzeugung von Farbe.

Die Bildauflösung für den Offset- und Tintenstrahldruck darf deutlich unter der möglichen Druckerauflösung liegen: Ein Schwarzweißlaserdrucker kann beispielsweise nur schwarz drucken. Damit daraus 256 Grautöne entstehen, teilt er jedes druckbare Pixel in eine Matrix aus z.B. 16 x 16 Punkten (=256 Punkte). Je nach Grauwert des Pixels wird dann nur eine bestimmte Anzahl Punkte gedruckt.

Weil jedes Pixel eines Bilds in Wirklichkeit auf 16 x 16 Punkten dargestellt werden muss, reduziert sich natürlich die „echte" Ausgabeauflösung des Druckers entsprechend.

Allzu gering sollte die Auflösung trotzdem nicht sein, weil die 16x16-Matrix natürlich feiner berechnet werden kann, wenn mehr Pixel dazu zur Verfügung stehen. Bei Farbdruckern (ausgenommen sind Thermosublimationsdrucker) ist für jede einzelne Farbe eine der oben beschriebenen Matrizen vorhanden. Die Farbdeckung wird hier zusätzlich durch einen kleinen Versatz verbessert.

spielen aber noch weitere Faktoren eine wichtige Rolle. Auf diese soll nachfolgend eingegangen werden.

Welche Rolle spielt die Rasterweite?

Bei der Reproduktion von Bildern im Offsetdruckverfahren werden diese zunächst in ein **Halbtonraster** zerlegt. Im Hoch-, Flach- und Durchdruckverfahren (z.B. dem Siebdruck) gibt es keine Aufhellung oder Abdunklung der Druckfarben selbst.

Es gibt vielmehr nur zwei Alternativen: entweder den Vollton der Druckfarbe oder die farbfreie Fläche. Zwischenstufen werden durch unterschiedlich große Rasterelemente vorgetäuscht – das sogenannte Halbtonraster. Dunkle Farben werden in große Punkte umgewandelt, helle in kleine.

Je nachdem, welche **Rasterweite**, auch **Rasterfrequenz** genannt, verwendet wird, sind die Rasterzellen größer oder kleiner. Die Rasterfrequenz bestimmt die Anzahl der Punktreihen, die für die Reproduktion verwendet werden.

Bei einer hohen Rasterfrequenz, z.B. 150 lpi, sind die Punkte klein, die Wiedergabequalität ist gut. Bei einer geringen Rasterfrequenz, z.B. 60 lpi, erhält man große Punkte und eine grobe Reproduktionsqualität. Hohe Rasterfrequenzen erfordern Belichtungsgeräte mit hoher Auflösung und ein sehr gutes Druckpapier. Für geringwertige Papiere, wie zum Beispiel Zeitungspapier, verwendet man niedrige Rasterfrequenzen.

Je höher die geforderte Rasterfrequenz ist, desto höher muss auch die Scanauflösung sein. Erkundigen Sie sich bei Ihrem Druckdienstleister, welche Rasterweite gefordert wird. Weiter hinten sehen Sie, wie Sie anhand der benötigten Rasterweite die Scanauflösung berechnen. Außerdem wird die Anzahl der reproduzierbaren Halbtöne durch die Rasterweite bestimmt, da unterschiedliche Tonwerte durch eine verschieden große Anzahl von Pixeln innerhalb der einzelnen Rasterzelle erreicht werden.

Je geringer die Rasterfrequenz ist, desto weniger Halbtöne können dargestellt werden. Um die Anzahl der darstellbaren Halbtöne auszurechnen, verwendet man die folgende Formel:

$$\text{Reproduzierbare H'töne} = \frac{\text{Auflösung des Druckers}}{\text{Rasterfrequenz}} + 1$$

Abbildung 1.20
Oben: Original; Mitte: feinere Rasterweite; Unten: gröbere Rasterweite

35

Die übliche Einheit für die Rasterweite ist lpi (lines per inch = Linien pro Zoll). Hierzulande gibt man die Rasterweite auch in Linien pro Zentimeter an. Die Umrechnung von Linien pro Zoll in Linien pro Zentimeter erfolgt nach folgender Formel:

Linien pro Zoll/2,54 = Linien pro Zentimeter

Normalerweise werden Rasterweiten im Bereich zwischen 20 und 80 Linien pro Zentimeter verwendet. Für Zeitungen ist beispielsweise eine Rasterweite von 24 Linien pro Zentimeter (60 lpi) üblich, für Kunstdruckpapier eine Rasterweite von 54 Linien pro Zentimeter (135 lpi).

Die folgende Tabelle zeigt Ihnen die üblichen Rasterweiten für verschiedene Bedruckstoffe.

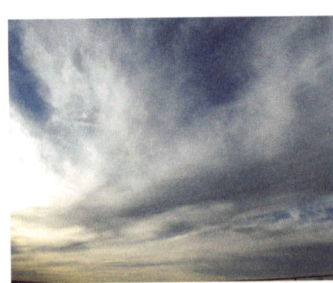

Rasterweite (lpi)	Rasterweite (Linien/cm)	Verwendung
60	24	Zeitung, rauhe Oberfläche
75	30	Zeitung, glatte Oberfläche
85	34	Zeitung, satinierte Oberfläche
100	40	Zeitung, Illustrationsdruck, maschinenglatt und satiniert
120	48	Naturpapier, Kunstdruckpapier, gut satiniert
135	54	Normales Kunstdruckpapier, gut satiniert
150	60	Bestes Kunstdruckpapier, gut satiniert; Zeitschriftenpapier, gestrichen
200	80	Besonders hochwertige Drucksachen, gut satiniert

Abbildung 1.21
Für das obere Motiv benötigen wir einen niedrigeren Qualitätsfaktor als für das untere.

Welche Rolle spielt der Qualitätsfaktor?

Für den Druck werden die einzelnen Rasterpunkte in bestimmten Winkeln angeordnet. Beim Scannen kann es durchaus passieren, dass beim Zerlegen des Bilds in Pixel die Rasterpunkte nicht genau „getroffen" werden. Daher sollte jeder Rasterpunkt mehrere Pixel enthalten. Je nachdem, wie viele Pixel pro Rasterpunkt verwendet werden können, wird der Qualitätsfaktor bestimmt. Dieser liegt beim Drucken normalerweise zwischen 1,5 und 2.

Einen Qualitätsfaktor von 1,4 bis 1,5 verwenden Sie für Bilder mit geringer Schärfe, zum Beispiel für Wolkentexturen, und für eine mittlere Qualität.

Hohe Qualitätsfaktoren eignen sich für Bilder mit starken Konturen, die in hoher Qualität ausgegeben werden sollen.

Die folgende Tabelle zeigt Ihnen empfohlene Qualitätsfaktoren und die zugehörigen Auflösungen für verschiedene Einsatzgebiete.

Qualitäts-faktor	Zeitung (85 lpi)	Magazin (133 lpi)	Buchdruck (150 lpi)
1	85 dpi	133 dpi	150 dpi
1,4	119 dpi	186 dpi	210 dpi
1,5	128 dpi	200 dpi	225 dpi
2,0	170 dpi	266 dpi	300 dpi

Wie berechnen Sie aus diesen Kriterien die Bildauflösung?

Anhand der genannten Kriterien berechnen Sie die optimale Auflösung für Ihren Scan. Bedienen Sie sich dazu der folgenden Formel:

Scanauflösung für Halbtonbilder = Rasterweite in lpi × Qualitätsfaktor × Vergrößerungsfaktor

Wieder ein Beispiel:

Sie möchten ein Bild zur Reproduktion auf maschinenglattem Papier mit 100 lpi einscannen. Die Vorlage hat eine Kantenlänge von 23 × 17 cm. Der Qualitätsfaktor soll 2 sein. Das Bild soll eine Endbreite von 12 cm haben. Stellen Sie folgende Berechnung an:

$$100 \text{ lpi} \times 2 \times \left(\frac{12}{23}\right) = 104 \text{ dpi}$$

Diese 104 dpi sollten (zumindest theoretisch) genügen, um das Bild in zufriedenstellender Qualität zu digitalisieren.

Abbildung 1.22
Unten: Moiré-Muster verderben das beste Bild.

Tipps für das Scannen gedruckter Vorlagen

Bei Vorlagen, die bereits einmal mit Raster gedruckt wurden, beispielsweise Bilder in Zeitschriften, treten häufig Moiré-Muster auf. Ein Beispiel für ein solches Moiré sehen Sie in den nebenstehenden beiden Bildern. Moiré-Muster sind das Ergebnis von Interferenzen zwischen Bild- und Scanraster.

Moirés lassen sich bei gedruckten Vorlagen schlecht grundsätzlich vermeiden. Sie können aber Vorsorge treffen, um sie wenigstens zu minimieren.

1. Scannen Sie das Bild in vierfacher Auflösung ein. Danach verwenden Sie in Photoshop den Gaußschen Weichzeichner (siehe Kapitel 14). Das Bild verliert durch diese Maßnahme allerdings etwas an Schärfe. Setzen Sie dann die Bildauflösung auf die erforderliche niedrigere Stufe. Dadurch wird auch die Unschärfe wieder etwas reduziert.
2. Alternativ drehen Sie das Bild beim Scannen ganz leicht. Dadurch werden die Interferenzen reduziert.
3. Verwenden Sie den Filter *Störungen entfernen* (Kapitel 14).

Viele Scanprogramme sind mit einer Defokus-Funktion ausgestattet. Damit verhindern Sie das Moiré-Muster bereits im Vorfeld – vorausgesetzt, Sie kennen die Rasterweite, in der das Bild gedruckt wurde. Denn diese müssen Sie für die Defokus-Funktion in der Scansoftware angeben. Die Rasterweite lässt sich mit einem Rasterweitenmesser oder mit einem Fadenzähler zumindest annähernd herausfinden. Ein Fadenzähler ist eine kleine Lupe mit einer Skala, die in Zehntelmillimeter unterteilt ist. Platzieren Sie den Fadenzähler parallel zum Raster auf Ihrer Vorlage. An der Skala lesen Sie die Rasterweite ab.

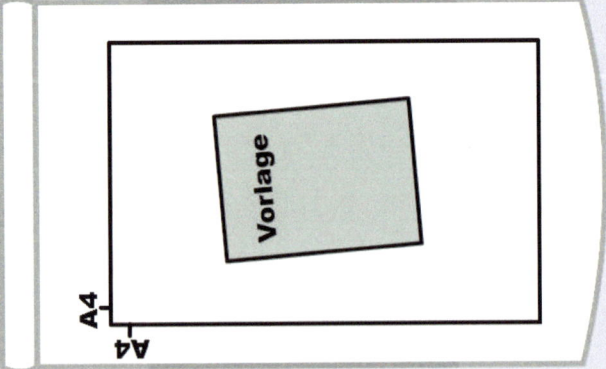

Abbildung 1.23
Schon einmal gedruckte Vorlagen drehen Sie vor dem Scannen ganz leicht, um den Moiré-Effekt abzumildern.

Das etwas umständliche Zählen entfällt, wenn Sie statt des Fadenzählers einen Rasterweitenmesser einsetzen. Auch dieser hat eine Einteilung in Zehntelmillimeter. Die Linien des Rasterweitenmessers sind in verschiedenen Winkeln angeordnet, so dass ein Interferenzmuster entsteht, wenn Sie den Rasterweitenmesser so auf die Vorlage auflegen, dass die mittlere Linie am Rasterwinkel ausgerichtet ist. Am Interferenzmuster, das sich nun bildet, lesen Sie die Rasterweite an der Spitze der Karoform an der Rasterweitenskala ab.

Abbildung 1.24
Oben: Fadenzähler, links: Rasterweitenmesser

Wenn die Rückseite des Blatts durchscheint

Bei dünnem Papier scheint im Scan die bedruckte Rückseite des Blatts häufig durch. Legen Sie in diesem Fall über die aufgelegte Vorlage einen schwarzen Fotokarton und scannen Sie die Vorlage ein. Alle weißen Flächen des Bilds erscheinen nun grau. Mit einer Tonwertkorrektur (Kapitel 14) bekommen Sie diese Flächen wieder weiß.

Bilder erstellen, öffnen und speichern

Mit der Benutzeroberfläche arbeiten

Die Benutzeroberfläche von Photoshop CS4 wurde komplett überarbeitet. Sie wirkt aufgeräumt und ästhetisch und nimmt weniger Platz auf dem Bildschirm ein. Das Wichtigste ist jedoch, dass Sie die Benutzeroberfläche individuell an Ihre Arbeitsgewohnheiten und Aufgaben anpassen können.

Sämtliche Bedienfelder können in einem platzsparenden Dock angeordnet und auf ihre Symbole bzw. Symbole mit Beschriftung reduziert werden.

Beachten Sie, dass sich das Werkzeugbedienfeld ein- oder zweispaltig darstellen (klicken Sie dazu auf den kleinen Doppelpfeil ›› über der Werkzeugleiste oder einfach auf die graue Fläche über dem Bedienfeld), schwebend oder angedockt platzieren lässt.

Abbildung 2.1
Der Standard-Arbeitsbereich von Photoshop CS4 enthält die wichtigsten, für die tägliche Arbeit benötigten Funktionen.

Speicherbedarf
Rechts unten in der Dialogbox sehen Sie unter *Bildgrösse* den aktuellen Speicherbedarf (die Dateigröße) des Bilds. Mehr zum Thema Auflösung finden Sie in Kapitel 1.

Auf der rechten Seite des Photoshop-Fensters finden Sie ein Bedienfelderdock, in dem die Standardbedienfelder auf Symbole reduziert angedockt sind. Bei ausreichender Monitorauflösung ist es praktisch, die Bedienfelder in diesem Dock

Zweispaltiges Dock

Auch für ein zweispaltiges Dock-Layout können Sie sich entscheiden, indem Sie ein Bedienfeld oder eine Bedienfeldgruppe auf den linken Rand des Docks ziehen – eine senkrechte blaue Markierung erscheint – und die Maustaste dann freigeben.

Die Benutzeroberfläche anpassen

Die Benutzeroberfläche von Photoshop CS4 lässt umfangreiche Anpassungen zu: Wählen Sie *Bearbeiten/ Photoshop* → *Voreinstellungen* → *Benutzeroberfläche.* Hier können Sie Farben, Ränder und Schatten der einzelnen Bildschirmelemente anpassen.

zu belassen. Anderenfalls lassen sie sich genau wie das Werkzeugbedienfeld frei auf dem Bildschirm positionieren.

Sind Sie mit den Symbolen noch nicht vertraut, halten Sie die Maustaste auf der linken Kante des Docks gedrückt und ziehen Sie nach links. Dann werden die zugehörigen Beschriftungen zu den Bedienfeldsymbolen angezeigt.

Ein Klick auf ein einzelnes Bedienfeldsymbol öffnet das jeweilige Bedienfeld; ein weiterer Klick klappt es wieder ein.

Klicken Sie auf den nach links weisenden Doppelpfeil « in dem grauen Bereich über den Bedienfeldern. Alle im Dock befindlichen Bedienfelder werden geöffnet. Ein weiterer Klick auf den Doppelpfeil » klappt die Bedienfelder wieder ein.

Tastenkombinationen und Menüs anpassen

Über den Befehl *Bearbeiten* → *Tastaturbefehle* betrachten Sie eine Liste aller vorhandenen Tastenkombinationen. Hier können Sie auch Ihre eigenen Tastaturkürzel erzeugen. Die Dialogbox enthält alle Befehle, denen Sie Tastenkombinationen zuweisen können.

Reicht Ihnen der standardmäßige Tastaturbefehlssatz nicht aus, können Sie zusätzliche Sätze erzeugen, zum Beispiel für unterschiedliche Arbeitsbereiche.

Wenn Sie bisher noch keine Anpassungen an den Tastenkombinationen vorgenommen haben, gibt es nur die beiden Standardbefehlssätze *Photoshop-Standards* und *US-Tastaturbefehle.* Um auf der Grundlage eines dieser Sätze einen eigenen Befehlssatz zu erzeugen, gehen Sie folgendermaßen vor:

1. Klicken Sie auf das Symbol *Neues Set aus aktuellem Tastaturbefehlssatz erstellen* und geben Sie einen passenden Namen ein.

2. Wählen Sie aus dem Menü *Tastaturbefehle für,* welche Befehle Sie anpassen möchten, zum Beispiel *Werkzeuge,* wenn Sie die Tastenkürzel des Werkzeugbedienfelds ändern möchten.

3. Wählen Sie den Befehl aus, dessen Tastenkombination Sie ändern möchten.

4. Drücken Sie anschließend die neue Tastenkombination.

Sollte diese Tastenkombination bereits vergeben sein, sehen Sie im linken unteren Bereich der Dialogbox, welchem Befehl sie momentan zugewiesen ist. Nachdem Sie alle gewünschten Tastenkombinationen erzeugt haben, klicken Sie auf *OK.*

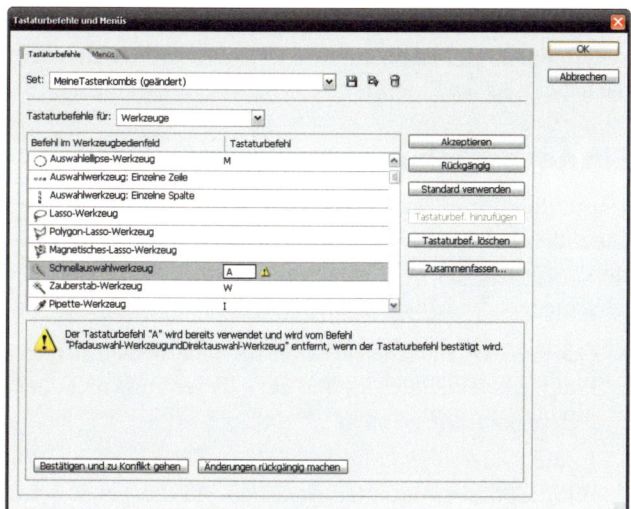

Abbildung 2.2
Ist eine Tastenkombination bereits vergeben, erhalten Sie eine entsprechende Konfliktmeldung.

Auch die Menübefehle lassen sich seit der Version CS3 anpassen, zum Beispiel farbig hervorheben oder ganz aus den Menüs entfernen. Wählen Sie *Bearbeiten → Menüs.*

- Um einen Befehl aus den Menüs zu entfernen, klicken Sie auf das zugehörige Augensymbol 👁.

- Möchten Sie einen Menübefehl farbig hinterlegen, klicken Sie auf *Ohne* und wählen Sie die gewünschte Farbe.

Vordefinierte und eigene Arbeitsbereiche

◀ **Neu in CS4**

Alle diese Änderungen können Sie in einem sogenannten Arbeitsbereich speichern. Es handelt sich dabei um eine bestimmte Konstellation aus Bedienfeldanordnungen, Menübefehlen und Tastenkombinationen.

Legen Sie sich für bestimmte Aufgabengebiete eigene Arbeitsbereiche zurecht – solche für Webgrafiken, für die Fotooptimierung, für die Textbearbeitung usw. Diese lassen sich dann per Menübefehl abrufen.

Sobald Sie sich Ihre Arbeitsoberfläche wie gewünscht eingerichtet und angeordnet haben, sichern Sie diese, indem Sie ganz rechts oben im Photoshop-Fenster auf die Schaltfläche mit der auffällig großen Beschriftung (in der Grundeinstellung ist hier *Grundarbeitsbereich* zu lesen) und dann auf *Arbeitsbereich speichern* klicken. Anschließend ist Ihr eigener Arbeitsbereich mit einem Klick über das *Arbeitsbereich*-Menü verfügbar.

Aber auch verschiedene vordefinierte Arbeitsbereiche bietet Ihnen Photoshop CS4 – Bedienfeldanordnungen und ausgeblendete bzw. farbig hinterlegte Menübefehle – für unterschied-

Abbildung 2.3
Photoshop bietet verschiedene vordefinierte Arbeitsbereiche und die Möglichkeit, eigene Arbeitsbereiche zu speichern.

liche Aufgabenbereiche. Sie erreichen diese ebenfalls über das genannte Menü. Mit dem Befehl *Grundarbeitsbereich* zeigen Sie dabei stets die Photoshop-CS4-Grundeinstellung an.

Ein neues Dokument anlegen

Um in Photoshop ein Bild zu erstellen, wählen Sie im Menü *Datei* den Befehl *Neu* oder drücken Sie die Tastenkombination `Strg`/`⌘` + `N`. In der Dialogbox *Neu* nehmen Sie verschiedene Bildeinstellungen vor.

Hinweis

Wählen Sie in der *Dialogbox* Neu rechts neben *Breite* den Eintrag *Spalten*, können Sie das Bild für ein Satzprogramm mit bestimmten Satzanweisungen vorbereiten, da Sie dann feste Spalten und Abstände verwenden (einige Layoutprogramme benutzen die Spaltenbreite, um die Darstellung eines Bilds innerhalb von Spalten zu definieren). Spalten und Abstände legen Sie in den Voreinstellungen von Photoshop unter *Masseinheiten und Lineale* fest.

- Geben Sie im Eingabefeld *Name* bei Bedarf einen aussagekräftigen Namen für das Bild ein – dieser muss nicht dem Dateinamen entsprechen.

- In die Felder *Breite* und *Höhe* geben Sie die gewünschte Bildgröße ein. Beachten Sie, dass Sie die gewünschte Maßeinheit rechts neben dem Feld über das Popup-Menü festlegen. Im Eingabefeld *Auflösung* bestimmen Sie die gewünschte Auflösung.

- Über das Popup-Menü *Farbmodus* wählen Sie den Farbmodus des Bilds, z.B. *RGB-Farbe*, *CMYK-Farbe* oder *Graustufen*. Diese Eigenschaft ändern Sie bei Bedarf später noch.

- Legen Sie dann im Dialogbereich *Hintergrundinhalt* den Hintergrund für das Bild fest. Wählen Sie zwischen *Weiß*, *Hintergrundfarbe* und *Transparent*. Mit *Hintergrundfarbe* erhalten Sie die aktuell in Photoshop eingestellte Hintergrundfarbe.

- Benötigen Sie die jetzt festgelegten Parameter auch für weitere neue Bilder, klicken Sie auf die Schaltfläche *Vorgabe speichern*. Von nun an lässt sich die neue Einstellung über das Popup-Menü *Vorgabe* abrufen.

Abbildung 2.4

In der Dialogbox Neu *legen Sie die Eigenschaften Ihres neuen Bilds fest.*

Abmessungen der Zwischenablage verwenden

Haben Sie Bilddaten in die Zwischenablage kopiert und wählen Sie anschließend in Photoshop den Befehl *Datei* → *Neu*, dann sind in der Dialogbox die entsprechenden Pixelmaße und der entsprechende Farbmodus bereits voreingestellt. Nach dem Erstellen eines leeren Bilds auf dieser Grundlage können Sie die Bilddaten aus der Zwischenablage mit *Bearbeiten* → *Einfügen* passgenau in das neue Dokument einfügen.

Manchmal ist dieses Verhalten jedoch gerade nicht erwünscht. In diesem Fall halten Sie die Alt-Taste gedrückt, während Sie die Dialogbox *Neu* öffnen. Dann ignoriert Photoshop den Inhalt der Zwischenablage und verwendet die beim letzten Erstellen eines neuen Dokuments gewählten Einstellungen.

Bilder öffnen

Vorhandene Bilder öffnen Sie mit der Befehlsfolge *Datei* → *Öffnen* oder – unter Windows – mit einem Doppelklick auf die leere Arbeitsfläche. Falls Sie lieber über die Tastatur arbeiten, verwenden Sie die Tastenkombination Strg/⌘ + O.

Bilder aus dem Explorer öffnen
Sie können Bilder auch öffnen, indem Sie sie aus dem Explorer oder Finder in das Photoshop-Fenster ziehen.

Abbildung 2.5
Vorhandene Bilder öffnen Sie über die Dialogbox Öffnen.

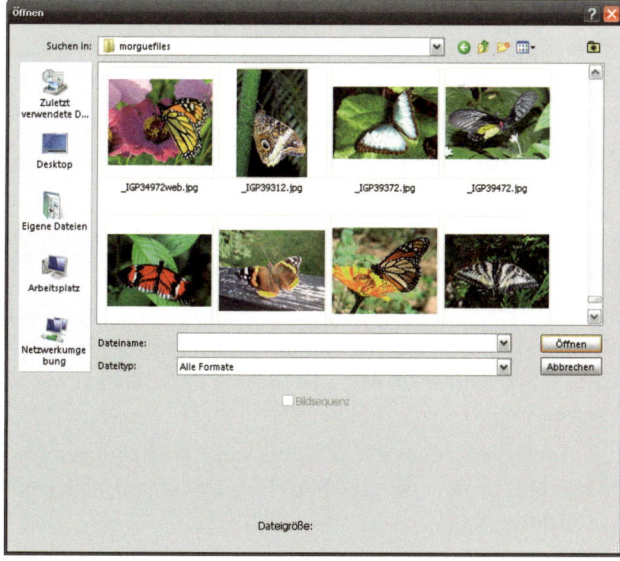

- In der angezeigten Dialogbox wählen Sie das Laufwerk und den Ordner, in dem sich das Bild befindet.

Profilmeldungen

Wenn Sie beim Öffnen Ihrer Bilder Profilmeldungen erhalten, sind diese in den Photoshop-Farbeinstellungen aktiviert. Dann erhalten Sie eine Meldung, sobald Sie ein Bild öffnen, dessen Farbprofil vom aktuellen Arbeitsfarbraum abweicht oder das über gar kein Profil verfügt. Für die normale Bildbearbeitung sollten Sie das Optionsfeld *Eingebettetes Profil verwenden (anstelle des Arbeitsfarbraums)* aktivieren.

Damit die Meldung nicht mehr erscheint und Ihre Bilder Ihre Profile automatisch beibehalten, schließen Sie alle Dokumente und wählen *Bearbeiten → Farbeinstellungen*. Deaktivieren Sie in den *Farbmanagement-Richtlinien* im Popup-Menü *RGB* die Option *Eingebettete Profile beibehalten*. Neben *Profilabweichung* deaktivieren Sie *Beim Öffnen wählen* und *Beim Einfügen wählen*.

Hinweis

Belassen Sie das Kontrollkästchen *Glätten* aktiviert, damit die Konturenränder glatt bleiben.

- Darunter sehen Sie in einer Liste die Dateien, die dem Dateityp im Popup-Menü *Zeigen* (MacOS) bzw. *Dateityp* (Windows) entsprechen.

- Wählen Sie mit einem Klick auf den Dateinamen das gewünschte Bild. Möchten Sie mehrere aufeinanderfolgende Dateien zum Öffnen auswählen, halten Sie beim Anklicken die ⇧-Taste gedrückt. Mit der ⌜Strg⌟/⌘-Taste wählen Sie beliebig viele nicht aufeinanderfolgende Dateien aus.

- Klicken Sie zuletzt auf die Schaltfläche *Öffnen*.

Photoshop öffnet das ausgewählte Bild.

Möchten Sie eine sehr große Datei mit Ebenen öffnen, können Sie – vorausgesetzt, dass Sie die Aufteilung in Ebenen nicht benötigen – beim Öffnen die Tastenkombination ⌜Alt⌟ + ⇧ gedrückt halten. Die folgende Frage bestätigen Sie mit *Ja*. Photoshop öffnet die Datei dann auf eine Ebene reduziert, was sehr viel schneller geht, da die Datei häufig nur noch ein Zehntel ihrer ursprünglichen Größe hat.

Die zuletzt verwendeten Bilder öffnen

Die zuletzt geöffneten Bilder führt Photoshop im Menü *Datei → Letzte Dateien öffnen* auf. Mit einem Klick öffnen Sie das gewünschte Bild. Voreingestellt sind zehn zuletzt geöffnete Bilder; möglich sind bis zu 30 – Sie legen dies über *Bearbeiten → Voreinstellungen → Dateien verarbeiten* fest.

PDF-, EPS- und Illustrator-Dateien in Photoshop platzieren

Mit dem Befehl *Platzieren* öffnen Sie PDF-, EPS-, Raw- und AI-Dateien und platzieren sie in Ihrem Photoshop-Dokument.

Das Besondere dabei ist seit der Version CS2, dass diese Elemente (Smart Objects genannt) zunächst ohne Qualitätsverluste bearbeitbar bleiben, bis Sie sich entschließen, sie zu rastern.

1. Öffnen Sie zunächst ein leeres oder vorhandenes Dokument, in dem Sie das PDF/EPS-Dokument platzieren möchten.

2. Wählen Sie dann im Menü *Datei* den Befehl *Platzieren*.

3. In der Dialogbox *Platzieren* wählen Sie die gewünschte Datei aus und bestätigen mit *Platzieren*.

Abbildung 2.6
Sie haben die Wahl: Entweder Sie platzieren eine ganze Seite (siehe Abbildung) oder ein bestimmtes Bild aus der PDF-Datei.

Falls es sich um ein PDF-Dokument handelt, erscheint eine weitere Dialogbox, in der Sie entscheiden können, ob Sie eine ganze Seite oder nur ein Bild aus der PDF-Datei platzieren möchten.

- Möchten Sie eine ganze Seite im Photoshop-Dokument platzieren, wählen Sie aus dem oberen Popup-Menü den Eintrag *Seite* und klicken in der Vorschau die entsprechende Seite an. Bestätigen Sie mit *OK*.

- Möchten Sie nur ein bestimmtes Bild aus dem PDF-Dokument in Photoshop platzieren, wählen Sie aus dem Popup-Menü den Eintrag *Bild*. In der Vorschau zeigt Photoshop Ihnen daraufhin alle Bilder, die im PDF-Dokument enthalten sind. Wählen Sie das gewünschte Bild aus und bestätigen Sie mit *OK*.

Damit Photoshop die Datei endgültig im Dokument platziert, betätigen Sie die ⏎-Taste, doppelklicken direkt auf die eingefügte Datei oder wählen Sie aus dem Kontextmenü den Befehl *Platzieren*. Das Dokument erscheint auf einer neuen Ebene (siehe Kapitel 9) im Photoshop-Dokument. Sie können es nun beliebig skalieren oder transformieren (mehr darüber erfahren Sie in Kapitel 4), ohne dass es dabei zu Qualitätsverlusten kommt. Eine als Smart Objekt platzierte Vektorgrafik lässt sich mit einem Doppelklick in Illustrator öffnen, bearbeiten und dann in Photoshop aktualisieren. Am Schluss rastern Sie die Ebene mit dem so erzeugten Smart Objekt. In Kapitel 9 erfahren Sie mehr über die Vorgehensweise.

Warndialoge wiederherstellen

Haben Sie schon einmal einen Warndialog über das Kontrollkästchen *Nicht wieder anzeigen* deaktiviert? Wenn Sie den entsprechenden Befehl anschließend erneut wählen, wird kein Warndialog mehr angezeigt, auch nicht nach dem Schließen und erneuten Öffnen von Photoshop.

Möchten Sie die Warndialoge später wieder anzeigen, wählen Sie *Photoshop/Bearbeiten → Voreinstellungen → Allgemein*. Hier klicken Sie auf *Alle Warndialogfelder zurücksetzen* und bestätigen mit *OK*. Von nun an werden alle Warndialoge wieder angezeigt. Einzelne Warndialoge lassen sich auf diese Weise aber nicht zurückholen; Photoshop aktiviert stets alle Warnungen.

Abbildung 2.7
Eine EPS-Datei wurde direkt als Photoshop-Dokument geöffnet.

Ein PDF/EPS-Dokument als Photoshop-Dokument öffnen

Sie können eine PDF- oder EPS-Datei in einem Photoshop-Dokument nicht nur platzieren, sondern diese Dateitypen auch direkt in Photoshop öffnen. Dabei rastert Photoshop die EPS- oder PDF-Datei automatisch.

Es ist in diesem Fall nicht notwendig, ein leeres Dokument bereitzustellen. Stattdessen verwenden Sie wie üblich die Dialogbox *Öffnen*:

1. Wählen Sie im Menü *Datei* den Befehl *Öffnen*. In der Dialogbox *Öffnen* wählen Sie die Datei aus und klicken auf die Schaltfläche *Öffnen*.

2. In der Dialogbox *Generisches EPS/PDF-Format wird gerastert* nehmen Sie verschiedene Einstellungen vor, wie Breite, Höhe, Maßeinheiten, Auflösung, Glättung.

3. Bestätigen Sie mit *OK*.

4. Photoshop führt die Konvertierung durch und zeigt während dieses Vorgangs eine Fortschrittsleiste. Hier haben Sie die Möglichkeit, die Operation noch abzubrechen.

Nach dem Vorgang erscheint die PDF- oder EPS-Datei mit Ihren Einstellungen als Photoshop-Dokument. Es wird endgültig gerastert.

Zwischen geöffneten Fenstern wechseln

Neu in CS4 ▶

Wenn Sie mehrere Bilder geöffnet haben, blättern Sie diese in der Grundeinstellung über die Register am oberen Fensterrand durch. Das Register des aktuellen Bilds erscheint dabei hervorgehoben.

Abbildung 2.8
Das Register des jeweils aktiven Bilds erscheint hervorgehoben, heller, als die anderen.

 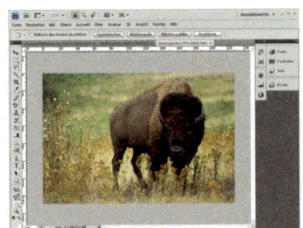

Möchten Sie die Bilder lieber nebeneinander auf Ihrem Bildschirm anordnen, um sie alle gleichzeitig zu betrachten, klicken Sie in der Menüleiste auf das Symbol *Dokumente anordnen* 🔲 und wählen Sie die gewünschte Darstellungsart. Oder Sie halten die Maustaste auf einem Dokumentregister gedrückt, ziehen und legen es an der gewünschten Stelle wieder ab. Damit löst sich das Fenster aus der Registergruppe und wird zum frei schwebenden Fenster mit einem Photoshop-Symbol im linken oberen Bereich. Sie haben dieses Prinzip bei der Arbeit mit den Bedienfeldern kennengelernt.

Mit dieser Technik lassen sich auch mehrere schwebende Fenster zu einer Gruppe aneinanderdocken: Ziehen Sie ein Dokumentregister oder eine Dokumentfenster-Titelzeile auf ein anderes Dokumentfenster, bis dieses einen blauen Rahmen erhält. Dann lassen Sie die Maustaste los. Die neue Gruppe lässt sich nun gemeinsam auf der Arbeitsfläche verschieben.

Mit *Fenster → Anordnen → Wiederholen* lassen sich schwebende Fenster auf der Arbeitsfläche kacheln (siehe folgende Abbildung) oder mit *Fenster → Anordnen → Überlappen* in einem Stapel übereinanderlegen.

Abbildung 2.9
Das Symbol Dokumente anordnen bietet Ihnen vielfältige Möglichkeiten, die geöffneten Bilder anzuzeigen.

Abbildung 2.10
Hier wurden zwei Bilddateien zu einer schwebenden Gruppe zusammengefasst. Diese lässt sich frei auf der Arbeitsfläche umherziehen.

Abbildung 2.11
In der gekachelten Ansicht haben Sie alle geöffneten Bilder gleichzeitig im Blick.

Bilder grundsätzlich in schwebenden Fenstern öffnen

Sagt Ihnen die neue Darstellungsweise mit den Registern nicht zu? Möchten Sie Ihre Bilder lieber wie bis zur Version CS3 in schwebenden Fenstern öffnen? Dann wählen Sie *Bearbeiten/Photoshop → Voreinstellungen* und deaktivieren Sie das Kontrollkästchen *Dokumente als Registerkarten öffnen*.

Mit *Fenster → Alle in Registerkarten zusammenlegen* gelangen Sie in die Standardansicht mit den Registern am oberen Dokumentfensterrand zurück.

Weitere Ansicht des aktiven Fensters erstellen

Bei Bedarf erstellen Sie weitere Bildschirmansichten des aktiven Bilds und stellen Sie verschiedene Zoomstufen ein. So lässt sich beispielsweise ein Detail unter die Lupe nehmen, ohne dass Sie den Gesamtüberblick verlieren. Wählen Sie im Menü *Fenster* den Befehl *Anordnen → Neues Fenster für „Dokumentname"*. Eine zweite Ansicht des Bilds erscheint. Sie können beliebig viele Ansichten erstellen, solange es der Speicher zulässt.

Abbildung 2.12

Hier wurden über den Befehl Neue Ansicht *zwei Ansichten desselben Bilddokuments erstellt. So können Sie beispielsweise gleichzeitig Details und eine Übersicht Ihres Bilds betrachten.*

Kompatibilität maximieren

Wenn Sie eine Bilddatei mit mehreren Ebenen im PSD-Format speichern möchten, erhalten Sie einen Dialog mit der Möglichkeit, die „Kompatibilität zu maximieren". Wenn Sie keine ältere Photoshop-Version benutzen und Ihre Dateien auch nicht an andere Nutzer mit älteren Versionen weitergeben möchten, können Sie das Kontrollkästchen gefahrlos deaktivieren. Sie erhalten dann eine kleinere Datei.

Lassen Sie das Kontrollkästchen hingegen aktiviert, wird die Datei zwar größer, doch Photoshop versucht, eine mit älteren Photoshop-Versionen kompatible Datei zu erzeugen.

Wenn Sie Ihre Entscheidung für alle künftig zu speichernden Bilder im Voraus treffen möchten, wählen Sie *Bearbeiten/Photoshop → Voreinstellungen → Dateihandhabung*. Im Popup-Menü *Kompatibilität von PSD- und PSB-Dateien maximieren* wählen Sie die gewünschte Option.

Dokumente speichern

Möchten Sie Ihr bearbeitetes Dokument dauerhaft auf der Festplatte oder einem auswechselbaren Datenträger aufbewahren, müssen Sie es speichern. Öffnen Sie dazu das Menü *Datei* und wählen Sie den entsprechenden Befehl. Ihnen stehen vier Befehle zum Speichern zur Verfügung: *Speichern, Speichern unter* und *Für Web und Geräte speichern* sowie *Eine Version speichern*.

- Wählen Sie den Befehl *Speichern*, wenn Sie ein Bild zum ersten Mal speichern oder wenn Sie es schon gespeichert haben (Dateiname und Speicherort also schon bekannt sind) und Sie es nur noch auf den neuesten Stand bringen möchten.

- Wählen Sie *Speichern unter*, wenn Sie ein Bild bereits gespeichert haben und es nun an einem anderen Ort speichern möchten. Dabei verändert sich das Originalbild nicht.

- Wählen Sie *Für Web und Geräte speichern*, bereiten Sie das Bild nach der Bearbeitung in Photoshop für das Web vor.

In einer eigenen Dialogbox nehmen Sie webspezifische Einstellungen für das Bild vor. Mehr dazu in Kapitel 16.

Abbildung 2.13
Genaue Informationen zum Speichern von Bildern für das Web erhalten Sie in Kapitel 16.

Zurück zur letzten Version

Wenn Sie in Photoshop ein gespeichertes Bild bearbeitet haben, mit dem Ergebnis aber nicht zufrieden sind und doch lieber wieder die alte Fassung des Bilds hätten, kehren Sie einfach zur letzten gespeicherten Fassung zurück.

1. Wählen Sie dazu im Menü *Datei* den Befehl *Zurück zur letzten Version*. Alternativ drücken Sie die Taste F12 .

2. Photoshop stellt die zuletzt gespeicherte Datei wieder her. Beachten Sie dabei, dass das Programm diese Operation ohne Meldung oder Nachfrage durchführt. Sie sollten sich daher wirklich sicher sein, bevor Sie diesen Befehl auswählen.

Eine Alternative bietet das *Protokoll*-Bedienfeld. Mehr über dieses Bedienfeld erfahren Sie in Kapitel 3.

Mit Adobe Bridge arbeiten

Mit dem Kauf von Photoshop CS4 bzw. der Creative Suite haben Sie auch Adobe Bridge erworben. Dieses Programm, das Sie auch unabhängig von Photoshop bzw. den Programmen der Creative Suite aufrufen können, ist mehr als ein bloßer Dateibrowser, denn Sie können Ihre Dokumente damit auf äußerst praktische Weise verwalten.

Um Adobe Bridge zu öffnen, wählen Sie *Datei → Schließen und zu Bridge gehen* oder *Datei → In Bridge suchen*. Ganz rechts in der Optionenleiste finden Sie darüber hinaus eine Schaltfläche zum Öffnen von Adobe Bridge Br.

Nun können Sie mit Adobe Bridge arbeiten. Der Umgang damit ist fast intuitiv. Sie können hier nicht nur Bilddateien betrachten und verwalten, sondern auch AI-, INDD-, PDF- und andere. Bei PDF-Dateien blättern Sie auch durch die einzelnen Seiten.

Im linken oberen Bereich finden Sie das Arbeitsplatzsymbol, das Ihnen auf einen Klick den Inhalt Ihrer Datenträger zeigt. Damit navigieren Sie wie im Windows Explorer bzw. im Mac-Finder.

Sobald Sie einen Ordner mit Bilddateien geöffnet haben, erscheint im großen Inhaltsfenster der Bildinhalt dieses Ordners. Klicken Sie hier ein Bild an, erscheint im rechten oberen Bereich eine Vorschau, im Register *Metadaten* sehen Sie eine Bildbeschreibung. Mit einem Doppelklick öffnen Sie das jeweilige Bild in Photoshop.

Darstellung der Bilder in Adobe Bridge ändern

Die Größe und Darstellungsweise der Miniaturen im Haupt-Inhaltsbereich von Bridge lässt sich verändern. Am schnellsten regulieren Sie die Darstellungsgröße der Miniaturen über den Regler am unteren Fensterrand.

Die Darstellung von Adobe Bridge anpassen

Abbildung 2.14
Über den Regler am unteren Fensterrand ändern Sie die Darstellungsgröße der Vorschaubilder.

Bei Bedarf blenden Sie die linken oder rechten Teilfenster des Bridge-Fensters aus. Führen Sie dazu einen Doppelklick auf den senkrechten Trennbalken zwischen Vorschaubereich und

Teilfenstern aus. Damit maximieren Sie den Ansichtsbereich für die Vorschaubilder.

Mit einem weiteren Doppelklick auf den linken oder rechten Balken am Fensterrand blenden Sie die Teilfenster wieder ein.

Bilder in Adobe Bridge mit Stichwörtern versehen

In Bridge können Sie zu jedem Bild thematische Stichwörter eingeben. Gerade wenn Sie sehr viele Digitalfotos auf Ihrem Datenträger haben, ist Ihnen dies garantiert eine große Hilfe, wenn Sie später Bilder zu einem bestimmten Thema suchen. Aber auch wenn Sie Ihre Bilder bei Online-Agenturen wie etwa istockphoto zum Verkauf anbieten oder sie in Photo-sharing-Sites wie Flickr oder Fotocommunity präsentieren möchten, sind die Stichwörter in Bridge praktisch, weil Sie die Bilder auf den Sites dann nicht mehr gesondert verschlagworten müssen.

Standardmäßig finden Sie das Register *Stichwörter* in der rechten unteren Ecke des Bridge-Fensters.

Wie Sie sehen, enthält das Bedienfeld bereits einige vordefinierte Stichwortkategorien wie *Ereignisse* und *Orte*. Sie sind nicht auf diese Kategorien beschränkt, sondern können über das Bedienfeldmenü bzw. das Kontextmenü (Rechtsklick bzw. Klick mit gedrückter Ctrl -Taste) und den Befehl *Neues Stichwort* eine eigene Kategorie anlegen.

Um einer Kategorie Stichwörter hinzuzufügen, öffnen Sie auf dieser das Kontextmenü und wählen dann den Befehl *Neues untergeordnetes Stichwort*. Um die angelegten Stichwörter zuzuweisen, aktivieren Sie die Kontrollkästchen vor ihren Namen.

Ganz praktisch: Sie können auch gleich mehrere Bilder mit gedrückter ⇧ - bzw. Strg / ⌘ -Taste auswählen und diese mit denselben Stichwörtern versehen.

Und falls Sie keine Überkategorien benötigen, dann können Sie die Stichwörter auch direkt im nachfolgend beschriebenen Bereich *IPTC-Kern* des Registers *Metadaten* eingeben.

Bilder in Adobe Bridge mit Copyright-Hinweisen versehen

Im Register *Metadaten* finden Sie den Bereich *IPTC-Kern* mit dem Feld *Copyrighthinweis*. Wählen Sie die gewünschte Bilddatei aus, klicken Sie in dieses Feld und geben Sie den Namen

Bridge beschleunigen

Bridge arbeitet auf einem Rechner mit geringer Leistungsstärke recht langsam. Normalerweise greift der Bridge-Cache auf die Festplatte mit dem Betriebssystem zu. Sollte diese relativ voll sein, verwenden Sie besser ein anderes, leeres Laufwerk: Wählen Sie in Bridge *Bearbeiten → Voreinstellungen → Cache*. Geben Sie als *Cache-Speicherort* einen Pfad auf einem anderen Laufwerk mit viel freiem Speicher an.

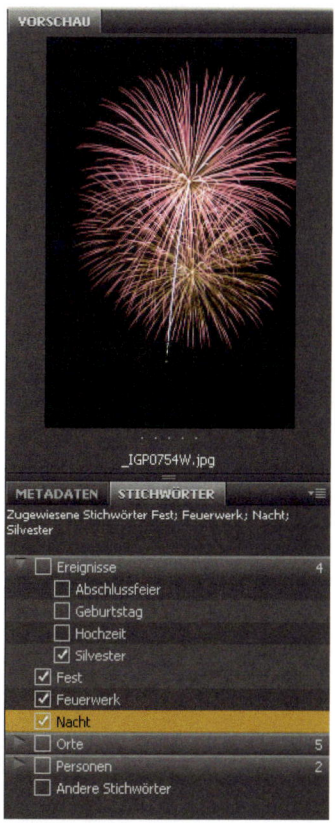

Abbildung 2.15
Stichwörter sind eine gute Hilfe beim späteren Wiederauffinden Ihrer Bilder.

Abbildung 2.16

Copyright-Daten sollten vor allem dann nicht fehlen, wenn Sie Ihre Bilder etwa über das Internet weitergeben möchten.

des Urheberrechtsinhabers ein. Füllen Sie bei Bedarf auch die übrigen Felder aus und bestätigen Sie Ihre Eingaben mit einem Klick auf die häkchenförmige *Anwenden*-Schaltfläche in der rechten unteren Ecke.

Bilder in Adobe Bridge bewerten

Jedes Bild kann eine Bewertung in Form von einem bis fünf Sternen sowie farbige Markierungen erhalten. Nutzen Sie diese Möglichkeit beispielsweise, um Bilder für ein bestimmtes Projekt blau zu kennzeichnen und die für ein anderes Projekt grün.

1. Um ein Bild zu bewerten oder zu markieren, öffnen Sie das Menü *Beschriftung*.

2. Wählen Sie die gewünschte Bewertung von * bis *****.

3. Schneller geht es mit Tastenkombinationen: In der Grundeinstellung verwenden Sie die Tastenkombination Strg/⌘ + 1 bis Strg/⌘ + 5 für die Bewertungen und die Tastenkombination Strg/⌘ + , bzw. Strg/⌘ + ., um die Wertung schrittweise zu erhöhen bzw. schrittweise zu verringern. Auch für die verschiedenen Markierungsarten gibt es Tastenkombinationen:

- Strg/⌘ + 6: Auswählen
- Strg/⌘ + 7: Sekunde
- Strg/⌘ + 8: Genehmigt
- Strg/⌘ + 9: Aufgabe

Über *Bearbeiten → Voreinstellungen → Beschriftungen* können Sie die Tastenkombinationen so ändern, dass sie ohne Strg/⌘-Taste abrufbar sind.

Bilder in Adobe Bridge filtern

Anschließend können Sie Ihre Bilder gemäß der Bewertungen und Markierungen filtern. Und ebenso wichtig – auch nach ihren Stichwörtern lassen sich Bilder filtern. So finden Sie schnell Bilder zu einem bestimmten Thema. Wählen Sie dazu im linken Teilfenster unter *Filter* das gewünschte Kriterium aus (zum Beispiel *Dateityp*, *Stichwörter* oder *Wertungen*) setzen Sie anschließend mit einem Klick einen Haken vor der Eigenschaft, nach der Sie filtern möchten. Adobe Bridge zeigt nur noch diejenigen Bilder an, auf die die gewählte Eigenschaft zutrifft. Selbstverständlich lassen sich die verschiedenen Kriterien und Eigenschaften dabei kombinieren.

Bilder in Adobe Bridge suchen

Auch eine Suchfunktion bietet Adobe Bridge. Verwenden Sie dazu das Suchfeld in der oberen rechten Ecke von Adobe Bridge. Hier geben Sie Ihre Suchbegriffe ein und drücken Sie die ⏎-Taste. Bridge zeigt Ihnen die gefundenen Bilder im Inhaltsbereich.

Komplexere Suchfunktionen führen Sie über den Befehl *Bearbeiten* → *Suchen* (Strg/⌘ + F) durch. Nach der Durchführung der komplexen Suche klicken Sie im oberen Beeich des Inhaltsfensters auf das Symbol *Als Smart-Kollektion speichern* 🖼. Damit fassen Sie die Funde in einer neuen Bildsammlung zusammen, die Sie von nun an jederzeit parat haben und die automatisch aktualisiert wird.

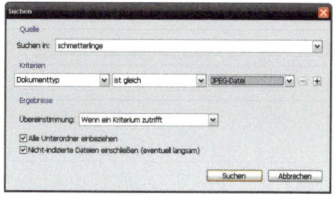

Abbildung 2.17
Der Suchdialog bietet komplexere Möglichkeiten als das Suchfeld.

Mehrere Bilder in Adobe Bridge gleichzeitig umbenennen

Sehr praktisch ist die Funktion, mehrere Bilder in Adobe Bridge in einem Zug umzubenennen. Es ist beispielsweise möglich, alle Bilder in einem bestimmten Ordner umzubenennen.

1. Wählen Sie den entsprechenden Ordner in Adobe Bridge. Oder wählen Sie im Vorschaubereich mehrere Dateien.

2. Rufen Sie anschließend den Befehl *Werkzeuge* → *Stapel-Umbenennung* auf.

3. Wählen Sie gegebenenfalls einen neuen *Zielordner*, in dem die umbenannten Bilder gespeichert werden. Alternativ belassen Sie sie im aktuellen Ordner.

4. Legen Sie die *Neuen Dateinamen* fest. Betrachten Sie dazu die Vorschau des neuen Dateinamens am unteren Dialogboxrand.

Bilder in Camera Raw öffnen und bearbeiten

Falls Ihre Digitalkamera Raw-Daten liefert, die von Photoshop unterstützt werden, können Sie diese originalen Rohdaten bezüglich Farbtemperatur, Belichtung, Schärfe usw. bearbeiten. Damit das klappt, muss Ihre Kamera Raw-Daten liefern, die Photoshop unterstützt.

Auf *www.adobe.com/products/photoshop/cameraraw.html* finden Sie eine Liste aller von Photoshop unterstützten Kameramodelle.

Das Camera Raw-Plug-in

Hier kommt das *Camera Raw-Plug-in* von Photoshop ins Spiel. Dieses erkennt eine ganze Reihe von Raw-Daten verschiedener Hersteller. Um es zu aktivieren, müssen Sie lediglich eine Raw-Datei öffnen – entweder über *Datei* → *Öffnen* oder über Adobe Bridge oder über einen Doppelklick im Explorer/Finder. Besonders praktisch ist auch hier die Arbeit mit Adobe Bridge. Photoshop aktiviert das Plug-in selbstständig und zeigt Ihnen die zugehörige Dialogbox an. In dieser können Sie die verschiedensten Bearbeitungen an Ihren Raw-Daten vornehmen.

Aber nicht nur RAW-Bilder, sondern auch JPEG- und TIFF-Bilder können Sie in Camera Raw öffnen und bearbeiten. Wählen Sie dazu *Bearbeiten/Photoshop* → *Voreinstellungen* → *Camera RAW*. Wählen Sie unter *JPEG- und TIFF-Handhabung* aus dem Popup-Menü *JPEG* bzw. dem Popup-Menü *TIFF* den Eintrag *Alle unterstützten JPEG-Dateien automatisch öffnen* bzw. *Alle unterstützten TIFF-Dateien automatisch öffnen*. Bestätigen Sie mit *OK*. Von nun an werden die JPEG- bzw. TIFF-Bilder automatisch im Photoshop-Camera-RAW-Plug-in geöffnet.

Der Nachteil dieser Vorgehensweise ist, dass Sie nicht parallel in Photoshop arbeiten können, sondern erst, wenn Sie das

---

Was sind Camera Raw-Daten?

Die meisten Kameras für den Hobbybereich speichern die Bilder im JPG-Format, während professionelle Digitalkameras häufig mit RAW-Daten arbeiten. Der Vorteil von JPEG-Dateien ist ihre geringe Größe und die Tatsache, dass so gut wie jedes Programm sie verarbeiten kann. JPEG-Bilder sind deshalb so klein, weil ihre Komprimierung mit Verlusten einhergeht. Je stärker die Komprimierung, desto höher die Detailverluste im Bild.

Wenn Ihre Kamera die Bilder im JPEG-Format speichert, bedeutet das aber auch, dass alle internen Einstellungen für die Farbbalance, die Farbtemperatur etc. von der Kamera vorgenommen und in die Datei eingebettet werden. RAW-Daten hingegen haben ein proprietäres Format, das bei jedem Hersteller anders ist – häufig sogar spezifisch für ein bestimmtes Kameramodell. RAW-Daten werden verlustfrei komprimiert. Ihr Nachteil ist, dass sie recht viel Speicherplatz benötigen. Der entscheidende Vorteil bei der Verwendung einer RAW-Datei ist, dass das Bild kameraintern so gut wie keine Veränderungen erfahren hat – es wurde weder geschärft, noch wurde sein Weißpunkt verändert. Die RAW-Datei lässt sich mit einem digitalen Negativ vergleichen, das JPEG-Bild mit einem entwickelten Foto. Mit einer RAW-Datei können Sie auch im 16-Bit-Modus arbeiten, während JPEG-Dateien stets 8 Bit haben.

RAW-Daten bieten demnach einen deutlich besseren Ausgangspunkt zur Nachbearbeitung Ihrer Aufnahmen als JPEG-Daten. Aufgrund der Unterschiedlichkeit der einzelnen RAW-Dateiformate ist allerdings ein spezielles Programm nötig, um diese Daten zu dekodieren. Ein solches Programm ist in Photoshop CS4 in Form des Plug-ins Camera Raw 5.0 enthalten.

Camera-Raw-Fenster wieder schließen. Wenn Sie hingegen in Bridge mit gedrückter ⌈Ctrl⌉-Taste bzw. der rechten Maustaste auf das Bild klicken und aus dem Kontextmenü *In Camera Raw öffnen* wählen, öffnet sich das Bild im Bridge-Camera-Raw-Plug-in und Sie können parallel in Photoshop weiterarbeiten.

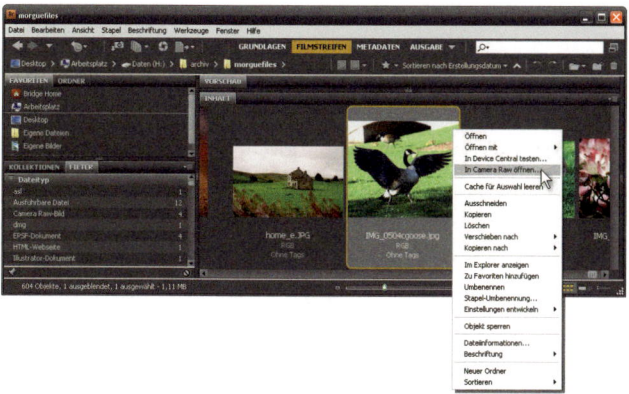

Abbildung 2.18
Auch JPEG-Bilder können Sie in Camera Raw öffnen – hier aus Bridge heraus, so dass Sie in Photoshop weiterarbeiten können.

Grundeinstellungen vornehmen

Zunächst zeigt der Raw-Dialog das Register *Anpassen* an. Dieses Register ist das wichtigste für die Abstimmung Ihres RAW-Bilds. Ein guter Ausgangspunkt für die Bearbeitung ist das Popup-Menü *Weißbalance*. Wählen Sie aus dem Popup-Menü *Weißabgleich* zunächst einfach den Begriff, der am besten auf Ihr Bild passt. Feinabstimmungen nehmen Sie dann über die zugehörigen Regler vor:

- Der Regler *Reparatur* hilft, die Details ausgefressener Lichter wiederherzustellen, ohne dass die Belichtung verringert werden muss. *Fülllicht* bringt mehr Zeichnung in unterbelichtete Bereiche.

- Der Regler *Dynamik* ist gut geeignet, wenn Sie die Sättigung in zu schwach gesättigten Bildteilen erhöhen möchten, ohne bereits ausreichend gesättigte Bereiche zu übersättigen. Diese Option ist dem darunter angeordneten Regler *Sättigung* meist vorzuziehen.

Die Tonwerte des RAW-Bilds korrigieren

Im Register *Gradationskurve* stimmen Sie die Tonwerte Ihres Bilds über eine Gradationskurve ab (vgl. Kapitel 14).

- Klicken Sie auf *Punkt*, können Sie Voreinstellungen aus dem Popup-Menü *Tonkurve* wählen und/oder die Kurve selbst biegen.

Gradationskurven
Mehr über die Arbeit mit den Gradationskurven erfahren Sie in Kapitel 14.

- Klicken Sie auf *Parametrisch,* nehmen Sie die Einstellungen über die Regler für *Lichter, Helle Farbtöne, Dunkle Farbtöne* und *Tiefen* vor. Gerade für Einsteiger, die noch nicht viel Erfahrung mit Gradationskurven haben, ist dies eine große Hilfe.

Während Sie die Regler bewegen, wird unmittelbar das Histogramm aktualisiert.

Die Bildschärfe verbessern

Im Register *Details* nehmen Sie gegebenenfalls eine Schärfung vor und bekämpfen Bildrauschen; Genaueres erfahren Sie ab Seite 63.

Die Farben der RAW-Datei justieren

Mit HSL können Sie die Farben Ihrer RAW-Datei kontrollieren. Auch fein abgestimmte Graustufenkonvertierungen lassen sich hier vornehmen, wenn Sie das Kontrollkästchen *In Graustufen konvertieren* aktivieren und die Tonwertverteilung mithilfe der Regler justieren.

Haben Sie auf diesem Gebiet noch nicht viel Erfahrung, verwenden Sie einfach die Einstellung *Auto.* Sie erhalten damit meist erstaunlich gute Ergebnisse. Mit einem Klick auf *Standard* lassen sich alle Einstellungen schnell wieder auf die Grundeinstellung zurücksetzen.

Kreative Teiltonungseffekte gestalten

Mit dem Register *Teiltonung* erzeugen Sie beispielsweise schnell die beliebten sepiagetonten oder andere getonte Bilder. Teiltonung oder Split-Toning ist eine effektvolle, traditionelle Schwarzweiß-Dunkelkammertechnik, bei der die Schatten eine Farbe erhalten und die Lichter eine andere. Mit Camera Raw lässt sich diese Technik sehr gut simulieren.

Konvertieren Sie Ihr Bild zuerst über das Register *HSL/Graustufen* in Schwarzweiß und arbeiten Sie anschließend mit den Reglern des Registers *Teiltonung,* um den Farbton und die Sättigung für Tiefen und Lichter gesondert anzupassen. Aber auch wenn Sie das Kontrollkästchen *Graustufen* nicht aktiviert haben, können Sie das Register *Teiltonung* verwenden – Sie erzielen dann kreative Effekte an Farbbildern.

In Kapitel 14 erfahren Sie, wie Sie direkt in Photoshop getonte Bilder gestalten.

Abbildung 2.19
Das Register HSL/Graustufen *dient zur farblichen Feinabstimmung Ihrer Datei.*

Abbildung 2.20
Das Register Teiltonung *eignet sich für kreative Bildeffekte.*

Blendenfehler korrigieren

Im Register *Objektivkorrekturen* korrigieren Sie gegebenenfalls zwei typische Fehler: die chromatische Aberration und die Vignettierung.

Eine Vignettierung äußert sich in Form von abgedunkelten Bildecken. Sie tritt vor allem bei Weitwinkelobjektiven auf. Siehe dazu die Abbildungen am Rand.

Farbfehler über das Register „Kamerakalibrierung" korrigieren

Über dieses Register nehmen Sie Farbabstimmungen vor – getrennt nach Farbton und Sättigung für die drei Grundfarben Rot, Grün und Blau.

Beschneidung in Tiefen und Lichtern anzeigen

Bei aktiviertem Kontrollkästchen *Vorschau* klicken Sie im Histogramm rechts oben auf die Symbole *Warnung zur Tiefenbeschneidung* ◣ und *Warnung zur Lichterbeschneidung* ◥. Sie erkennen nun Bildstellen, an denen Tiefen und Lichter einen extremen, einheitlichen Wert annehmen. Diese Zonen werden als rote (Lichter) bzw. blaue (Tiefen) Flächen dargestellt. Diese Ansicht zeigt Ihnen, wo in Ihrem Bild noch Korrekturbedarf hinsichtlich der Tonwerte besteht.

Die Werkzeugleiste des Camera-Raw-Fensters verwenden

Am oberen Rand des Camera-Raw-Fensters finden Sie eine Werkzeugleiste. Die Funktionen dieser Werkzeugleiste benennt das Bild auf der folgenden Seite. Die Retuschierfunktionen ähneln den entsprechenden, in Photoshop verfügbaren Features, die in Kapitel 14 ausführlich erläutert werden.

Chromatische Aberration

Die chromatische Aberration (Farblängsfehler) entsteht, wenn Lichtstrahlen von einer Linse unterschiedlich gebrochen werden und somit nicht auf denselben Punkt treffen. Sie verunstaltet das Bild durch Farbsäume und Unschärfen, besonders an kontrastreichen Objekten.

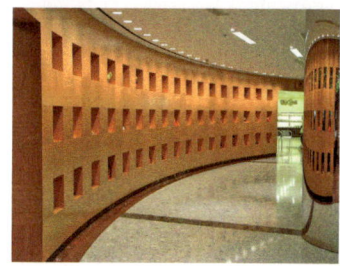

Abbildung 2.21 *Oben: chromatische Aberration. Mitte: Vignettierung. Unten: Nach der Korrektur der Vignettierung.*

Abbildung 2.22

Die Werkzeuge des Camera-Raw-Fensters – von links nach rechts:

1 – Zoomen und Schwenken

2 – Weißbalance und Farbmess-punkte einstellen

3 – Bild zuschneiden

4 – Bild gerade ausrichten

5 – Bildretuschen durchführen

6 – Rote Augen korrigieren

7 – Partielle Anpassungen

8 – Verlaufsförmige Anpassung

9 – Camera-Raw-Voreinstellungen

10 – Bild drehen

Neu in CS4 ▶

Neue Anpassung erzeugen

Eine neue Anpassung beginnen Sie mit einem Klick auf das Optionsfeld *Neu*. Visualisieren Sie die verschiedenen Anpassungen, indem Sie vor der Anpassung das Kontrollkästchen *Pins anzeigen* aktivieren. Sobald Sie nun mit der Korrektur beginnen, setzt Camera Raw an den Startpunkt eine „Stecknadel". Wenn Sie dann das Optionsfeld *Neu* aktivieren und erneut malen, also eine weitere Anpassung erstellen, erscheint am Startpunkt eine zweite Stecknadel.

Das Besondere ist nun, dass Sie mit der Maus auf eine solche Stecknadel zeigen können und Camera Raw Ihnen daraufhin den angepassten Bildbereich innerhalb einer Maske zeigt. Möchten Sie diese Anpassung nun entfernen, drücken Sie einfach die ⌨ Entf -Taste, um das Bild an dieser Stelle in seinen Urzustand zurückzuversetzen.

Auf zwei Funktionen der Werkzeugleiste möchten wir aber bereits hier eingehen. Sie sind neu in der Version CS4. Im Unterschied zu den bisher erläuterten Korrekturmöglichkeiten können Sie die Werkzeuge *Anpassungspinsel* und *Verlaufsfilter* gezielt auf einzelne Bereiche des in Camera Raw geladenen Bilds anwenden.

Beachten Sie jedoch: Zwar lassen die beiden nachfolgend beschriebenen Werkzeuge sich bestechend leicht anwenden – doch bessere, weil flexiblere Ergebnisse erzielen Sie auf jeden Fall in Photoshop selbst. Wie Sie dabei vorgehen, erfahren Sie im Detail in den kommenden Kapiteln.

Den Anpassungspinsel einsetzen

Nachdem Sie den Anpassungspinsel in der Camera-Raw-Werkzeugleiste ausgewählt haben, nehmen Sie im rechten Bereich die Einstellungen für das Werkzeug vor.

* Verkleinern oder vergrößern Sie den Pinsel über den Regler *Größe*. Direkt darunter stellen Sie die Weichheit des Pinsels ein. Beachten Sie dabei die beiden konzentrischen Kreise im Bild: Der innere Kreis stellt die Pinselgröße dar, der äußere Kreis mit der gestrichelten Kontur die Weichheit des Pinsels.

Abbildung 2.23

Die Werkzeuge des Camera-Raw-Fensters – von links nach rechts:

* Möchten Sie kleine Bildbereiche korrigieren, verringern Sie Pinselgröße und -weichheit.

* Für großflächige Korrekturen stellen Sie einen großen Pinseldurchmesser ein.

- Mit einer breiten weichen Kante stellen Sie sicher, das der Übergang zwischen korrigierten und nicht korrigierten Bereichen dem Betrachter nicht auffällt.

5. Nehmen Sie über die übrigen Regler die gewünschten Korrektureinstellungen vor.

6. Malen Sie mit gedrückter Maustaste über die Bereiche, die Sie korrigieren möchten.

Falls Sie nachträglich mit Teilen Ihrer Korrekturen nicht einverstanden sind, können Sie sie partiell zurücknehmen. Dazu dient das Optionsfeld *Radieren.*

Beachten Sie, dass Sie mit einem Klick auf dieses Optionsfeld Pinselgröße und -weichheit auf ihre ursprünglichen Werte zurücksetzen. Passen Sie diese beiden Parameter deshalb gegebenenfalls erneut an und übermalen Sie die korrigierten Bereiche.

Camera Raw nimmt die Korrektur zurück und versetzt das Bild an dieser Stelle in seinen ursprünglichen Zustand zurück.

Mit dem Verlaufsfilter-Werkzeug arbeiten

Aus der analogen Fotografie kennen Sie vielleicht den Grauverlaufsfilter. Es handelt sich dabei um eine halbseitig eingefärbte Filterscheibe mit einem mehr oder weniger harten Verlauf vom transparenten in den nicht transparenten Teil.

◀ **Neu in CS4**

Die eingefärbte Hälfte reduziert größere Helligkeiten und somit den Kontrast, zum Beispiel bei Landschaftsfotos, in denen der Himmel viel heller ist als der Boden.

Dann sieht entweder der Himmel gut aus und der Vordergrund „läuft zu" (ist zu dunkel) oder der Vordergrund ist gut ausgeleuchtet, der Himmel reißt aber aus (zeigt vollständig weiße Bereiche). In solchen Fällen leistet ein Grauverlaufsfilter gute Dienste.

In Photoshop können Sie diesen mit verschiedenen Techniken nachträglich ins Bild rechnen. Besonders leicht macht es Ihnen Camera Raw, wobei Sie hier nicht nur einen klassischen Grauverlaufsfilter simulieren können, sondern auch andere Verläufe, zum Beispiel von weniger nach stark gesättigt oder von weniger scharf nach scharf.

1. Nachdem Sie das *Verlaufsfilter*-Werkzeug in der Camera-Raw-Werkzeugleiste aktiviert haben, stellen Sie im rechten Bereich die gewünschten Parameter ein – beispielsweise einen negativen *Helligkeit*-Wert, wenn Sie den Himmel Ihres Bilds abdunkeln möchten.

2. Dann ziehen Sie den Verlauf mit gedrückter Maustaste auf. Bei aktiviertem Kontrollkästchen *Überlagerung anzeigen* signalisiert Ihnen die rote Farbe die Grenze, bis zu der die ursprünglichen Werte verwendet werden, die grüne Farbe zeigt den Bereich, in dem die von Ihnen eingestellte Anpassung vollständig erreicht ist.

Abbildung 2.24

Der obere Teil des Bilds wird mit einem Verlaufsfilter abgedunkelt.

Besonders gut können Sie sich dieses Prinzip verdeutlichen, indem Sie das Bild über den Parameter *Farbe* graduell einfärben.

Abbildung 2.25

Das nahezu monochrome Bild erhält über den Verlaufsfilter im unteren Bereich einen warmen Ton.

Stapelverarbeitung in Camera Raw

Sie können in Camera Raw auch mehrere Bilder gleichzeitig bearbeiten und mit denselben Einstellungen versehen. Dazu wählen Sie die gewünschten Bilder beispielsweise in Bridge aus und wählen aus dem Kontextmenü den Befehl *In Camera Raw öffnen*.

Nun sehen Sie im linken Bereich des Camera-Raw-Fensters eine senkrechte Leiste mit allen ausgewählten Bildern. Klicken Sie eines der Bilder an und nehmen Sie die gewünschten Einstellungen vor.

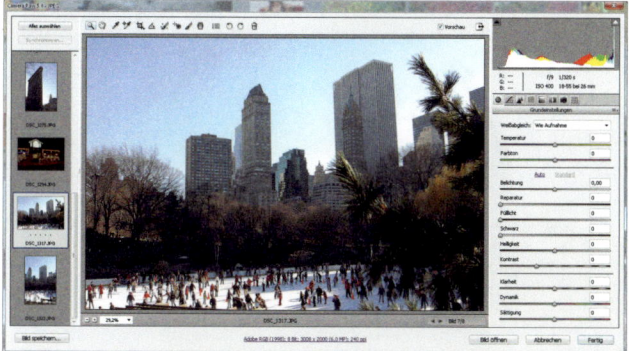

Abbildung 2.26
Mit der Camera-Raw-Stapelverar-
beitung weisen Sie mehreren Bildern
dieselben Einstellungen zu.

Anschließend wählen Sie in der linken Leiste die gewünschten Bilder mit gedrückter [Strg]/[⌘]- bzw. [⇧]-Taste aus bzw. klicken auf Alles auswählen. Dann klicken Sie auf *Synchronisieren*. Damit werden die Einstellungen vom aktiven Bild auf die ausgewählten Fotos übertragen.

Die Einstellungen speichern und abrufen

Haben Sie einmal die richtigen Einstellungen gefunden, speichern Sie diese zur späteren Verwendung, indem Sie das Bedienfeldmenü ≡↓ öffnen und den Befehl *Einstellungen speichern* wählen.

Die Einstellung lässt sich anschließend schnell über das letzte Register *Vorgaben* öffnen. Hier finden Sie sämtliche von Ihnen angelegten Einstellungen aufgelistet.

Das RAW-Bild in Photoshop öffnen

Zum Schluss klicken Sie auf die Schaltfläche *Öffnen*, um das RAW-Bild in Photoshop zu öffnen.

Beispiel: Bildschärfung leicht gemacht

In vielen Fällen bietet es sich an, die Schärfung Ihres RAW-, TIFF- oder JPEG-Bilds nicht in Photoshop, sondern in Camera Raw 5.0 vorzunehmen. Diese Vorgehensweise ist besonders komfortabel und führt zu guten Ergebnissen.

1. Wählen Sie im linken unteren Bereich der Camera-Raw-Dialogbox die Zoomstufe *100 %*.

2. Aktivieren Sie das Register *Details*. Wichtig sind nun die vier Regler unter *Schärfen*. Mit diesen verstärken Sie die Detailzeichnung Ihres Bilds.

Abbildung 2.27
Zeigen Sie das Bild mit der Zoomstufe 100 % an.

3. Halten Sie die [Alt]-Taste gedrückt, während Sie die Regler ziehen. Dann sehen Sie Ihr Bild in reinen Graustufen, so dass Sie die Wirkung der Scharfzeichnung besser überprüfen können.

4. Wählen Sie zunächst über den Regler *Betrag* die Stärke der Scharfzeichnung. Kümmern Sie sich momentan noch nicht um das dabei entstehende Bildrauschen.

5. Den Radius setzen Sie auf einen verhältnismäßig niedrigen Wert wie etwa *1 Pixel*.

6. Justieren Sie nun den *Details*-Regler. Hierbei ist die [Alt]-Taste besonders wichtig, denn der Regler sollte so eingestellt sein, dass nur noch die wichtigen Konturen Ihres Motivs dargestellt werden.

Abbildung 2.28
Halten Sie die [Alt]-Taste gedrückt, während Sie den Regler Details ziehen.

7. Enthält Ihr Bild flächige Bereiche, die am besten überhaupt nicht scharfgezeichnet werden sollen, verwenden Sie den Regler *Maskieren*. Ziehen Sie auch diesen Regler mit gedrückter [Alt]-Taste. Nur die in dieser Ansicht weiß dargestellten Bereiche werden von den soeben einge-

stellten Schärfungseinstellungen verändert. Alle grau oder schwarz gezeigten Bereiche sind davon ausgenommen.

Abbildung 2.29
Nur die weißen Bereiche werden geschärft.

8. Auch der Regler *Klarheit* im Register *Grundeinstellungen* kann eine wichtige Funktion beim Schärfen übernehmen, und zwar immer dann, wenn Ihr Bild besonders flächige Kontraste aufweist. Ziehen Sie diesen Regler so weit nach rechts, bis sich die Objekte deutlich abheben und Sie Ihrem Bild damit den letzten Schliff verliehen haben.

Exakt und komfortabel arbeiten

3

Die Lineale anzeigen

Abbildung 3.1
Photoshop stellt Ihnen verschiedene Hilfsmittel zur Verfügung, die Ihnen bei Aufgaben helfen, die exaktes Arbeiten verlangen, zum Beispiel Lineale, Raster und Hilfslinien.

Während der Arbeit blenden Sie bei Bedarf die Lineale ein und aus. Sind diese auf Zentimeter oder Millimeter gesetzt, haben Sie Kontrolle darüber, wie groß Ihr Bild im Druck erscheint.

- Um die Lineale einzublenden, wählen Sie im Menü *Ansicht* den Befehl *Lineale* oder Sie verwenden die Tastenkombination `Strg`/`⌘` + `R`. Ein weiterer schneller Weg ist das Symbol *Extras anzeigen* ⧉ in der Menüleiste.

- Achten Sie beim Bewegen der Maus auf die beiden Lineale. Die gestrichelte Linien, die sich parallel zum Mauszeiger bewegen, zeigen Ihnen im senkrechten und im waagerechten Lineal stets die aktuelle Mausposition.

- Dieselbe Möglichkeit erhalten Sie im *Informationen*-Bedienfeld, mit dem Unterschied, dass dieses die Position in Form von Werten auf der X- und Y-Achse zeigt. Das *Informationen*-Bedienfeld blenden Sie über *Fenster* → *Informationen* (Taste `F8`) ein.

- Der Buchstabe X im *Informationen*-Bedienfeld steht für das horizontale Lineal und Y für das vertikale Lineal.

◀ **Neu in CS4**

Abbildung 3.2
Links unten im Info-Bedienfeld zeigt Photoshop Ihnen die X- und Y-Koordinaten des Mauszeigers.

Die Maßeinheit der Lineale festlegen

Zum Ändern der Linealmaßeinheit haben Sie verschiedene Möglichkeiten: über die Dialogbox *Voreinstellungen*, das *Informationen*-Bedienfeld oder über das Kontextmenü des Lineals.

Um die Maßeinheit der Lineale über die Voreinstellungen zu ändern, gehen Sie folgendermaßen vor:

1. Doppelklicken Sie auf eines der beiden Lineale im Dokumentfenster. Alternativ wählen Sie *Bearbeiten → Voreinstellungen → Maßeinheiten & Lineale*.

2. Die Dialogbox *Voreinstellungen* erscheint. In der Gruppe *Maßeinheiten* ändern Sie nun die Maßeinheit.

3. Darunter befindet sich der Dialogbereich *Spaltenmaße*. Die Einstellungen sind nur interessant, wenn Sie das Bild in einem Satzprogramm weiterverwenden möchten. Hier geben Sie die geplante Spaltenbreite und einen Spaltenabstand an.

Abbildung 3.3
Im Popup-Menü Lineale der Dialogbox Voreinstellungen stellen Sie die Maßeinheit für die Lineale ein.

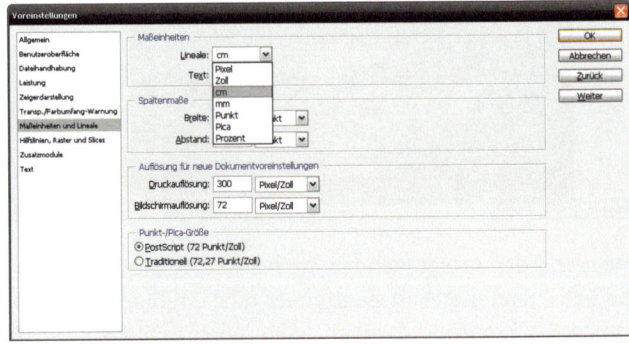

4. Über die Einstellungen im Dialogbereich *Punkt-/Pica-Größe* bestimmen Sie die Maßeinheit für Spaltenmaße und Schriftgrößen.

5. Verlassen Sie die Dialogbox mit der Schaltfläche *OK*.

Die Maßeinheit über das Info-Bedienfeld ändern

Die Maßeinheit legen Sie bei Bedarf auch über das *Informationen*-Bedienfeld fest. Dazu gehen Sie folgendermaßen vor:

1. Wählen Sie den Befehl *Fenster → Informationen*, um das *Informationen*-Bedienfeld anzuzeigen.

2. Klicken Sie dann auf das Koordinatenkreuzsymbol in der linken unteren Ecke.

Abbildung 3.4
Die Alternative ist das Informationen-Bedienfeld.

3. Es öffnet sich ein Popup-Menü, in dem Sie die gewünschte Maßeinheit für die Lineale auswählen.

Den Linealnullpunkt festlegen

Der Linealnullpunkt stellt den Anfangspunkt der Linealskala dar. Er kann an jeder beliebigen Stelle im Bild positioniert werden, zum Beispiel, wenn Sie ein Bild zuschneiden und vorab wissen möchten, welche Größe es danach im Druck hat.

1. Zeigen Sie mit der Befehlsfolge *Ansicht → Lineale* oder der Tastenkombination ⌨Strg/⌘ + ⌨R die Lineale an.
2. Klicken Sie anschließend in der linken oberen Ecke des Dokumentfensters in das Linealschnittpunktfeld. Der Mauszeiger ändert sich in ein Fadenkreuz.
3. Ziehen Sie den Nullpunkt mit gedrückter Maustaste an die gewünschte Stelle im Bild und geben Sie die Maustaste frei.

Nullpunkt schnell zurücksetzen
Falls Sie den Nullpunkt an eine ungewollte Stelle verschoben haben, doppelklicken Sie in das Schnittpunktfeld. Dadurch setzt Photoshop den Nullpunkt wieder zurück.

Hilfslinien verwenden

Noch genauer arbeiten Sie mit Hilfslinien, die Sie beispielsweise zum Ausrichten von Ebenen verwenden können. Der Vorteil ist unter anderem, dass die Elemente von den Hilfslinien und vom Raster wie magnetisch angezogen werden und dort einschnappen, sobald sie eine bestimmte Distanz unterschreiten.

In jedes Dokument lassen sich mehr als 50 Hilfslinien einziehen. Eine solche Anzahl ist allerdings meist nicht notwendig. Weiterhin passen Sie die Darstellung der Hilfslinien gegebenenfalls Ihren Wünschen an. Photoshop speichert die Hilfslinien mit dem Dokument. Das heißt, dass sie Ihnen auch nach dem Schließen und erneuten Öffnen des Dokuments weiterhin zur Verfügung stehen.

1. Blenden Sie zuerst die Lineale ein.
2. Benötigen Sie eine vertikale Hilfslinie, klicken Sie in das senkrechte Lineal auf der linken Seite des Dokumentfensters. Für eine horizontale Hilfslinie klicken Sie in das waagerechte Lineal oben im Dokumentfenster.
3. Ziehen Sie mit gedrückter Maustaste die Hilfslinie an die gewünschte Stelle im Bild. Geben Sie die Maustaste dort frei.
4. Während des Ziehens der Hilfslinie (solange Sie die Maustaste gedrückt halten) wechseln Sie mit zusätzlich gedrückter ⌨Alt-Taste zwischen der Erstellung einer horizontalen und einer vertikalen Hilfslinie.

Abbildung 3.5
Das Dokument wurde mit einer vertikalen und einer horizontalen Hilfslinie versehen.

Die Darstellung der Hilfslinien verändern

In der Grundeinstellung sind die Hilfslinien blau. Diese Farbe ändern Sie im Bedarfsfall in den Voreinstellungen der Hilfslinien – beispielsweise um einen besseren Kontrast zwischen Hilfslinien und Bild zu erhalten.

1. Wählen Sie *Bearbeiten* → *Voreinstellungen* → *Hilfslinien, Raster & Slices* (unter Mac OS X finden Sie den Befehl *Voreinstellungen* im Menü *Photoshop*). Doch schneller geht es mit einem Doppelklick mit dem Werkzeug *Verschieben* auf eine Hilfslinie.

2. Öffnen Sie das Popup-Menü *Farbe* und wählen Sie die gewünschte Farbe. Möchten Sie die Farbe selbst definieren, wählen Sie aus dem Popup-Menü *Farbe* den Eintrag *Eigene* oder klicken Sie in der Dialogbox rechts neben dem Popup-Menü *Farbe* auf das Farbfeld. Beide Alternativen blenden den Farbwähler ein, in dem Sie die Farbe selbst mischen.

3. Über das Popup-Menü *Stil* verändern Sie die Darstellung der Hilfslinien.

Hilfslinien einrasten lassen
Halten Sie beim Ziehen zusätzlich die ⬠-Taste gedrückt, rastet die Hilfslinie bei jeder Linealeinheit ein.

Exakt positionierte Hilfslinien
Alternativ erzeugen Sie über *Ansicht* → *Neue Hilfslinie erstellen* exakt positionierte Hilfslinien.

Abbildung 3.6
Das Linealschnittpunktfeld verwenden Sie, um den Nullpunkt der Lineale zu verändern.

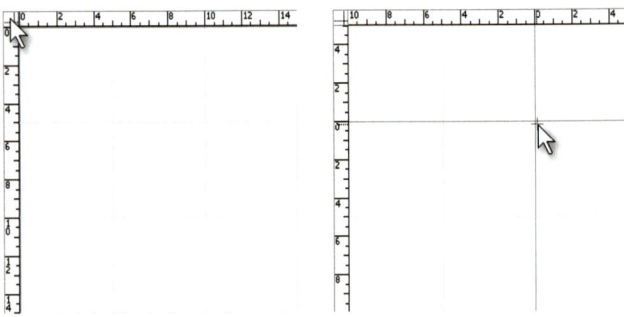

Abbildung 3.7
Im Bereich Hilfslinien *der Dialogbox* Voreinstellungen *ändern Sie die Farbe und Darstellung der Hilfslinien.*

Hilfslinien verschieben

Haben Sie sich bei einer Hilfslinie um einige Millimeter verschätzt und möchten Sie sie daher verschieben, gehen Sie folgendermaßen vor:

1. Wählen Sie zunächst in der Werkzeugleiste das Werkzeug *Verschieben* ✛ aus.

2. Zeigen Sie mit diesem Werkzeug auf die Hilfslinie, ändert sich der Mauszeiger in einen Doppelpfeil.

3. Jetzt positionieren Sie durch Klicken und Ziehen mit gedrückter Maustaste die Hilfslinie an der gewünschten Stelle.

Mit Hilfslinien arbeiten

Sie haben erfahren, wie Sie Hilfslinien verwenden und ihre Darstellung ändern. Hilfslinien können noch mehr; sie lassen sich fixieren, löschen oder ein- und ausblenden.

- Um alle Hilfslinien kurzfristig auszublenden, wählen Sie den Befehl *Hilfslinien einblenden* aus dem Symbol *Extras anzeigen* ▣ in der Menüleiste oder *Ansicht → Einblenden → Hilfslinien*. Das Häkchen neben dem Befehl verschwindet.

- Um die Hilfslinien wieder einzublenden, wählen Sie den genannten Befehl erneut.

- Benötigen Sie eine Hilfslinie nicht mehr, ziehen Sie sie mit dem *Verschieben*-Werkzeug aus dem Bild heraus. Das Lineal muss dazu nicht sichtbar sein.

- Bei Bedarf löschen Sie alle Hilfslinien auf einmal. Dazu wählen Sie nun im Menü *Ansicht* den Befehl *Hilfslinien löschen*.

- Weiterhin bietet das Menü *Ansicht* die Möglichkeit, Hilfslinien festzusetzen. Dadurch vermeiden Sie ein versehentliches Verschieben oder Löschen von Hilfslinien, da diese nun nicht mehr auswählbar sind. Wählen Sie *Ansicht → Hilfslinien fixieren* oder betätigen Sie die Tastenkombination Alt + Strg/⌘ + , . Um die Hilfslinien wieder freizugeben, wählen Sie diesen Befehl erneut.

An Hilfslinien ausrichten

Richtig praktisch sind Hilfslinien erst durch die Möglichkeit, Objekte an ihnen auszurichten.

- Diese Funktion ist standardmäßig aktiviert. Sollte sie einmal deaktiviert sein, wählen Sie *Ansicht → Ausrichten an → Hilfslinien*.

Hilfslinie mit beliebigem Werkzeug verschieben

Die Hilfslinie lässt sich auch mit jedem beliebigen Werkzeug verschieben. Drücken Sie dazu die Strg/⌘-Taste und zeigen Sie mit der Maus auf die Hilfslinie. Durch die Strg/⌘-Taste verändert sich fast jedes Werkzeug zum *Verschieben*-Werkzeug. Haben Sie die Hilfslinie angeklickt, lassen Sie die Strg/⌘-Taste wieder los. Beim Verschieben wechseln Sie bei Bedarf durch Drücken der Alt-Taste zwischen senkrechter und waagerechter Hilfslinie.

◀ **Neu in CS4**

Tipps zum Löschen von Hilfslinien

Beim Löschen einer Hilfslinie macht es keinen Unterschied, wohin Sie sie ziehen: Sie können eine horizontale Hilfslinie in das senkrechte Lineal hineinziehen und eine vertikale Hilfslinie in das waagerechte Lineal.

Hinweis

Beide Löschoperationen machen Sie gegebenenfalls mit der Tastenkombination Strg/⌘ + Z (*Bearbeiten → Rückgängig*: *Hilfslinien löschen*) rückgängig.

- Bewegen Sie nun ein Objekt in die Nähe einer Hilfslinie, schnappt dieses an ihr ein, sobald es sich der Hilfslinie auf eine Entfernung von neun Pixel nähert.

- Wenn Sie den Befehl erneut wählen, schalten Sie die Funktion wieder ab. Dass die Funktion deaktiviert ist, erkennen Sie am fehlenden Häkchen vor dem Befehl.

Diagonale Hilfslinien einsetzen

Hilfslinien sind in Photoshop prinzipiell senkrecht oder waagerecht. Benötigen Sie jedoch auch einmal diagonale oder gar gebogene Hilfslinien, greifen Sie einfach zu folgendem Trick.

1. Wählen Sie eines der Pfadwerkzeuge aus, wie z.B. das *Linienzeichner*-Werkzeug (Kapitel 10).

2. Aktivieren Sie dann in der Optionenleiste die Schaltfläche *Formebenen*.

3. Wählen Sie die gewünschte Stärke und Farbe für die Hilfslinien und zeichnen Sie die Hilfslinien ein. Beim Zeichnen der Hilfslinien erscheint jede Linie auf einer eigenen Ebene.

4. Wählen Sie alle Hilfslinien-Ebenen im *Ebenen*-Bedienfeld mit gedrückter ⇧-Taste aus.

Dokumentraster verwenden

Beim Einrichten von diagonalen oder gebogenen Hilfslinien hilft Ihnen das Dokumentraster, das auf der nächsten Seite besprochen wird.

Abbildung 3.8

Mit einem kleinen Trick lassen sich auch diagonale Hilfslinien erstellen. Sogar Elemente können Sie daran ausrichten, weil auch Ebenen magnetisch sind. Sie dürfen die Ebenen nur nicht mit Strg */* ⌘ *+* E *auf eine einzige Ebene reduzieren.*

Objekte am Raster ausrichten

Neben den Hilfslinien ist auch das Raster ein praktisches Feature zum Ausrichten von Objekten. Blenden Sie zuerst das Raster ein (Befehl *Hilfslinien einblenden* aus dem Symbol *Extras anzeigen* in der Menüleiste oder *Ansicht → Einblenden → Raster*). Vergewissern Sie sich dann, dass im Menü *Ansicht* der Befehl *Ausrichten an → Raster* aktiviert ist. Nun lassen sich alle Objekte an den einzelnen Rasterlinien einrasten. Auch hier gilt die Nähe von höchstens neun Pixel für das Einrasten an den Rasterlinien. Die Rastereinstellungen werden – wie Sie es schon bei den Hilfslinien gesehen haben – zusammen mit dem Dokument gespeichert.

◄ Neu in CS4

Das Raster einrichten

Über die Voreinstellungen ist es möglich, Rasterfarbe, -art, -abstand und Unterteilungen zu ändern.

1. Zeigen Sie über *Bearbeiten → Voreinstellungen → Hilfslinien, Raster und Slices* (unter Mac OS X finden Sie den Menüpunkt *Voreinstellungen* im Menü *Photoshop*) die Dialogbox für die Rastereinstellungen an.

2. Über das Popup-Menü *Farbe* im mittleren Bereich *Raster* wählen Sie eine der vorgegebenen Farben für das Raster aus oder mischen selbst eine Farbe, indem Sie entweder den Befehl *Eigene* wählen oder rechts vom Popup-Menü auf das Farbfeld klicken.

3. Um die Darstellung des Rasters zu ändern, wählen Sie aus dem Popup-Menü *Art* die entsprechende Darstellung. Ihnen stehen drei Darstellungsweisen zur Auswahl: *Durchgezogene Linien*, *Gepunktete Linien* und *Punkte*.

4. Um die Abstände zwischen den Rasterlinien zu ändern, geben Sie im Eingabefeld *Abstand* einen Wert an.

Maßeinheit festlegen
Achten Sie auf die zugehörige Maßeinheit, wenn Sie einen Abstand festlegen. Rechts daneben legen Sie über das zugehörige Popup-Menü die Maßeinheit fest. Je kleiner der Abstand, desto enger wird das Raster.

Informationen über das aktuelle Bild einholen

Das *Info*-Bedienfeld haben Sie bereits kennengelernt. Dieses Bedienfeld bietet Ihnen aber noch einige Möglichkeiten mehr:

Zeigen Sie das *Info*-Bedienfeld über den Befehl *Fenster → Informationen* an. Bewegen Sie den Mauszeiger über das Bild. Sie sehen, wie sich die Angaben im Bedienfeld ständig verändern.

Im oberen Bereich des *Info*-Bedienfelds neben den kleinen Pipettensymbolen 🖉 lesen Sie die einzelnen Farbanteile

Abbildung 3.9
Das Informationen-Bedienfeld liefert beispielsweise Angaben zur aktuellen Werkzeugposition.

des Pixels an der aktuellen Mauszeigerposition ab – in der Grundeinstellung links im RGB-, rechts im CMYK-Modus.

Wenn Sie die Pipettensymbole genau betrachten, sehen Sie, dass rechts unten ein kleiner Pfeil abgebildet ist – dahinter verbirgt sich ein Popup-Menü. Klicken Sie auf eines der beiden Symbole, um das Popup-Menü zu öffnen, und wählen Sie den gewünschten Farbmodus aus.

Anschließend sehen Sie die Farbanteile des gewählten Farbmodus an der Mauszeigerposition. Das Bild bekommt dadurch keinen anderen Farbmodus.

Abbildung 3.10
Den Bereich, an dem Sie eine Farbe aufgenommen haben, markiert Photoshop durch ein Fadenkreuz. Für jede aufgenommene Farbe zeigt das Info-Bedienfeld ein Feld.

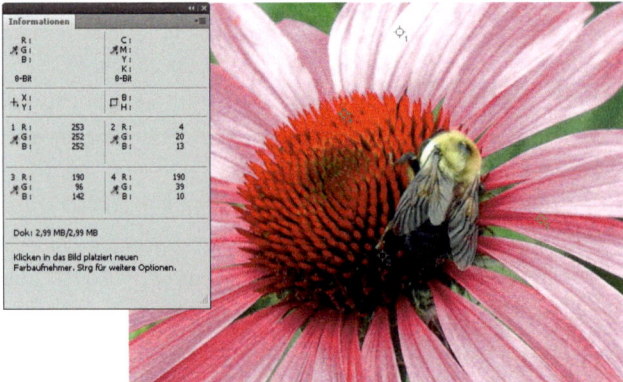

Sie können diese Einstellungen auch vornehmen, indem Sie das Bedienfeldmenü des *Info*-Bedienfelds über die Schaltfläche mit dem kleinen Pfeil in der rechten oberen Ecke des Bedienfelds öffnen und dann den Befehl *Bedienfeldoptionen* wählen. Eine Dialogbox mit den verschiedenen Einstellungsmöglichkeiten erscheint.

Weitere Farbwerte im Bild erfassen

Photoshop erlaubt es Ihnen, weitere Farbwerte im *Info*-Bedienfeld anzulegen, um Vergleiche zu ziehen.

1. Blenden Sie das *Info*-Bedienfeld ein (*Fenster → Informationen*) und wählen Sie in der Werkzeugleiste das *Farbaufnahme*-Werkzeug. Dazu klicken Sie auf das Werkzeug *Pipette* und halten Sie die Maustaste gedrückt, bis die weiteren Werkzeuge eingeblendet werden. Aus dem geöffneten Popup-Menü wählen Sie das *Farbaufnahme*-Werkzeug.

2. Klicken Sie die gewünschten Pixel im Bild an. Sie erkennen den Bereich an einem Fadenkreuz und im *Info*-Bedienfeld erscheint ein Feld mit den entsprechenden Farbinfos. Nehmen Sie weitere Farben auf, richtet das *Info*-Bedienfeld

dafür weitere Felder ein. Sie können im Bedienfeld bis zu vier Felder belegen.

Messpunkte verschieben

Wenn Sie einen Messpunkt im Bild bewegen, können Sie sich anschließend Farbinformationen einer anderen Bildstelle anzeigen lassen. Zeigen Sie mit dem Werkzeug *Farbaufnahme* auf ein Fadenkreuz. Ziehen Sie es mit gedrückter Maustaste an die gewünschte Stelle im Bild. Geben Sie zuletzt die Maustaste frei. Benötigen Sie einen Messpunkt nicht mehr, gibt es verschiedene Wege, ihn wieder zu löschen:

- Klicken Sie das Fadenkreuz des zu löschenden Messpunkts an und ziehen Sie es mit gedrückter Maustaste aus dem Bild. Alternativ öffnen Sie das Kontextmenü über einem Messpunkt, indem Sie mit gedrückter Ctrl-Taste (Mac) bzw. rechter Maustaste (Windows) auf das Fadenkreuz klicken. Wählen Sie aus dem Kontextmenü den Befehl *Löschen*. Oder klicken Sie einfach mit gedrückter Alt-Taste den Messpunkt an.

- Um alle Messpunkte auf einmal zu löschen, klicken Sie in der Optionenleiste auf die Schaltfläche *Löschen*.

Zoomen

Sie können in Photoshop auf verschiedene Weise eine Bildansicht vergrößern oder verkleinern. Dazu verwenden Sie das *Zoom*-Werkzeug in der Menüleiste oder im *Werkzeug*-Bedienfeld, die Zoomfelder in der Menüleiste und in der Statusleiste des Dokumentfensters, die dafür vorgesehenen Befehle im Menü *Ansicht* oder verschiedene Tastenkombinationen.

Zoomen mit dem Zoom-Werkzeug

Mit dem *Zoom*-Werkzeug 🔍 vergrößern oder verkleinern Sie die Ansicht eines Bilds schrittweise oder legen den Zoombereich selbst fest. Wählen Sie das Zoom-Werkzeug in der Menüleiste oder im *Werkzeug*-Bedienfeld, ist automatisch die Funktion *Einzoomen* aktiviert.

- Bewegen Sie das Werkzeug in das Dokument, wird der Mauszeiger zu einer Lupe mit einem Pluszeichen. Damit zoomen Sie sich durch Klicken schrittweise ins Bild. Die höchstmögliche Vergrößerungsstufe beträgt 1.600 %. Mit einer OpenGL-fähigen Grafikkarte zoomt Photoshop dabei stufenlos und glatt. Über 500 % zeigt Photoshop

Gleiche Zoomstufe und Position für mehrere Bilder

Möchten Sie mehrere geöffnete Bilder in derselben Zoomstufe und Position betrachten? Dann wählen Sie zuerst *Fenster → Anordnen → Nur schwebende Fenster* und dann *Fenster → Anordnen → Wiederholen*.

Stellen Sie nun die gleiche Zoomstufe und Position ein, indem Sie *Fenster → Anordnen → Gleiche Zoomstufe* bzw. *Fenster → Anordnen → Gleiche Position* wählen.

Fast noch praktischer ist die Möglichkeit, die Ansicht zweier oder mehrerer Bilder gleichzeitig zu verschieben: Aktivieren Sie das *Hand*-Werkzeug mit der Taste H und zeigen Sie auf das aktive Fenster. Halten Sie die ⇧-Taste gedrückt; klicken und ziehen Sie im Bild. Beide Ansichten werden synchron verschoben.

◀ **Neu in CS4**

zusätzlich ein Pixelraster, wenn Sie den Befehl Ansicht → Einblenden → Pixelraster aktiviert haben.

- Auch eine schrittweise Verkleinerung ist mit dem Zoom-Werkzeug möglich. Dazu halten Sie die [Alt]-Taste gedrückt und klicken in das Bild. Sie verkleinern es im Bedarfsfall auf unter 0,5 %. Mit einem Doppelklick auf das Zoom-Werkzeug erscheint das Bild in Originalgröße.

- Mit einer OpenGL-fähigen Grafikkarte kommen Sie auch in den Genuss einer neuen CS4-Funktion: Halten Sie die Maustaste zum Ein- bzw. Auszoomen gedrückt, wird das Bild kontinuierlich sanft heran- bzw. weggezoomt.

- Bei Bedarf definieren Sie selbst einen Zoombereich: Klicken Sie mit dem Zoom-Werkzeug in das Bild und ziehen Sie mit gedrückter Maustaste einen Rahmen auf. Sobald Sie die Maustaste freigeben, zeigt sich der ausgewählte Bereich monitorfüllend.

Zoomen über das Ansicht-Menü und mit Tastenkombinationen

Auch im Menü Ansicht finden Sie verschiedene Funktionen zum Zoomen.

- Wählen Sie den Befehl Einzoomen, um das Bild schrittweise zu vergrößern. Alternativ drücken Sie [Strg]/[⌘] + [+].

- Wählen Sie zum Verkleinern der Ansicht den Menübefehl Auszoomen oder betätigen Sie [Strg]/[⌘] + [-].

- Doppelklicken Sie auf das Hand-Werkzeug in der Werkzeugleiste (nicht auf das in der Menüleiste), erscheint das Bild stets in maximaler Monitorgröße.

- Um das Bild in seiner Originalgröße darzustellen, wählen Sie Tatsächliche Pixel oder [Alt] + [Strg]/[⌘] + [0]. Die Pixel eines Bilds selbst haben keine reale Größe, die sich beispielsweise in Millimeter ausdrücken ließe – die Größe eines Pixels hängt vom jeweiligen Ausgabemedium ab. Mit der Ansicht Tatsächliche Pixel wird jedes Bildpixel in der Original-Pixelgröße des Monitors dargestellt – also so, wie es beispielsweise auch nach der Veröffentlichung auf einer Webseite zu sehen wäre.

Zoom-Werkzeug per Tastatur

Benutzen Sie gerade ein anderes Werkzeug, können Sie das Zoom-Werkzeug kurzfristig per Tastatur aktivieren. Für die Lupe zum Vergrößern betätigen Sie die Tastenkombination [Strg]/[⌘] + Leertaste. Die Lupe zum Verkleinern erhalten Sie, wenn Sie zusätzlich zur genannten Tastenkombination die [Alt]-Taste betätigen. Sobald Sie die Tasten wieder freigeben, aktiviert Photoshop das zuvor benutzte Werkzeug.

Übersicht über alle Photoshop-Tastenbefehle ausdrucken

Wenn Sie gerne mit Tastenkombinationen arbeiten, wählen Sie Bearbeiten → Tastaturbefehle und klicken Sie auf Zusammenfassen. Wählen Sie in der nächsten Dialogbox den gewünschten Ordner und klicken Sie auf Speichern. Sie erhalten eine sauber formatierte HTML-Datei mit den Tastaturbefehlen, die gleich in Ihrem Standardbrowser geöffnet wird. Bei Bedarf können Sie sich diese Liste nun ausdrucken.

Abbildung 3.11

Oben: Der zu vergrößernde Bereich wird mit dem *Zoom*-Werkzeug durch Ziehen mit gedrückter Maustaste gewählt. Unten: Dieser Bereich füllt nach der Vergrößerung das Fenster aus.

Zoomstufe 100 %

Beim Zoomen ohne OpenGL-fähige Grafikkarte erscheint das Bild gelegentlich farbverfälscht oder verzerrt. Dies trifft vor allem zu, wenn Sie Scharfzeichnungsfilter einsetzen oder das Bild Moiré-Effekte enthält. Am besten lässt sich Ihr Bild auf der Zoomstufe 100 % beurteilen.

Zoomen über das Feld Zoomfaktor

Eine weitere Möglichkeit zum Zoomen besteht über die Zoomfelder links unten in der Ecke des Dokumentfensters und in der Menüleiste. Klicken Sie in eines der Felder, um den aktuellen Wert zu markieren, und überschreiben Sie ihn mit dem gewünschten Zoomfaktor. Bestätigen Sie Ihre Eingabe mit der ⏎-Taste.

Die Fenstergröße dem Zoomfaktor anpassen

Bei schwebender Fensteranordnung bleibt die Dokumentfenstergröße in der Grundeinstellung immer gleich, egal, wie groß oder klein Sie das darin angezeigte Bild zoomen. Dies

Angeklickte Stelle im Zentrum behalten

Soll sich auch im OpenGL-Zoom-Modus die angeklickte Stelle im Zentrum des vergrößerten Bildausschnitts befinden, wählen Sie *Bearbeiten/Photoshop → Voreinstellungen → Allgemein* und aktivieren das Kontrollkästchen *Angeklickten Punkt zentrieren*.

ändern Sie bei Bedarf, indem Sie in den Werkzeug-Optionen (*Fenster* → *Optionen*) bei markiertem *Zoom*-Werkzeug das Kontrollkästchen *Fenstergröße* aktivieren. Danach passt sich das Dokumentfenster der jeweiligen Zoomstufe an.

Den Bildausschnitt verschieben

Das *Hand*-Werkzeug 🖐 dient zum Verschieben des Bildausschnitts innerhalb des Dokumentfensters. In der Version CS4 finden Sie es nicht nur im Werkzeug-Bedienfeld, sondern auch in der Menüleiste. Es handelt sich um eine praktische Alternative zu den Bildlaufleisten: Klicken Sie mit ausgewähltem *Hand-Werkzeug* in das Bild und ziehen Sie mit gedrückter Maustaste in die gewünschte Richtung.

Neu in CS4 ▶

Bei OpenGL-fähiger Grafikkarte scrollt das Bild nach dem Freigeben der Maustaste noch eine Weile weiter, bis die Ansicht zum Stehen kommt.

Neu in CS4 ▶

Die Bildansicht drehen

Photoshop CS4 bietet ein neues *Ansichtdrehung*-Werkzeug. Im Werkzeug-Bedienfeld teilt es sich ein Fach mit dem Hand-Werkzeug.

Klicken Sie bei aktiviertem Werkzeug in Ihr Bild, erscheint im Zentrum ein Kompass. Durch Ziehen drehen Sie die Ansicht Ihres Bilds. Falls Ihr Bild Hilfslinien oder Auswahlbereiche enthält, drehen sich diese mit. Besonders geeignet ist die Funktion damit für perspektivisch knifflige Retuschen.

Mehr Übersicht durch den Navigator

Das *Navigator*-Bedienfeld von Photoshop ist quasi eine Zusammenfassung der Möglichkeiten der Werkzeuge *Hand* und *Zoom*. Über dieses Bedienfeld zoomen Sie nicht nur das Bild ein und aus, sondern Sie verschieben auch den Bildausschnitt.

Das *Navigator*-Bedienfeld zeigt Ihnen das aktuelle Bild in einem Übersichtsbereich. Bei einer Änderung der Ansicht im *Navigator*-Bedienfeld ändert sich automatisch die Ansicht des Bilds im Dokumentfenster. Der rote Rahmen in der Übersicht stellt den aktuellen Bildausschnitt dar. Sie können ihn flexibel bewegen. Zum Kennenlernen des Navigators gehen Sie die folgenden Möglichkeiten durch:

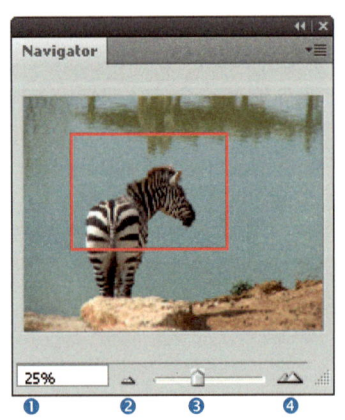

Abbildung 3.12
1: Zoomfaktor, *2: Schaltfläche* Auszoomen, *3: Regler* Ein-/Auszoomen, *4: Schaltfläche* Einzoomen

- Das Feld *Zoomfaktor* links unten in der Ecke des *Navigator*-Bedienfelds funktioniert genauso wie im Dokumentfenster. Geben Sie einen Zoomwert ein, vergrößert sich das Bild im Dokumentfenster entsprechend.

- Die Übersicht im *Navigator*-Bedienfeld bleibt von der Größe her unverändert, doch der rote Ansichtsrahmen zeigt den vergrößerten Bereich zentriert an.

- Klicken Sie rechts vom Feld *Zoomfaktor* wiederholt auf die Schaltfläche *Auszoomen*, verkleinert sich das Bild bei jedem Klick.

- Klicken Sie rechts vom Regler auf *Einzoomen*, um das Bild zu vergrößern. Der rote Ansichtsrahmen passt sich wieder dem vergrößerten Bereich an.

- In der Mitte zwischen den beiden Schaltflächen befindet sich ein Regler, den Sie alternativ zu den beiden Schaltflächen verwenden. Bewegen Sie den Regler nach links, verkleinert sich die Ansicht im Dokumentfenster. Bewegen Sie ihn nach rechts, vergrößert sich die Ansicht. Der Regler hat den Vorteil, dass Sie in kleineren Schritten zoomen (noch genauer ist natürlich das Feld *Zoomfaktor*).

Zoom bei 1600 %

Wenn Sie in der Navigator-Vorschau die Taste `Strg`/`⌘` betätigen, erhalten Sie die Lupe, die mit einem Klick in die höchste Zoomstufe (1600 %) schaltet.

Mit dem Navigator-Bedienfeld durch das Bild scrollen

Auch mit dem *Navigator*-Bedienfeld können Sie durch ein gezoomtes Bild scrollen. Bewegen Sie den Mauszeiger auf den roten Rahmen. Der Mauszeiger wird zu einer Hand. Ziehen Sie mit gedrückter Maustaste.

Abbildung 3.13
Durch das Bewegen des Übersichtsbereichs des Navigator-Bedienfelds verschiebt sich das Bild in der Vorschau.

Der Übersichtsbereich verschiebt sich. Parallel dazu bewegt sich das Bild im Dokumentfenster.

Alternativ zeigen Sie, wohin Photoshop den Übersichtsbereich verschieben soll: Zeigen Sie mit der Maus auf die gewünschte Stelle in der Übersicht. Der Mauszeiger wird zu einer Hand mit ausgestrecktem Zeigefinger. Klicken Sie auf die gewünschte Stelle. Das Bild verschiebt sich entsprechend.

Im Bedienfeldmenü des *Navigator*-Bedienfelds können Sie eine einzige Einstellung vornehmen: die Farbe des Ansichtsrahmens ändern.

Messungen am Bild durchführen

Mit dem *Linealwerkzeug* erhalten Sie Auskunft über Strecken und Winkel in Ihrem Bild. Zusätzlich zum *Linealwerkzeug* benötigen Sie das *Info*-Bedienfeld oder die Optionenleiste. In beiden trägt Photoshop in die entsprechenden Felder die gemessenen Strecken und Winkel ein.

- Zeigen Sie über den Befehl *Informationen* im Menü *Fenster* das *Info*-Bedienfeld an. Aktivieren Sie im Untermenü des Werkzeugs *Pipette* das *Linealwerkzeug* 📏 .

Messlinie in 45°-Schritten bewegen

Halten Sie beim Erstellen der Messstrecke die ⇧-Taste gedrückt, bewegen Sie die Messlinie in 45°-Schritten.

- Klicken Sie mit dem *Linealwerkzeug* auf den ersten Punkt der zu messenden Strecke im Bild. Halten Sie die Maustaste gedrückt und ziehen Sie die Messstrecke. Geben Sie zuletzt die Maustaste frei.

- Die Messstrecke wird abgelegt und Sie können die Länge der Strecke im *Info*-Bedienfeld oder in der Optionenleiste ablesen.

- Rechts oben gibt das *Info*-Bedienfeld den gemessenen Winkel relativ zur Horizontalachse an. Darunter erscheint der insgesamt zurückgelegte Abstand (D).

- Links unten entnehmen Sie die Koordinaten des Startpunkts.

- Rechts unten sehen Sie den horizontalen (B) und den vertikalen (H) Abstand, der auf den X- und Y-Achsen zurückgelegt wurde.

Bei Bedarf ändern Sie die Messstrecke:

- Klicken Sie einen der beiden Endpunkte der Strecke an und ziehen Sie ihn mit gedrückter Maustaste an die gewünschte Stelle im Bild.

- Um eine Winkelmessung auszuführen, halten Sie nach dem Anklicken des zweiten Punkts die Alt-Taste gedrückt. Der Mauszeiger verändert sich in das Symbol eines Winkels, woraufhin Sie durch Klicken des nächsten Punkts einen Winkel einstellen.

So löschen Sie eine nicht mehr benötigte Messung:

- Klicken Sie die Messung mit dem *Linealwerkzeug* an und ziehen Sie sie bei gedrückter Maustaste aus dem Bildfenster heraus. Es macht keinen Unterschied, in welche Richtung Sie ziehen.

- Alternativ klicken Sie in den Werkzeug-Optionen auf die Schaltfläche *Löschen*.

In verschiedenen Ansichtsmodi arbeiten

Über die Schaltfläche ▣ am oberen Bildschirmrand betrachten Sie das in Arbeit befindliche Bild in verschiedenen Ansichtsmodi.

◀ **Neu in CS4**

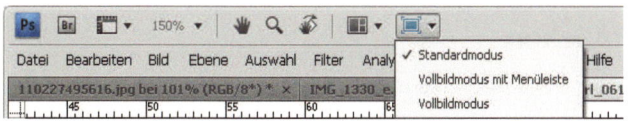

Abbildung 3.14
Am oberen Bildschirmrand finden Sie drei Optionen zum Wechseln des Ansichtsmodus.

Drei verschiedene Modi stehen Ihnen hier zur Verfügung:

- Der *Standardmodus* ist in der Grundeinstellung eingeschaltet. Dabei ist die Menüleiste stets eingeblendet, das Bild wird im Dokumentfenster angezeigt und ist frei beweglich. Außerdem lassen sich mehrere Dokumentfenster gleichzeitig anzeigen.

- Im *Vollbildmodus* mit Menüleiste steht Ihnen, wie der Name schon sagt, die Menüleiste ebenfalls zur Verfügung. Doch nun sind Dokumentregister und Taskleiste verschwunden.

- Im *Vollbildmodus* kommt ein schwarzer Hintergrund hinzu und die Menüleiste verschwindet.

Bedienfelder temporär ausblenden
Möchten Sie im Standard- und im Vollbildmodus die Bedienfelder temporär vom Bildschirm verschwinden lassen, betätigen Sie die ⇥-Taste. Durch erneutes Drücken der ⇥-Taste blenden Sie diese Elemente wieder ein.

Abbildung 3.15
In der Grundeinstellung ist die Hintergrundfarbe beim Vollbildmodus schwarz. Mit einem Rechtsklick bzw. Ctrl-Klick auf den Hintergrund können Sie dessen Farbe ändern.

Den letzten Befehl rückgängig machen

Wenn Sie in Photoshop einen Befehl ausgeführt haben, lässt sich dieser über den Befehl *Rückgängig* im Menü *Bearbeiten* rückgängig machen. Die zugehörige Tastenkombination lautet [Strg]/[⌘] + [Z].

Nachdem dieser Befehl gewählt wurde, ändert er sich in Wiederherstellen (die Tastenkombination bleibt gleich). Anders als in vielen anderen Anwendungen können Sie in Photoshop mit diesem Befehl nur einen einzigen Schritt widerrufen und wiederherstellen.

Mehrere Operationen rückgängig machen

Aber Photoshop kennt natürlich auch die Möglichkeit, mehrere Befehle zu widerrufen. Dazu dient die Befehlsfolge *Bearbeiten* → *Schritt zurück* oder das *Protokoll*-Bedienfeld, dem Sie weiter hinten in diesem Kapitel begegnen.

Den Befehl *Schritt zurück* setzen Sie bis zu einer in den Voreinstellungen definierten Obergrenze so oft ein, wie Sie Befehle gegeben haben. Wenn Sie beispielsweise nacheinander sechs Befehle auf ein Bild angewendet haben, können Sie den Befehl *Schritt zurück* also genau sechs Mal wählen. Haben Sie alle Befehle rückgängig gemacht, erscheint der Befehl *Schritt zurück* im Menü *Bearbeiten* ausgeblendet.

Die rückgängig gemachten Operationen wiederherstellen

Zurück zur letzten Version widerrufen
Auch den Menübefehl *Zurück zur letzten Version* können Sie über den Menübefehl *Rückgängig* widerrufen.

Das Gegenteil zum Befehl *Schritt zurück* stellt der Befehl *Schritt vorwärts* dar. Dieser erscheint, wenn Sie über den Menübefehl *Schritt zurück* Befehle widerrufen haben. Diese stellen Sie durch Anwahl des Befehls *Schritt vorwärts* wieder her; die Anzahl hängt wieder davon ab, wie oft Sie den Befehl *Schritt zurück* gewählt haben. Die dazugehörige Tastenkombination lautet [⇧] + [Strg]/[⌘] + [Z].

Zurück zur letzten gespeicherten Fassung

Über einen weiteren Menübefehl kehren Sie zum zuletzt gespeicherten Zustand Ihres Bilds zurück. Das kann manchmal hilfreich sein, um alle an einem Bild vorgenommenen Änderungen zurückzunehmen und es in seinen Urzustand zurückzuversetzen. Wählen Sie im Menü *Datei* den Befehl *Zurück zur letzten Version* ([F12]). Photoshop führt den Befehl ohne

Sicherheitsabfrage sofort aus, aber die Protokollpalette (siehe nächster Abschnitt) bleibt gefüllt.

Operationen mit dem Protokoll-Bedienfeld rückgängig machen

Eine professionelle Möglichkeit, durchgeführte Befehle wieder rückgängig zu machen, ist das *Protokoll*-Bedienfeld. Diese notiert alle durchgeführten Befehle in einer Liste. So überprüfen Sie jeden Ihrer Schritte. Das *Protokoll*-Bedienfeld dient aber nicht nur zum Löschen von Befehlen, sondern auch um eine Übersicht der durchgeführten Operationen zu haben – und sogar interessante Bildeffekte lassen sich damit erzielen.

- Öffnen Sie das Bedienfeld mit dem Befehl *Protokoll* im Menü *Fenster*. Um zu einem früheren Zustand des Bilds zurückzukehren, klicken Sie einfach auf den gewünschten Zustand.

- Möchten Sie einen Befehl wiederherstellen, ziehen Sie den Regler an die entsprechende Position nach unten oder wählen aus dem Bedienfeldmenü den Befehl *Schritt vorwärts*.

Möchten Sie in diesem Bedienfeld Befehle komplett löschen, müssen Sie die Reihenfolge beachten. Einzelne Schritte lassen sich nur löschen, wenn Sie am Ende der Liste beginnen oder die zuständige Protokolloption deaktivieren (mehr dazu weiter hinten).

Anders als beim Widerrufen von Befehlen erhalten Sie vor dem Löschen über das *Protokoll*-Bedienfeld eine Sicherheitsabfrage.

- Um im *Protokoll*-Bedienfeld eine Operation zu löschen, markieren Sie diese zuerst und klicken Sie dann auf das Papierkorbsymbol rechts unten im *Protokoll*-Bedienfeld.

- Markieren Sie einen Eintrag inmitten von darauffolgenden Einträgen, erscheinen die nächsten Einträge ausgeblendet. Das bedeutet, dass Photoshop beim Löschen des Eintrags alle ausgeblendeten späteren Einträge ebenfalls löscht.

- Benötigen Sie mehr Kontrolle darüber, welche Befehle Sie widerrufen, beginnen Sie mit dem Löschen am besten am Ende des Protokolls. Dann machen Sie die Befehle einen nach dem anderen rückgängig, genau wie mit dem Menübefehl *Schritt zurück*.

- Klicken Sie links unten im *Protokoll*-Bedienfeld auf die Schaltfläche *Erstellt ein neues Dokument aus dem aktuellen Protokoll*, erstellt Photoshop eine neue Datei aus dem

Abbildung 3.16
Das Protokoll-*Bedienfeld notiert alle an einem Bild ausgeführten Befehle.*

Protokolleintrag per Drag & Drop löschen
Alternativ verwenden Sie zum Löschen eines Protokolleintrags die Drag & Drop-Technik: Ziehen Sie den unerwünschten Eintrag mit gedrückter Maustaste auf das Papierkorbsymbol. Doch Vorsicht, in diesem Fall löscht Photoshop den Befehl sofort ohne Sicherheitsabfrage. Über Strg/⌘ + Z stellen Sie Befehle gegebenenfalls wieder her.

Nichtlineares Protokoll
Erstellen Sie bei Bedarf ein sogenanntes nichtlineares Protokoll, so dass Sie einzelne Einträge löschen können, ohne die darunterliegenden Einträge ebenfalls zu entfernen. Dazu wählen Sie im Bedienfeldmenü einfach den Eintrag *Protokoll-Optionen*. Klicken Sie in der Dialogbox auf das Kontrollkästchen *Nicht-Lineare Protokolle sind zulässig*.

aktuellen Bildzustand. Das duplizierte Bild enthält dabei im *Protokoll*-Bedienfeld einen einzigen Eintrag, der den letzten Vorgang beschreibt, nämlich *Objekt duplizieren*.

Abbildung 3.17

Wie viele Schritte Sie mit der Befehls-folge Bearbeiten → Schritt zurück *rückgängig machen können, legen Sie über die Befehlsfolge* Bearbeiten → Voreinstellungen → Leistung *fest. Geben Sie die gewünschte Anzahl in das Feld* Protokollobjekte *ein. Auf einem Rechner mit viel Festplatten- und Arbeitsspeicher können Sie hier ruhig auf die maximalen 1.000 hoch-gehen; auf „schmalbrüstigeren" Com-putern probieren Sie es mit 100–200 Schritten.*

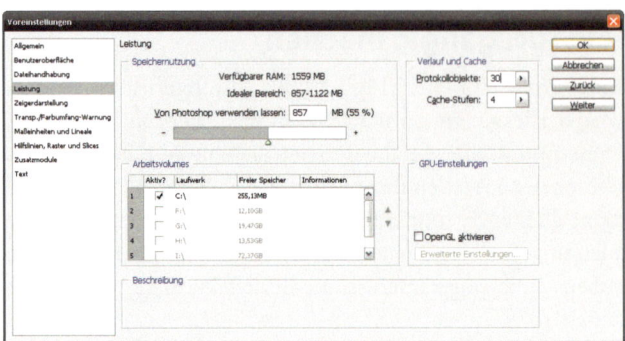

Protokolleinträge aufwärts löschen

Es gibt im *Protokoll*-Bedienfeld eine Möglichkeit, um Ein-träge aufwärts zu löschen. Dabei muss sich aber der Regler bzw. der markierte Eintrag unterhalb des zu löschenden Eintrags befinden.

Um Einträge nach oben zu löschen, markieren Sie mit einem Klick den darauf folgenden Eintrag. Alternativ bewegen Sie den Regler auf der linken Seite neben einen Eintrag direkt unter den zu löschenden Einträgen.

Abbildung 3.18

Der markierte Eintrag befindet sich rechts vom Regler; der zu löschende Eintrag sitzt oberhalb der Markie-rung.

Jetzt klicken und ziehen Sie den Eintrag oberhalb der Mar-kierung auf das Papierkorbsymbol 🗑 unten im Bedienfeld. Photoshop löscht dabei alles, was oberhalb der Markierung notiert ist.

Die nebenstehende Abbildung zeigt Ihnen, wie der Eintrag *Ebene löschen* und alle darüber liegenden Einträge zum Löschen ausgewählt werden. Die Markierung (*Verschieben*) befindet sich weit unterhalb des zu löschenden Eintrags. Das macht aber nichts, denn solange die Markierung sich unterhalb des Eintrags befindet, ist es gleichgültig, wie viele Einträge dazwischenliegen.

Beim Auswählen des Eintrags *Ebene löschen* verwandelt sich der Mauszeiger in eine Hand mit einem Zeigefinger.

Ziehen Sie den Eintrag auf die Schaltfläche mit dem Papier-korbsymbol, löscht Photoshop den Eintrag *Ebene löschen* und alle darüber liegenden Einträge.

Mit Schnappschüssen Alternativen testen

Mit dem *Protokoll*-Bedienfeld speichern Sie verschiedene Zustände Ihres Bilds in Form von sogenannten Schnappschüssen. So probieren Sie verschiedene Alternativen aus und vergleichen diese miteinander. Schnappschüsse speichert Photoshop nicht mit der Datei.

Beim Öffnen eines Dokuments entsteht in der Regel ein Schnappschuss, der als Miniaturbild ganz oben im *Protokoll*-Bedienfeld erscheint. Unter dem Schnappschuss folgt das Protokoll.

Sobald Sie einen Bearbeitungszustand erzielt haben, den Sie gerne vorübergehend speichern möchten, um später vielleicht darauf zurückzukommen, klicken Sie unten im *Protokoll*-Bedienfeld auf die Schaltfläche *Erstellt einen neuen Schnappschuss* .

Photoshop erstellt den neuen Schnappschuss im oberen Bereich des Bedienfelds (unter dem ersten Öffnen-Schnappschuss). Um dem neuen Schnappschuss einen Namen zuzuweisen bzw. ihn umzubenennen, doppelklicken Sie im *Protokoll*-Bedienfeld auf seinen Namen. Tippen Sie einen Namen ein und bestätigen Sie mit der ⏎ -Taste. Ab jetzt zeichnet das *Protokoll*-Bedienfeld wieder Arbeitsschritte auf.

Durch diese Technik nehmen Sie Tests an verschiedenen Bildzuständen schnell vor.

Jeden Schnappschuss bearbeiten Sie bei Bedarf einzeln, indem Sie auf sein Miniaturbild klicken und dann die entsprechenden Änderungen im Dokumentfenster vornehmen. Diese werden wiederum im Protokoll verzeichnet.

Nicht mehr benötigte Schnappschüsse löschen Sie auf verschiedene Weise aus dem *Protokoll*-Bedienfeld.

- Ziehen Sie einen Schnappschuss auf das Papierkorbsymbol 🗑. Photoshop löscht den Schnappschuss sofort, Sie erhalten keine Sicherheitsabfrage.

Abbildung 3.19
Mehrere Zustände eines Bilds, die als Schnappschüsse gespeichert wurden

- Markieren Sie den nicht mehr benötigten Schnappschuss und klicken Sie auf die Papierkorb-Schaltfläche. Daraufhin erhalten Sie eine Sicherheitsabfrage. Sie können noch entscheiden, ob Sie diesen Schnappschuss auch wirklich löschen möchten.

- Markieren Sie den zu löschenden Schnappschuss und wählen Sie aus dem Bedienfeldmenü den Eintrag *Löschen*. Auch hier erhalten Sie die Sicherheitsabfrage, ob Sie wirklich löschen möchten.

Abbildung 3.20
Oben: Original. Mitte: Das Bild wurde mit dem Befehl Bild → Anpassen → Schwellenwert in eine Strichgrafik umgewandelt. Unten: Der Schnapp-schuss (Zustand des Bilds gleich nach dem Öffnen) wurde markiert; also werden mit ausgewähltem Protokoll-Pinsel bei einer Transparenz von 50 Bildbereiche in den ursprünglichen Zustand zurückversetzt.

Die Optionen des Protokoll-Bedienfelds

Um die Optionen des *Protokoll*-Bedienfelds einzustellen, wählen Sie aus dem Bedienfeldmenü den Eintrag *Protokoll-Optionen*.

In der jetzt angezeigten Dialogbox stehen Ihnen vier Kon-trollkästchen zur Verfügung.

- Das Kontrollkästchen *Ersten Schnappschuss automatisch erstellen* ist standardmäßig aktiviert. Damit erstellt Photo-shop beim Öffnen einer Datei automatisch einen Schnapp-schuss des Originalzustands.

- Aktivieren Sie das Kontrollkästchen *Beim Speichern auto-matisch neuen Schnappschuss erstellen*, um bei jedem Spei-chern automatisch einen Schnappschuss zu erstellen.

- Aktivieren Sie das Kontrollkästchen *Nicht-Lineare Proto-kolle sind zulässig*, damit Sie Änderungen an einem aus-gewählten Zustand vornehmen können, ohne dass Sie die darauffolgenden Zustände löschen.

- Aktivieren Sie *Dialogfeld „Neuer Schnappschuss" standard-mäßig anzeigen*, fordert Photoshop Sie zur Eingabe von Schnappschussnamen auf, auch wenn Sie die Symbole des Bedienfelds verwenden.

- Bei Bedarf stellen Sie das Protokoll-Bedienfeld so ein, dass Sie beim Klick auf das Schnappschusssymbol die Alt-Taste nicht drücken müssen, um die zugehörige Dialogbox anzuzeigen. Aktivieren Sie dazu das Kontrollkästchen *Neuer Schnappschuss standardmäßig anzeigen*.

- Standardmäßig wird das Umschalten der Sichtbarkeit von Ebenen im Protokoll-Bedienfeld nicht mit aufgezeichnet. Für die meisten Arbeiten sollten Sie dies ändern: Aktivie-ren Sie das Kontrollkästchen *Änderungen an Ebenensicht-barkeit dauerhaft machen* und bestätigen Sie mit *OK*.

Gezielte Bildwiederherstellung mit dem Protokollpinsel

Sicherlich ist Ihnen schon aufgefallen, dass das Widerrufen von Aktionen sich stets auf das gesamte Bild (oder auch auf einen maskierten Bereich) auswirkt.

Es gibt aber eine Möglichkeit, das Widerrufen von Befeh-len nur auf Bildteile anzuwenden. Dazu verwenden Sie das *Protokollpinsel*-Werkzeug ✎, das Sie in der Werkzeugleiste finden, und wählen den Schnappschuss, dessen Zustand der Protokollpinsel wiederherstellen soll.

1. Im *Protokoll*-Bedienfeld klicken Sie in das Kästchen links vor der gewünschten Aktion.

2. Das Kästchen erhält ein Pinselsymbol. Dieses signalisiert, dass die gewählte Aktion als Quelle für den Protokollpinsel dient.

3. Wählen Sie das Werkzeug *Protokollpinsel* aus der Werkzeugleiste und stellen Sie in der Optionenleiste die gewünschte Werkzeuggröße und -art ein.

4. Fahren Sie mit gedrückter Maustaste über einen Bildbereich, in dem Sie die markierte Aktion rückgängig machen möchten.

5. Oder verwenden Sie für diese Arbeit den *Radiergummi* 🩹. Dazu müssen Sie in der Optionenleiste das Kontrollkästchen *Basierend auf Protokoll löschen* anklicken.

6. Wählen Sie *Bearbeiten → Fläche füllen* oder drücken Sie �+ F5. Öffnen Sie in der Dialogbox das Popup-Menü *Füllen mit* und wählen Sie den Eintrag *Protokoll*.

7. Nachdem Sie eventuell weitere Parameter wie beispielsweise die Deckkraft angegeben haben, klicken Sie auf die Schaltfläche *OK*. Photoshop füllt den Bereich mit der zuletzt gespeicherten Version.

Wollen Sie genaue Formen wie Kreise oder Rechtecke wiederherstellen, ist die Arbeit mit den beschriebenen Werkzeugen sehr umständlich. In diesen Fällen legen Sie daher zunächst mit einem der Auswahlwerkzeuge den entsprechenden Bereich fest (mehr darüber erfahren Sie in Kapitel 5).

Routineaufgaben durch Aktionen automatisieren

Unter „Aktion" versteht Photoshop eine Folge von mehreren Befehlen, die automatisch nacheinander auf ein oder mehrere Bilddokument(e) angewandt werden. Photoshop enthält selbst einige Aktionen; Sie können aber auch Ihre eigenen Aktionen erzeugen.

1. Wählen Sie die Befehlsfolge *Fenster → Aktionen*.

2. Im Bedienfeld *Aktionen* sehen Sie den Eintrag *Standardaktionen*. Klicken Sie auf den Pfeil ▶ vor diesem Eintrag. Alternativ öffnen Sie das Bedienfeldmenü und wählen in der zweituntersten Gruppe einen Aktionensatz.

3. Sie sehen die mit Photoshop ausgelieferten Aktionen.

Probieren Sie die Aktionen an einem Ihrer Bilder aus:

1. Öffnen Sie ein Bild Ihrer Wahl.

2. Klicken Sie im Bedienfeld *Aktionen* eine Aktion an.

Bestimmte Eigenschaften eines Bearbeitungszustands speichern
Die Möglichkeit, den aktuellen Bearbeitungszustand Ihres Bilds im Protokoll-Bedienfeld als Schnappschuss zu speichern, ist äußerst praktisch. Sie können sogar definieren, welche Eigenschaften des Bearbeitungszustands Sie speichern möchten. Klicken Sie dazu das Symbol *Erstellt einen neuen Schnappschuss* 📷 mit gedrückter Alt -Taste an. Daraufhin legen Sie fest, ob Sie das ganze Dokument, das Dokument auf die Hintergrundebene reduziert oder nur die aktuelle Ebene als Schnappschuss speichern möchten.

Abbildung 3.21
Die mit Photoshop ausgelieferten Aktionen bieten nützliche Tools und überraschende Effekte.

Abbildung 3.22
Die vordefinierten Rahmen-Aktionen sind eine Möglichkeit, Ihre Bilder schnell mit attraktiven Rahmen zu versehen.

3. Klicken Sie am unteren Rand des Bedienfelds auf das Symbol *Auswahl ausführen* ▶.

4. Photoshop führt die in der Aktion gespeicherten Befehle selbstständig nacheinander an Ihrem Bild aus.

Eine eigene Aktion erstellen

Richtig interessant wird es erst, wenn Sie eigene Aktionen schreiben. Der Vorgang ist sehr einfach:

1. Klicken Sie am unteren Rand des Bedienfelds *Aktionen* auf das Symbol *Neue Aktion erstellen*.

2. Geben Sie einen passenden Namen ein und klicken Sie auf *Aufzeichnen*.

3. Fast alles, was Sie von nun an in Photoshop tun, wird in die Aktion aufgenommen.

Wenn Sie fertig sind, klicken Sie auf das Symbol *Ausführen/ Aufzeichnung beenden* ■. Von nun an können Sie die Aktion ausführen und damit die darin gesammelten Befehle dem aktuellen Bild zuweisen. Gehen Sie vor, wie im vorigen Abschnitt beschrieben.

Sinnvolle erste Schritte

Manche Aktionen funktionieren zwar ausgezeichnet am Testbild, mit dem Sie die Aktion aufzeichnen, an anderen Bildern jedoch nicht. Häufig ist der falsche Farbmodus schuld oder falsche Ebenenbezeichnungen. Beugen Sie solchen Problemen mit den nachfolgend beschriebenen einfachen Schritten vor:

Wenn Sie eine Aktion erstellen, in der mehrere Ebenen erzeugt und bearbeitet werden, müssen die Ebenenbezeichnungen korrekt sein. Am besten starten Sie daher stets mit einer Hintergrundebene:

1. Direkt nach dem Starten der Aufzeichnung wählen Sie *Bild → Duplizieren*.

2. Aktivieren Sie das Kontrollkästchen *Nur zusammengefügte Ebenen duplizieren* und bestätigen Sie mit *OK*.

3. Wählen Sie dann *Menübefehl einfügen* aus dem Bedienfeldmenü und wählen Sie dann den Befehl *Ebene → Auf Hintergrundebene reduzieren*.

4. Jetzt zeichnen Sie Ihre Aktion ganz normal auf. Sie wird dann stets an einem auf die Hintergrundebene reduzierten Duplikat Ihres Originalbilds ausgeführt.

Wenn manche Befehle Ihrer Aktion nur in einem bestimmten Farbmodus funktionieren, z. B. RGB bei vielen Filtern, fügen

Sie außerdem zu Beginn der Aktion den Befehl *Bild → Modus → RGB-Farbe* ein. Damit verhindern Sie, dass Ihre Aktion mit einer Fehlermeldung stoppt.

Aktionen erneut aufzeichnen

Haben Sie eine Aktion erzeugt, mit der Sie prinzipiell zufrieden sind, bei der Sie aber verschiedene Einstellungen und Werte ändern möchten? Markieren Sie die Aktion und wählen Sie aus dem Bedienfeldmenü *Erneut aufzeichnen*.

Die Aktion wird ausgeführt, stoppt aber bei jeder Dialogbox, so dass Sie neue Werte eingeben können. Möchten Sie die Werte in einer bestimmten Dialogbox erhalten, klicken Sie auf *Abbrechen*.

Relative Maße in Aktionen

Soll Ihre Aktion das Bild beispielsweise halbieren oder einen Farbverlauf vom linken zum rechten Bildrand erzeugen? Dann sollten Sie mit relativen statt mit absoluten Maßen arbeiten: Stellen Sie vor der Aufzeichnung unter *Bearbeiten/ Photoshop → Voreinstellungen → Maßeinheiten und Lineale* im Dropdown-Menü *Lineale* die Maßeinheit *Prozent* ein.

Menübefehle und Stopps in Aktionen einfügen

Bestimmte Befehle, wie etwa die Werkzeug- und Ansichtsoptionen oder Druckvorgaben, kann das *Aktionen*-Bedienfeld nicht aufzeichnen. Solche Funktionen fügen Sie manuell ein. Zeichnen Sie Ihre Aktion wie zuvor beschrieben auf. An der Stelle, an der Sie einen Befehl manuell einfügen möchten, wählen Sie aus dem Bedienfeldmenü ▾≡ des *Aktionen*-Bedienfelds den Befehl *Menübefehl einfügen*. Wählen Sie den Befehl an und fahren Sie mit der Aufzeichnung der Aktion fort.

Falls während der Aktion ein Benutzereingriff notwendig ist – zum Beispiel das Erstellen einer Auswahl – fügen Sie eine Unterbrechung ein:

1. Markieren Sie die Stelle in Ihrer Aktion, hinter der Sie den Stopp einfügen möchten.
2. Öffnen Sie das Bedienfeldmenü und wählen Sie *Unterbrechung einfügen*. Geben Sie einen erläuternden Text oder eine Anweisung ein.

Aktion nach der Unterbrechung weiterführen
Um die Aktion nach der Unterbrechung und dem Klick auf die Schaltfläche *Anhalten* weiter auszuführen, klicken Sie auf die Schaltfläche *Auswahl ausführen* im Aktionen-Bedienfeld.

3. Handelt es sich lediglich um einen informativen Text ohne zwingenden Handlungsbedarf seitens des Nutzers, aktivieren Sie das Kontrollkästchen *Fortfahren zulassen*.

Aktionen mehreren Bildern nacheinander zuweisen

Vielleicht möchten Sie eine bestimmte Aktion – ob vorgefertigt oder selbst erzeugt – gleich mehreren Bildern zuweisen. Photoshop bietet Ihnen dazu die Funktion *Stapelverarbeitung*.

1. Wählen Sie *Datei → Automatisieren → Stapelverarbeitung*. Unter *Abspielen* wählen Sie die gewünschte Aktion.

2. In der Gruppe *Quelle* wählen Sie beispielsweise einen Ordner – die Aktion wird dann auf alle Bilder in diesem Ordner angewandt. Aktivieren Sie zusätzlich das Kontrollkästchen *Alle Unterordner einschließen*, wird die Aktion auch auf sämtliche Bilder in den Unterordnern des ausgewählten Ordners angewandt.

3. Alternativ wählen Sie aus dem Popup-Menü den Eintrag *Geöffnete Dateien*. Dann wird die Aktion an den momentan auf der Arbeitsfläche befindlichen Bildern ausgeführt.

4. Im Popup-Menü *Ziel* definieren Sie, was mit den bearbeiteten Dateien geschehen soll. Wählen Sie *Ohne*, bleiben die Dateien ohne Speicherung auf der Arbeitsfläche geöffnet. Wählen Sie hingegen *Speichern und schließen*, werden die Originaldateien durch die per Aktion geänderten Versionen überschrieben. Wählen Sie *Ordner*, können Sie einen bestimmten Speicherort wählen, in dem die bearbeiteten Versionen abgelegt werden.

5. Haben Sie als Ziel *Ordner* angegeben, können Sie zusätzlich über die Gruppe *Dateibenennung* Bausteine für die Benennung der Dateien vorgeben.

6. Für den Fall, dass ein Fehler auftritt – dass der angegebene Ordner beispielsweise nicht nur Bild-, sondern auch andere Dateien enthält –, können Sie über den Eintrag *Bei Fehlern anhalten* im Popup-Menü *Fehler* dafür sorgen, dass die Verarbeitung gestoppt wird und Sie anschließend entscheiden können, was mit der den Fehler produzierenden Datei geschehen soll. Danach können Sie die Stapelverarbeitung mit einem Klick fortsetzen.

Droplets

Über die Befehlsfolge *Datei → Automatisierungen → Droplet erstellen* können Sie aus der im *Aktionen*-Bedienfeld markierten Aktion ein sogenanntes „Droplet" erzeugen. Die fertige Droplet-Datei legen Sie beispielsweise auf Ihrem Desktop/Schreibtisch ab. Ziehen Sie nun Bilder oder auch ganze Ordner auf dieses Droplet, startet Photoshop automatisch und führt die Aktion aus.

Stapelverarbeitungsbeispiel: Bilder umbenennen

Möchten Sie alle Fotodateien in einem bestimmten Ordner umbenennen? Diese Aufgabe lässt sich nicht nur mit Adobe Bridge, sondern auch mit der Photoshop-Stapelverarbeitung gut durchführen.

Abbildung 3.23
Dieser Ordner mit Bildern soll in einem Zug umbenannt werden.

1. Als Erstes benötigen Sie eine Aktion ohne Inhalt, eine sogenannte „Null-Aktion". Klicken Sie im Bedienfeld *Aktionen* auf das Symbol *Neue Aktion erstellen* ![Symbol]. Geben Sie der Aktion den Namen *Null* und klicken Sie auf *Aufzeichnen*.

2. Klicken Sie am unteren Bedienfeldrand auf das quadratische Symbol *Ausführen/Aufzeichnung beenden*.

3. Jetzt wählen Sie *Datei → Automatisieren → Stapelverarbeitung*. Beachten Sie, dass Ihre Null-Aktion bereits ausgewählt ist. Als *Quelle* wählen Sie den *Ordner* mit den Bildern, die Sie umbenennen möchten.

4. Als *Ziel* wählen Sie ebenfalls *Ordner*. Wählen Sie dann den Ordner aus, in dem Sie die umbenannten Bilder speichern möchten. Unter *Dateibenennung* stellen Sie ein, nach welchen Konventionen die Dateien benannt werden sollen. Im nachfolgend abgebildeten Beispiel ist dies der Name der Fotografin, dann eine zweistellige Seriennummer und schließlich die Dateierweiterung.

5. Starten Sie die Stapelverarbeitung mit *OK*, beantworten Sie eventuelle Speicheranfragen (z. B. bei JPEG-Bildern) und betrachten Sie anschließend den angegebenen Zielordner.

Abbildung 3.24
Die Null-Aktion – eine Aktion ohne Inhalt – können Sie im Zusammenhang mit Stapelverarbeitungsbefehlen immer wieder brauchen.

Abbildung 3.25

Geben Sie im unteren Bereich der Dialogbox die Konventionen an, nach denen die Dateien gespeichert werden sollen.

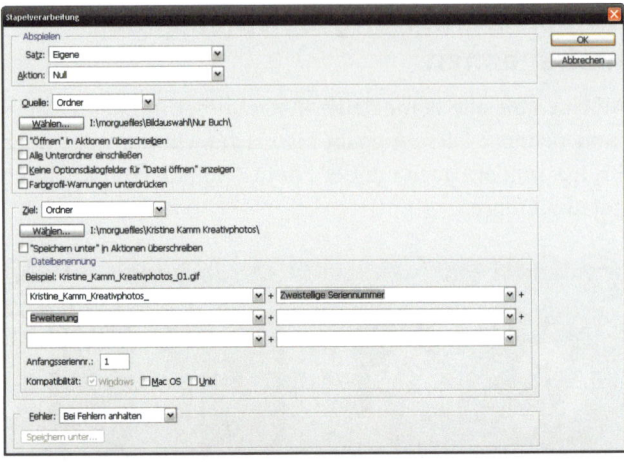

Abbildung 3.26

Die Bilder sind umbenannt und im neuen Ordner gespeichert worden.

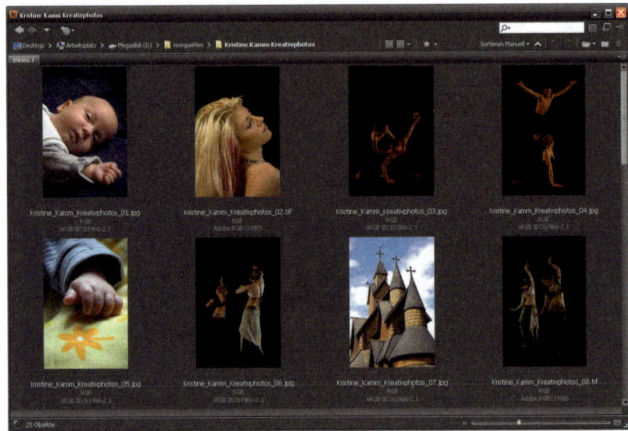

Abbildung 3.27

Falls Aktionen einmal nicht ausreichen, arbeiten Sie mit Skripten.

Photoshop-Skripte verwenden

Einige Automatisierungsaufgaben können Sie mit Aktionen alleine kaum lösen. Für solche Fälle bietet Photoshop die Möglichkeit, JavaScript-Skripte zu nutzen. Falls Sie selbst keine Erfahrung mit der Programmierung von Skripten haben, werden Sie sicherlich im Internet fündig – hier gibt es viele Quellen für fertige Photoshop-Skripte. Nachdem Sie ein Skript aus dem Internet heruntergeladen haben, speichern Sie es im *Vorgaben*-Ordner in Ihrem Photoshop-Programmordner. Danach schließen und starten Sie Photoshop neu.

Jetzt wählen Sie *Datei → Skripten.* Oder Sie wählen *Datei → Skripten → Skriptereignis-Manager* und aktivieren *Ereignisse zum Ausführen von Skripten/Aktionen aktivieren.* Wählen Sie aus dem Pop-up-Menü *Photoshop-Ereignis* die Aktion, bei der das Skript automatisch ausgeführt werden soll. Klicken Sie auf *Hinzufügen* und dann auf *Fertig.*

Bildeigenschaften editieren

4

In diesem Kapitel erfahren Sie, wie Sie die Eigenschaften eines geöffneten Bilds, zum Beispiel seine Größe, Auflösung oder den Farbmodus, verändern.

Farbmodi

Um einem Bild einen anderen Farbmodus (vgl. auch Kapitel 1) zuzuweisen, wählen Sie im Menü *Bild* das Untermenü *Modus*. Im geöffneten Untermenü sehen Sie alle Farbmodi, die Ihr Bild erhalten kann. Zunächst eine kurze Übersicht über diese Modi:

- Im Modus *Bitmap* hat das Bild eine Farbtiefe von 1 Bit. Jedes Pixel kann nur entweder die Farbe Schwarz oder die Farbe Weiß haben. Je nachdem, welche Methode Sie für die Umwandlung verwenden, können die zwei Farben aber so geschickt verteilt sein, dass der Eindruck von Abstufungen bzw. Schattierungen entsteht.

- Der Modus *Graustufen* hat eine Farbtiefe von 8 Bit. Das sind 256 Graustufen. Wandeln Sie ein farbiges Bild in Graustufen um, konvertiert Photoshop die Farbinformationen anhand der Helligkeitsinformationen jedes Pixels in eine dieser 256 Graustufen.

- Den Modus *Duplex* verwenden Sie beispielsweise für mehrfarbige Drucke mit Volltonfarben, etwa mit PANTONE-Farben (vgl. auch Kapitel 1), wenn neben Schwarz eine Zusatzfarbe gedruckt werden soll. Es gibt Zweifarbenbilder (Duplex), Dreifarbenbilder (Triplex) und Vierfarbenbilder (Quadruplex). Durch Duplex verleihen Sie einem Graustufenbild beispielsweise eine warme oder eine kühle Tönung. Gelegentlich werden Duplex-Bilder mit einer schwarzen und einer grauen Druckfarbe gedruckt, wobei Schwarz für die Tiefen und Grau für die Mitteltöne und Lichter verwendet wird. Häufiger ist aber eine farbige Druckfarbe für die Lichter. Bei dieser Technik entsteht eine Farbtönung und das Bild wirkt plastischer.

Abbildung 4.1
Im Modus Graustufen *nimmt jedes Bildpixel eine von 256 Grauabstufungen an.*

Zuerst in Graustufen
Um einem Bild den Modus *Bitmap* oder *Duplex* zuzuweisen, konvertieren Sie das Bild vorher in den Modus *Graustufen*. Erst dann sind diese Modi anwählbar.

Abbildung 4.2
Im Modus Duplex *werden Graustu-fenbilder durch eine oder mehrere Farben getont.*

Abbildung 4.3
Der Modus CMYK-Farbe *ist für den Vierfarb-Offsetdruck am besten geeignet.*

- Der Modus *Indizierte Farbe* mit einer Farbtiefe von 8 Bit dient vor allem für die Aufbereitung von Bildern für elektronische Medien. Die Original-Bildfarben werden bei der Umwandlung in diesen Modus in die maximal 256 Farben einer Palette umgewandelt. Farben, die in dieser Palette nicht vorhanden sind, werden häufig durch Fehlerstreuung (Dithering) vorgetäuscht, indem sie aus geschickt verteilten anderen Farben zusammengesetzt werden. Bilder mit indizierten Farben eignen sich nicht für die drucktechnische Reproduktion. Der Speicherbedarf ist allerdings geringer, so dass sie prädestiniert sind für das Internet oder für Multimedia-Anwendungen.

- Der Modus *RGB-Farbe* verwendet dasselbe Farbsystem wie beispielsweise ein Projektor oder Ihr Monitor. Für die Bearbeitung Ihres Bilds in Photoshop ist dieser Modus bestens geeignet, da ein großes Farbspektrum am Bildschirm dargestellt werden kann: 16,8 Millionen Farben.

- Den Modus *Lab-Farbe* mit 24 Bit haben Sie ebenfalls in Kapitel 1 bereits kennengelernt. Neben der Luminanz (Helligkeitskomponente) werden zwei chromatische Komponenten (A = Grün bis Rot und B = Blau bis Gelb) verwendet. Dieses Modell besitzt einen erheblich größeren Farbraum als das CMYK-Modell.

- Der Modus *CMYK-Farbe* ist für die Reproduktion und den Druck mit Prozessfarben bestimmt. Wie Sie bereits in Kapitel 1 erfahren haben, setzen sich die Bildfarben aus den Grundfarben Cyan, Magenta, Yellow (Gelb) und Schwarz zusammen. Dieser Modus mit einer Farbtiefe von 32 Bit benötigt mehr Speicher als die bisher besprochenen Modi. Eine gute Praxis ist es, die Farbkorrekturen und Retuschearbeiten in RGB vorzunehmen und das Bild erst zur Scharfzeichnung in den CMYK-Modus umzuwandeln. Einer der Gründe für dieses Vorgehen ist, dass nicht alle Bearbeitungsmöglichkeiten (Filter) für CMYK-Farben verfügbar sind. Bevor ein Bild im Offsetdruck reproduziert wird, sollte es in CMYK-Farben konvertiert werden (vgl. auch Kapitel 15).

- Auch Mehrkanalbilder verfügen über eine Farbtiefe von 8 Bit. Bilder mit mehr als einem Kanal können in diesen Modus konvertiert werden. Dabei werden die Kanäle durchnummeriert und in Graustufen dargestellt. Diese Graustufen geben die Farbwerte der einzelnen Pixel wieder.

- Standard-8-Bit-Bildern stehen 256 Werte zur Verfügung, um den Tonbereich von vollem Schwarz bis zu vollem

Weiß abzudecken. 16-Bit-Bildern stehen für denselben Bereich 65.535 Töne zur Verfügung. Das Ergebnis ist ein Bild, in dem eine viel feinere Differenzierung der Details möglich ist. Zudem können Sie in Photoshop auch 32-Bit/Kanal-Bilder bearbeiten. Allerdings lassen sich verschiedene Photoshop-Funktionen (beispielsweise viele Filter) nicht auf 16- und 32-Bit-Bilder anwenden.

Den Farbmodus eines Bilds ändern

Um den Farbmodus eines Bilds zu ändern, gehen Sie so vor:

1. Wählen Sie die Befehlsfolge *Bild → Modus*. Im Untermenü stehen Ihnen sämtliche besprochenen Modi zur Verfügung.

2. Klicken Sie den gewünschten Modus an.

3. Photoshop führt die Konvertierung durch. Manche Modi zeigen allerdings zuerst eine Dialogbox an, in der Sie noch bestimmte Einstellungen vornehmen können, bevor Photoshop das Bild endgültig umwandelt. Die folgenden Abschnitte informieren Sie über diese Besonderheiten.

Ein Bild in den Bitmap-Modus umwandeln

Bevor Sie den Modus *Bitmap* auswählen können, müssen Sie dem Bild den Modus *Graustufen* zuweisen. Anschließend aktivieren Sie den Modus *Bitmap* im Untermenü *Modus*. Sie erhalten daraufhin eine Dialogbox mit den Konvertierungsmöglichkeiten.

Die Umwandlungsmethode, die Sie hier auswählen, bestimmt wesentlich das spätere Aussehen des Bilds, das schließlich nur aus schwarzen und weißen Pixeln ohne Zwischentöne bestehen wird. Die Vorgehensweise:

1. Konvertieren Sie das Bild zuerst in den Modus *Graustufen*, wenn es noch kein Graustufenbild ist.

2. Wählen Sie dann den Befehl *Bild → Modus → Bitmap*. Die Dialogbox *Bitmap* erscheint.

3. Im oberen Dialogbereich wählen Sie die gewünschte Auflösung.

4. Öffnen Sie das Popup-Menü *Verwenden*. Hier finden Sie sämtliche Konvertierungsmethoden.

5. Wählen Sie den Eintrag *Schwellenwert 50 %,* werden alle Grautöne, die über 50 % Grau liegen, in Schwarz umgesetzt und alle Töne unterhalb dieses Schwellenwerts in Weiß.

Farbkonvertierung

Für die professionelle Arbeit ist eine gute CMYK- bzw. RGB-Konvertierung wichtig. Hier ist der Befehl *Bild → Modus → CMYK-Farbe* bzw. *Bild → Modus → RGB-Farbe* eventuell nicht ausreichend. Wie Sie die abschließende Konvertierung Ihrer Bilder in den geeigneten Ausgabemodus vornehmen, erfahren Sie in Kapitel 16.

Abbildung 4.4
Diffusion Dither

Abbildung 4.5
Halbtonraster

Abbildung 4.6
Je nach Farbanzahl, in der Palette enthaltenen Farben und Dithering kommt es zu mehr oder weniger starken Qualitätsverlusten gegenüber der Originaldatei. Hier wurde überhaupt kein Dithering gewählt.

Abbildung 4.7
Schalten Sie das Dithering ein, erhält die indizierte Datei bei gleicher Farbanzahl (sechs Farben) deutlich mehr Detailzeichnung.

- Mit der Methode *Muster-Dither* wird das Bild gerastert. Die Rasterpunkte sind geometrisch angeordnet. Weite und Winkel des Rasters lassen sich mit dieser Option nicht beeinflussen.

- Das Verfahren *Diffusion-Dither* ähnelt der Methode *Schwellenwert 50 %*, da auch hier alle Grautöne über 50 % Grau in Schwarz umgewandelt werden und alle Grautöne unterhalb dieses Werts in Weiß. Der Unterschied besteht darin, dass das Bild Grautöne durch ein nach dem Zufallsprinzip angeordnetes Raster vortäuscht.

- Bei der Methode *Halbtonraster* rastert Photoshop das Bild ebenfalls. Nach der Bestätigung mit der Schaltfläche *OK* erscheint eine weitere Dialogbox. Hier bestimmen Sie verschiedene Rastereinstellungen, wie Rasterweite, -winkelung und Form. Weiterhin finden Sie hier die beiden Schaltflächen *Laden* und *Speichern,* mit denen Sie Ihre Einstellungen sichern und später gegebenenfalls wieder verwenden.

- Mit der Methode *Eigenes Muster* verwendet Photoshop für die Rasterung eine Musterdatei. Zu diesem Zweck sehen Sie im unteren Bereich der Dialogbox verschiedene Vorschaubilder der Musterdateien, aus denen Sie das Gewünschte auswählen. Über das Bedienfeldmenü dieser Auswahl laden Sie unter anderem bei Bedarf weitere Muster hinzu.

Bilder in indizierte Farben umwandeln

Auch bei der Auswahl des Modus *Indizierte Farbe* erscheint eine Dialogbox mit den Konvertierungseinstellungen. Bei der Umwandlung erhält das Bild eine eigene Farbtabelle mit höchstens 256 Farben. Der Speicherbedarf reduziert sich dadurch gegenüber einem RGB-Bild deutlich, allerdings gehen auch Farbinformationen verloren, so dass es zu mehr oder minder sichtbaren Qualitätsverlusten kommt. Deshalb sollten Sie Ihr Bild erst dann in indizierte Farben umwandeln, wenn die Bearbeitung abgeschlossen ist.

Damit die Konvertierung in indizierte Farben möglich ist, muss das Bild vorher den Modus RGB haben.

1. Wählen Sie die Befehlsfolge *Bild → Modus → Indizierte Farbe.*

2. Nehmen Sie die gewünschten Einstellungen vor und klicken Sie auf *OK.*

Weil Bilder mit indizierten Farben meist für Webseiten verwendet werden, erhalten Sie umfassende Informationen über die Einstellungen in dieser Dialogbox und die Arbeit mit indizierten Bildern in Kapitel 16.

Duplex-Bilder erzeugen

Die sogenannten Simplex-, Duplex-, Triplex- und Quadruplex-Bilder sind Bilder, die später mit einer bis vier Sonderfarben (Schmuckfarben), zum Beispiel Pantone-Farben, gedruckt werden sollen. Eine Einführung in die Schmuckfarben finden Sie in Kapitel 1.

Simplexbilder (*Einfarbig*) haben nur Helligkeitsinformationen und werden mit einer einzigen Schmuckfarbe gedruckt, im Gegensatz zum echten Graustufenbild allerdings nicht unbedingt mit schwarzer Druckfarbe, sondern auch einer beliebigen anderen. Duplex-, Triplex- und Quadruplex-Bilder haben ebenfalls keine Farbinformationen über das Bildmotiv, werden aber mit zwei, drei oder vier Druckfarben gedruckt.

So erstellen Sie Duplex-Bilder:

1. Wandeln Sie das gewünschte Bild in Graustufen um und wählen Sie dann *Bild* → *Modus* → *Duplex*.

2. Achten Sie darauf, dass das Kontrollkästchen *Vorschau* in der Dialogbox aktiviert ist, damit Sie sich gleich ein Bild von Ihren Einstellungen machen können.

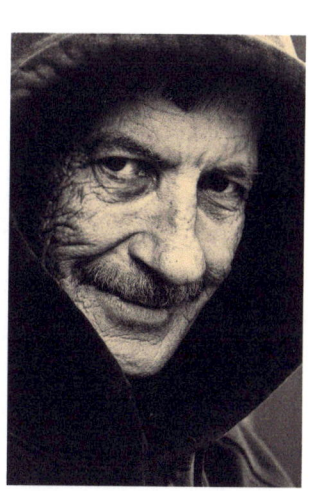

3. Im Popup-Menü *Art* wählen Sie, ob Sie ein Simplex- (Eintrag *Einfarbig*), ein Duplex-, Triplex- oder Quadruplex-Bild erstellen möchten. Damit bestimmen Sie, wie viele Farben das Bild verwenden soll.

4. Darunter legen Sie in den Farbfeldern fest, welche Farben zum Einsatz kommen sollen. Klicken Sie dazu auf das Farbfeld mit der entsprechenden Druckfarbe.

Wann RGB, wann CMYK?

Der RGB-Farbmodus ist in Photoshop besonders vielseitig – so gut wie alle Photoshop-Funktionen lassen sich auf RGB-Bilder anwenden. Von der Speicheranforderung benötigt RGB ein Viertel weniger Speicherplatz als CMYK, weil es nur drei Farbkanäle besitzt, während CMYK vier Farbkanäle hat.

Möchten Sie Ihre Bilder im Internet oder für andere Bildschirmanwendungen verwenden, arbeiten Sie von Anfang bis Schluss im RGB-Modus. Auch Bilder, die Sie über Tintenstrahldrucker ausgeben möchten, bearbeiten und speichern Sie ausschließlich in RGB.

Beachten Sie auch: Viele Filter, beispielsweise der Relief-Filter, zeigen in RGB ein besseres Ergebnis.

Abbildung 4.8
Simplex-Bilder (links) werden mit einer einzigen Volltonfarbe gedruckt. Bei Duplex-Bildern (rechts) wird die eine Farbe (hier ein dunkles Blau) für die Tiefen verwendet, die andere für die Lichter (hier ein Orangeton).

5. In der folgenden Dialogbox *Farbbibliotheken* wählen Sie aus dem oberen Popup-Menü *Buch* die gewünschte Sonderfarbensammlung. Im unteren Bereich bestimmen Sie die gewünschte Farbe.

6. Klicken Sie auf *OK*, um wieder in die Dialogbox *Duplex-Optionen* zu gelangen. Im Farbfeld sehen Sie die ausgewählte Druckfarbe und im Textfeld daneben ihren Namen.

Möchten Sie gesättigte Farben im Druckergebnis erzielen, müssen die dunklen Farben vor den hellen gedruckt werden. Diese Reihenfolge bestimmen Sie bereits in der Dialogbox *Duplex-Optionen*, indem Sie im obersten Farbfeld die dunkelste Farbe festlegen und dann, absteigend, die hellste Farbe unten.

Die Duplex-Kurve verändern

Links neben dem Farbfeld sehen Sie ein weiteres Feld mit der Duplex-Kurve. Diese bestimmt, wie sich die Druckfarbe in den Lichtern und Tiefen des Bilds verteilt. Jeder Graustufe im Bild wird ein prozentualer Druckfarbenwert zugeordnet.

Bei diagonaler Linie sind die Werte ausgeglichen; die Druckfarbe wird gleichmäßig verteilt: Das Bild wirkt eher wie ein getontes Graustufenbild; die Verwendung unterschiedlicher Farben für die Tiefen und die Lichter wird nicht erkennbar.

Sie können die Kurven der Farben aber so ändern, dass die Tiefen anders eingefärbt werden als die Lichter – Sie erhalten dann ein sogenanntes Split-Toning-Bild.

1. Klicken Sie in der Dialogbox *Duplex-Optionen* auf das Kurvensymbol der dunkleren Farbe.

2. Klicken Sie in den rechten oberen Bereich der Kurve und ziehen Sie nach oben.

3. Jetzt klicken Sie in den linken unteren Bereich der Kurve und ziehen Sie nach unten. Ihre Kurve sollte danach ungefähr so aussehen wie in der oberen nebenstehenden Abbildung.

4. Bestätigen Sie mit *OK* und klicken Sie auf das Kurvensymbol der helleren Farbe.

5. Formen Sie die Kurve wie in der unteren nebenstehenden Abbildung gezeigt und klicken Sie zweimal auf *OK*.

Vorgefertigte Farbe-Kurven-Kombinationen verwenden

Probieren Sie die mit Photoshop gelieferten Duplex-Kurven aus: Öffnen Sie in der Dialogbox *Duplex-Optionen* das

Abbildung 4.9

Klicken Sie in der Dialogbox Duplex-Optionen *auf das Farbfeld …*

Abbildung 4.10

… und wählen Sie in der Dialogbox Farbbibliotheken *die gewünschte Farbe aus.*

Abbildung 4.11

Die Kurvenform für die dunklere (oben) und für die hellere Farbe (unten)

Popup-Menü *Vorgaben*. Hier finden Sie eine große Anzahl vordefinierter Duplex-Farbkombinationen mit bereits passend geformten Kurven, die Sie Ihrem Bild mit einem Klick zuweisen können.

Bilder in CMYK-Simulation betrachten

Auch Bilder, die später im Offset-Druck in Prozessfarben gedruckt und deshalb in CMYK-Farben konvertiert werden müssen, bearbeiten Sie meist zunächst im RGB- oder sogar im LAB-Modus, um sie erst zum Schluss in CMYK zu konvertieren.

Sie können jedoch bereits während der Bearbeitung Ihres RGB- oder LAB-Bilds hin und wieder überprüfen, wie Ihre Arbeit als CMYK-Datei aussehen wird. Dazu sehen Sie sich einen sogenannten Farb-Proof am Bildschirm an. Auf diese Weise stellen Sie frühzeitig fest, wenn es bei der späteren Konvertierung in CMYK-Farben zu Problemen kommen wird. Voraussetzung ist, dass Ihr Monitor ausreichend kalibriert ist (mehr darüber in Kapitel 15). Bei dem Farb-Proof handelt es sich tatsächlich nur um eine Ansicht; der ursprüngliche Farbmodus des Bilds bleibt erhalten.

1. Wählen Sie im Menü *Ansicht* den Befehl *Farbproof*. Alternativ betätigen Sie die Tastenkombination ⎡Strg⎤/ ⎡⌘⎤ + ⎡Y⎤.
2. Achten Sie auf die Titelleiste des Bilds: Hier werden beide Farbmodi angezeigt – zuerst der eigentliche Modus des Bilds, dahinter der angezeigte CMYK-Modus.

Um die Ansicht wieder abzuschalten, wählen Sie erneut denselben Befehl.

Proofs für weitere Modi und einzelne Farbkomponenten anzeigen

In der Grundeinstellung simuliert Photoshop durch die Auswahl des Befehls *Ansicht → Farbproof* stets den CMYK-Modus des Bilds. Bei Bedarf zeigen Sie aber auch andere Modi und sogar einzelne Farbkomponenten des Bilds an.

Dadurch testen Sie beispielsweise, wie ein (für die Bildschirmdarstellung bestimmtes) Bild auf anderen Systemen aussieht – wenn Sie am Mac arbeiten, überprüfen Sie beispielsweise, wie das Bild auf dem System eines Windows-PC-Besitzers aussieht.

1. Wählen Sie im Menü *Ansicht* den Befehl *Proof einrichten*. Im Untermenü finden Sie verschiedene Einstellmöglichkeiten (siehe Abbildung auf der rechten Seite oben).

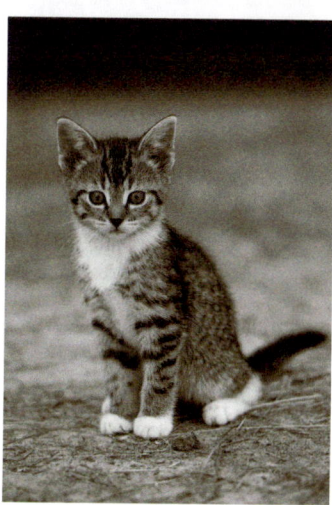

Abbildung 4.12
Mit den vorgeformten Duplexkurven erzielen Sie schnell attraktive Ergebnisse.

2. Suchen Sie das Gewünschte aus und wählen Sie danach die Befehlsfolge *Ansicht* → *Farbproof* (Strg/⌘ + Y).

3. In der Titelleiste sehen Sie wieder, welche Farbkomponente oder welchen Farbmodus Photoshop Ihnen zeigt.

Farben außerhalb des Druckerfarbspektrums anzeigen

Es gibt sehr viele Farben, die am Bildschirm zwar dargestellt, doch von manchen Ausgabegeräten nicht umgesetzt werden können, weil sie außerhalb des Druckerfarbspektrums (Gamut) liegen. Photoshop zeigt Ihnen diese Farben auf Wunsch an. Sie werden als graue Flächen hervorgehoben.

1. Wählen Sie im Menü *Ansicht* den Befehl *Farbumfang-Warnung*.

2. Alternativ drücken Sie die Tastenkombination ⇧ + Strg/⌘ + Y.

3. Wählen Sie die Befehlsfolge erneut, um die Funktion *Farbumfang-Warnung* abzuschalten.

Sagt Ihnen die graue Warnfarbe nicht zu, ändern Sie sie, indem Sie den Befehl *Bearbeiten* → *Voreinstellungen* → *Transparenz & Farbumfang-Warnung* wählen (unter Mac OS X finden Sie den Befehl *Voreinstellungen* im Menü *Photoshop*). In der jetzt angezeigten Dialogbox klicken Sie in das Farbfeld unter *Farbumfang-Warnung* und wählen eine andere Farbe.

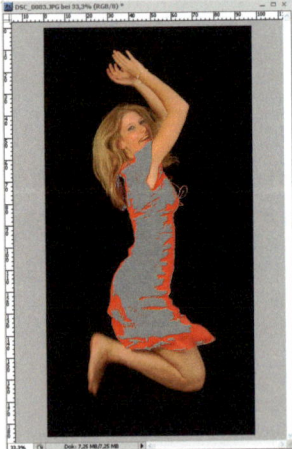

Bildmaße und Auflösung verändern

Auch Auflösung und Bildabmessungen lassen sich nachträglich ändern. Wählen Sie dazu im Menü *Bild* den Befehl *Bildgröße* (zugehörige *Tastenkombination* Alt + Strg/

⌘ + ⎇). In der gleichnamigen Dialogbox gehen Sie folgendermaßen vor:

1. Ganz oben – neben der Beschriftung *Pixelmaße* – lesen Sie den Arbeitsspeicherbedarf des Bilds in Kilobyte ab.

2. Darunter verändern Sie die Breite und Höhe des Bilds, indem Sie zuerst aus den Popup-Menüs die gewünschte Maßeinheit wählen und dann in die Eingabefelder die entsprechenden Werte eingeben.

Alternativ haben Sie im Dialogbereich *Dokumentgröße* die Möglichkeit, die Bildgröße in absoluten Werten anzugeben. Sie können hier als Maßeinheit für die Breite unter anderem Spalten auswählen. Diese Angabe bezieht sich auf die Werte, die Sie in der Dialogbox *Voreinstellungen* in der Kategorie *Maßeinheiten & Lineale* unter *Spaltenmaße* angegeben haben. Sobald Sie unter *Pixelmaße* oder *Dokumentgröße* neue Werte eingeben, erscheint oben neben *Pixelmaße* die neu entstandene Dateigröße des Bilds. Rechts daneben – in den Klammern – finden Sie zum Vergleich die bisherige Dateigröße.

Im Eingabefeld *Auflösung* verändern Sie die Bildauflösung und legen daneben über das Popup-Menü die Maßeinheit fest. Das Kontrollkästchen *Proportionen beibehalten* haben Sie in der Randspalte kennengelernt.

Es besteht aber auch die Möglichkeit, die Auflösung von Photoshop automatisch umrechnen zu lassen. Wie das geht, erfahren Sie im nächsten Abschnitt.

Aktivieren Sie das Kontrollkästchen *Bild neu berechnen mit*, wenn Sie bei der Änderung von Ausgabegröße oder Auflösung möchten, dass die Pixel für das Bild neu berechnet werden. Deaktivieren Sie das Kontrollkästchen, bleibt die Pixelanzahl des Bilds erhalten.

Haben Sie sich dafür entschieden, das Kontrollkästchen zu aktivieren, wählen Sie im daneben angeordneten Popup-Menü eine Interpolationsmethode. Diese bestimmt, auf welche Weise die Pixel neu berechnet werden. Mit der Methode *Bikubisch* erzielen Sie das beste Ergebnis, da Sie weiche Farbübergänge erhalten. Allerdings dauert diese Interpolationsmethode am längsten.

Bikubisch glatter eignet sich zum Vergrößern von Bildern, *Bikubisch schärfer* zum Verkleinern. Eine mittlere Bildqualität erzielen Sie mit der Methode *Bilinear*. Die schlechteste Qualität liefert die Methode *Pixelwiederholung;* dafür geht die Bildneuberechnung besonders schnell vonstatten.

Abbildung 4.15
Die Dialogbox Bildgröße

Proportionen beibehalten
Achten Sie auf das Kontrollkästchen *Proportionen beibehalten* im unteren Bereich der Dialogbox. Ist es aktiviert und geben Sie in das Eingabefeld *Breite* einen Wert ein, ermittelt Photoshop den Wert für die Höhe automatisch und trägt ihn ein. Umgekehrt funktioniert das genauso, wenn Sie die Höhe angeben. Falls Sie das Bild beim Skalieren verzerren wollen, müssen Sie das Kontrollkästchen deaktivieren. Bei aktiviertem Kontrollkästchen erscheint außerdem das Verkettungssymbol 🔗 rechts neben den Popup-Menüs für die Maßeinheit. Deaktivieren Sie das Kontrollkästchen *Proportionen beibehalten*, verschwindet auch das Verkettungssymbol. Bei aktiviertem Kontrollkästchen haben Sie übrigens auch Zugriff auf das Kontrollkästchen *Stile skalieren*. Das ist dann interessant, wenn Sie Ihr Bild mit Ebenenstilen ausgestattet haben (vgl. Kapitel 10), denn diese werden nun mit skaliert, behalten also auch nach der Vergrößerung oder Verkleinerung ihre Proportionen.

Pixelwiederholung
Bei Grafiken mit harten Kanten sollten Sie die Option *Pixelwiederholung* wählen, da sonst ein unerwünschtes Anti-Aliasing ins Bild kommt.

Die Bildauflösung von Photoshop umrechnen lassen

In der Dialogbox *Bildgröße* müssen Sie nicht unbedingt die Auflösung selbst bestimmen, sondern Sie können sie auch von Photoshop berechnen und eintragen lassen.

1. Klicken Sie in der Dialogbox *Bildgröße* auf die Schaltfläche *Auto*. Photoshop öffnet die Dialogbox *Auto-Auflösung*.

2. Aktivieren Sie je nach Verwendungszweck des Bilds unter *Qualität* das entsprechende Optionsfeld.

3. Wählen Sie die gewünschte Rasterweite aus. Verwenden Sie als Maßeinheit entweder *Linien/cm* oder *Linien/Zoll (lpi)*. Eventuell lesen Sie zu diesem Thema noch einmal den Abschnitt über die Rasterweite in Kapitel 1.

4. Verlassen Sie die Dialogbox mit der Schaltfläche *OK*.

5. Photoshop trägt in der Dialogbox *Bildgröße* automatisch die zu Ihren Vorgaben passende Auflösung ein.

Abbildung 4.16
Die Dialogbox Auto-Auflösung *schlägt Ihnen für die gewünschte Qualität die richtige Auflösung vor.*

Digitalfotos verkleinern

Wenn Sie Ihre Digitalfotos im Web zeigen oder in eine E-Mail einfügen möchten, müssen Sie die Bilder meist stark verkleinern. Dabei kommt es rasch zu Halobildungen. Mit den folgenden Maßnahmen, die teilweise in späteren Kapiteln noch im Detail erläutert werden, erzielen Sie bestmögliche Ergebnisse.

Abbildung 4.17
Das linke Bild wurde lieblos, das rechte mit der beschriebenen Methode verkleinert und geschärft.

1. Nachdem Sie alle Farboptimierungen und eventuelle Retuschearbeiten an dem Bild durchgeführt haben, wählen Sie hierzu die Befehlsfolge *Bild → Bildgröße*.

2. Verkleinern Sie das Bild entweder um 66,7 % oder um 50 %.

3. Versehen Sie das Bild per *Filter → Scharfzeichnungsfilter → Unscharf maskieren* mit einer leichten Schärfung.

4. Sollten trotz dieser Vorsichtsmaßnahmen Halos und/oder Stufen ins Bild geraten sein, übermalen Sie die Kanten bei

Als PSD speichern
Weil bei dieser Arbeit etwas Fingerspitzengefühl erforderlich ist, sollten Sie immer wieder gelungene Zwischenschritte in einem verlustfreien Format wie PSD speichern. Auf diese können Sie im Bedarfsfall zurückgreifen, um noch einmal zu beginnen.

einer Zoomansicht von 100 % mit dem Protokollpinsel (Kapitel 3), damit diese weicher werden.

5. Wiederholen Sie die Schritte 1 bis 4, bis das Bild die gewünschte Größe hat.

Bilder optimal größer skalieren

Das Verkleinern eines Bilds wirft normalerweise relativ wenige Probleme auf. Anders sieht es aus, wenn Sie ein Pixelbild vergrößern möchten: Die Qualität leidet, es treten Treppeneffekte und Unschärfen auf.

Mit einem kleinen Trick lässt sich dieses Problem jedoch minimieren.

1. Wählen Sie die Befehlsfolge *Bild → Bildgröße*.

2. Sowohl für die Breite als auch für die Höhe wählen Sie jeweils 110 %.

3. Wiederholen Sie die ersten beiden Schritte bis zur gewünschten Bildgröße. Sie müssen aber jedes Mal genau 110 % eingeben!

Abbildung 4.18

Vergrößern Sie das Bild in mehreren Schritten um jeweils 110 %, bis Sie die gewünschten Abmessungen erzielt haben.

Etwas leichter wird die Aufgabe, wenn Sie die Vergrößerung um 110 % in einer Aktion speichern (vgl. auch Kapitel 3):

1. Im *Aktionen*-Bedienfeld klicken Sie auf das Symbol *Neue Aktion* .

2. Geben Sie der Aktion einen passenden Namen, etwa *Bild vergrößern 110 Prozent,* und klicken Sie auf das Symbol *Aufzeichnen*.

3. Wählen Sie den Befehl *Bild → Bildgröße* und geben Sie für Breite und Höhe 110 % ein. Klicken Sie auf *OK*.

4. Wiederholen Sie die Schritte 3 und 4 noch dreimal.

5. Klicken Sie im *Aktionen*-Bedienfeld auf das Symbol *Ausführen/Aufzeichnung beenden* .

Möchten Sie ein Bild größer skalieren, markieren Sie die neue Aktion im *Aktionen*-Bedienfeld und klicken Sie so oft auf das Symbol *Auswahl ausführen* , bis die gewünschte Bildgröße erreicht ist.

Abbildung 4.19

Mit dieser Aktion führen Sie die stufenweise Vergrößerung schneller durch.

Bilder aus dem Internet für den Druck verbessern

Bei kleinformatigen JPEGs aus dem Internet bringt die gerade geschilderte Vorgehensweise nicht allzu viel, weil die JPEG-Kompression bei der Vergrößerung deutlich in Form kleiner Quadrate erkennbar ist. Manchmal soll ein solches Bild jedoch trotzdem für den Druck verwendet werden.

Verwenden Sie die folgende Methode, um ein Bild um das Doppelte zu vergrößern und so zu verbessern, dass es im Druck zwar nicht brillant, aber doch akzeptabel aussieht.

1. Wählen Sie *Bild → Bildgröße*.
2. Stellen Sie die *Breite* und *Höhe* jeweils auf *200 %* ein.

Abbildung 4.20

Links: Dieses Bild, das gegenüber dem Original auf 200 % hochgerechnet wurde, zeigt deutlich die Artefakte der starken JPEG-Kompression. Rechts: Durch die beschriebene Methode wird zwar kein erstklassiges Bild daraus, doch es lässt sich in akzeptabler Qualität drucken.

3. Bei aktiviertem Kontrollkästchen *Bild neu berechnen* wählen Sie *Bikubisch* und klicken Sie auf *OK*.
4. Wählen Sie *Filter → Rauschfilter → Rauschen entfernen*. Das Bild wirkt nun weicher.
5. Wiederholen Sie den zweiten Schritt (das Verdoppeln der Bildabmessungen).
6. Wählen Sie *Filter → Rauschfilter → Rauschen hinzufügen* (siehe Abbildung auf der nächsten Seite oben). Aktivieren Sie das Kontrollkästchen *Monochromatisch*. Experimentieren Sie mit den Einstellungen: Je größer das Bild, desto deutlicher die JPEG-Artefakte, desto stärker muss das Rauschen eingestellt werden.

   Wenn Sie das Kontrollkästchen *Vorschau* aktiviert haben, können Sie den Effekt am hinter der Dialogbox liegenden Bild direkt beurteilen. Er sollte gerade so stark sein, dass die JPEG-Artefakte nicht mehr sichtbar sind.
8. Reduzieren Sie die Bildgröße wieder auf 50 %.
9. Bei Bedarf mildern Sie das Rauschen abschließend mit *Filter → Weichzeichnungsfilter → Matter machen* oder *Filter → Weichzeichnungsfilter → Gaussscher Weichzeichner* bei niedrigen Einstellungen etwas ab. Experimentieren Sie, bis Sie ein zufriedenstellendes Ergebnis erhalten.

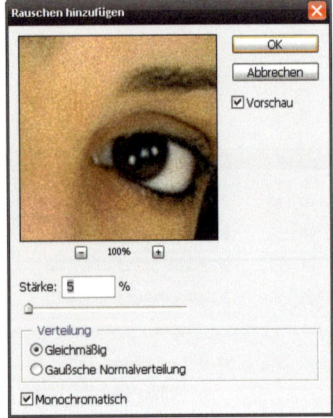

Abbildung 4.21

Besser ein etwas verrauschtes Bild als eines mit derben JPEG-Artefakten – fügen Sie aus diesem Grund Bildrauschen in entsprechender Stärke hinzu.

Die Arbeitsfläche um das Bild einstellen

Bei Bedarf versehen Sie Ihr Bild mit einem beliebig breiten Rand in der aktuell eingestellten Hintergrundfarbe. Das Bild und seine Abmessungen werden dadurch nicht verändert.

1. Wählen Sie im Menü *Bild* den Befehl *Arbeitsfläche* (Tasten-kombination Alt + Strg/⌘ + C).

2. In der Dialogbox erhalten Sie im oberen Bereich Infor-mationen über die aktuelle Bildgröße. Geben Sie in die Felder *Breite* und *Höhe* ein, wie breit und hoch das Bild werden soll.

3. Die Maßeinheit stellen Sie wie immer über die Popup-Menüs ein.

4. Über die neun Positionsfelder bestimmen Sie, in welcher Position sich das Bild auf der erweiterten Arbeitsfläche befindet. Klicken Sie auf den Pfeil links, erweitert sich die Arbeitsfläche nach rechts. Klicken Sie auf den Pfeil nach oben, erweitert sie sich nach unten. Belassen Sie das mittlere Kästchen (welches das Bild darstellt) zentriert, erweitert sich die Arbeitsfläche um das Bild herum und dieses bleibt zentriert.

In der Grundeinstellung erhält der erweiterte Bereich die aktuell eingestellte Hintergrundfarbe. Über das Popup-Menü *Farbe für erw. Arbeitsfläche* legen Sie im Bedarfsfall eine an-dere Hintergrundfarbe fest. Bestätigen Sie mit *OK*.

Bilder vervielfachen

Benötigen Sie ein Duplikat eines Bilds, beispielsweise um einige Funktionen daran zu testen, stellen Sie eine Kopie mit allen Eigenschaften des aktuellen Bilds her.

Wählen Sie *Bild → Duplizieren*. Es erscheint eine Dialogbox, in der Sie die Kopie bezeichnen. Dazu überschreiben Sie im Feld *Als* den Vorschlag von Photoshop und klicken auf *OK*. Photoshop erstellt die Kopie und legt sie unter diesem Namen über das Originalbild.

Möchten Sie ein Bild mit Ebenen verdoppeln, aktiviert sich das Kontrollkästchen *Nur zusammengefügte Ebenen duplizie-ren* in der Dialogbox. Klicken Sie es an, reduzieren Sie beim Duplikat die Ebenen auf die Hintergrundebene. Mehr über Ebenen erfahren Sie in Kapitel 9.

Bilder drehen

Photoshop bietet Ihnen zwei Möglichkeiten: Entweder Sie drehen die gesamte Arbeitsfläche oder nur einen festgelegten Bildausschnitt. Zuerst befassen wir uns mit dem Drehen des Arbeitsbereichs. In Kapitel 6 erfahren Sie, wie Sie einen fest-gelegten Bildbereich drehen.

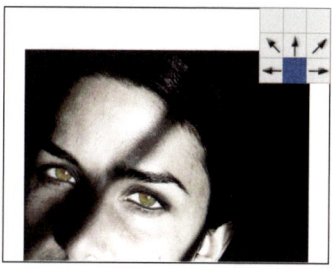

Abbildung 4.22
Oben: Die Position wurde nicht ver-ändert, das Bild bleibt zentriert. Der weiße Bereich (Weiß ist die aktuelle Hintergrundfarbe) ist die erweiterte Arbeitsfläche.
Mitte: Hier wurde die Arbeitsfläche links und oben ergänzt.
Unten: Wie Sie den Abbildungen ent-nehmen, entspricht das fertige Bild der Positionsskizze.

Den gesamten Arbeitsbereich drehen

Beim Drehen der Arbeitsfläche wählen Sie entweder einen vordefinierten Winkel oder Sie geben die Gradzahl selbst an. Bei der Drehung erweitert sich die Arbeitsfläche gegebenenfalls.

1. Wählen Sie im Menü *Bild* den Befehl *Bilddrehung*.

2. Im Untermenü stehen Ihnen verschiedene vordefinierte Drehungen zur Verfügung.

- Wählen Sie aus dem Untermenü den Eintrag 180°, stellen Sie das Bild auf den Kopf.

- Mit dem Eintrag *90° im UZS* bzw. *90° gegen UZS* rotiert das Bild 90 Grad im Uhrzeigersinn bzw. gegen den Uhrzeigersinn.

- Um den Wert für die Drehung selbst festzulegen, wählen Sie *Per Eingabe*. In der Dialogbox *Arbeitsfläche drehen* geben Sie den gewünschten Wert ein: Überschreiben Sie den Wert im Eingabefeld *Winkel* und legen Sie rechts daneben über die Optionsfelder fest, in welche Richtung Sie das Bild drehen möchten.

- Außerdem stehen Ihnen die beiden Befehle *Arbeitsfläche horizontal spiegeln* und *Arbeitsfläche vertikal spiegeln* zur Verfügung.

Abbildung 4.23

Links: Horizontales Spiegeln
Rechts: Drehung um 180°
Unten: Drehung um 30° im UZS

Bilder zuschneiden

Nicht immer möchten Sie das gesamte Bild verwenden, sondern nur einen Ausschnitt daraus zeigen.

Häufig ist ein Foto gar nicht so schlecht – nur der Bildausschnitt ist schlecht gewählt. Manchmal merken Sie dies erst, wenn Sie mit dem *Freistellen*-Werkzeug experimentieren. Dieses zeigt eine dunkle Folie auf den nach der Freistellung abgeschnittenen Bereichen. So können Sie besser nach dem richtigen Bildausschnitt suchen. Manchmal lässt sich ein Bild retten, wenn es wirklich drastisch zugeschnitten, also auf ein Hauptmotiv oder sogar nur auf einen Teil davon reduziert wird.

- Probieren Sie es einmal mit ungewöhnlichen Formaten, wenn das Layout, für das das Foto vorgesehen ist, dies ermöglicht.

- Manchmal hilft es auch schon, das Bild zu kippen. Wie es geht, erfahren Sie im Abschnitt „Bilder drehen und freistellen" auf der nächsten Seite.

1. Wählen Sie im *Werkzeuge*-Bedienfeld das *Freistellungswerkzeug* ⊞.

2. Sobald Sie in das Bild zeigen, erhält der Mauszeiger das Symbol des Werkzeugs. Zoomen Sie sich bei Bedarf näher an den Bildbereich, um besser mit dem Werkzeug ansetzen zu können.

3. Legen Sie mit dem Werkzeug durch Klicken und Ziehen mit gedrückter Maustaste den Bereich fest, den Sie freistellen möchten.

4. Geben Sie daraufhin die Maustaste wieder frei, erscheint ein Rahmen um den freizustellenden Bereich. Der äußere (zu beschneidende) Bereich erscheint als graue Fläche abgeblendet.

5. Jetzt ziehen Sie den Bereich gegebenenfalls noch an seinen Griffen zurecht.

6. Wenn Sie in der Optionenleiste des *Freistellungswerkzeugs* das Kontrollkästchen *Perspekt. bearbeiten* aktivieren, lässt sich der Freistellungsbereich überdies noch verzerren.

7. Bestätigen Sie zuletzt mit der ↵-Taste, um den Vorgang abzuschließen, oder klicken Sie in der Optionenleiste auf die Schaltfläche mit dem Häkchen ✔. Klicken Sie hingegen auf die Schaltfläche mit dem durchgestrichenen Kreis 🚫, brechen Sie der Freistellungsvorgang ab.

Halten Sie beim Ziehen des Rahmens die ⇧-Taste gedrückt, wählen Sie einen quadratischen Bereich aus. Halten Sie hin-

Abbildung 4.24
Links: Häufig benötigt man nur einen bestimmten Bildbereich. Mitte: Markieren Sie diesen mit dem Freistellungswerkzeug. *Der Bereich außerhalb des Freistellungsrahmens wird abgedunkelt dargestellt. Rechts: Mit einem Doppelklick löschen Sie alle Bereiche außerhalb des Freistellungsrahmens.*

gegen die ⌐Alt⌐-Taste gedrückt, definieren Sie den freizustellenden Bereich aus der Mitte heraus. Zusätzlich können Sie
auch die ⌐⇧⌐-Taste gedrückt halten, um eine quadratische
Auswahl aus der Mitte heraus zu erstellen.

Möchten Sie die Darstellung der abgeblendeten Fläche abschalten, deaktivieren Sie in der Optionenleiste das Kontrollkästchen *Abdecken*. Zudem besteht die Möglichkeit, Farbe
und Deckkraft für die Schattierung selbst festzulegen:

Klicken Sie in das Farbfeld *Farbe* und bestimmen Sie die
gewünschte Farbe. Über die Option *Deckkr.* lässt sich die
Transparenz einstellen.

Bilder drehen und freistellen

Beim Freistellen können Sie den gewünschten Bildausschnitt
gleich drehen: Nachdem Sie den Freistellungsrahmen auf-
gezogen haben, bewegen Sie den Mauszeiger außerhalb des
Rahmens, bis er zu einem Doppelpfeil wird. Dann ziehen Sie
in die gewünschte Richtung.

Der Freistellungsrahmen dreht sich mit. Stellen Sie das Bild
anschließend mit einem Doppelklick frei.

Abbildung 4.25
Links: Wenn Sie den Freistellrahmen
drehen, erhalten Sie nach dem Dop-
pelklick automatisch ein gedrehtes
Bild (rechts).

Die Auflösung beim Freistellen neu berechnen

Verlieren Sie bei der Arbeit mit den Photoshop-Werkzeugen
die Optionenleiste nicht aus den Augen. Denn hier nehmen
Sie schon im Voraus einige Einstellungen vor, die sehr hilfreich sein können. Das gilt auch für das Freistellungswerkzeug.

Müssen Sie beispielsweise Bilder auf bestimmte Abmessungen zuschneiden und sie dabei mit einer bestimmten Auflösung versehen, geben Sie diese Parameter bei ausgewähltem
Freistellungswerkzeug in die Felder *Breite*, *Höhe* und *Auflösung* der Optionenleiste ein.

Nach einem Doppelklick berechnet Photoshop das Bild neu – eine gute Methode, um beispielsweise 300-ppi-Bilder auf die für das Web erforderliche Pixelzahl herunterzurechnen oder um mehrere Bilder schnell auf dieselbe Größe zu bringen.

Mehrere Bilder auf dieselbe Größe zuschneiden

Möchten Sie eine Reihe von Bildern auf dieselbe Größe zuschneiden? Auch hierfür bietet das Freistellwerkzeug Ihnen eine Lösung:

1. Öffnen Sie die gewünschten Bilder und aktivieren Sie das *Freistellungswerkzeug.*

2. Ziehen Sie auf einem der Bild einen Freistellungsrahmen auf und führen Sie einen Doppelklick aus.

3. In der Optionenleiste aktivieren Sie nun das Symbol *Vorderes Bild.*

4. Ziehen Sie im nächsten Dokument einen Freistellungsrahmen auf – dieser ist auf die gerade festgelegte Größe beschränkt – und stellen Sie das Bild mit einem Doppelklick frei.

5. Wiederholen Sie diesen Vorgang für die übrigen Bilder.

Um die Maßbeschränkungen wieder zu löschen, klicken Sie auf die Schaltfläche *Löschen.*

Eine eigene Vorgabe für das Freistellungswerkzeug definieren

Müssen Sie Ihre Bilder sehr häufig auf dieselbe Größe zuschneiden, speichern Sie die Maßbeschränkung am besten dauerhaft. Dazu geben Sie in der Optionenleiste des *Freistellungswerkzeugs* in die Felder *Breite* und *Höhe* die gewünschten Abmessungen ein und definieren gegebenenfalls eine *Auflösung.* Lassen Sie das *Freistellungswerkzeug* aktiviert und wählen Sie *Fenster → Werkzeugvorgaben.* Am unteren Rand des angezeigten Bedienfelds klicken Sie auf die Schaltfläche *Neue Werkzeugvoreinstellung erstellen.* Geben Sie einen passenden Namen ein und klicken Sie auf *OK.*

Von nun an rufen Sie die neue Vorgabe bequem über die Optionenleiste des *Freistellungswerkzeugs* auf.

Nicht-destruktives Freistellen

Normalerweise schneiden Sie mit dem Freistellwerkzeug den überflüssigen Bildteil weg. Sie können ihn aber auch lediglich ausblenden. Bei dieser Technik darf sich das Bild nicht auf der Hintergrundebene befinden.

Deshalb führen Sie zuerst im *Ebenen*-Bedienfeld einen Doppelklick auf die Hintergrundebene aus und klicken auf *OK.* Die Hintergrundebene ist damit in eine normale Ebene konvertiert worden. Ziehen Sie jetzt mit dem Freistellwerkzeug den gewünschten Bereich auf und aktivieren Sie in der Optionenleiste unter *Freigestellter Bereich* die Option *Ausblenden.* Bestätigen Sie mit der ⏎-Taste.

Wenn Sie nun zum *Verschieben*-Werkzeug wechseln, können Sie den Bildausschnitt ändern. Beim „normalen" Freistellen ist dies nicht möglich. Mit *Bild → Alles einblenden* können Sie später wieder das vollständige Bilder anzeigen.

Soll der freigestellte Bereich auch nach dem Schließen und erneuten Öffnen des Bilds erhalten bleiben, speichern Sie es als PSD-, TIFF- oder PDF-Datei.

Abbildung 4.26
Wenn Sie häufig Bilder auf dieselben Abmessungen zuschneiden müssen, definieren Sie am besten eine Werkzeugvorgabe.

Abbildung 4.27
Die neue Vorgabe ist über die Optionenleiste verfügbar.

Mehrere Bilder automatisch freistellen und geraderichten

Wenn Sie mehrere kleinere Bilder gemeinsam eingescannt haben, kann es etwas mühsam sein, diese einzeln freizustellen. Photoshop bietet Ihnen eine praktische Automatisierung:

1. Öffnen Sie die Bilddatei mit den gemeinsam eingescannten Bildern.

Abbildung 4.28

Die Bilder wurden gemeinsam eingescannt.

2. Wählen Sie *Datei* → *Automatisieren* → *Fotos freistellen und gerade ausrichten*.

Abbildung 4.29

Durch den Befehl Fotos freistellen und gerade ausrichten *hat Photoshop automatisch drei freigestellte Einzelbilder erzeugt.*

Auswahlbereiche erstellen

5

Bisher haben Sie gesehen, wie Sie die Eigenschaften Ihres gesamten Bilds ändern. Sie können jedoch auch nur einzelne Bereiche des aktuellen Bilds ändern. Damit das funktioniert, müssen Sie diese Bereiche zuerst auswählen. In Photoshop lassen sich die verschiedensten Auswahlbereiche erstellen, von einfachen rechteckigen oder ovalen Bereichen bis hin zu komplizierten Formen. Für diese Aufgaben bietet das Programm Ihnen eine Reihe von differenzierten Werkzeugen, die Sie alle über das *Werkzeuge*-Bedienfeld aufrufen. Außerdem gibt es zum Erstellen von Auswahlbereichen verschiedene Spezialfunktionen wie den Filter *Extrahieren* oder den Befehl *Auswahl* → *Farbbereich*. Für schwierigere Aufgaben kombinieren Sie die verschiedenen Auswahlwerkzeuge miteinander. Das Erzeugen einer guten Auswahl ist eine Kunst für sich.

Sobald Sie eine Auswahl im Bild erstellt haben, sind bestimmte Befehle und Funktionen nur noch für diesen Bereich gültig. Alles, was sich außerhalb der Auswahl befindet, bleibt unberührt.

Rechteckige und runde Auswahlbereiche erstellen

Um mit den Werkzeugen *Auswahlrechteck* und *Auswahlellipse* eine Auswahl zu erstellen, gehen Sie die nächsten Schritte durch:

1. Wählen Sie das gewünschte Werkzeug.

1. Klicken Sie in der Optionenleiste des jeweiligen Werkzeugs das Kontrollkästchen *Glätten* an, wenn Sie entlang der Auswahlbegrenzung glatte Konturen erzeugen möchten. Auf diese Weise vermeiden Sie das „ausgefranste", pixelige Aussehen Ihres Auswahlbereichs. Sehr gut geeignet ist die Option *Glätten* für Bildmontagen, -korrekturen u. Ä. Hier sollte sie immer eingeschaltet sein – das gilt für alle Auswahlwerkzeuge. Möchten Sie hingegen Auswahl-

Abbildung 5.1
Sämtliche Auswahlwerkzeuge finden Sie im oberen Teil der Photoshop-Werkzeugleiste.

bereiche in Strichzeichnungen, Screenshots usw. vornehmen, sollten Sie die Option deaktivieren.

2. Sobald Sie den Mauszeiger in das Bild bewegen, verändert sich dieser in ein Fadenkreuz.

3. Legen Sie mit einem Klick den Anfangspunkt der Auswahl im Bild fest und ziehen Sie den Auswahlbereich mit gedrückter Maustaste. Sobald er die gewünschte Größe und Form hat, geben Sie die Maustaste frei.

Halten Sie beim Auswählen zusätzlich die ⬆-Taste gedrückt, erstellen Sie eine kreisförmige bzw. quadratische Auswahl. Halten Sie die Alt-Taste gedrückt, erstellen Sie die Auswahl aus der Mitte heraus. Auch die Kombination beider Tasten ist möglich.

Eine ein Pixel breite bzw. ein Pixel hohe Auswahl erstellen

Verwenden Sie die Werkzeuge *Auswahlwerkzeug: Einzelne Zeile* ⊏⁼⊐ oder *Auswahlwerkzeug: Einzelne Spalte* ⸾, um eine Auswahl zu erstellen, die genau ein Pixel hoch ist und genau die Breite des Bilds hat bzw. ein Pixel breit ist und genau die Höhe des Bilds hat.

Wählen Sie eines der beiden Werkzeuge aus. Klicken Sie an der gewünschten Stelle in Ihr Bild. Photoshop erstellt den Auswahlbereich.

Auswahlbereiche mit festen Abmessungen erstellen

Bisher haben Sie Ihre Auswahlbereiche per Augenmaß erstellt. Gelegentlich ist es aber notwendig, dem Bereich feste Abmessungen zu geben. Dazu benötigen Sie die Werkzeug-Optionen, die in der Optionenleiste unterhalb der Menüleiste zu finden sind.

- Öffnen Sie in der Optionenleiste das Popup-Menü *Art* und klicken Sie auf den Eintrag *Feste Größe*. Falls die Optionenleiste nicht eingeblendet ist, wählen Sie *Fenster → Optionen*. Alternativ führen Sie einen Doppelklick auf ein Auswahlwerkzeug in der Werkzeugleiste aus.

- Neben dem Popup-Menü zeigen sich zwei Eingabefelder. Geben Sie in diese die gewünschten Abmessungen des Auswahlbereichs in Pixeln ein. Alternativ geben Sie bei Bedarf auch eine andere Maßeinheit, zum Beispiel cm, hinter dem Wert ein.

Abbildung 5.2
Mit der Auswahlellipse erstellen Sie bei Bedarf eine kreisrunde Auswahl.

Auswahl mit prozentualem Wert
Möchten Sie genau das linke obere Viertel Ihres Dokuments auswählen? Wählen Sie das *Auswahlrechteck*-Werkzeug und anschließend *Feste Größe* aus dem Popup-Menü *Art* in der Optionenleiste. Geben Sie in die Felder *Breite* und *Höhe* jeweils 50 % ein. Klicken Sie in das Bild und ziehen Sie die Auswahl mit gedrückter Maustaste in die linke obere Ecke.

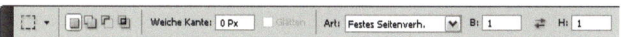

- Klicken Sie nun auf den Bildbereich, den Sie markieren möchten, erstellt Photoshop den Auswahlbereich sofort in der gewünschten Größe, wobei seine linke obere Ecke der Position des Mauszeigers beim Klicken entspricht. So lange Sie die Maustaste gedrückt halten, lässt sich der Auswahlbereich verschieben.

Vorteilhaft ist dies, wenn Sie die Maße des auszuwählenden Bildbereichs schon wissen oder diese vorher über das Messwerkzeug (vgl. Kapitel 3) ermittelt haben.

Der Eintrag *Festes Seitenverhältnis* ist beispielsweise dann sinnvoll, wenn Sie wissen, dass die Auswahl doppelt so breit sein soll wie hoch. In diesem Fall würden Sie in das Eingabefeld *Breite* eine 2 eingeben, in das Eingabefeld *Höhe* eine 1. Möchten Sie eine seitengleiche, also zum Beispiel quadratische oder runde, Auswahl erstellen, geben Sie in beide Felder denselben Wert ein. Ziehen Sie dann den Auswahlrahmen wie eingangs erläutert auf. Gleichgültig, wie groß oder klein Sie ihn ziehen, er behält nun stets die von Ihnen angegebenen Proportionen.

Die Auswahlart festlegen

In vielen Fällen reicht ein einzelnes Auswahlwerkzeug nicht aus, um eine bestimmte Auswahl zu erstellen. Daher kombinieren Sie die Werkzeuge bei Bedarf miteinander. Gute Dienste leisten dabei die vier Schaltflächen im linken Bereich der Optionenleiste.

In der Grundeinstellung ist bei jedem Auswahlwerkzeug die Schaltfläche *Neue Auswahl* ☐ aktiviert – außer beim *Schnellauswahl*-Werkzeug: Hier wird mit jedem Absetzen und erneuten Drücken der Maus ein neuer Bereich zur Auswahl hinzugefügt.

- Durch die aktivierte Schaltfläche *Neue Auswahl* ☐ hebt Photoshop jedes Mal, wenn Sie eine neue Auswahl in Ihrem Bild erstellen, die bisherige auf. Es lässt sich also immer nur eine einzige Auswahl im Bild erstellen.

- Arbeiten Sie mit aktivierter Schaltfläche *Der Auswahl hinzufügen* ☐, fügen Sie einer bestehenden Auswahl weitere Auswahlbereiche hinzu. Sie haben dann die Möglichkeit, in einem Bild mehrere voneinander unabhängige Auswahlen zu erstellen bzw. eine vorhandene Auswahl auszubauen. Wenn sich die beiden Auswahlbereiche überlappen, fasst Photoshop sie zu einem einzigen, großen Auswahlbereich zusammen. Der Mauszeiger sieht in

Abbildung 5.4
Mehrere Auswahlbereiche in einem Bild erstellen Sie mit aktivierter Funktion Der Auswahl hinzufügen.

Von Auswahl subtrahieren mit der Tastatur
Die Funktion *Von Auswahl subtrahieren* erhalten Sie auch, wenn Sie beim Auswählen die Alt -Taste gedrückt halten. Mit gedrückter ⇧ -Taste ergänzen Sie umgekehrt auch Auswahlbereiche.

Auswahl aufheben
Um eine Auswahl wieder zu entfernen bzw. aufzuheben, wählen Sie *Auswahl → Auswahl aufheben*. Oder Sie betätigen die Tastenkombination Strg / ⌘ + D .

diesem Modus aus wie ein Fadenkreuz mit einem daran hängenden Pluszeichen. Beim *Schnellauswahl*-Werkzeug ist dies, wie gesagt, die Standardeinstellung.

- Das Gegenteil von dieser Funktion ist die nächste Schaltfläche *Von Auswahl subtrahieren* ⬚. In diesem Modus entfernen Sie einen Teil einer Auswahl, indem Sie ihn einfach auswählen. Der Mauszeiger wird zu einem Fadenkreuz mit einem Minuszeichen, das die Subtraktion symbolisiert.

- Die letzte Schaltfläche *Schnittmenge mit Auswahl bilden* ⬚ verwenden Sie, wenn Sie nur den überlappenden Bereich zwischen zwei sich überschneidenden Auswahlbereichen benötigen.

Die Standardeinstellungen des Auswahlwerkzeugs wiederherstellen

Ganz links in der Optionenleiste der Auswahlwerkzeuge finden Sie die Möglichkeit, Änderungen an Werkzeugeigenschaften rückgängig zu machen, also die Standardeinstellungen wiederherzustellen.

- Klicken Sie in der Optionenleiste auf das Symbol des Werkzeugs. Klicken Sie im geöffneten Bedienfeld auf den eingekreisten Pfeil ⓧ, um das Bedienfeldmenü zu öffnen. Wählen Sie den Befehl *Werkzeug zurücksetzen*, setzt Photoshop das aktuelle Werkzeug auf die Standardeinstellung.

- Wählen Sie aus dem Bedienfeldmenü den Befehl *Alle Werkzeuge zurücksetzen*, stellt Photoshop die Standardeinstellungen aller Werkzeuge des *Werkzeuge*-Bedienfelds wieder her. Bevor dieser Vorgang durchgeführt wird, erhalten Sie eine Sicherheitsabfrage.

Eine komplexere Auswahl erstellen

Nicht immer ist es so einfach wie beschrieben, einen Auswahlbereich zu erstellen. Sehr häufig benötigen Sie Auswahlbereiche, die deutlicher komplexer sind als die einfachen geometrischen Formen, mit denen wir uns bisher beschäftigt haben. Die beste Antwort auf solche Anforderungen ist seit Photoshop CS3 das Schnellauswahl-Werkzeug.

Das Schnellauswahl-Werkzeug verwenden

Wir beginnen mit dem *Schnellauswahl*-Werkzeug ✎: Gerade wenn Sie noch nicht viel Erfahrung mit der Erzeugung von

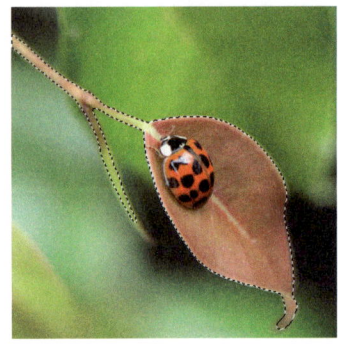

Abbildung 5.5
Auswahlbereiche wie dieser lassen sich nicht mit den bisher vorgestellten Werkzeugen erstellen. Die verschiedenen Lasso-Werkzeuge – auch in Kombination miteinander – sind hingegen gut geeignet.

Auswahlbereichen haben, hat diese Funktion Ihnen einiges zu bieten. Sie finden es im *Werkzeuge*-Bedienfeld in demselben Fach wie das *Zauberstab*-Werkzeug.

Abbildung 5.6
Die Größe des Schnellauswahl-Werk-*zeugs ändern Sie über das Popup-Menü* Pinsel *in der Optionenleiste.*

1. Klicken Sie in den Bereich, den Sie auswählen möchten.

2. Bewegen Sie die Maus vorsichtig in verschiedene Richtungen. Sie sehen, wie Photoshop die Auswahl dynamisch anpasst: Das Programm sucht aufgrund der Farbe und des Kontrasts des mit der Maus überfahrenen Bereichs selbstständig nach Konturen und nimmt die Pixel innerhalb dieser Konturen in die Auswahl auf.

3. Für die Feinarbeit zoomen Sie sich weiter in das Bild hinein und klicken auf die Stellen, die Sie in die Auswahl aufnehmen möchten.

4. Stellen Sie fest, dass Sie zu viel ausgewählt haben, lassen Sie die Maustaste los, halten sie dann erneut gedrückt und drücken zusätzlich die Alt-Taste. Fahren Sie über den Bereich, den Sie wieder aus der Auswahl entfernen möchten.

5. Haben Sie den Eindruck, dass das *Schnellauswahl*-Werkzeug zu grob arbeitet, verringern Sie über das entsprechende Popup-Menü in der Optionenleiste die Pinselgröße.

Die Auswahl verbessern

Selbst für Profis ist es nicht immer ganz leicht, eine perfekte Auswahl zu erzeugen. Glücklicherweise lässt sich die Auswahl jedoch noch nachträglich mit einfachen Mitteln verbessern. Sie finden dazu in der Optionenleiste der bisher besprochenen und aller noch erläuterten Auswahlwerkzeuge die Funktion *Kante verbessern*.

Im unteren Teil der Dialogbox sehen Sie fünf Symbole, mit denen Sie die Vorschau auf Ihre Auswahl verändern können. Klicken Sie die Symbole entweder an oder drücken Sie wie-

Abbildung 5.7
Die Dialogbox Kante verbessern *ist ein hervorragendes Werkzeug zur Verfeinerung Ihrer Auswahl.*

derholt die Taste [F], um zwischen den verschiedenen Modi zu wechseln.

Abbildung 5.8
Die Vorschaumodi zeigen: Für die Montage auf einem dunklen Hintergrund wäre die Auswahl ausreichend, für die Montage auf einem hellen Grund sollte sie noch bearbeitet werden.

Abgerundete Rechtecke

Am eindrücklichsten verdeutlichen Sie sich die Wirkungsweise der Funktion *Abrunden*, wenn Sie sie verwenden, um die Ecken einer Rechteckauswahl abzurunden.

Abbildung 5.9
Oben: Hier wurde eine sehr breite weiche Auswahlkante festgelegt. Unten: Zur Verdeutlichung wurde die Auswahl mit dem Verschieben-Werkzeug in ein anderes, leeres Dokumentfenster gezogen.

Sobald Sie die richtige Vorschaueinstellung für Ihr Vorhaben gefunden haben, bewegen Sie die Regler, um die Auswahl dynamisch anzupassen. Zeigen Sie auf einen Regler, erhalten Sie am unteren Rand der Dialogbox einen Hinweis darauf, inwiefern Sie Ihre Auswahl damit verändern können.

- Verwenden Sie den *Radius*-Regler, wenn die Kanten des ausgewählten Bereichs nicht klar zur Umgebung abgegrenzt, sondern eher diffus sind und aus diesem Grund Pixel aus dem umgebenden Bereich in das Objekt geraten sind.

- Ist die Kante anschließend zu weich geraten, arbeiten Sie mit dem *Kontrast*-Regler, um die Auswahl etwas weicher zu gestalten.

- Sollte Ihr Auswahlbereich gezackt wirken, versuchen Sie es mit dem Regler *Abrunden*.

- Für viele Collagen und Montagen benötigen Sie eine weiche Auswahl. Damit erhalten Sie einen fließenden Übergang zwischen ausgewähltem und nicht ausgewähltem Bereich. Dieser lässt sich mit dem Regler *Weiche Kante* erzeugen. Geben Sie einen Wert in Pixel ein, der die Kantenschärfe der Auswahl bestimmt. Je höher der eingegebene Wert ist, desto weniger scharf wird die Kante des Auswahlbereichs.

- Den Regler *Verkleinern/Erweitern* verwenden Sie, um die Auswahl gleichmäßig zu verkleinern bzw. zu vergrößern.

Abbildung 5.10
Oben links: Deutliche Ränder aus dem umgebenden Bereich ragen in die Auswahl – ein Fall für eine Radius-erhöhung. Oben rechts: Danach ist die Auswahl für die meisten Zwecke (etwa Bildmontagen) zu weich – die Kanten müssen mit dem Kontrast-Regler geschärft werden. Unten: Nach der Justierung des Reglers Abrunden kann der Auswahlbereich z.B. mit dem Werkzeug Verschieben in ein anderes Bild gezogen und auch gespiegelt werden.

Sie möchten ein Motiv auswählen, dessen Kontur eher un-scharf ist? Achten Sie in diesem Fall darauf, dass die Auswahl-kante relativ weit innen im Motiv sitzt.

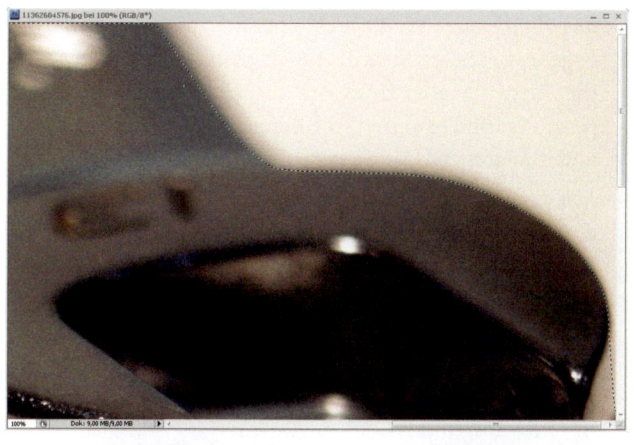

Abbildung 5.11
Auch die Auswahl unscharfer Motive gelingt meist gut, wenn die Auswahl-kante weit innen im Motiv sitzt. Hier wurde der Hintergrund ausgewählt und die Auswahl mit einer Farbe ge-füllt (Bearbeiten → Fläche füllen oder ⌂ + F5 *).*

Abbildung 5.12
Zunächst wurde nur die obere Blüte ausgewählt. Nach ein- oder mehr- maliger Anwahl des Befehls Auswahl vergrößern *ist auch die untere Blüte ausgewählt.*

Weitere Optionen zum Verändern der Auswahl

Im Menü *Auswahl* finden Sie weitere nützliche Funktionen für die Arbeit mit Auswahlbereichen.

- Mit dem Befehl *Alles auswählen* (Strg / ⌘ + A) wählen Sie mit einem Vorgang das komplette Bild aus.

- Mit dem Befehl *Auswahl aufheben* (Tastenkombination Strg / ⌘ + D) entfernen Sie die Auswahl.

- Mit dem Befehl *Erneut auswählen* (Tastenkombination ⇧ + Strg / ⌘ + D) aktivieren Sie eine aufgehobene Auswahl wieder.

- Verwenden Sie den Befehl *Auswahl umkehren* (Tasten- kombination ⇧ + Strg / ⌘ + I), wenn Sie die ge- samte Fläche außerhalb des Auswahlbereichs auswählen möchten.

- Wählen Sie den Menübefehl *Auswahl verändern → Rand*, um eine Auswahlkontur zu erzeugen. Sie erhalten dann eine rahmenförmige Auswahl mit der in der zugehörigen Dialogbox definierten Breite.

- Für den Befehl *Auswahl → Auswahl vergrößern* gibt es keine Dialogbox. Er wählt angrenzende, farbähnliche Be- reiche aus. Welche Bereiche Sie der Auswahl hinzufügen, hängt von der Toleranz ab, die momentan in den Optionen des *Zauberstab*-Werkzeugs eingestellt ist. Ein ähnliches Ergebnis erzielen Sie mit *Ähnliches auswählen*. Hier wird die Auswahl allerdings um farbähnliche Bereiche im gesamten Bild erweitert (die Bereiche müssen nicht anein- ander angrenzen).

- Mit dem Befehl *Auswahl transformieren* formen Sie Ihren Auswahlrahmen, aber nicht die ausgewählten Pixel. Haben Sie beispielsweise Schwierigkeiten, elliptische bzw. runde Auswahlbereiche genau an der richtigen Stelle zu erzeugen, erstellen Sie die elliptische Auswahl zunächst in beliebiger Form und Position und wählen dann *Auswahl – Auswahl transformieren*. Skalieren und positionieren Sie die Auswahl und bestätigen Sie mit der ↵ -Taste. Mehr über die Vorgehensweise im nächsten Kapitel.

Über *Auswahl laden* und *Auswahl speichern* sichern Sie Auswahlbereiche als Alphakanal und laden sie später wieder – eine sehr praktische Möglichkeit, wenn Sie Ihren Rechner ausschalten möchten, obwohl Sie die Arbeit an dem Bild noch nicht abgeschlossen haben. Das Bild sollte im PSD- oder TIFF-Format gespeichert werden. Sobald Sie einen oder meh- rere Auswahlbereiche in Ihrem Dokument gespeichert haben, können Sie diese schnell über die Tastatur abrufen. Halten Sie die Tastenkombination `Strg`/`⌘` + `Alt` gedrückt und drücken Sie die entsprechende Zahl auf Ihrer Tastatur: In einem RGB-Bild erreichen Sie die erste gespeicherte Auswahl mit der Zahl 4, in einem CMYK-Dokument mit der Zahl 5 und in einem Graustufenbild mit der Zahl 2. Die jeweils nächste Zahl lädt die nächste Auswahl.

Das Lasso-Werkzeug einsetzen

Trotz des überaus praktischen *Schnellauswahl*-Werkzeugs gibt es die guten alten Auswahlwerkzeug wie Zauberstab und Lasso natürlich weiterhin und sie haben ihre Berechtigung nicht verloren.

Die Lasso-Werkzeuge sind eine Alternative zum *Schnellauswahl*-Werkzeug oder wenn Sie eine unregelmäßige Auswahl erstellen möchten, die sich nicht an Konturen innerhalb des Bilds orientiert.

1. Aktivieren Sie das Werkzeug *Lasso* 🔾 im *Werkzeuge*-Bedienfeld und vergewissern Sie sich, dass das Kontrollkästchen *Glätten* aktiviert ist. Sobald Sie damit in das Bild zeigen, verwandelt sich der Mauszeiger in ein Lassosymbol.

2. Zoomen Sie sich bei Bedarf näher an den auszuwählenden Bereich heran, um eine genauere Auswahl zu erzielen. Klicken Sie dorthin, wo die Auswahl beginnen soll, und halten Sie die Maustaste gedrückt.

3. Fahren Sie mit gedrückter Maustaste um den Bereich herum. Orientieren Sie sich an der Auswahllinie, die Sie schon beim Zeichnen sehen. Sobald Sie den Anfangspunkt der Auswahl erreicht haben, geben Sie die Maustaste frei. Der Startpunkt wird mit dem Endpunkt verbunden, die Auswahl ist fertiggestellt.

Lassen Sie die Maustaste nicht zu früh los, sonst wird der Auswahlbereich von diesem Punkt aus einfach mit einer Geraden geschlossen.

Haben Sie die Maus nicht exakt geführt, ist das nicht schlimm – Sie können dem Auswahlbereich nachträglich weitere Bereiche hinzufügen oder Teile davon entfernen. Dazu verwenden Sie wieder die bereits erläuterte Funktion *Kante verbessern*.

Abbildung 5.13
Eine solche rahmenförmige Auswahl (die Sie anschließend beispielsweise mit einer Farbe füllen können) erhalten Sie, wenn Sie zuerst eine Rechteckauswahl erzeugen und anschließend den Befehl Auswahl verändern → Rand *wählen.*

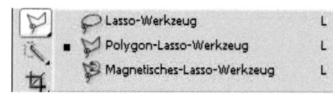

Abbildung 5.14
Die Lassowerkzeuge im Werkzeuge-*Bedienfeld*

Zoomen

Verwenden Sie beim Auswählen mit den Lasso-Werkzeugen die Tastenkombination `Strg`/`⌘` + `+` bzw. `Strg`/`⌘` + `-`, um die Ansicht größer bzw. kleiner zu zoomen, und die Leertaste zum Scrollen. Dabei müssen Sie die Maustaste nicht freigeben.

Abbildung 5.15
Unregelmäßige Objekte mit geraden Kantenabschnitten vor einem nicht gleichförmigen Hintergrund sind ein Fall für das Polygon-Lasso-*Werkzeug.*

Lasso-Mauszeiger

Achten Sie beim Klicken der Punkte mit dem *Polygon-Lasso*-Werkzeug auf die nach unten ragende Spitze des Lasso-Mauszeigers. Diese markiert den Punkt, den Sie beim Klicken erstellen.

Eine Auswahl mit dem Polygon-Lasso erstellen

Mit dem Werkzeug *Polygon-Lasso* erstellen Sie die Auswahl durch Linienzüge.

1. Wählen Sie im *Werkzeuge*-Bedienfeld das Werkzeug *Polygon-Lasso* 🏹. Zoomen Sie sich bei Bedarf näher an das Bild heran, um einen exakten Auswahlbereich zu erzielen.

2. Klicken Sie auf die Kontur des auszuwählenden Bereichs, um den Startpunkt festzulegen. Bewegen Sie den Mauszeiger entlang der Kontur etwas weiter und klicken Sie erneut. Die beiden Strecken werden durch eine Linie zusammengeführt. Mit der ⇧-Taste erzielen Sie Linien in 45-Grad-Schritten.

3. Fahren Sie fort, bis Sie den gewünschten Auswahlbereich markiert haben.

4. Um den Auswahlbereich abzuschließen, führen Sie wieder einen Doppelklick aus oder Sie zeigen auf den Startpunkt, bis sich am Lasso ein kleiner Kreis zeigt. Klicken Sie, um die Auswahl zu erstellen.

Vorsicht: Klicken Sie mit dem *Lasso*-Werkzeug versehentlich an eine andere Stelle, nachdem Sie Ihren Auswahlbereich erstellt haben, wird die eben erstellte Auswahl in der Grundeinstellung wieder aufgehoben.

Auswahl mit dem magnetischen Lasso

Das Werkzeug *Magnetisches Lasso* 🏹 eignet sich gut zum Auswählen von Bildbereichen, die sich vom Hintergrund kontrastreich unterscheiden. Mit wenig Mühe und fast automatisch erstellen Sie einen Auswahlbereich.

Zuerst zeigen wir, wie Sie mit dem magnetischen Lasso grundsätzlich arbeiten.

1. Wählen Sie das Werkzeug *Magnetisches Lasso* 🏹.

2. Klicken Sie auf den Startpunkt des Auswahlbereichs im Bild und fahren Sie langsam um die Kontur des auszuwählenden Bereichs. Die Maustaste müssen Sie bei diesem Vorgang nicht gedrückt halten.

Es macht nichts, wenn Sie ein wenig von der Kontur abkommen. Das Werkzeug *Magnetisches Lasso* hält sich automatisch an die Kontur, solange der Kontrast zwischen auszuwählendem Bereich und Hintergrund stark genug ist. Schon während des Ziehvorgangs setzt Photoshop automatisch die notwendigen Befestigungspunkte für die Auswahl. Sie können diese Punkte aber durch Klicken auch selbst setzen, wenn Sie beispielsweise in einen Bereich mit geringerem Kantenkontrast kommen.

Haben Sie doch einmal einen falschen Befestigungspunkt gesetzt, löschen Sie diesen unmittelbar, indem Sie die ←-Taste (Mac) bzw. Entf-Taste (Windows) betätigen.

3. Sobald Sie wieder am Startpunkt angelangt sind, erscheint das Werkzeug mit einem geschlossenen Kreis. Dieser symbolisiert den Endpunkt. Klicken Sie und der Auswahlbereich ist fertig. Alternativ bestätigen Sie mit der ↵-Taste.

Besondere Optionen für das magnetische Lasso-Werkzeug

Haben Sie den Eindruck, dass das magnetische Lasso nicht ausreichend exakt arbeitet? Dann ändern Sie die Einstellungen in der Optionenleiste:

- Wenn Sie die Objektkanten beim Auswählen nicht exakt erwischen, liegt das oft an einer zu niedrigen *Frequenz*, denn mit dem Wert in diesem Feld legen Sie fest, ob Photoshop viele oder eher wenige Befestigungspunkte verwenden soll. Erhöhen Sie in diesem Fall den *Frequenz*-Wert. Aber Achtung: Das Werkzeug ist dann auch anfälliger für kleine „Ausrutscher" mit der Maus, weil mehr Punkte gesetzt werden.

- Über die Option *Breite* legen Sie die Lassobreite fest, innerhalb derer die Kontur ermittelt wird. Je kleiner dieser Wert, desto kleiner ist der Bereich, innerhalb dessen Photoshop nach Bildkanten sucht. Das Lasso wird dann nicht mehr von weiter entfernten Konturen angezogen. Es sind Werte zwischen 1 und 256 Pixel möglich. Verfügt Ihr Objekt über viele kleine Ecken statt über glatte Rundungen, sollten Sie den „Breite"-Wert eher höher setzen.

- Die Option *Kontrast* bestimmt, wie genau die Kanten des Bereichs erkannt werden, d.h. wie Photoshop die Kante vom Hintergrund unterscheidet. Geben Sie hier einen hohen Wert ein, kann Photoshop nur sehr kontrastreiche Kanten erkennen. Ein niedriger Wert hingegen ermöglicht auch die Erkennung von Kanten mit weniger Kontrast. Ist das Objekt eher diffus von seiner Umgebung abgesetzt, sollte dieser Wert eher niedrig sein, damit Photoshop die Kontraste noch aufspüren kann.

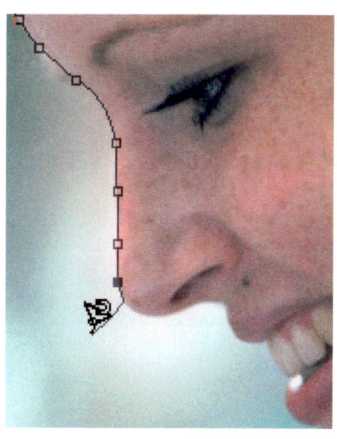

Abbildung 5.16
Verwenden Sie das magnetische Lasso zur Auswahl bei kontrastreichen Objektkanten.

Auswahlbereich ohne Endpunkt abschließen

Sie müssen nicht unbedingt am Endpunkt angelangt sein, um einen Auswahlbereich mit dem Werkzeug *Magnetisches Lasso* abzuschließen. Sie können den Auswahlbereich von jeder Stelle aus schließen, indem Sie einen Doppelklick ausführen.

Feststell-Taste

Halten Sie die ⇧-Taste, während Sie mit dem magnetischen Lasso arbeiten – Ihr Cursor wird dann zu einem Kreis mit einem Fadenkreuz, der Ihnen genau zeigt, wie groß der Einzugsbereich (*Breite*) ist.

Mit dem Zauberstab auswählen

Die Auswahl mit dem Werkzeug *Zauberstab* ähnelt der Arbeit mit dem *Schnellauswahl*-Werkzeug. Es genügt ein Klick und die Auswahl wird anhand von Farbähnlichkeit mit dem angeklickten Pixel erstellt. Dabei spielt es eine Rolle, welche *Toleranz* eingestellt ist. Die *Toleranz* legt fest, wie ähnlich die Farben der Farbe des angeklickten Pixels sein müssen, damit sie in die Auswahl aufgenommen werden. Verwenden Sie das Werkzeug *Zauberstab* immer dann, wenn Sie Bereiche mit unregelmäßigen Formen, aber einer ähnlichen Farbe auswählen möchten.

Die Toleranz stellen Sie über die Werkzeug-Optionen ein. Je höher der Wert, desto mehr ähnliche Farben werden ausgewählt bzw. berücksichtigt. Geben Sie einen Wert zwischen 0 und 255 an.

Je niedriger der Wert ist, desto weniger Farbabweichungen dürfen Pixel aufweisen, damit sie noch in der Auswahl erscheinen. Bei einem Wert von 0 etwa nimmt das Werkzeug ausschließlich Pixel mit genau demselben Farbwert wie das angeklickte Pixel in die Auswahl auf. Beim Maximalwert 255 wählt der Zauberstab das ganze Bild aus.

Außerdem klicken Sie in der Optionenleiste bei Bedarf das Kontrollkästchen *Alle Ebenen aufnehmen* an. Dann werden die Farben aus allen Ebenen berücksichtigt.

Das aktivierte Kontrollkästchen *Benachbart* in der Optionenleiste bestimmt, dass Sie nur unmittelbar aneinander grenzende Farben auswählen. Wird dieses Kontrollkästchen deaktiviert, wählt der Zauberstab farbähnliche Pixel im gesamten Bild aus.

Klicken Sie nun im Bild auf ein Pixel in der Farbe, die Sie auswählen möchten. Photoshop wählt automatisch und je nach eingestellter Toleranz alle Pixel mit ähnlichen Farben aus.

Zum einfacheren Auswählen den Bildkontrast erhöhen

Manchmal ist es schwierig, mit den Werkzeugen *Schnellauswahl*, *Magnetisches Lasso* oder *Zauberstab* eine gelungene Auswahl zu erzeugen, weil das Motiv dem Hintergrund zu ähnlich ist. In diesem Fall empfiehlt sich folgende Vorgehensweise:

1. Wählen Sie *Fenster* → *Ebenen*.

2. Im *Ebenen*-Bedienfeld klicken Sie auf das Symbol *Neue Füllebene oder Einstellungsebene erstellen* .

Abbildung 5.17
Oben: Auswahl mit dem Zauberstab, Toleranz: 10. Unten: Auswahl mit dem Zauberstab, Toleranz 40

3. Wählen Sie *Farbton/Sättigung* oder *Helligkeit/Kontrast*.

4. Im Bereich *Helligkeit/Kontrast* aktivieren Sie *Früheren Wert verwenden*. Erhöhen Sie die Sättigungseinstellung bzw. den Kontrast bis zu einem drastisch übertriebenen Ergebnis.

5. Klicken Sie auf *OK*.

6. Nehmen Sie die Auswahl vor.

7. Achten Sie darauf, dass im *Ebenen*-Bedienfeld die obere Ebene mit der Einstellungsebene ausgewählt ist, und ziehen Sie sie auf das Papierkorbsymbol am rechten unteren Bedienfeldrand. Die Auswahl bleibt dabei erhalten.

Einen Farbbereich auswählen

Eine alternative Möglichkeit, Pixel mit ähnlichen Farben auszuwählen, also zum Zauberstab, bietet die Dialogbox *Farbbereich*. Mit dieser Methode wählen Sie nicht nur Farbbereiche, sondern auch Farbtöne wie etwa Rottöne, Lichter, Schatten oder Mitteltöne, um sie anschließend zu bearbeiten.

1. Wählen Sie im Menü *Auswahl* den Befehl *Farbbereich*.

2. Im Popup-Menü *Auswahl* wählen Sie den Eintrag *Aufgenommene Farben*. Stellen Sie oberhalb der Vorschau über den Schieberegler oder das Eingabefeld den gewünschten Toleranzwert ein, wie Sie es schon beim Werkzeug *Zauberstab* gesehen haben.

3. Wählen Sie nun entweder am Bild selbst oder in der Vorschau der Dialogbox die gewünschte Farbe aus.

4. Danach kontrollieren Sie, welche Bildbereiche Sie ausgewählt haben, indem Sie das Optionsfeld *Auswahl* anklicken.

5. Im Popup-Menü *Auswahlvorschau* bestimmen Sie, auf welchem Hintergrund Photoshop die Auswahl im Dokumentfenster anzeigen soll.

6. Klicken Sie bei Bedarf eine der anderen Pipetten-Schaltflächen an, wenn Sie weitere Auswahlbereiche hinzufügen oder subtrahieren möchten.

7. Bei aktiviertem Kontrollkästchen *Umkehren* betrachten Sie den Vorschaubereich als Negativ. Manchmal ergibt sich dadurch eine bessere Darstellung der Auswahlbereiche.

8. Möchten Sie weiter entfernte ähnliche Farben weniger stark berücksichtigen als dem angeklickten Pixel näher liegende, aktivieren Sie das Kontrollkästchen *Lokalisierte Farbgruppen*. Über den Regler *Bereich* legen Sie dann fest, wie stark sich diese Option auswirken soll.

Mehr zum Thema Ebenen
Detaillierte Anleitungen zur Arbeit mit Ebenen erhalten Sie in Kapitel 9.

Abbildung 5.18
Farbauswahl

Den Farbbereich beschränken
Der Befehl *Farbbereich auswählen* wählt häufig zu viel aus. Das Ergebnis wird besser, wenn Sie zuerst eine grobe Auswahl des Bereichs, innerhalb dem sich die endgültige Auswahl befinden soll, vornehmen. Verwenden Sie dazu beispielsweise das Lasso. Dann analysiert der Befehl *Farbbereich auswählen* nur diesen Auswahlbereich.

◀ **Neu in CS4**

9. Wenn Sie möchten, speichern Sie die Farbbereiche der Auswahl als AXT-Datei, um sie später wieder zu verwenden. Dazu klicken Sie auf die Schaltfläche *Speichern*. Mit der Schaltfläche *Laden* öffnen Sie einen einmal gespeicherten Farbbereich wieder.

10. Ist die Auswahl gelungen, bestätigen Sie mit der Schaltfläche *OK*.

Abbildung 5.19

Oben: Bei aktiviertem Optionsfeld Auswahl *erscheint in der Vorschau nur die Auswahl in Graustufen. Mitte: Nach einem Klick auf OK erhalten Sie eine Auswahl, die Sie gegebenenfalls mit den übrigen in diesem Kapitel vorgestellten Auswahlwerkzeugen korrigieren oder ergänzen können. Rechts: Der linke Apfel wurden anschließend über* Bild → Korrekturen → Farbton/Sättigung *(Kapitel 14) umgefärbt.*

Wie eingangs angedeutet, müssen Sie die Auswahl nicht unbedingt über die aufgenommene Farbe definieren, sondern Sie können auch Farbtöne, Lichter, Schatten oder Mitteltöne wählen. Öffnen Sie das Popup-Menü *Auswahl* und wählen Sie den entsprechenden Eintrag. Klicken Sie auf *OK*. Die Auswahl wird ausgeführt.

Nur helle oder nur dunkle Bildbereiche auswählen

Für eine weitere wichtige Auswahlmöglichkeit, die nicht auf den ersten Blick ersichtlich ist, benötigen Sie das Bedienfeld *Kanäle*. Sie finden dieses unter *Fenster → Kanäle*.

Nachdem Sie dieses Bedienfeld aktiviert haben, halten Sie die [Strg]/[⌘]-Taste gedrückt und klicken Sie im Bedienfeld *Kanäle* auf das oberste Symbol (dieses repräsentiert den Gesamtkanal).

Abbildung 5.20

Für die Luminanzauswahl benötigen Sie das Bedienfeld Kanäle.

Sie erzeugen mit dieser Technik eine sogenannte „Luminanzmaske". Bei dieser Teilauswahl sind die Bildbereiche umso stärker in der Auswahl vertreten, je heller sie sind. Die absoluten Lichter werden komplett ausgewählt, die absoluten Tiefen überhaupt nicht. In der Helligkeit dazwischenliegende Bereiche werden teilweise ausgewählt – je heller sie sind, desto stärker.

Für die entgegengesetzte Auswahl – die dunklen Bildbereiche sollen von der Auswahl stärker betroffen sein als die hellen –

invertieren Sie die Auswahl mit *Auswahl* → *Auswahl umkeh-ren* (⇧ + Strg / ⌘ + I).

 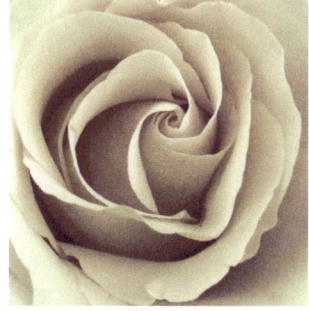

Abbildung 5.21
Links: Original. Rechts: Die hellen Bereiche der Rose wurden ausgewählt und über den vorhin erwähnten Befehl Farbton/Sättigung *hellgelb gefärbt. Anschließend wurde die Auswahl invertiert und die nun ausge-wählten dunklen Bereiche violett ge-färbt – ein sogenanntes Split-Toning-Bild ist entstanden.*

Auswahlbereiche im Maskierungsmodus erstellen und bearbeiten

Nachdem Sie eine Auswahl erstellt haben, stellt Photoshop diese im Standardmodus mit einer fließenden gestrichelten Linie dar. Alternativ bearbeiten Sie die Auswahl im Mas-kierungsmodus. Dann erscheint keine gestrichelte Linie. Die Fläche außerhalb der Auswahl zeigt sich vielmehr rot maskiert.

Für diese Darstellungsweise klicken Sie nach dem Erstellen der Auswahl im *Werkzeuge*-Bedienfeld auf die Schaltfläche für den Maskierungsmodus ⬛.

Mit den Malwerkzeugen wie Pinsel 🖌 und Radiergummi ⌫ können Sie den Auswahlbereich erweitern oder verkleinern. Beide Werkzeuge lernen Sie im nächsten Kapitel noch näher kennen.

Diese Vorgehensweise bietet deutliche Vorteile gegenüber der üblichen Arbeit im Standardmodus. Sie können mit dem Pinsel viel bessere Feinarbeit leisten als mit den Auswahl-werkzeugen. Gehen Sie so vor:

1. Erzeugen Sie die Auswahl zunächst mit den „normalen" Auswahlfunktionen so gut wie möglich. In vielen Fällen eignet sich beispielsweise eine Farbbereichsauswahl: Das Motiv sollte in dieser Dialogbox so schwarz wie möglich und der Hintergrund so sauber – also weiß – wie möglich dargestellt werden.

2. Wechseln Sie in den Maskierungsmodus.

3. Aktivieren Sie das Pinsel-Werkzeug (Taste B).

4. Klicken Sie in der Optionenleiste auf den Pfeil *Klicken öffnet Auswahl für Pinselvorgaben*.

Der Filter *Extrahieren*
Zum Auswählen eines Lockenkopfs o.Ä. eignet sich nicht nur die neben-stehend erläuterte Technik, sondern auch der Filter *Extrahieren*.

5. Stellen Sie die Werkzeugspitze auf einen geeigneten Durchmesser ein und wählen Sie darunter die Weichheit des Werkzeugs. Wenn Ihr Motiv über unscharfe Konturen verfügt, wählen Sie eine höhere Weichheit, als wenn die Konturen schärfer sind.

6. Drücken Sie die Taste D, um die Farben auf Schwarz für die Vordergrundfarbe und Weiß für die Hintergrundfarbe zurückzusetzen.

7. Wenn Sie nun mit der schwarzen Vordergrundfarbe durch Klicken und Ziehen malen, werden alle übermalten Bereiche von der Auswahl ausgenommen. Sie erkennen dies daran, dass an diesen Stellen die Rotfärbung erscheint.

8. Möchten Sie Bereiche in die Auswahl einschließen, drücken Sie die Taste D, um die Vorder- und die Hintergrundfarbe zu vertauschen. Wenn Sie mit weiß malen, werden alle übermalten Bereiche in die Auswahl eingeschlossen.

9. Bei Bedarf wählen Sie Bereiche nur teilweise aus: Dazu setzen Sie die Vordergrundfarbe auf Grau (je heller das Grau, desto stärker wird die Teilauswahl) und malen Sie über die auszuwählenden Bereiche.

Abbildung 5.22
Links: Original. Rechts: Der nicht ausgewählte Bereich erscheint rot. Malen Sie Ihr Motiv mit schwarzer Farbe sorgfältig frei.

Abbildung 5.23
Links: Wechseln Sie anschließend wieder in den Normalmodus, um die fertige Auswahl in gewohnter Weise anzuzeigen. Rechts: Die Auswahl wurde mit dem Verschieben-Werkzeug in ein anderes Bild gezogen.

Auswahlbereiche mit den Pfadwerkzeugen erstellen

Und noch eine weitere Möglichkeit, Auswahlbereiche zu erzeugen, bietet Ihnen Photoshop: Zeichnen Sie die gewünschten Auswahlkonturen als Pfad ein und konvertieren Sie diesen anschließend in eine Auswahl. Wenn Sie in der Handhabung des Zeichenstifts und anderer Pfadwerkzeuge geübt sind, leisten Sie hiermit meist genauere Arbeit als mit dem Lasso und den anderen Auswahlwerkzeugen. So gehen Sie vor:

1. Aktivieren Sie im Werkzeug-Bedienfeld den Zeichenstift, den *Freiform-Zeichenstift* oder ein anderes Zeichenwerkzeug.

2. Vergewissern Sie sich, dass in der Optionenleiste des Zeichenwerkzeugs das Pfadsymbol ⬕ aktiviert ist.

3. Zeichnen Sie den Umriss des geplanten Auswahlbereichs ein.

4. Wählen Sie *Fenster* → *Pfade*. Am unteren Rand des Bedienfelds *Pfade* klicken Sie auf das Symbol zum Erzeugen einer Auswahl (siehe nebenstehende Abbildung).

Mehr über die Arbeit mit den Zeichenwerkzeugen erfahren Sie in Kapitel 10.

Abbildung 5.24
So erzeugen Sie aus einem Pfad eine Auswahl.

Auswahlbereiche bearbeiten

6

Das vorige Kapitel zeigte Ihnen, wie Sie Bereiche im Bild zur Bearbeitung auswählen. Nachfolgend erfahren Sie, wie Sie diese Auswahlbereiche bearbeiten.

Auswahlrahmen und -bereiche transformieren

Unter „Transformieren" versteht man in Photoshop das Skalieren, Drehen, Neigen oder Verzerren eines Auswahlrahmens oder des darin eingeschlossenen Bereichs.

- Im Menü *Auswahl* finden Sie den Befehl *Auswahl transformieren*. Er dient zum Ändern der Form eines Auswahlrahmens. Der in die Auswahl eingeschlossene Bereich wird dabei nicht verändert.

- Im Menü *Bearbeiten* stehen Ihnen die beiden Befehle *Frei transformieren* und *Transformieren* zur Verfügung. Mit diesen Befehlen verändern Sie den Auswahlbereich selbst, also die im Auswahlrahmen eingeschlossenen Pixel.

Wählen Sie die Befehlsfolge *Bearbeiten → Frei transformieren* (Tastenkombination ⌨Strg⌨/⌨⌘⌨ + ⌨T⌨), versieht Photoshop die Auswahl mit einem Begrenzungsrahmen und Sie können fast alle Transformationsarten durchführen. Um die Aktion abzubrechen, drücken Sie die ⌨Esc⌨-Taste.

Der Befehl *Transformieren* hingegen verfügt über ein Untermenü, das alle Transformationsbefehle beinhaltet. Auch hier blendet Photoshop durch die Auswahl eines Befehls einen Begrenzungsrahmen ein. Dieser lässt aber nur eine einzige Transformationsart zu.

Wenn Sie beispielsweise aus dem Untermenü den Befehl *Skalieren* wählen, können Sie die Auswahl über den Begrenzungsrahmen nur skalieren. Jedoch lässt sich die Transformationsart jederzeit über den Befehl *Bearbeiten → Frei transformieren* oder per Rechtsklick/⌨Ctrl⌨-Klick über das

---

Bildmittelpunkt finden

Mit dem *Transformieren*-Werkzeug finden Sie auch schnell den Mittelpunkt Ihres Bilds heraus:

Falls Ihr Dokument in Ebenen aufgebaut ist (siehe Kapitel 9), aktivieren Sie die Hintergrundebene.

Vergewissern Sie sich, dass die Lineale angezeigt werden (*Ansicht → Lineale*).

Drücken Sie die Tastenkombination ⌨Strg⌨/⌨⌘⌨ + ⌨A⌨, um alle Bildpixel auszuwählen. Wählen Sie jetzt *Bearbeiten → Frei transformieren*. Sie sehen den Mittelpunkt des Bilds.

Klicken Sie in das waagerechte Lineal am oberen Dokumentrand und ziehen Sie auf den Mittelpunkt. Die Hilfslinie sollte auf dem Mittelpunkt einschnappen (wenn nicht, wählen Sie *Ansicht → Ausrichten an* und aktivieren den Befehl *Hilfslinien*).

Wiederholen Sie diesen Schritt mit dem senkrechten Lineal.

Die Transformierung können Sie jetzt mit der ⌨Esc⌨-Taste abbrechen.

Kontextmenü wechseln, ohne dass Sie die Transformation dazu abschließen müssten.

Abbildung 6.1

Das nebenstehende Foto wurde mit Strg/⌘ + A *komplett ausge-wählt und mit* Strg/⌘ + C *in die Zwischenablage kopiert.*

Abbildung 6.2

Links: Das Tierfoto soll in dieses Bild eingefügt werden. Rechts: Die Aus-wahl wurde mit Strg/⌘ + V *in das Bild eingefügt und dann über das Menü* Bearbeiten → Transformieren *skaliert, verzerrt und verkrümmt. Als Ebenenfüllmethode (siehe Seite …) wurde* Aufhellen *gewählt.*

Um genaue Transformationswerte anzugeben, verwenden Sie die Werkzeug-Optionenleiste. Hier befinden sich verschiedene Eingabefelder für die verschiedenen Transformationsarten.

Auswahlbereiche drehen

1. Wählen Sie im *Werkzeuge*-Bedienfeld ein geeignetes Auswahlwerkzeug und bestimmen Sie damit den Bereich, den Sie drehen möchten.

2. Öffnen Sie das Menü *Bearbeiten* und wählen Sie einen der Befehle zum Drehen aus: *Um 180° drehen*, *Um 90° im UZS drehen* und *Um 90° gegen UZS drehen*.

Alternativ drehen Sie den Auswahlbereich frei.

1. Dazu wählen Sie den Befehl *Bearbeiten* → *Transformieren* → *Drehen*.

2. Führen Sie den Mauszeiger an einen der acht Drehpunkte, so dass sich der Zeiger in einen gebogenen Doppelpfeil verwandelt.

3. Ziehen Sie den Rahmen mit gedrückter Maustaste in die gewünschte Richtung. Der Bildbereich dreht sich entsprechend.

4. Sobald Sie die gewünschte Drehung erzielt haben, bestätigen Sie mit der ⏎-Taste oder klicken in der Optionenleiste auf das Symbol *Transformieren bestätigen* ✔. Alternativ nehmen Sie einen Werkzeugwechsel vor, d.h., Sie wählen im *Werkzeuge*-Bedienfeld ein anderes Werkzeug. Bei der zuletzt genannten Vorgehensweise erscheint eine Sicherheitsabfrage. Hier können Sie sich noch entscheiden, ob Sie die Transformation tatsächlich durchführen, abbrechen oder nicht anwenden möchten.

5. Sobald Sie die Drehung bestätigt haben, führt Photoshop sie endgültig durch und berechnet die Pixel neu.

Die zweite Möglichkeit für das freie Drehen funktioniert ähnlich:

1. Legen Sie mit einem der Auswahlwerkzeuge den gewünschten Bereich im Bild fest.

2. Wählen Sie im Menü *Bearbeiten* den Befehl *Frei transformieren* oder drücken Sie die Tastenkombination Strg/ ⌘ + T.

3. Zeigen Sie auf eine beliebige Stelle außerhalb des Rahmens, bis der Mauszeiger zu einem Doppelpfeil wird.

4. Verfahren Sie wie oben beschrieben: Ziehen Sie den Rahmen zum Drehen.

Auch hier brechen Sie den Vorgang durch Betätigen der Esc-Taste ab bzw. bestätigen ihn mit der ⏎-Taste.

Auswahlbereiche skalieren

Beim Skalieren von Auswahlbereichen sollten Sie bedenken, dass unproportionales Skalieren den Bereich staucht oder dehnt. Selbstverständlich lässt sich der Bereich aber auch proportional skalieren.

1. Wählen Sie mit einem geeigneten Auswahlwerkzeug den gewünschten Bereich aus.

Transformierung abbrechen

Um eine Transformierung vor dem Bestätigen wieder aufzuheben, drücken Sie einfach die Esc-Taste.

Skalieren aus der Mitte heraus

Halten Sie beim Skalieren zusätzlich die Alt-Taste gedrückt, können Sie die Transformation von der Mitte des Begrenzungsrahmens aus ausführen.

Qualitätsverluste beim Transformieren

Bei allen Arten von Transformierungen kann es zu mehr oder minder deutlichen Qualitätsverlusten kommen, weil Photoshop die Pixel in jedem Fall neu berechnen muss. Aus diesem Grund sollten Sie sämtliche Transformierungen möglichst in einem einzigen Schritt vornehmen.

Eine besonders elegante Methode, Qualitätsverluste beim Transformieren zu minimieren, ist die Arbeit mit Smart Objekten, über die Sie sich in Kapitel 9 informieren.

2. Wählen Sie im Menü *Bearbeiten* entweder den Befehl *Frei Transformieren* oder aus dem Untermenü *Transformieren* den Befehl *Skalieren*.

3. Möchten Sie die Auswahl proportional skalieren, zeigen Sie auf einen der Eckpunkte (der Mauszeiger wird zu einem Doppelpfeil) und halten Sie die ⌂-Taste gedrückt.

4. Ziehen Sie mit gedrückter Maustaste in die gewünschte Richtung. Ziehen Sie nach innen, verkleinert sich die Auswahl, ziehen Sie nach außen, vergrößert sie sich.

Um den Auswahlbereich nicht proportional zu skalieren, klicken Sie einen der Punkte an und ziehen mit gedrückter Maustaste in die gewünschte Richtung. Wenn Sie einen Eckpunkt ziehen, ändern Sie sowohl Breite als auch Höhe der Auswahl. Wenn Sie einen der Kantenpunkte ziehen, verändern Sie entweder Höhe oder Breite. Bestätigen Sie zuletzt Ihre Transformation mit der ↵-Taste.

Auswahlbereiche neigen

Beim Neigen eines Auswahlbereichs stellt Photoshop den Bereich vertikal oder horizontal schräg.

1. Legen Sie im Bild einen Auswahlbereich fest. Wählen Sie *Bearbeiten → Transformieren → Neigen*.

2. Nachdem der Begrenzungsrahmen erschienen ist, zeigen Sie auf einen der auf den Kanten zentrierten Punkte und ziehen nach links oder rechts bzw. nach oben oder unten.

3. Bestätigen Sie mit der ↵-Taste.

Möchten Sie eine Auswahl über den Menüpunkt *Frei transformieren* neigen, gehen Sie folgendermaßen vor:

Platzieren Sie den Mauszeiger auf einem der auf den Kanten zentrierten Griffe. Halten Sie die Tastenkombination Strg/⌘ + ⌂ gedrückt. Ziehen Sie in die gewünschte Richtung.

Auswahlbereiche verzerren

Auswahlbereiche lassen sich nicht nur neigen: Bei Bedarf verzerren Sie sie auf zwei verschiedene Arten. Beginnen wir mit der ersten Möglichkeit.

1. Legen Sie einen Auswahlbereich fest. Wählen Sie die Befehlsfolge *Bearbeiten → Transformieren → Verzerren*.

2. Sobald der Begrenzungsrahmen erschienen ist, klicken und ziehen Sie an den Eckgriffen in die gewünschte Richtung.

Abbildung 6.3
Durch das Neigen können Sie die Perspektive des Auswahlbereichs ändern.

Hinweis
Halten Sie während des Neigens die Alt-Taste gedrückt, erfolgt die Transformation aus der Mitte heraus.

- Halten Sie die ⌂-Taste beim Ziehen gedrückt, bewirken Sie eine horizontale oder vertikale Verzerrung.

- Um eine diagonale Bewegung zu erreichen, drücken Sie die Alt-Taste.

3. Geben Sie die Maustaste frei, können Sie das Resultat begutachten. Um die Aktion abzuschließen, drücken Sie wieder die ↵-Taste.

4. Um die Auswahl über die Befehlsfolge *Bearbeiten* → *Frei transformieren* zu neigen, halten Sie die Tastenkombination Strg/⌘ + ⌂ gedrückt. Ansonsten gehen Sie wie erläutert vor.

Auswahlbereiche perspektivisch verzerren

Die andere Möglichkeit, einen Auswahlbereich zu verzerren, ist das perspektivische Verzerren. Dabei entsteht der Eindruck von Räumlichkeit, da Sie automatisch zwei Griffe gleichzeitig in entgegengesetzte Richtungen verschieben.

1. Erstellen Sie einen Auswahlbereich und wählen Sie *Bearbeiten* → *Transformieren* → *Perspektivisch*.

2. Ziehen Sie nun mit gedrückter Maustaste an einem der Eckgriffe, bewegt sich der zugehörige gegenüberliegende Griff mit.

3. Drücken Sie die Strg/⌘-Taste, um die Funktion *Verzerren* aufzurufen.

Auswahlbereiche krümmen

Mit dem Befehl *Bearbeiten* → *Transformieren* → *Verkrümmen* passen Sie Ihre Auswahl einer beliebigen Form an.

1. Nach der Auswahl des Befehls erscheint über Ihrer Auswahl ein drei mal drei Felder großes Gitter mit 16 Ziehpunkten.

2. Ziehen Sie diese Punkte beziehungsweise die Gitterlinien an die gewünschte Stelle, um der Auswahl eine neue Form zu geben.

3. Oder Sie wählen in der Optionenleiste eine von 15 vordefinierten Verkrümmungsformen, denen sich Ihre Auswahl anpasst.

Um beispielsweise ein Logo oder eine andere Grafik auf eine gekrümmte Oberfläche aufzubringen, gehen Sie folgendermaßen vor:

1. Fügen Sie das Logo in Ihr Bild ein.

2. Drücken Sie Strg/⌘+T. Positionieren und skalieren Sie das Logo grob. Bestätigen Sie noch nicht mit ↵.

Abbildung 6.4
Um Bilder auf gekrümmte Oberflächen zu projizieren, ist der Verkrümmen-*Befehl bestens geeignet.*

3. Wählen Sie *Bearbeiten → Transformieren → Verzerren* und verzerren Sie das Logo an den Eckanfassern so, dass es mit der Perspektive des Objekts übereinstimmt. Drücken Sie nicht die ⏎-Taste, sondern wählen Sie direkt im Anschluss *Bearbeiten → Transformieren → Verkrümmen* oder klicken Sie auf das entsprechende Symbol in der Optionenleiste. Formen Sie das Logo anhand des Rasters, so dass es sich der Krümmung der Oberfläche anpasst. Bestätigen Sie mit der ⏎-Taste.

4. Nun kommt es darauf an, ob Sie das Logo auf eine raue oder auf eine glatte Oberfläche aufgetragen haben. Bei einer rauen Oberfläche arbeiten Sie jetzt mit dem *Verset-zen*-Filter (Kapitel 13), bei einer glatten Oberfläche entfällt dieser Schritt. Zum Schluss setzen Sie die Ebene beispielsweise in den Modus *Multiplizieren* (Kapitel 9).

Stürzende Linien ausgleichen

Beim Fotografieren eines hohen Gebäudes passiert es häufig, dass dieses im fertigen Bild scheinbar nach hinten kippt, da der untere Teil des Gebäudes der Kamera viel näher ist als der obere und deshalb größer dargestellt wird. Mit Photoshop lässt sich dieses Problem ganz einfach korrigieren.

1. Zunächst vergrößern Sie die Arbeitsfläche, indem Sie die Befehlsfolge *Bild → Arbeitsfläche* (Tastenkombination Alt + Strg/⌘ + C) wählen und die neuen Abmessungen eingeben. Wählen Sie das Bild und anschließend *Bearbeiten → Transformieren → Verzerren*.

2. Ziehen Sie die Anfasser, bis die Perspektive geradegerückt ist, und bestätigen Sie mit der ⏎-Taste.

Achten Sie darauf, den Effekt nicht zu übertreiben, damit das Gebäude sich nicht etwa nach oben verbreitert. Das würde extrem unrealistisch aussehen. Außerdem sollten Sie besonders hohe Gebäude wie etwa Wolkenkratzer, die von unten fotografiert wurden, keinesfalls korrigieren. Denn unser Auge ist diesen Anblick gewöhnt.

Abbildung 6.5
Ein solches sehr hohes Gebäude würde mit korrigierter Perspektive un-realistisch aussehen – lassen Sie das Foto, wie es ist (Bild: Kristine Kamm Kreativphotos).

Abbildung 6.6
Links: Die stürzenden Linien des Gebäudes können Sie ausgleichen. Rechts: Dazu verwenden Sie das Transformieren-Werkzeug mit der Funktion Verzerren oder Perspek-tivisch verzerren. Zum besseren Vergleich wurde das Dokumentraster eingeblendet.

Auswahlbereiche spiegeln

Als letzte Transformationsmöglichkeit lassen sich Auswahlbereiche auch spiegeln. Dazu verwenden Sie die Menüpunkte *Horizontal spiegeln* und *Vertikal spiegeln* der Befehlsfolge *Bearbeiten* → *Transformieren*.

Genaue Werte beim Transformieren verwenden

Möchten Sie beispielsweise mehrere Auswahlbereiche auf genau dieselbe Weise transformieren, sollten Sie die Optionenleiste nutzen. Außerdem führen Sie über die Optionenleiste mehrere Transformationen in einem einzigen Arbeitsgang durch.

1. Falls die Optionenleiste gerade nicht eingeblendet ist, wählen Sie im Menü *Fenster* den Befehl *Optionen* oder drücken Sie die ⏎-Taste.

2. Wählen Sie anschließend *Bearbeiten* → *Frei transformieren* (Tastenkombination ⌨Strg/⌘ + ⌨T). Jetzt blendet Photoshop die Optionen für das Transformieren in der Optionenleiste ein.

Hier ändern Sie den sogenannten Referenzpunkt ▦ der Transformation. Dieser legt fest, an welcher Stelle die Transformation durchgeführt werden soll. Standardmäßig liegt der Referenzpunkt als fadenkreuzähnliches Symbol im Zentrum der Auswahl.

3. Bewegen Sie den Referenzpunkt der Auswahl an eine der Ecken bzw. in die Mitte einer Kante, indem Sie ganz links in der Optionenleiste an die gewünschte Stelle in dem kleinen Schaubild ▦ klicken.

4. Legen Sie über die Eingabefelder X und Y fest, an welche Stelle Sie die Auswahl verschieben möchten. Die gewünschte Maßeinheit geben Sie daneben als Abkürzung an – z.B. *cm* für Zentimeter oder *px* für Punkt. Um die Auswahl exakt zu drehen, geben Sie den gewünschten Wert in das Eingabefeld *Drehung einstellen* ein.

5. Um den Auswahlbereich zu neigen, geben Sie in das Feld H (Horizontale Neigung einstellen) den horizontalen und in das Feld V (Vertikale Neigung einstellen) den vertikalen Neigungswinkel ein.

Klicken Sie auf die Schaltfläche 🚫 (*Transformieren abbrechen*) ganz rechts in der Optionenleiste, brechen Sie die Transformation ab. Alternativ betätigen Sie die ⌨Esc-Taste. Klicken Sie auf die Schaltfläche mit dem Häkchen ✔ (*Transformieren bestätigen*), um die Transformation zu bestätigen, oder betätigen Sie die ⏎-Taste.

Ausschneiden, Kopieren, Einfügen und Löschen

Wie in anderen Anwendungen können Sie auch in Photoshop ausgewählte Bereiche ausschneiden, kopieren, an einer anderen Stelle oder in einem anderen Bild einfügen und sie löschen. Alle diese Funktionen erreichen Sie über das Menü *Bearbeiten*.

Hinweis

Beachten Sie bitte, dass Photoshop in Bildern mit mehreren Ebenen nur den Auswahlbereich in der aktuellen Ebene kopiert. Möchten Sie den Inhalt der Auswahl kopieren, gleichgültig, in welcher Ebene er liegt, wählen Sie im Menü *Bearbeiten* den Befehl *Auf eine Ebene reduziert kopieren* Strg/⌘ + ⇧ + C.

Abbildung 6.7
Nachdem Sie die Auswahl erzeugt haben (links), können Sie sie beispielsweise duplizieren (rechts) …

Abbildung 6.8
… oder mit gedrückter Maustaste in ein anderes, ebenfalls geöffnetes Bild ziehen – eine der Grundlagen für Bildmontagen.

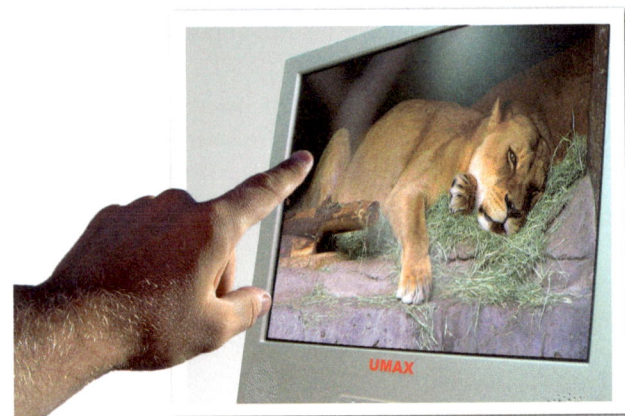

Neue Ebene

Das eingefügte Element befindet sich automatisch auf einer neuen Ebene. Mehr zu diesem Thema erfahren Sie in Kapitel 9. Durch dieses Prinzip können Sie das eingefügte Element im Bild noch bewegen. Verwenden Sie zum Bewegen der eingefügten Bildpunkte das Werkzeug *Verschieben* ⨁, indem Sie die Auswahl einfach anklicken und mit gedrückter Maustaste an eine andere Stelle ziehen. Weiter hinten gehen wir noch genauer darauf ein.

- Mit dem Menübefehl *Ausschneiden* entfernen Sie einen festgelegten Auswahlbereich aus dem Bild. Photoshop legt diesen in die Zwischenablage und Sie können ihn somit beim nächsten Schritt bei Bedarf einfügen. Arbeiten Sie auf der Hintergrundebene, wird der ausgeschnittene Bereich mit der aktuell eingestellten Hintergrundfarbe gefüllt, sonst wird er transparent.

- Kopieren Sie einen Auswahlbereich mit dem Befehl *Kopieren*, gelangt dieser zwar auch in die Zwischenablage, wird aber nicht aus dem Bild ausgeschnitten.

- Nachdem Sie eine Auswahl über die Befehle *Ausschneiden* (⇧ + Strg/⌘ + X) oder *Kopieren* (⇧ + Strg/⌘ + C) in die Zwischenablage eingefügt haben, verwenden Sie den Menübefehl *Einfügen* `Strg`/`⌘` + `V`, um sie in ein Bild einzufügen. Es kann sich dabei um dasselbe Bild handeln, aus dem Sie den Auswahlbereich kopiert haben, oder auch um ein anderes Bild.

Auswahlbereiche passgenau einfügen

Sie können in Photoshop auch einen Auswahlbereich festlegen, in den Sie einen kopierten oder ausgeschnittenen Bildteil einfügen. Der eingefügte Bildbereich erscheint nur innerhalb der Auswahl.

1. Erzeugen Sie die gewünschte Auswahl.

2. Kopieren Sie die Auswahl über die Menübefehle *Kopieren* oder *Ausschneiden* in die Zwischenablage.

3. Anschließend legen Sie im Zielbild über ein Auswahlwerkzeug den Bereich fest, in den Sie die Auswahl aus der Zwischenablage einfügen möchten.

Wählen Sie im Menü *Bearbeiten* den Befehl *In die Auswahl einfügen* (Tastenkombination `⇧` + `Strg`/`⌘` + `V`).

Photoshop fügt die Auswahl genau in den festgelegten Auswahlrahmen ein. Durch diese Aktion legt Photoshop für das eingefügte Element eine Ebenenmaske an (vgl. Kapitel 9).

Bei Bedarf bewegen Sie die einfügte Auswahl im Auswahlrahmen. Dazu wählen Sie im *Werkzeuge*-Bedienfeld das Werkzeug *Verschieben*. Klicken und ziehen Sie die Auswahl im Auswahlrahmen an die gewünschte Position. Rufen Sie das Werkzeug *Verschieben* aus einem anderen Werkzeug heraus auf, indem Sie einfach die `Strg`/`⌘`-Taste gedrückt halten.

Mit dem Verschieben-Werkzeug Auswahlbereiche bewegen

Sie setzen das Werkzeug *Verschieben* ein, um eine Auswahl mitsamt Inhalt zu verschieben. Ist im Bild nichts ausgewählt, wird die gesamte Ebene verschoben (vorausgesetzt, dass es sich nicht um die Hintergrundebene handelt). Mehr über Ebenen erfahren Sie in Kapitel 9.

1. Wählen Sie mit einem Auswahlwerkzeug einen Bereich aus.

2. Aktivieren Sie im *Werkzeuge*-Bedienfeld das Werkzeug *Verschieben*.

Um nun die Auswahl mit dem Werkzeug zu verschieben, gibt es verschiedene Möglichkeiten:

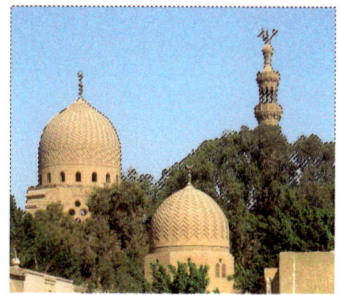

Abbildung 6.9
Da dieser Himmel farblich recht einheitlich ist, war die Auswahl über die Dialogbox Farbbereich auswählen einfach.

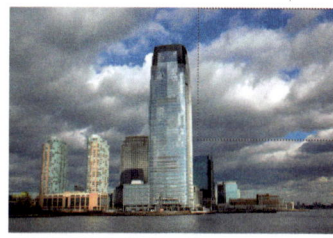

Abbildung 6.10
In einem anderen Bild wird ein etwas dramatischerer Himmel ausgewählt, kopiert …

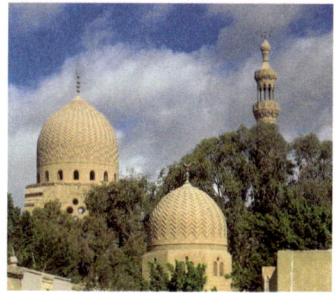

Abbildung 6.11
… und im anderen Bild in den festgelegten Auswahlbereich eingefügt.

- Klicken und ziehen Sie mit gedrückter Maustaste die Pixel an eine andere Stelle im Bild (oder in einem anderen geöffneten Bild). Halten Sie dabei die ⬦-Taste gedrückt, bewegen Sie die Auswahl in 45°-Schritten.

- Alternativ betätigen Sie die Pfeiltasten. Dabei verschiebt Photoshop die Auswahl immer um 1 Pixel. Drücken Sie die Pfeiltasten bei gedrückter ⬦-Taste, verschiebt sich die Auswahl jeweils um 10 Pixel.

Der verbleibende Bereich erhält die aktuell eingestellte Hintergrundfarbe. Die verschobene Auswahl wird zur schwebenden Auswahl, die Sie jederzeit an eine andere Stelle ziehen können. Erst wenn Sie die Auswahl aufheben, integriert Photoshop die schwebende Auswahl fest in das Bild.

Beim Verschieben eines Auswahlbereichs besteht die Möglichkeit, gleich eine Kopie davon zu erstellen. Dann bleibt der Originalauswahlbereich erhalten und zusätzlich wird eine Kopie an eine andere Stelle gezogen. Gehen Sie so vor:

Vielfältige Optionen beim Kopieren und Einfügen

Beim Kopieren und Einfügen gibt es eine Anzahl von Zusatzoptionen:

- Mit dem Befehl *Bearbeiten → Kopieren* (Strg/⌘ + C) kopieren Sie die aktuelle Auswahl der aktiven Ebene in die Zwischenablage.

- Möchten Sie das Gesamtbild mit allen Ebenen kopieren, wählen Sie *Bearbeiten → Auf eine Ebene reduziert kopieren* (⬦ + Strg/⌘ + C).

- Beim Einfügen per *Bearbeiten → Einfügen* wird das Ergebnis standardmäßig innerhalb der aktuellen Ansicht Ihres Bilds zentriert. Möchten Sie kontrollieren, wo der Inhalt der Zwischenablage genau eingefügt wird, erstellen Sie zuerst eine Auswahl und fügen erst dann ein. Der Inhalt der Zwischenablage wird innerhalb der Auswahl zentriert: Möchten Sie etwas in der Ecke eines Bilds einfügen, erzeugen Sie eine winzige Auswahl, die an die entsprechende Ecke stößt und fügen den Inhalt der Zwischenablage ein. Weil Photoshop diesen nicht zentrieren kann, ohne über die Bildbegrenzungen hinauszugelangen, stößt der eingefügte Bereich an die entsprechenden Bildkanten an.

- Soll der Inhalt der Zwischenablage im Zielbild nur innerhalb der Auswahl erscheinen, wählen Sie *Bearbeiten → In die Auswahl einfügen*. Der eingefügte Bereich wird über eine Ebenenmaske entsprechend zugeschnitten (siehe Kapitel 9).

- Möchten Sie Bereiche ohne Verwendung der Zwischenablage zwischen zwei Dokumenten austauschen, verwenden Sie das *Verschieben*-Werkzeug: Wählen Sie den Bereich im einen Bild aus, ordnen Sie die Dokumente nebeneinander an und ziehen Sie die Auswahl ins andere Bild.

- Ziehen Sie nicht aus dem Dokumentfenster in das andere Bild, sondern aus dem *Ebenen*-Bedienfeld, kopiert Photoshop die gesamte Ebene, ohne eventuelle Auswahlbereiche zu berücksichtigen.

1. Halten Sie beim Verschieben gleichzeitig die [Alt]-Taste gedrückt.

2. Der Mauszeiger verändert sich bei dieser Operation in zwei Pfeilköpfe.

3. Ziehen Sie die Auswahl an eine andere Stelle.

Verschieben Sie die Auswahl im aktuellen Bild, wird keine neue Ebene angelegt. Ziehen Sie die Auswahl in ein anderes Bild, wird sie auf einer neuen Ebene eingefügt.

Auswahlbereiche füllen

Zum Festlegen der Farbe für die Füllung verwenden Sie die beiden Farbfelder im *Werkzeuge*-Bedienfeld. Das obere, in der Grundeinstellung schwarze Farbfeld stellt die aktuelle Vordergrundfarbe dar, das untere die standardmäßig weiße Hintergrundfarbe. Mit einem Klick darauf öffnet sich der Farbwähler. Wählen Sie hier die gewünschte Farbe aus.

1. Erstellen Sie zunächst den gewünschten Auswahlbereich. Bei Bedarf legen Sie auch mehrere Auswahlbereiche an.

2. Wählen Sie danach im Menü *Bearbeiten* den Befehl *Fläche füllen* (Tastenkombination [⇧] + [F5]). Auch über das Kontextmenü lässt sich dieser Befehl aktivieren: Dazu klicken Sie bei aktivem Auswahlwerkzeug mit gedrückter [Ctrl]-Taste (Mac) bzw. mit der rechten Maustaste in den Auswahlbereich.

Abbildung 6.12
Während des Verschiebevorgangs liefert das Info-*Bedienfeld in ihrer rechten oberen Hälfte Informationen über die Koordinaten des Auswahlbereichs.*

Abbildung 6.13
Die Farbfelder im Werkzeug-Bedienfeld

Abbildung 6.14
Wählen Sie im Farbwähler die Farbe für die Füllung.

3. Die Dialogbox *Fläche füllen* erscheint. Öffnen Sie das Popup-Menü *Verwenden* und wählen Sie die gewünschte Füllungsart. Sie haben die Auswahl zwischen *Vordergrundfarbe, Hintergrundfarbe, Farbe, Muster, Protokoll, Schwarz, 50 % Grau* sowie *Weiß*, wodurch Sie den Farbwähler zur Auswahl einer Flächenfarbe öffnen.

Abbildung 6.15
In der Dialogbox Fläche füllen *wählen Sie zwischen* Füllfarbe, Füllmuster *und* Protokoll.

- Mit dem Eintrag *Protokoll* füllen Sie den Auswahlbereich mit dem aktuell als Quelle definierten Protokollzustand (siehe auch Kapitel 3).

- Die Vordergrundfarbe und die Hintergrundfarbe entsprechen den Farben, die Sie – wie oben gezeigt – über die Farbfelder im *Werkzeuge*-Bedienfeld und den Farbwähler eingestellt haben.

- Wählen Sie den Eintrag *Muster*, erscheint darunter die Option *Eigenes Muster*. Klicken Sie auf das Musterfeld, um die verfügbaren Muster einzublenden. Sie haben diese bereits in Kapitel 4 beim Umwandeln eines Bilds in den Bitmap-Modus kennengelernt. Anschließend wählen Sie mit einem Klick das gewünschte Muster aus dem Bedienfeld. Nun wählen Sie unten im Dialogbereich *Füllmethode* aus dem Popup-Menü *Modus*, auf welche Weise Photoshop die Füllung mit der Originalfarbe verrechnen soll. Mehr über die verschiedenen Füllmodi erfahren Sie in Kapitel 9.

Abbildung 6.16

Links: Die ausgewählten Brillengläser sollen eingefärbt werden, ohne dass ihre scheinbare Transparenz verloren geht. Dazu dient eine grüne Füllung mit der Füllmethode Farbe. *Diese Füllmethode stellt sicher, dass der Farbauftrag die ursprüngliche Struktur nicht verdeckt (in Kapitel 9 erlernen Sie eine bessere, weil flexiblere Möglichkeit, solche Bearbeitungen durchzuführen).*

- Über die Option *Deckkraft* legen Sie die Transparenz der Füllung in Prozent fest. Je geringer der Wert, desto transparenter wird die Füllung. Aktivieren Sie das Kontrollkästchen *Transparente Bereiche schützen*, wenn Sie in einer Ebene arbeiten und nur Bereiche füllen möchten, die Pixel mit Farbwerten enthalten.

Bestätigen Sie Ihre Auswahl zum Schluss mit der Schaltfläche *OK*. Photoshop füllt die Auswahl mit Ihren Angaben.

Eigene Muster erstellen

Möchten Sie eine Auswahl mit einem Muster füllen, dabei aber nicht auf die vorgefertigten Muster zurückgreifen, erstellen Sie selbst welche. Sie werden daraufhin in die Musterpalette mit aufgenommen.

1. Öffnen Sie ein Bild, das Sie als Grundlage für das Muster verwenden möchten.

2. Um das Muster zu erstellen, können Sie das Werkzeug *Auswahlrechteck* ⬚ aus dem *Werkzeuge*-Bedienfeld verwenden. Auch mit den Auswahlwerkzeugen *Einzelne*

Zeile und *Einzelne Spalte* erzielen Sie interessante Effekte. Wählen Sie mit einem dieser Werkzeuge einen Bereich, den Sie als Grundlage für das Muster verwenden möchten. Wählen Sie dann im Menü *Bearbeiten* den Befehl *Muster festlegen*.

3. Photoshop öffnet die Dialogbox *Mustername*. Hier weisen Sie Ihrem Muster eine Bezeichnung zu. Verlassen Sie die Dialogbox mit der Schaltfläche *OK*.

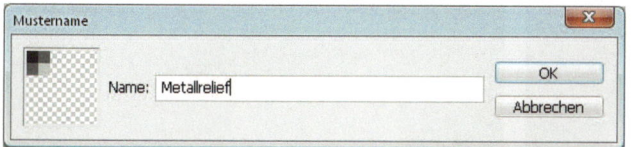

Das Muster steht von nun an in der Musterpalette zur Verwendung bereit. Wenden Sie es auf einen Bereich an, wird es vielfach aneinandergesetzt eingefügt.

Die Kontur einer Auswahl füllen

Sie können einer Auswahl nicht nur eine Füllung, sondern auch eine Kontur zuweisen und diese füllen (in Kapitel 9 lernen Sie noch eine weitere, in vielen Fällen komfortablere Technik kennen). Dabei definieren Sie sowohl die Breite als auch die Füllungsart.

1. Legen Sie im Bild mit dem gewünschten Auswahlwerkzeug den Bereich oder die Bereiche fest, dem/denen Sie eine Kontur zuweisen möchten. Wenn Sie eine weiche Auswahlkante auswählen, geht die Kontur weich in die Umgebung über.

2. Wählen Sie *Bearbeiten* → *Kontur füllen*. Alternativ rufen Sie diesen Befehl aus dem Kontextmenü auf.

3. Photoshop öffnet die Dialogbox *Kontur füllen*. Sie ähnelt der Dialogbox *Fläche füllen*.

4. Tragen Sie in das Eingabefeld *Breite* den Wert für die Konturstärke ein.

5. Die Option *Farbe* steht standardmäßig auf der Vordergrundfarbe. Sie können dies aber bei Bedarf ändern. Dazu klicken Sie in das Farbfeld, um den Farbwähler aufzurufen. Hier wählen Sie nun selbst eine Farbe aus (siehe auch Kapitel 7).

6. Im Dialogbereich *Position* legen Sie fest, wie Sie die Kontur an der Auswahl ausrichten möchten. Sie haben drei Möglichkeiten: *Innen*, *Mitte* und *Außen*.

Abbildung 6.17
Hier wurde ein 6 x 6 Pixel großes Bild mit einem einfachen Muster und transparentem Hintergrund erstellt.

Abbildung 6.18
Das Bild wurde mit Bearbeiten → Muster festlegen in ein Füllmuster verwandelt …

Abbildung 6.19
… und anschließend einem Text zugewiesen.

Abbildung 6.20
Mit der Konturfüllung können Sie beispielsweise Fotos mit einem weißen Rahmen versehen. Zur Verdeutlichung wurde hier noch ein Ebenenschatten eingesetzt (Ebene → Ebenenstil → Schlagschatten).

Abbildung 6.21

Hier wurde eine Auswahl mit einer sehr weichen Kante vorgenommen (links) und mit einer weißen Kontur von 1 Pixel versehen. So erzielen Sie einen Schein um das Objekt (rechts).

7. Im Dialogbereich *Füllmethode* wählen Sie die gewünschte Füllmethode, darunter die Transparenz.

8. Bestätigen Sie Ihre Angaben mit einem Klick auf die Schaltfläche *OK*. Photoshop erstellt die Kontur.

Farben und Füllungen

In diesem Kapitel erfahren Sie, mit welchen Werkzeugen Sie Farben einsetzen, erkennen, kopieren oder löschen, wie zum Beispiel das Werkzeug *Pipette*, das *Füllwerkzeug* oder das *Verlaufswerkzeug*.

Farben verwenden

Gerade in der professionellen Bildbearbeitung verursachen Farben oft Probleme. Häufig reklamieren Auftraggeber schon kleinste Farbabweichungen. Daher ist es eine wichtige Aufgabe, die Bildfarben korrekt und genau einzustellen.

Vorder- oder Hintergrundfarbe festlegen

Farben legen Sie über die Farbfelder des *Werkzeuge*-Bedienfelds fest. Das Feld links oben stellt die Vordergrundfarbe dar, das Feld rechts unten die Hintergrundfarbe.

Die Hintergrundfarbe verwendet Photoshop beispielsweise, wenn Sie eine Auswahl löschen, die Vordergrundfarbe beispielsweise beim Malen.

Mit diesem Bereich des *Werkzeuge*-Bedienfelds arbeiten Sie folgendermaßen:

- Über den Doppelpfeil in der rechten oberen Ecke vertauschen Sie die Vorder- und die Hintergrundfarbe, indem Sie einfach daraufklicken. Alternativ betätigen Sie die Taste ⊠.

- Mit einem Klick auf das Schwarzweißsymbol ▪ in der linken unteren Ecke stellen Sie die Grundeinstellung (Schwarz als Vordergrundfarbe und Weiß als Hintergrundfarbe) wieder her. Alternativ drücken Sie die Taste Ⓓ.

Abbildung 7.1
Vorder- und Hintergrundfarbe im Werkzeuge-Bedienfeld

- Mit einem Klick auf das Vordergrund- bzw. das Hintergrundfarbfeld öffnen Sie den Farbwähler, zu dem es weiter hinten detaillierte Informationen gibt.

Farben übernehmen

Sie müssen Farben nicht immer neu definieren; Sie können sie auch von anderen Bildelementen übernehmen.

1. Aktivieren Sie das Werkzeug *Pipette* 🖋 im *Werkzeuge-Bedienfeld*. Am schnellsten geht's, wenn Sie einfach die Taste ⟨I⟩ drücken.

2. Bewegen Sie den Mauszeiger auf das Bild. Der Mauszeiger verändert sich in eine Pipette. Klicken Sie mit der Pipette auf die gewünschte Farbe im Bild. Die aufgenommene Farbe wird zur Vordergrundfarbe und erscheint daher im oberen Farbfeld im *Werkzeuge*-Bedienfeld.

3. Möchten Sie die Hintergrundfarbe über die Pipette aufnehmen, klicken Sie mit der Pipette bei gedrückter ⟨Alt⟩-Taste in den Bildbereich mit der gewünschten Farbe.

Die Farberkennung der Pipette einstellen

In der Grundeinstellung identifiziert die Pipette stets genau den Farbwert des Pixels, das Sie angeklickt haben.

Diese Einstellung ändern Sie aber bei Bedarf, so dass Sie den Farbwert von mehreren Pixel im Durchschnitt ermitteln. Auf diese Weise ergibt sich die Durchschnittsfarbe, die nicht unbedingt im Bild enthalten sein muss.

Dazu müssen Sie den Aufnahmebereich des Werkzeugs *Pipette* ändern.

1. Aktivieren Sie zunächst im *Werkzeuge*-Bedienfeld das Werkzeug *Pipette* 🖋. Falls noch nicht angezeigt, blenden Sie die Optionenleiste ein, indem Sie die Befehlsfolge *Fenster → Optionen* wählen.

2. Öffnen Sie dann das Popup-Menü *Aufnahmebereich* und wählen Sie, wie viele Pixel Photoshop zur Ermittlung der Farbe verwenden soll. Die Funktion ist auch im Kontextmenü verfügbar.

Abbildung 7.2
Legen Sie fest, wie viele Pixel Photoshop für den Aufnahmebereich verwenden soll.

Farben aus anderen Programmen und von Bildschirmelementen übernehmen

Die Pipette kann nicht nur Farben aus Photoshop-Bildern aufnehmen und als aktuelle Vorder- oder Hintergrundfarbe festlegen, sondern auch Farben außerhalb Photoshops, zum Beispiel aus einer Illustrator-Grafik.

1. Ordnen Sie dazu Photoshop und Illustrator mit der Grafik, aus der Sie die Farbe entnehmen möchten, nebeneinander an.

2. Aktivieren Sie Photoshop und wählen Sie das Werkzeug *Pipette* ✐.

3. Klicken Sie an eine beliebige Stelle in Ihrem Photoshop-Dokument und halten Sie die Maustaste gedrückt.

4. Halten Sie nun zusätzlich auch noch die (Alt)-Taste gedrückt und fahren Sie mit weiterhin gedrückter Maus- und (Alt)-Taste in das Illustrator-Fenster.

5. Sie sehen im Vordergrund-Farbfeld im *Werkzeuge*-Bedienfeld von Photoshop, wie sich die Farbe anpasst, je nachdem, über welche Zone der Illustrator-Grafik Sie gerade fahren.

6. Sobald Sie mit der Farbe zufrieden sind, lassen Sie die Maustaste los.

Diese Technik funktioniert übrigens mit allem, was gerade auf Ihrem Bildschirm sichtbar ist. Dazu gehören zum Beispiel auch die Elemente Ihrer Windows- oder Mac-OS-Benutzeroberfläche.

Achtung
So praktisch diese Funktion ist: Sie dürfen von Ihr keine korrekte Übernahme von CMYK- oder RGB-Werten aus anderen Programmen erwarten.

Hintergrundfarbe dynamisch festlegen
Um mit der nebenstehend erläuterten Technik nicht die Vorder-, sondern die Hintergrundfarbe zu definieren, drücken Sie zuerst die (Alt)-Taste und klicken dann in Ihr Photoshop-Bild. Lassen Sie die (Alt)-Taste gedrückt und verfahren Sie wie nebenstehend erläutert.

Farben über das Bedienfeld „Farbe" einstellen

Die Vorder- und Hintergrundfarbe müssen Sie nicht unbedingt über das *Werkzeuge*-Bedienfeld bestimmen. Vielmehr können Sie auch die Bedienfelder *Farbe* und *Farbfelder* verwenden. Hier stehen verschiedene Farbmodi zur Verfügung. Zuerst einmal befassen wir uns mit dem Bedienfeld *Farbe*.

1. Öffnen Sie über *Fenster* → *Farbe* das Bedienfeld *Farbe* ((F6)).

2. Nachdem sich das Bedienfeld geöffnet hat, sehen Sie, dass auch hierin die Farbfelder für Vorder- und Hintergrundfarbe erscheinen.

3. Bevor Sie in diesem Bedienfeld eine Farbe mischen, sollten Sie zuerst festlegen, ob Sie die Vorder- oder Hintergrundfarbe ändern möchten. Dazu klicken Sie auf das entsprechende Farbfeld.

Abbildung 7.3
Das Bedienfeld Farbe *mit geöffnetem Bedienfeldmenü*

Abbildung 7.4
Im RGB-Farbregler definieren Sie
Farben über ihre Rot-, Grün- und Blau-
komponenten.

Abbildung 7.5
Der CMYK-Farbregler

Abbildung 7.6
Der Lab-Farbregler

4. Nun mischen Sie die gewünschte Farbe, indem Sie Werte für die einzelnen Farbkomponenten eingeben oder die Schieberegler betätigen.

Alternativ bewegen Sie den Mauszeiger ganz unten auf den Farbbalken (dabei verändert sich der Mauszeiger in eine Pipette). Klicken Sie mit der Pipette auf die gewünschte Farbe. Photoshop übernimmt diese als Vorder- oder Hintergrundfarbe (je nachdem, welches Farbfeld Sie vorhin angeklickt haben).

Um einen anderen Farbmodus auszuwählen, öffnen Sie das Bedienfeldmenü, indem Sie rechts oben im Bedienfeld auf den kleinen Pfeil mit den Strichen ▾≡ klicken. Wählen Sie anschließend den gewünschten Farbmodus aus dem Menü. Über die verschiedenen Farbmodi konnten Sie sich bereits in Kapitel 4 dieses Buchs informieren.

RGB-Farben definieren

Wählen Sie zuerst aus dem Bedienfeldmenü den Eintrag *RGB-Farbregler*. Legen Sie dann fest, ob Sie die Vorder- oder die Hintergrundfarbe neu definieren möchten. Dazu klicken Sie im linken oberen Bedienfeldbereich auf das entsprechende Farbfeld. Geben Sie über die RGB-Regler im Bedienfeld *Farbe* die Werte der Rot-, Grün- und Blauanteile des Spektrums an.

Die Eingabefelder rechts daneben passen sich automatisch an und zeigen den Wert von 0 bis 255. Selbstverständlich können Sie Ihre Eingabe auch direkt in diesen Feldern vornehmen.

Durch Verringern bzw. Erhöhen der entsprechenden Parameter mischen Sie auf diese Art alle Farben, die Ihr Monitor darstellen kann.

Klicken Sie nun mit dem Werkzeug *Pipette* bei gedrückter Alt-Taste auf eine Farbe im Farbbalken, wird diese zur Hintergrundfarbe.

CMYK-Farben definieren

Nachdem Sie im Bedienfeldmenü den Eintrag *CMYK-Farbregler* gewählt haben, geben Sie für jeden der vier Farbanteile Prozentwerte zwischen 0 und 100 ein. Je höher Sie den Prozentsatz einstellen, desto gesättigter wird der entsprechende Farbanteil.

LAB-Farben definieren

Dieses Farbmodell verwendet neben der Helligkeitskomponente L (Luminanz) zwei chromatische Komponenten

A (Grün bis Rot) und B (Blau bis Gelb). Der Vorteil dieses Modus liegt in dem sich aus den beiden chromatischen Komponenten ergebenden, deutlich größeren Farbraum. Details über das LAB-Farbsystem finden Sie in Kapitel 1.

HSB-Farben definieren

Im HSB-Modell werden Farben über die drei Einstellungen *Farbton, Sättigung* und *Helligkeit* definiert. *Hue* bedeutet Farbton, *Saturation* steht für Sättigung und *Brightness* bezeichnet die Helligkeit.

Alle reinen Farbtöne sind in einem Farbkreis angeordnet. Der Farbton definiert sich durch die Position auf diesem Farbkreis in Gradzahlen. Daraus ergeben sich 360 verschiedene Farbtöne. Der Farbkreis beginnt rechts in der Mitte bei 0° (Rot).

Mit der Sättigung wird die Reinheit, das heißt der Grauanteil der Farbe, in Prozentwerten festgelegt. Eine reine Farbe besitzt den Sättigungsgrad 100 und 0 entspricht einem Grau. Die Helligkeitseinstellung nehmen Sie ebenfalls in Prozentwerten vor, wobei 100 % reinem Weiß und 0 % Schwarz entspricht.

- Wählen Sie den gewünschten Farbton aus, indem Sie in das oberste Eingabefeld einen Wert zwischen 0° und 360° eingeben.
- Die Sättigung stellen Sie im mittleren Eingabefeld in Prozent ein: 0 % Sättigung bedeutet Grau, 100 % die höchste Sättigungsstufe, also reine Farbe (nicht druckbar).
- Im untersten Eingabefeld geben Sie den Helligkeitswert in Prozent ein: 0 % bedeutet Schwarz, 100 % Weiß.

Webfarben definieren

Obwohl dieses Thema heute nicht mehr so wichtig ist wie noch vor wenigen Jahren, erreichen Sie die beste Browser-Kompatibilität Ihrer Webgrafiken (vgl. auch Kapitel 16), wenn Sie die websichere Palette (Webfarbenregler) verwenden. Diese Palette reserviert die 216 auf Windows- und Mac-Plattformen gleich darstellbaren Farben (oder weniger) für das eigentliche Bild. Wenn Sie Ihr Bild nachträglich mit der websicheren Palette abspeichern, entstehen manchmal Farbabweichungen. Klüger ist es häufig, gleich mit der Webfarbpalette neue Grafiken zu erstellen.

Im Webdesign ist es üblich, die Farben der websicheren Palette in Hexadezimalfarben anzugeben. Während eine normale Dezimalzahl nach der Neun auf zwei Stellen umschaltet, verwendet das Hexadezimalzahlensystem Buchstaben, um

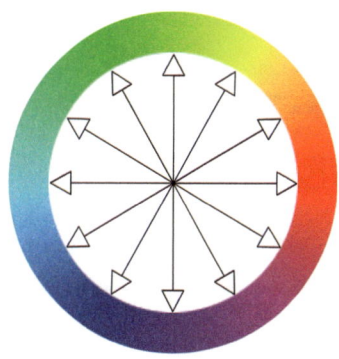

Abbildung 7.7
Der Farbton definiert sich in HSB durch die Position auf einem Farbkreis in Gradzahlen. Daraus ergeben sich 360 verschiedene Farbtöne. Der Farbkreis beginnt rechts in der Mitte bei 0° (Rot) und verläuft gegen den Uhrzeigersinn.

Abbildung 7.8
Die Farbbalken des Webfarbenreglers weisen eine Skala für die websicheren Farben auf.

weitere einstellige Zahlen zu erzeugen. Eine einstellige Hexa-dazimalzahlenreihe besteht also aus 0, 1, 2, 3, 4, 5, 6, 7, 8, 9, A, B, C, D, E, F. A bis F stehen dabei für 10 bis 15.

Außerdem hat jede Farbe des Bedienfelds einen „spre-chenden“, eigenen Namen wie etwa „Aqua“, oder „Ivory“ (mehr darüber erfahren Sie weiter hinten in diesem Kapitel).

Über den Befehl *Webfarbenregler* im Bedienfeldmenü öffnen Sie einen Farbregler, in dem die RGB-Regler mit Skalen für die einzelnen Hexadezimalwerte versehen sind.

Nicht druckbare Farben im Farbe-Bedien-feld feststellen

Manchmal erscheint im Bedienfeld *Farbe* unter den Modi RGB und HSB links unten ein Warndreieck. Dieses symboli-siert Farben, die beim Drucken von CMYK-Farben (zum Bei-spiel im Offsetdruck) nicht wiedergegeben werden können.

Dies trifft vor allem auf helle, leuchtende Farben zu. Man sagt auch, dass sich diese Farben außerhalb des CMYK-Gamut befinden (siehe auch Kapitel 1).

Abbildung 7.9
Das Warndreieck weist auf eine nicht druckbare Farbe hin; rechts daneben schlägt Photoshop eine ähnliche, druckbare Farbe vor.

Taucht dieses Warndreieck auf, bedeutet das, dass die aktuelle Farbe nicht für den Druck geeignet ist.

Achten Sie auf das Farbfeld neben dem Warndreieck: Hierbei handelt es sich um einen Vorschlag für die ähnlichste Farbe, die für den Druck geeignet ist. Meist wird es sich um eine etwas dunklere, weniger leuchtende Farbe handeln.

Um den Vorschlag zu akzeptieren, klicken Sie entweder auf das Warndreieck oder auf das danebenliegende Farbfeld.

Eine Farbe über den Farbwähler definieren

Adobe oder Windows/Mac-Farb-wähler

Die Dialogbox *Farbwähler* lässt sich in Photoshop in zwei Ansichten dar-stellen, entweder als Adobe- oder Apple- (Mac) bzw. Windows-Farb-wähler (Windows). Diese Einstel-lung nehmen Sie in der Dialogbox *Voreinstellungen → Allgemein* vor. Wählen Sie *Bearbeiten → Voreinstel-lungen → Allgemein* (unter Mac OS X erreichen Sie die Voreinstellungen über das Menü *Photoshop*). Öffnen Sie das Popup-Menü *Farbwähler* und wählen Sie den gewünschten Eintrag. Verlassen Sie die Dialogbox mit der Schaltfläche *OK*.

Über den Farbwähler legen Sie die Vorder- oder die Hinter-grundfarbe fest.

Klicken Sie entweder im *Werkzeuge*-Bedienfeld auf eines der beiden Farbfelder (Vorder- bzw. Hintergrundfarbe). Oder Sie klicken im Bedienfeld *Farbregler* auf das momentan aktive Farbfeld (Vorder- bzw. Hintergrundfarbe) bzw. doppelkli-cken auf das momentan nicht aktive Farbfeld. Das momentan aktive Farbfeld erkennen Sie an der schwarzen Umrandung.

In der Dialogbox *Farbwähler* gehen Sie nun folgendermaßen vor:

1. Als Erstes legen Sie den Farbbereich fest, indem Sie im senkrechten Farbbalken auf den gewünschten Bereich

klicken oder klicken und ziehen. In der Vorschau erscheint der gewählte Farbbereich.

2. Um eine exakte Farbe festzulegen, zeigen Sie in den Farbbereich. Hier verwandelt sich der Mauszeiger in eine Kreiskontur. Klicken Sie auf die gewünschte Farbe, die nun durch einen kleinen Kreis markiert wird.

3. Die Farbwerte der gewählten Farbe trägt Photoshop in die Felder im rechten Dialogbereich ein. Gleichzeitig wird im oberen Farbmusterfeld eine Vorschau der gewählten Farbe angezeigt. Im unteren Farbmusterfeld sehen Sie die bisherige Farbe. Möchten Sie den Bereich der bisherigen Farbe wieder anzeigen, klicken Sie auf das untere Farbmusterfeld.

4. Klicken Sie auf die Schaltfläche *Zu Farbfeldern hinzufügen*, um die neue Farbe dauerhaft im Bedienfeld *Farbfelder* zu speichern. Mit dieser Technik können Sie sich schnell eine ganze Reihe von neuen Farben zusammenstellen, denn Sie können mit dieser Funktion nacheinander mehrere Farbfelder definieren, ohne die Dialogbox *Farbwähler* schließen zu müssen.

Auch die Dialogbox *Farbwähler* versieht nicht druckbare Farben mit einem Warndreieck ⚠, das gegebenenfalls neben dem Farbmusterfeld angezeigt wird. Darunter kann noch ein weiteres Symbol, ein Würfel 🧊, auftauchen. Dieses signalisiert Ihnen, dass die Farbe nicht websicher ist (siehe weiter vorne, Abschnitt „Webfarben definieren"). Mit einem Klick auf Würfel oder Warndreieck ersetzt Photoshop Ihre aktuelle Wahl durch die nächstgelegene druckbare oder websichere Farbe.

Tipp

Nachdem Sie den nebenstehenden Schritt 4 ausgeführt haben, genügt von nun an ein einziger Klick auf die gewünschte Farbe im Farbfelder-Bedienfeld, um die Vordergrundfarbe zu ändern. Mit der Taste [X] machen Sie die Vordergrundfarbe bei Bedarf zur Hintergrundfarbe. Mit etwas Übung beschleunigen Sie Ihren Arbeitsablauf mit dieser Methode erheblich. Mehr über das *Farbfelder*-Bedienfeld erfahren Sie auf Seite 152.

Abbildung 7.10
Im Farbwähler wurde ein weder druckbares noch websicheres Rot ausgewählt.

Abbildung 7.11
Der Farbwähler wurde auf Webfarben umgestellt.

Sind genaue Farbwerte gefordert, geben Sie diese selbst in die Felder im rechten Dialogbereich ein, anstatt die Farbe auf die beschriebene Art über den Farbbereich zu definieren.

Möchten Sie Ihr Bild im Internet publizieren und dazu nur websichere Farben verwenden, aktivieren Sie unten links in der Dialogbox das Kontrollkästchen *Nur Webfarben anzeigen*. Dadurch verändert sich die Dialogbox entsprechend.

Wenn Sie sich mit den im Web verwendeten Hexadezimalwerten, die für die 216 Farben der websicheren Palette verwendet werden, auskennen, geben Sie diese direkt in die auf Webfarben umgestellte Dialogbox *Farbwähler* ein.

Volltonfarben auswählen

Simulation von Volltonfarben
Im Normalfall simuliert Photoshop die Volltonfarben durch RGB- bzw. CMYK-Werte, nur bei Duplex oder einem Schmuckfarbkanal werden diese auch tatsächlich als Sonderfarben definiert. Wie Sie mit Schmuckfarbkanälen arbeiten, zeigt Ihnen das Kapitel 12.

Zum Drucken werden oft Volltonfarben verwendet. Dabei handelt es sich um definierte und standardisierte Druckfarben, die von den Farbherstellern gemischt werden, zum Beispiel PANTONE-Farben oder HKS-Farben.

Durch die Standardisierung treten (außer durch unterschiedliche Farbtöne des Papiers und unterschiedliche Schichtdicke der Farbe) kaum Farbschwankungen auf, selbst wenn Sie die Aufträge an verschiedene Druckereien vergeben.

Hierzulande ist das HKS-Farbsystem mit etwa 80 verschiedenen Farbtönen (11 Grundfarben) in den Druckereien sehr gebräuchlich, international ist das Pantone-Farbsystem mit über 1000 verschiedenen Farbtönen (14 Grundfarben) am weitesten verbreitet. Die Farbrezepturen sind verschiedenen Bedruckstoffen und Druckverfahren angepasst, so dass es z.B. HKS K (Kunstdruckpapier) oder Pantone C (coated) für gestrichenes Papier bzw. HKS N (Naturpapier) oder Pantone U (uncoated) für ungestrichenes Papier gibt.

Die Farbtöne sind in Farbtafeln zusammengefasst. Da die Volltonfarben nur im Druck richtig herauskommen, lassen sie sich am Bildschirm nur unzureichend überprüfen. Aus diesem Grund sollten Sie stets ein Farbmusterbuch oder einen Farbfächer zur Hand haben, wenn Sie mit Volltonfarben arbeiten. Solche Farbmuster für die Volltonfarben verschiedener Hersteller erwerben Sie im Fachhandel.

In Photoshop stehen verschiedene Farbtafeln bereit, in denen Sie Volltonfarben verschiedener Typen auswählen.

Blenden Sie den Adobe-Farbwähler ein und klicken Sie unterhalb der Schaltfläche *Abbrechen* auf die Schaltfläche *Farbbibliotheken*. Photoshop zeigt die Dialogbox *Farbbibliotheken*. Gehen Sie dann folgendermaßen vor:

1. Öffnen Sie das Popup-Menü *Buch*. Hier stehen Ihnen verschiedene Farbtafeln zur Verfügung. Wählen Sie das Gewünschte aus. Darunter zeigt Photoshop in einer Liste alle in der gewählten Farbtafel verfügbaren Farben mit ihrer Bezeichnung an. Rechts neben der Liste befindet sich ein Farbbalken, mit dem Sie einen bestimmten Farbbereich auswählen.

2. Wählen Sie die gewünschte Farbe mit einem Klick aus. Jede Farbe hat eine Nummer. Alternativ suchen Sie die gewünschte Farbe aus Ihrem Farbfächer/Farbmusterbuch aus und geben die Nummer über die Tastatur ein. Die Vorschau springt zu der eingetippten Farbnummer; der entsprechende Farbton ist ausgewählt.

3. Die ausgewählte Farbe zeigt sich im Farbmusterfeld im rechten Dialogbereich. Darunter sehen Sie die CMYK-Werte der Farbe.

4. Über die Schaltfläche *Farbwähler* gelangen Sie wieder zur Dialogbox *Farbwähler*. Diese bestätigen Sie zuletzt mit der Schaltfläche *OK*.

Abbildung 7.12
HKS-Farbfächer

Abbildung 7.13
Das Popup-Menü Buch

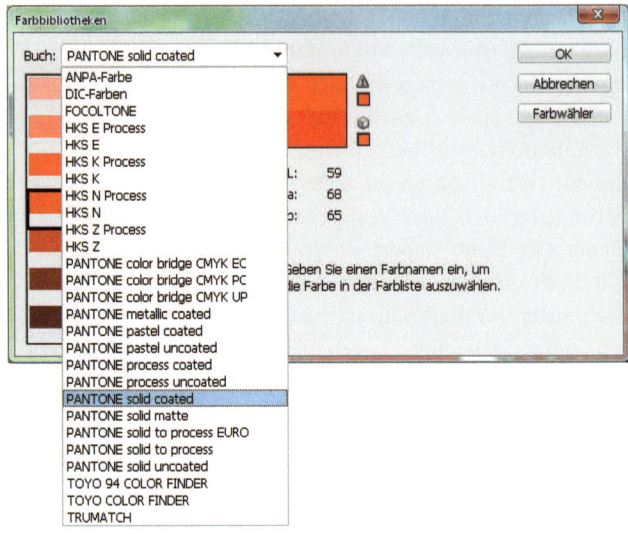

Tipps zu Volltonfarben

- Vergleichen Sie die am Monitor dargestellten Farben immer mit einem Farbfächer.

- Sollte Photoshop ein bestimmtes Volltonfarbensystem nicht bereithalten, legen Sie die Volltonfarben in einem anderen System an. Die Farben können später beim Druck ausgetauscht werden – zum Beispiel ein bestimmtes Grün durch ein bestimmtes Gelb. Die Druckerei muss nur wissen, welche Volltonfarbe Sie verwenden möchten.

- Nur etwa die Hälfte der Volltonfarben lässt sich mit dem CMYK-Farbsystem wiedergeben, die anderen Farben liegen außerhalb des CMYK-Farbraums.

- Bedenken Sie beim Einsatz von Volltonfarben, dass jede Volltonfarbe eine eigene Druckplatte benötigt. Dies steigert die Druckkosten.

Das Farbfelder-Bedienfeld verwenden

Außerdem können Sie eine neue Farbe über das Bedienfeld *Farbfelder* wählen. Die Besetzung der Farbfelder ist abhängig vom aktuellen Farbmodus. Das heißt, dass für ein Graustufenbild beispielsweise auch nur Grautöne im Bedienfeld enthalten sind.

Abbildung 7.14
Auch über das Bedienfeld Farbfelder lässt sich eine Farbe auswählen und damit als aktuelle Vorder- bzw. Hintergrundfarbe definieren.

- Öffnen Sie das Bedienfeld, indem Sie im Menü *Fenster* den Befehl *Farbfelder* wählen.

- Um eine Farbe als Vordergrundfarbe auszuwählen, klicken Sie auf das gewünschte Farbfeld im Bedienfeld. Der Mauszeiger verändert sich dabei in eine Pipette.

- Um eine Farbe als Hintergrundfarbe auszuwählen, klicken Sie im Bedienfeld bei gedrückter ⌘-Taste (Mac) bzw. `Strg`-Taste (Windows) auf ein Farbfeld.

Das Bedienfeld ist sehr flexibel: Über das Bedienfeldmenü ▾≡ wählen Sie bei Bedarf ein anderes Farbsystem zur Anzeige. Es ist möglich, den Inhalt des Bedienfelds zu speichern und zu laden, neue Farbfelder anzulegen oder auch zu ersetzen. Wie das alles geht, erfahren Sie in den nächsten Abschnitten.

Ein neues Farbfeld erstellen

Photoshop bietet Ihnen die Möglichkeit, weitere Farbfelder in das Bedienfeld *Farbfelder* einzufügen. So stellen Sie sich z.B. eine Auswahl von häufig benötigten Farben zusammen. Sie können ein Bedienfeld speichern und jederzeit wieder laden.

- Aktivieren Sie dazu im *Werkzeuge*-Bedienfeld zunächst das Werkzeug *Pipette* 🖊. Klicken Sie im Bild auf die gewünschte Farbe.

- Im Bedienfeld *Farbfelder* zeigen Sie in den freien Bereich unten. Der Mauszeiger verwandelt sich in einen Farbeimer.

- Sobald Sie klicken, erscheint die Dialogbox *Name des Farbfelds*. Hier geben Sie dem neuen Farbfeld einen Namen. Dazu überschreiben Sie den vorgegebenen Text im Eingabefeld. Verlassen Sie die Dialogbox mit der Schaltfläche *OK*.

Abbildung 7.15
Über das Bedienfeldmenü der Farb-felder erreichen Sie alle in Photoshop verfügbaren Farbsysteme.

Abbildung 7.16
Geben Sie Ihrem neuen Farbfeld einen passenden Namen.

Das neue Farbfeld erscheint hinter dem letzten vorhandenen Farbfeld und erhält den von Ihnen angegebenen Namen.

Zeigen Sie wieder eine kurze Weile auf das Farbfeld, erscheint dieser Name als Werkzeugtipp. Falls Sie keinen Wert auf den Namen legen, legen Sie das Farbfeld unter Umgehung der Dialogbox *Name des Farbfelds* an:

1. Nehmen Sie die Farbe im Bild mit der Pipette auf.

2. Klicken Sie im Bedienfeld *Farbfelder* auf die Schaltfläche *Neues Farbfeld aus der Vordergrundfarbe erstellen* 🔲. Das Farbfeld erscheint.

Farbfelder löschen
Bei Bedarf löschen Sie ein nicht mehr benötigtes Farbfeld. Damit bleibt das Bedienfeld übersichtlich. Dazu ziehen Sie das Farbfeld mit gedrückter Maustaste auf das Papier-korbsymbol 🗑 am unteren Rand des Bedienfelds.

Farbfelder speichern und laden

Ihre bearbeiteten Farbfelder speichern Sie in einer eigenen Datei mit der Endung *ACO*, um sie bei Bedarf wieder aufzurufen.

- Wählen Sie aus dem Bedienfeldmenü ▾≡ den Befehl *Farbfelder speichern*. In der geöffneten Dialogbox *Sichern* geben Sie nun der Farbfelderdatei einen Namen. Bestätigen Sie die Dialogbox mit *OK*.

- Die gespeicherte Datei wird im Unterordner *Vorgaben* → *Farbfelder* des Ordners *Adobe Photoshop CS4* angelegt. Die Dateinamenerweiterung der Datei lautet *.aco*. Von nun an lassen sich Ihre selbst gespeicherten Farbfelder über den Menübefehl *Farbfelder laden* des Bedienfeldmenüs jederzeit laden.

Das Farbfelder-Bedienfeld auf die Standardeinstellung zurücksetzen

Nachdem Sie nun einige Änderungen im Bedienfeld *Farbfelder* vorgenommen haben, möchten Sie es vielleicht auf seinen Standard zurücksetzen. Damit erhält das Bedienfeld wieder die ursprüngliche Besetzung.

1. Öffnen Sie das Bedienfeldmenü ▾≡ und wählen Sie den Eintrag *Farbfelder zurücksetzen*.

2. Sie erhalten eine Sicherheitsabfrage und bestätigen diese mit der Schaltfläche *OK*. Anschließend sehen Sie wieder die ursprünglichen Farbfelder.

Abbildung 7.17
Sicherheitsabfrage beim Zurücksetzen der Farbfelder

Harmonische Farben mit „kuler" zusammenstellen

Neu in CS4 ▶

Die Auswahl harmonierender Farben ist eine der wichtigsten Entscheidungen zu Beginn des Gestaltungsprozesses. Diese Aufgabe ist jedoch manchmal nicht gerade einfach.

Über das Menü *Fenster* → *Erweiterungen* finden Sie das Bedienfeld *kuler*. Über dieses haben Sie Zugriff auf die Online-Farb-Community *kuler* von Adobe Labs. Mit diesem interessanten Tool können Sie unter anderem harmonische Farbgruppen betrachten und abrufen, die andere Designer erzeugt haben. Sie können auch Ihre eigene Grundfarbe eingeben und die kuler-Engine erzeugt dann automatisch dazu passende Farbtöne.

Nachdem Sie das Bedienfeld geöffnet haben, sehen Sie zunächst das Register *Durchsuchen* mit den von anderen Gestaltern erzeugten Farbkombinationen (vorausgesetzt, Ihr

Rechner ist online). Wenn Sie eine dieser Farbkombinationen markiert haben, erscheint am Ende ihrer Zeile eine kleine Pfeilsymbol. Mit einem Klick darauf öffnet sich ein Menü, aus dem Sie nun *Zum Farbfeldbedienfeld hinzufügen* wählen können. Die Farbharmonie erscheint damit in Ihren Farbfeldern und ist einsatzbereit. Alternativ bearbeiten Sie die markierte Farbkombination weiter, indem Sie aus dem genannten Menü den Befehl *Dieses Farbschema bearbeiten* wählen.

Sie gelangen damit in das Register Erstellen des Bedienfelds. Der Regler Grundfarbe steht zunächst auf dem mittleren Farbfeld. Möchten Sie diese Grundfarbe abändern, geben Sie einen entsprechenden Wert in die darunterliegenden RGB-Felder ein oder betätigen Sie die zugehörigen Regler. Oder Sie klicken unter den Farbfeldern auf eine der Schaltflächen *Aktuelle Vordergrundfarbe als Grundfarbe hinzufügen* bzw. *Aktuelle Hintergrundfarbe als Grundfarbe hinzufügen* .

1. Beginnen Sie mit einer Grundfarbe, von der Sie meinen, dass sie den Ton und Inhalt Ihres Projekts am besten trifft.

2. Nun lassen Sie sich automatisch passende Farben anzeigen, indem Sie zuerst auf eine der im Popup-Menü *Regel* aufgelisteten Farbharmonien klicken (mehr zu einigen dieser Farbharmonien finden Sie im Kasten).

3. Anschließend können Sie die Grundfarbe noch interaktiv anpassen, indem Sie den im Farbrad hervorgehobenen Kreis ziehen.

4. Sobald Sie eine zusagende Farbkombination gefunden haben, hängen Sie diese über das Symbol *Dieses Farbschema zu Farbfeldern hinzufügen* an Ihr Farbfelder-Bedienfeld an.

Möchten Sie Ihre Kreationen mit anderen *kuler*-Anwendern teilen? Dann klicken Sie auf das Symbol *Farbschema in kuler hochladen* , das Sie ebenfalls am unteren Rand des Bedienfelds finden. Die Website-Version von *kuler* wird mit Ihrem soeben erzeugten Farbschema in Ihrem Browser geöffnet.

Um das Farbschema ohne weitere Änderungen der *kuler*-Community zur Verfügung zu stellen, loggen Sie sich über den Link *Sign in* im rechten oberen Fensterbereich mit Ihrer Adobe-ID und Ihrem Passwort ein (im Bedarfsfall können Sie ID und Passwort über den Link *Register* neu erstellen).

Danach geben Sie einen Titel (*Title*) für Ihr Farbschema ein und speichern es mit einem Klick auf *Save*.

Abbildung 7.18
Das Bedienfeld kuler *hilft Ihnen, wenn Sie harmonische Farbkombinationen suchen.*

Abbildung 7.19
Auch Ihre eigenen Farbharmonien können Sie im Bedienfeld zusammenstellen.

Abbildung 7.20
Die kuler-Website bietet alle Funktionen des Bedienfelds in noch übersichtlicherer Form (und außerdem noch einige Funktionen mehr).

Abbildung 7.21
Viele Landschaftsfotos weisen Analogfarben auf.

Abbildung 7.22
Das Gefieder der Papageien zeigt Komplementärfarben.

Farbharmonien

Das monochromatische Farbschema besteht aus einer einzigen Grundfarbe in verschiedenen Tönen und Schattierungen, also Modifizierungen durch Beimischung von Schwarz oder Weiß. Ein monochromatisches Farbschema könnte die richtige Lösung sein, wenn Sie beispielsweise einen passenden Rahmen für die Präsentation Ihrer Fotos suchen und wenn diese Fotos dominieren sollen.

Das analoge Farbschema enthält auf dem Farbkreis in unmittelbarer Nachbarschaft angesiedelte Farben. Da solche Analogfarben einander stark ähneln, empfindet das Auge sie als harmonisch, ausbalanciert und angenehmer als aufeinanderprallende Komplementärfarben, die sich im Farbkreis genau gegenüberstehen. In der Natur finden wir sehr häufig Analogfarben, beispielsweise die verschiedenen Blau- und Grüntöne des Meeres.

Ein komplementäres Farbschema besteht aus Farben, die auf dem Farbkreis direkt gegenüberliegen, zum Beispiel Orange und Blau oder Rot und Grün. Sie wirken lebhaft, pulsierend, dynamisch. Ein komplementäres Farbschema mit gesättigten Farben wirkt aber auch schnell überstimulierend und ermüdend.

Eine weitere klassische Farbharmonie ist die Triade. Sie besteht aus drei Farben, die auf dem Farbkreis gleich weit voneinander entfernt sind. Triaden wirken harmonisch, aber auch lebhaft.

kuler-Farbharmonien anhand eines Fotos finden

Die Website bietet Ihnen einige Funktionen mehr als das Bedienfeld.

Zum Beispiel können Sie hier ein Foto hochladen und dafür eine Farbstimmung *(mood)* auswählen. kuler berechnet aufgrund der Farben des Fotos ein harmonisches Farbschema, das Sie als ASE-Farbfelderdatei speichern und dann in das Farbfelder-Bedienfeld von Photoshop laden können. Die Zusammenstellung einer harmonischen Farbpalette wird damit zu einem Vergnügen. So geht es:

1. Öffnen Sie ein Bild mit den gewünschten Farbtönen. Fotos mit sehr vielen unterschiedlichen Farben sind eher weniger geeignet. Besonders geeignet sind Architektur- und Landschaftsfotos mit ihren sanften Farbkombinationen und -übergängen. Die sonstige Qualität des Bilds ist unwichtig. Schneiden Sie es gegebenenfalls in Photoshop auf einen geeigneten Ausschnitt zu.

2. Anschließend klicken Sie in *kuler* in der linken Navigationsleiste auf *Create* und dann auf *From an Image*.

3. Klicken Sie auf *Upload New Image* und laden Sie das Bild von Ihrer Festplatte hoch.

4. Wählen Sie links die gewünschte Farbstimmung.

5. *kuler* analysiert automatisch die Bildfarben. Sie können diese aber auch selbst anpassen, indem Sie die fünf Ringe auf dem Bild an die gewünschten Stellen ziehen.

flickr-Fotos nutzen

Statt eigener Bilder können Sie für diese Funktion auch die Fotos der Flickr-Community verwenden. Klicken Sie dazu in Schritt 3 nicht auf *Upload New Image*, sondern auf *Flickr*.

Abbildung 7.23
Mit einem entsprechenden Foto als Grundlage finden Sie besonders mühelos zueinander passende Farbkombinationen.

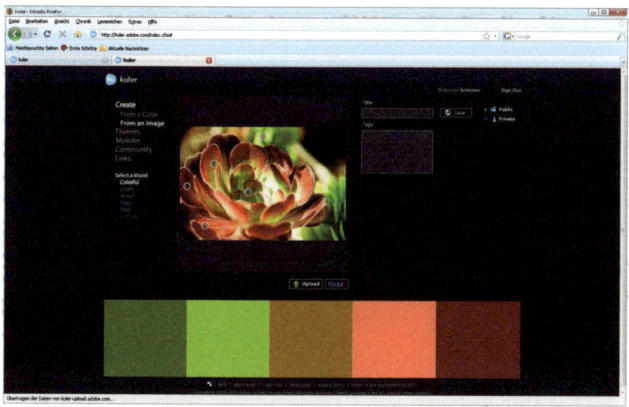

6. Sobald Sie eine Farbkombination gefunden haben, die Ihnen gefällt, geben Sie einen Titel ein und klicken auf *Save*.

7. Anschließend können Sie das Farbschema über *Download this Theme as an Adobe Swatch Exchange File* auf Ihrer Festplatte speichern.

Um nun über Photoshop auf die Farbharmonie zuzugreifen, wählen Sie aus dem Bedienfeldmenü des *Farbfelder*-Bedienfelds den Befehl *Farbfelder laden*.

Bildbereiche füllen

Hintergrundfarbe für das Füllwerkzeug verwenden

Um die Hintergrundfarbe für das *Füllwerkzeug* zu verwenden, wechseln Sie die Farben über den Doppelpfeil ↳ im Werkzeuge-Bedienfeld bzw. drücken Sie die Taste X.

Bisher haben Sie gesehen, wie man Farben definiert und mischt. Nun erfahren Sie, wie Sie die auf diese Weise festgelegten Farben auf Ihr Bild oder Bildbereiche anwenden.

Im vorigen Kapitel lernten Sie bereits die Möglichkeit kennen, einen Auswahlbereich über den Befehl *Bearbeiten → Fläche füllen* mit einer Farbe oder einem Muster zu füllen. Eine andere Möglichkeit ist das *Füllwerkzeug* ⬧ im *Werkzeuge*-Bedienfeld, das immer die aktuelle Vordergrundfarbe verwendet.

Das *Füllwerkzeug* funktioniert ähnlich wie der Zauberstab: Es versieht den Bildbereich, dessen Farbe dem angeklickten Pixel ähnelt, mit der Vordergrundfarbe oder einem Muster. Daher können Sie auch für das Füllwerkzeug einen *Toleranz*-Wert angeben. Möchten Sie auf jeden Fall den ganzen Bereich füllen, stellen Sie in den *Werkzeugoptionen* eine Toleranz von *255* ein.

1. Aktivieren Sie im *Werkzeuge*-Bedienfeld das Füllwerkzeug ⬧. Es teilt sich seinen Platz im *Werkzeuge*-Bedienfeld mit dem *Verlaufswerkzeug* ⬛. Bewegen Sie das Werkzeug in das Bild, verändert sich der Mauszeiger in einen Farbeimer.

2. Klicken Sie in den Bereich, dem Sie die Vordergrundfarbe zuweisen möchten.

3. Der Farbbereich, der dem angeklickten Pixel entspricht, wird im Bild ermittelt und mit der Vordergrundfarbe gefüllt. Mehrere Klicks erweitern die Füllung.

Einen bestimmten Bildbereich mit dem Füllwerkzeug füllen

Möchten Sie mit dem Füllwerkzeug einen bestimmten Bildbereich füllen, legen Sie zuerst mit einem geeigneten Auswahlwerkzeug diesen Bereich fest. Anschließend gehen Sie wie beschrieben vor.

Die Optionen des Füllwerkzeugs festlegen

Wie für alle anderen Werkzeuge stellen Sie auch für das Füllwerkzeug verschiedene Optionen ein.

Blenden Sie die Werkzeugoptionen ein (*Fenster → Optionen*), falls sie noch nicht angezeigt werden.

- Über das Popup-Menü *Füllung* legen Sie fest, auf welche Weise das Füllwerkzeug den Bildbereich füllen soll.

- Wählen Sie den Eintrag *Füllen mit*, verwenden Sie für das Füllwerkzeug verschiedene Muster aus der Musterpalette.

- Die Funktion *Muster* aktivieren Sie rechts vom Popup-Menü. Wählen Sie aus der Musterpalette das gewünschte Muster für das Füllwerkzeug aus.

- Über das Popup-Menü *Modus* legen Sie fest, mit welcher Füllmethode Photoshop den Bildbereich füllen soll. Über die in Photoshop verfügbaren Modi informieren Sie sich ausführlich in Kapitel 9.

- Legen Sie über die Option *Deckkraft* die Transparenz der Füllung fest. Je niedriger Sie den Wert wählen, desto durchsichtiger erscheint die Füllung.

- Geben Sie in das Eingabefeld *Toleranz* den Wert für die Toleranz der Füllungsweise ein. So legen Sie fest, welchen Auswahlbereich das Füllwerkzeug in Anspruch nimmt. Diese Option gleicht der *Toleranz*-Einstellung für das Zauberstab-Werkzeug.

- Aktivieren Sie das Kontrollkästchen *Glätten*, wenn Sie vermeiden möchten, dass die Kanten nach dem Füllen hart und ausgefranst erscheinen. Sie erzielen bei aktivierter Option einen glaubwürdigeren Übergang zwischen dem gefüllten Bereich und den umliegenden Pixeln.

- Deaktivieren Sie das Kontrollkästchen *Benachbart*, wenn Sie die Farbe des angeklickten Pixels im gesamten Bild ersetzen möchten. Bei aktiviertem Kontrollkästchen füllt Photoshop nur mit dem angeklickten Pixel zusammenhängende Bereiche.

- Sind im Bild Ebenen enthalten, die Sie beim Füllen berücksichtigt haben möchten, aktivieren Sie das Kontrollkästchen *Alle Ebenen*. Dadurch berücksichtigt Photoshop automatisch alle Ebenen, die im Bildbereich enthalten sind. Mit oder ohne deaktiviertem Kontrollkästchen füllt Photoshop nur die aktuelle Ebene.

Abbildung 7.24
Über das Bedienfeldmenü schalten Sie bei Bedarf weitere Füllmuster hinzu.

Ebenen
Mehr über Ebenen erfahren Sie in Kapitel 9.

Verwenden Sie möglichst Füllebenen

Verwenden Sie statt des Verlaufswerkzeugs möglichst Füllebenen der Art *Verlauf* (dasselbe gilt übrigens auch für einfarbige Füllungen – hier arbeiten Sie möglichst mit einer Volltonfarbebene). Mehr über die relevanten Techniken erfahren Sie in Kapitel 9.

Abbildung 7.26
Von links nach rechts: linearer Verlauf, Radialverlauf, Verlaufswinkel, reflektierter Verlauf und Rauteverlauf

Abbildung 7.27
Hinter dem Popup-Menü Klicken zum Bearbeiten eines Verlaufs *verbergen sich verschiedene vordefinierte Verläufe.*

Verläufe bearbeiten

Die Farbzusammenstellung und -verteilung des gewählten Verlaufs lässt sich noch nachträglich bearbeiten. Wie es geht, erfahren Sie weiter hinten in diesem Kapitel.

Verläufe

Farbverläufe setzen Sie ein, wenn Sie einen stufenlosen Übergang zwischen zwei oder mehr Farben erzielen möchten. In Photoshop stehen Ihnen in der Optionenleiste des Verlaufswerkzeugs fünf verschiedene Verlaufsarten zur Verfügung:

- Linearer Verlauf
- Radialverlauf
- Verlaufswinkel
- Reflektierter Verlauf
- Rauteverlauf

Die Werkzeugoptionen des Verlaufswerkzeugs

Bevor Sie eine Auswahl mit einem Verlauf füllen, sollten Sie in den Werkzeugoptionen die richtigen Optionen einstellen.

- Aktivieren Sie im *Werkzeuge*-Bedienfeld das *Verlaufswerkzeug* . Sie können einen der vordefinierten Verläufe verwenden: Dazu öffnen Sie das Popup-Menü *Klicken zum Bearbeiten eines Verlaufs* in den Werkzeugoptionen. In der folgenden Palette wählen Sie aus verschiedenen Verlaufsfarben.

- Genügt Ihnen diese Auswahl noch nicht, laden Sie weitere Verlaufsgruppen. Dazu klicken Sie auf den Pfeil ⊙ neben der Verlaufspalette und wählen die gewünschte Verlaufsgruppe.

- Wählen Sie den gewünschten Verlauf mit einem Klick aus.
- Als Nächstes wählen Sie die Verlaufsart, indem Sie auf eine der eingangs angesprochenen fünf Schaltflächen klicken.

- Über das Popup-Menü *Modus* legen Sie bei Bedarf den Auftragsmodus des Verlaufs fest. Details darüber erfahren Sie später in Kapitel 9.

- Stellen Sie über die Option *Deckkraft* die Transparenz des Verlaufs ein.

- Möchten Sie die Verlaufsfarben vertauschen, aktivieren Sie das Kontrollkästchen *Umkehren*.

- Bei aktiviertem Kontrollkästchen *Dither* werden die Zwischenfarben des Verlaufs durch Fehlerstreuung simuliert. Der Verlauf wirkt in vielen Fällen glatter und neigt weniger zur Streifenbildung.

- Haben Sie einen Verlauf mit Transparenz gewählt, aktivieren Sie das Kontrollkästchen *Transparenz*, damit die Transparenz beim Erzeugen des Verlaufs übernommen wird. Mehr über Transparenzen in Verläufen erfahren Sie weiter hinten.

Den Verlauf erzeugen

Nachdem Sie die gewünschten Parameter eingestellt haben, erzeugen Sie den Verlauf im Bild. Zur Vorbereitung wählen Sie die Fläche, auf die Sie den Verlauf anwenden möchten. Dann gehen Sie folgendermaßen vor:

1. Bewegen Sie den Mauszeiger auf das Bild. Der Mauszeiger wird zu einem Fadenkreuz.

2. Klicken Sie in das Bild, um den Startpunkt des Verlaufs festzulegen. Am Startpunkt finden Sie stets die Farbe links im Vorschaufeld.

3. Ziehen Sie mit gedrückter Maustaste in die gewünschte Richtung. Eine Linie soll Ihnen beim Anlegen des Verlaufs helfen. Die Länge der Linie ist entscheidend für die Verlaufsbreite.

Sobald Sie die Maustaste freigeben, erstellt Photoshop den Verlauf.

Streifen in Verläufen vermeiden

Auch wenn Ihr Farbverlauf am Monitor perfekt wirkt – im Druck muss das noch lange nicht so sein. Bei Farbverläufen, die im Offsetdruck reproduziert werden sollen, besteht immer die Gefahr, dass sie streifig herauskommen. Zwar ist das Problem durch die SmoothShading-Technologie von PostScript 3 nicht mehr so groß wie früher. Auf PostScript-2-Laserdruckern und anderen PS-2-Maschinen besteht das Problem jedoch nach wie vor.

Es lässt sich weitgehend vermeiden, wenn Sie die Verläufe erst im Ausgabefarbraum erzeugen. Wenn Sie eine CMYK-Datei ausgeben möchten, sollten Sie den Verlauf nicht in der RGB-Datei, sondern erst nach der endgültigen Konvertierung in CMYK erzeugen.

Weiterhin sollten Sie darauf achten, dass die Start- und die Endfarbe des Verlaufs sich nicht zu ähnlich sind und dass der Verlauf so kurz wie möglich, auf keinen Fall aber länger als 20 cm ist.

Abbildung 7.28
Die rote Farbe des Handabdrucks soll durch einen Verlauf ersetzt werden; die Struktur der Farbe soll jedoch erhalten bleiben. Für solche Aufgaben eignet sich der Modus Farbe (mehr darüber in Kapitel 9). Nachdem Sie den Modus Farbe in der Optionenleiste ausgewählt haben, ziehen Sie in die geplante Verlaufsrichtung. Sobald Sie die Maustaste loslassen, erstellt Photoshop den Verlauf.

45°-Schritte
Halten Sie beim Erstellen des Verlaufs die ⇧-Taste gedrückt, bewegen Sie die Linie bzw. den Verlauf in 45°-Schritten.

Gefällt Ihnen das Ergebnis nicht, lassen Sie den Auswahlbereich bestehen (oder stellen ihn mit *Auswahl → Erneut auswählen* wieder her). Legen Sie gegebenenfalls andere Optionen für das *Verlaufswerkzeug* fest und ziehen Sie erneut.

Der bisherige Verlauf wird durch den neuen Verlauf ersetzt. Dies können Sie so lange wiederholen, bis Ihnen Art und Winkel des Verlaufs gefallen.

Das gerade Gesagte gilt für die Füllmethode *Normal*. Wählen Sie hingegen zum Beispiel die Füllmethode *Differenz* und ziehen Sie vier- oder fünfmal in unterschiedlichen Richtungen und mit unterschiedlicher Länge über die Arbeitsfläche.

Abbildung 7.29
Im Modus Differenz werden die Verläufe miteinander verrechnet.

Wie Sie sehen, wird der bestehende Verlauf nicht jeweils durch den neuen Verlauf ersetzt, sondern die Verläufe werden miteinander verrechnet. Mit dieser Methode erzeugen Sie schnell attraktive Hintergründe für Ihren Desktop und Ähnliches.

Auch andere Füllmethoden erzeugen solche Mischungen; experimentieren Sie einfach einmal.

Verläufe bearbeiten

Sie sind nicht auf die vorgegebenen Verläufe beschränkt, sondern ändern diese bei Bedarf nach Ihren Vorstellungen ab. Sie können auch selbst Verläufe entwickeln, diese dann speichern und laden.

Abbildung 7.30
In der Dialogbox Verläufe bearbeiten *ändern Sie Farben und Farbverteilung des Verlaufs.*

Aktivieren Sie das *Verlaufswerkzeug* und blenden Sie gegebenenfalls die Optionenleiste ein (*Fenster → Optionen*). Klicken Sie in den Werkzeugoptionen direkt in das Vorschaufeld der Verlaufsauswahlliste . Photoshop öffnet die Dialogbox *Verläufe bearbeiten*.

Hier gehen Sie folgendermaßen vor:

1. Unter *Vorgaben* stehen Ihnen die bereits bekannten vordefinierten Verläufe zur Auswahl. Wie Sie sehen, gibt es auch Verläufe, die über transparente Bereiche verfügen. Die Transparenz zeigt sich in den Vorschauminiaturen gekachelt.

2. Über das Bedienfeldmenü ⓘ der Vorgaben laden Sie andere Verlaufsgruppen hinzu. Sie erhalten eine Abfrage, in der Sie entscheiden, ob Sie die neuen Vorgaben des Bedienfelds hinzufügen oder ob Sie die bisherigen Vorgaben ersetzen möchten.

3. Außerdem verändern Sie im Bedienfeldmenü gegebenenfalls die Darstellung der Vorgaben. In der Grundeinstellung zeigen sie sich als kleine Miniaturen. Sie können sie aber auch als Text, Text mit Miniatur, große Miniatur oder kleine Miniaturen darstellen.

Im unteren Bereich der Dialogbox zeigt der Verlaufsbalken die einzelnen Farben, aus denen der Farbverlauf zusammengesetzt ist. Über diesen Balken ändern Sie den aktuellen Verlauf. Die unteren Markierungen 🏠 zeigen dabei die Farbe an einer bestimmten Stelle. Die oberen Markierungen 🔻 zeigen die Deckkraft an einer bestimmten Stelle.

Farben ändern und zum Verlauf hinzufügen

Diese Markierungen verschieben oder ändern Sie, wenn Sie die Farbzusammensetzung und die Transparenz des Verlaufs ändern möchten.

Zeigen Sie unterhalb des Verlaufsbalkens auf eine freie Fläche zwischen den Farbmarkierungen, verändert sich der Mauszeiger in eine Hand.

1. Klicken Sie, um eine neue Farbmarkierung anzulegen.

2. Legen Sie nun die Farbe dieser Farbmarkierung fest. Dazu doppelklicken Sie auf die Marke und wählen im Farbwähler die gewünschte Farbe aus. Alternativ klicken Sie bei ausgewählter Farbmarke doppelt auf die gewünschte Stelle im Bild, um deren Farbe mit der Pipette aufzunehmen. Mit einem solchen Doppelklick ändern Sie auch bestehende Farbmarkierungen.

3. Nachdem Sie eine Farbe definiert haben, ändern Sie deren Position im Farbverlauf gegebenenfalls noch. Dazu ziehen Sie die Farbmarkierung an die gewünschte Position oder Sie geben unter *Unterbrechungen* im Eingabefeld *Position* einen entsprechenden Prozentwert an. Der jeweilige Farbanteil erhöht oder reduziert sich dadurch.

Abbildung 7.31
Klicken Sie an die gewünschte Stelle unter dem Verlaufsbalken, …

Abbildung 7.32
… um eine neue Farbmarkierung zu setzen. Mit einem Doppelklick auf die Markierung ändern Sie deren Farbe.

Abbildung 7.33
Die Rauten zwischen den Farbmarken symbolisieren den jeweiligen Verlaufsmittelpunkt.

Abbildung 7.34
Ziehen Sie die Raute nach links, erhöht sich der Verlaufsanteil der Farbe zur Rechten.

Farben aus dem Verlauf löschen
Um eine Farbmarkierung oder Farbe aus dem Verlauf zu löschen, ziehen Sie sie mit gedrückter Maustaste einfach nach unten oder oben aus dem Balken heraus. Alternativ klicken Sie unter *Unterbrechungen* auf die Schaltfläche *Löschen*.

4. Wenden Sie diese Vorgehensweise so oft an, bis Sie die gewünschte Anzahl an Farben für Ihren Farbverlauf erzielt haben.

5. Sobald Sie eine der Farbmarken angeklickt haben, zeigt sich zusätzlich eine Raute ◈ in der Mitte zwischen der angeklickten und der jeweils benachbarten Farbe. Diese stellt den jeweiligen Verlaufsmittelpunkt dar. Ziehen Sie die Raute nach links, verringert sich der Verlaufsanteil der Farbe zur Linken, ziehen Sie nach rechts, erhöht er sich.

Verläufe nach Schwarz

Im Offsetdruck bekommen Verläufe nach Schwarz häufig schmutzig wirkende Übergänge. Aus diesem Grund sollten Sie für die Schwarzmarke im Verlauf nicht einfach die Farbe 0 Cyan, 0 Magenta, 0 Gelb und 100 Schwarz verwenden. Ein besseres Ergebnis erzielen Sie, wenn Sie das Schwarz in einem Verlauf von Cyan nach Schwarz folgendermaßen definieren: Cyan 95, Magenta 0, Gelb 0, Schwarz 100. In einem Verlauf von Magenta nach Schwarz verwenden Sie das folgende Schwarz: Cyan 0, Magenta 95, Gelb 0, Schwarz 100. Sie mischen also zusätzlich 95 % der anderen Verlaufsfarbe in das Schwarz.

Abbildung 7.35
Oben: Standardverlauf von Cyan nach Schwarz, unten: optimierter Verlauf

Verlaufstransparenzen erstellen

Die Markierungen oberhalb des Verlaufsbalkens dienen, wie bereits erwähnt, zum Festlegen der Verlaufstransparenz.

Abbildung 7.36
Durch Verläufe mit Transparenzen statten Sie Ihre Bilder beispielsweise mit einer Art Vignetteneffekt oder – wie hier – mit einem weichen Rand aus.

- Klicken Sie eine der oberen Markierungen an und geben Sie im Dialogbereich *Unterbrechungen* die gewünschte Transparenz in das Feld *Deckkraft* ein. Je geringer Sie den Prozentsatz wählen, desto transparenter wird der Verlauf an der Stelle der Markierung. Im Verlaufsbalken erkennen Sie die Transparenz am gewürfelten Hintergrundmuster.

- Um weitere Deckkraftmarken zu setzen, klicken Sie – analog zum Setzen von Farbmarken – an der gewünschten Stelle oberhalb des Farbbalkens.

- Um eine Deckkraftmarke zu entfernen, ziehen Sie diese nach oben oder nach unten oder Sie klicken sie an und anschließend auf die Schaltfläche *Löschen*.

Einen Verlauf mit Rauschen erstellen

Bisher haben Sie nur glatte, stufenlose Verläufe erstellt. Photoshop bietet Ihnen aber auch noch die Möglichkeit, Verläufe vom Typ *Rauschen* zu erstellen. Dabei handelt es sich um Verläufe, bei denen sich die Farben nach dem Zufallsprinzip verteilen – allerdings stets innerhalb des von Ihnen definierten Farbbereichs.

Abbildung 7.37
Die Deckkraft der rechten Deckkraftmarke (über dem Farbbalken) wurde auf 0 % gesetzt. Die linke Marke hat eine Deckkraft von 100 %.

1. Um einen Störungsverlauf zu erstellen, wählen Sie zunächst einen Verlauf, der als Grundlage dienen soll. Öffnen Sie dann in der Dialogbox *Verläufe bearbeiten* das Popup-Menü *Verlaufstyp* und wählen Sie den Eintrag *Rauschen*.

2. Über das Feld *Kantenunschärfe* legen Sie fest, wie glatt der Verlauf wirken soll. Je niedriger Sie hier den Prozentsatz wählen, desto glatter wirkt der Verlauf.

3. Im Popup-Menü *Farbmodell* wählen Sie ein Farbmodell.

4. Danach legen Sie mithilfe der darunter angeordneten Regler die Werte für die einzelnen Farbkomponenten fest. Bei Bedarf aktivieren Sie noch die Kontrollkästchen *Farben beschränken* und *Transparenz hinzufügen*.

Außerdem können Sie die Farben, Transparenzen und deren Verteilung per Zufall festlegen, indem Sie wiederholt auf die Schaltfläche *Zufallsparameter* klicken. Es gehört einiges an Erfahrung und Vorstellungsvermögen dazu, bis Sie wissen, wann Sie einen geeigneten Farbverlauf gefunden haben.

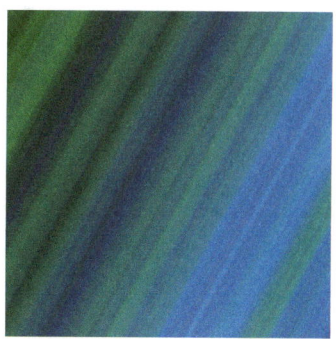

Abbildung 7.38
Auch ein Farbverlauf vom Typ Rauschen *kann sehr wirkungsvoll sein.*

Einen Verlauf in die Bibliothek aufnehmen

Haben Sie einen Verlauf definiert, der Ihnen gefällt, möchten Sie ihn vielleicht dauerhaft aufbewahren. Zu diesem Zweck nehmen Sie ihn in die Vorgabenliste auf.

1. Geben Sie – immer noch in der Dialogbox *Verläufe bearbeiten* – dem Verlauf einen aussagekräftigen Namen.

2. Wählen Sie aus dem Bedienfeldmenü der Vorgabe die Verlaufsgruppe, der Sie Ihren neuen Verlauf hinzufügen möchten. Klicken Sie anschließend auf die Schaltfläche *Neu*.

Photoshop nimmt den definierten Verlauf unter dem angegebenen Namen in die Auswahlliste auf.

Eigene Verlaufsgruppen erstellen

Nicht immer ist es sinnvoll, selbst erstellte Verläufe in einer der vorhandenen Verlaufsbibliotheken zu speichern. Vielmehr möchten Sie eventuell eine neue Verlaufsgruppe für Ihre eigenen Verläufe erstellen. Photoshop ermöglicht es Ihnen daher, eine selbst definierte Verlaufspalette zu speichern und zu laden.

Die Verläufe sind als Verlaufsdatei in einem eigenen Ordner (*Verlaufsdateien*) gespeichert. Dieser Ordner befindet sich im Ordner *Adobe Photoshop CS4* → *Vorgaben* auf der Festplatte, auf der Sie das Programm installiert haben.

1. Zeigen Sie die Verlaufspalette an, in der Sie Ihren eigenen Verlauf erstellt haben. Klicken Sie auf *Speichern*.

2. Die Dialogbox zum Speichern wird dargestellt. Hier ist der Ordner *Verlaufsdateien* für das Speichern in der Grundeinstellung schon ausgewählt. Geben Sie einen passenden Namen ein. Klicken Sie auf die Schaltfläche *Speichern*.

Anschließend ist die gespeicherte Verlaufsdatei abrufbereit. Um sie zu laden, klicken Sie in der Dialogbox *Verläufe bearbeiten* auf die Schaltfläche *Laden*. Wählen Sie die Verlaufsdatei aus der Liste aus und klicken Sie auf *Laden*.

Mit Verlaufsumsetzungen arbeiten

Mit der Verlaufsumsetzung können Sie Fotos nicht nur effektvoll einfärben, sondern sie – etwas subtiler eingesetzt – auch vorsichtig tonen. Als Grundlage verwenden Sie am besten ein Bild mit prägnanten Kanten und einem eher großflächigen, visuell interessanten Motiv. Auch sollte es einen hohen Tonwertumfang aufweisen – eine Tonwertkorrektur oder die Anpassung der Gradationskurven sind eine gute Vorbereitung

Verläufe löschen

Bei Bedarf löschen Sie alle Verläufe, die Sie in Ihrer eigenen Palette nicht benötigen. Dazu öffnen Sie das Kontextmenü auf der jeweiligen Miniatur und wählen den Befehl *Verlauf löschen*. Auf diese Weise benennen Sie einen Verlauf auch um.

Ungeeignete Motive

Weniger geeignet sind Landschaftsaufnahmen und sehr detaillierte Bilder mit einer Vielzahl von kleinen Objekten.

(mehr darüber in Kapitel 14). Graustufenbilder müssen Sie zuvor über *Bild → Modus → RGB-Farbe* konvertieren.

Abbildung 7.39
Für die Verlaufsumsetzung eignen sich Bilder mit wenigen Details und klaren Kanten.

Nachdem Sie ein geeignetes Motiv gefunden haben, wenden Sie darauf die Befehlsfolge *Bild → Anpassen → Verlaufsumsetzung* an. Damit wenden Sie einen Verlauf auf die Helligkeitsstufen Ihres Bilds an. Das bedeutet, dass die auf dem Farbbalken in der Dialogbox links dargestellten Farben die dunklen Tonwerte Ihres Bilds überlagern, die rechts angesiedelten Farben die hellen Tonwerte.

Mit einem Klick auf den Pfeil rechts neben dem Farbbalken erhalten Sie Zugriff auf eine Reihe von vordefinierten Verläufen, mit denen Sie Ihre ersten Experimente vornehmen können.

Selbstverständlich sind Sie nicht auf diese Vorgaben beschränkt. Sie können jederzeit eigene Verläufe definieren, indem Sie direkt auf den Farbbalken klicken. Damit öffnen Sie die Dialogbox *Verlauf bearbeiten*. Ihre Funktionsweise wurde bereits weiter vorne beschrieben.

Bei Bedarf kehren Sie die Farbverhältnisse mit einem Klick auf das Kontrollkästchen *Umkehren* um.

Die Verlaufsumsetzung ist übrigens auch als Einstellungsebene (siehe Kapitel 14) verfügbar. Wie immer, arbeiten Sie mit einer solchen Ebene sehr viel flexibler als bei der direkten Anwendung des Befehls und sollten diese Technik daher nach Möglichkeit vorziehen.

Abbildung 7.40
Die Dialogbox bietet alle vordefinierten Verläufe, die auch für das Verlaufswerkzeug verfügbar sind.

Malen

8

Beim Malen in Photoshop färben Sie Pixel direkt ein. Beim Zeichnen hingegen erstellen Sie geometrische Formen, sogenannte Vektorobjekte, zum Beispiel Ellipsen, Rechtecke oder auch komplexere Formen. Ein gezeichnetes Element können Sie auch nachträglich noch auswählen und an eine andere Stelle verschieben oder es verlustfrei größer skalieren. Seine Fläche und seine Kontur lassen sich unabhängig voneinander einfärben.

Auch wenn Sie nicht beabsichtigen, sich in Photoshop künstlerisch zu betätigen, ist dieses Kapitel trotzdem interessant für Sie: Die meisten Retuschewerkzeuge, die in späteren Kapiteln einen wichtigen Raum einnehmen, arbeiten nach den hier erläuterten Prinzipien.

Abbildung 8.1
Malen ...

Die Werkzeuge Buntstift und Pinsel

Mit dem *Buntstift*- und dem *Pinsel*-Werkzeug malen Sie wie mit einem Stift bzw. einem Pinsel auf einem Stück Papier. Grundsätzlich erzeugen Sie mit dem Buntstift harte Linien, mit dem Pinsel eher weiche.

Für beide Werkzeuge lassen sich die Werkzeugspitzen einstellen. Zudem verwenden Sie den Pinsel als Airbrush und sprühen damit Farbe auf ein Bild.

Bevor Sie mit dem Malen beginnen, sollten Sie die benötigte Werkzeugspitze und einige andere Optionen einstellen, denn nachträglich lässt sich nichts mehr an den eingestellten Optionen ändern.

Abbildung 8.2
... und Zeichnen.

1. Wählen Sie im *Werkzeuge*-Bedienfeld das *Buntstift*-Werkzeug ✐ oder das *Pinsel*-Werkzeug ✐ und blenden Sie – falls nicht angezeigt – die Optionenleiste mit einem Doppelklick auf das Werkzeug ein.

2. Öffnen Sie das Popup-Menü *Pinsel* und wählen Sie die gewünschte Werkzeugspitze aus. Stellen Sie für diese

◀ **Neu in CS4**

Pinselgröße und -deckkraft erhöhen bzw. verringern

Die Größe der aktuellen Werkzeugspitze lässt sich mit der Taste ⊙ schrittweise verringern, mit der Taste # erhöhen. Auch die Deckkraft des Werkzeugs lässt sich über die Tastatur verändern: Die Taste 1 ergibt 10 % Deckkraft, 2 ergibt 20 % usw.

Abbildung 8.3
Photoshop bietet eine große Vielfalt an Werkzeugspitzen für die verschiedensten Mal- und Retuschezwecke.

Abbildung 8.4
Verschiedene Werkzeugspitzen aus der Standard-Palette

Spitze die Pinselgröße in Pixel sowie die Härte ein. Seit Photoshop CS4 können Sie diese Aufgabe nicht nur über das Popup-Menü *Pinsel* erledigen, sondern auch interaktiv: Halten Sie die Alt-Taste gedrückt und ziehen Sie mit der rechten Maustaste bzw. mit gedrückter Ctrl-Taste (Mac). Sie sehen um den Mauszeiger eine Vorschau der Pinselgröße. Ziehen Sie nach innen, um den Pinsel zu verkleinern, oder nach außen, um ihn zu vergrößern. Auch die Härte des Pinsels können Sie interaktiv ändern: Hierzu halten Sie neben der Alt-Taste zusätzlich noch die ⇧-Taste gedrückt.

3. In der Werkzeugleiste stellen Sie bei Bedarf Malmodus und Deckkraft ein.
4. Wählen Sie die gewünschte Vordergrundfarbe.
5. Klicken Sie in das Bild und malen Sie mit gedrückter Maustaste. Zuletzt geben Sie die Maustaste wieder frei.

Beim *Pinsel*-Werkzeug finden Sie noch die Schaltfläche *Airbrush* 🖌, mit der Sie die Airbrush-Funktionalität des Werkzeugs aktivieren und auch wieder deaktivieren. Bei aktivierter Airbrush-Funktion trägt Photoshop auch dann kontinuierlich Farbe auf, wenn Sie die Maustaste nur gedrückt halten, ohne sie zu bewegen. Ist das Symbol deaktiviert, müssen Sie den Mauszeiger bewegen, um mehr Farbe aufzutragen.

Zudem legen Sie beim Pinsel in der Optionenleiste bei Bedarf noch den *Fluss* fest. Damit bestimmen Sie, wie schnell Sie Farbe auftragen.

Malen Sie mit gedrückter ⇧-Taste, erhalten Sie horizontale oder vertikale Linien. Gerade Linien erhalten Sie auch, wenn Sie an den Startpunkt der geplanten Linie klicken, die ⇧-Taste gedrückt halten und dann an den Endpunkt klicken.

Mit den Werkzeugspitzen arbeiten

Die Auswahlliste der Werkzeugspitzen steht Ihnen in der Optionenleiste aller Malwerkzeuge und Retuschewerkzeuge wie *Buntstift, Pinsel, Radiergummi, Abwedler, Weichzeichner* zur Verfügung.

Sie können jederzeit andere Werkzeugspitzen über das Bedienfeldmenü ⓥ hinzufügen bzw. die gerade geladenen Werkzeugspitzen ersetzen. Wenn Sie Werkzeugspitzen hinzuladen, kann die Liste ziemlich lang werden. Sie passen die Größe der Auswahlliste an, indem Sie unten rechts an der schraffierten Fläche ⠿ ziehen. Übersichtlicher bleibt die Liste, wenn Sie die Werkzeugspitzen ersetzen; dann zeigt Photoshop nur die Pinsel der geladenen Gruppe an. Jede Werkzeugspitze ergibt ein anderes Ergebnis. Probieren Sie die verschiedenen Werkzeugspitzen einfach durch.

Abbildung 8.5
Mit unterschiedlichen Werkzeugspitzen und gedrückter ⇧-Taste malen Sie beispielsweise Rahmen um Ihre Bilder.

Eine neue Pinselspitze definieren

Sie sind jedoch nicht auf die in Photoshop vorgegebenen Pinselspitzen angewiesen. Vielmehr entwickeln Sie im Bedarfsfall Ihre eigenen Pinsel.

1. Dazu erstellen Sie zunächst in Ihrem Bild – am besten auf einem einfachen weißen Hintergrund – eine Form in der gewünschten Größe. Beachten Sie, dass Grauwerte als unterschiedliche Transparenzstufen angesehen werden – Weiß wird komplett transparent, Schwarz komplett deckend.

2. Wählen Sie die Form aus.

3. Nun wählen Sie *Bearbeiten → Pinselvorgabe festlegen*. In der folgenden Dialogbox geben Sie dem neuen Pinsel einen Namen und bestätigen mit *OK*.

4. Rechts in der Optionenleiste des Buntstifts oder Pinsels finden Sie etwas abseits die Schaltfläche *Pinsel-Palette einblenden/ausblenden* 📑. Klicken Sie auf diese Schaltfläche. Alternativ betätigen Sie die Taste F5. Hier stellen Sie Ihren neuen Pinsel gegebenenfalls noch ein.

5. Sie finden Ihre neue Pinselspitze ganz unten in der Liste. Klicken Sie sie an.

6. Am unteren Rand des Bedienfelds sehen Sie eine Vorschau Ihrer Pinselspitze. Direkt oberhalb finden Sie einen Regler zum Einstellen des Werkzeugdurchmessers in Pixel. Stellen Sie den gewünschten Wert ein.

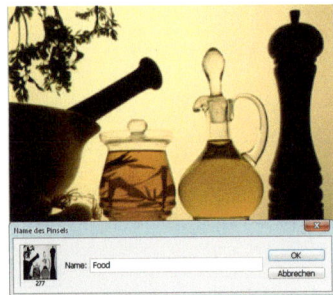

Abbildung 8.6

Auch ganze Bilder können Sie als Pinselspitze verwenden. Sie können damit auf die Schnelle getonte Graustufenversionen Ihres Bilds „stempeln". Wählen Sie als Grundlage ein möglichst kontrastreiches Bild aus.

Abbildung 8.7

Wählen Sie Bearbeiten → Pinselvorgabe festlegen *und geben Sie einen passenden Namen ein. Klicken Sie auf OK. Erzeugen Sie dann ein neues Bild und wählen Sie die gewünschte Vordergrundfarbe. Aktivieren Sie mit der Taste B das Pinsel-Werkzeug und wählen Sie aus dem Popup-Menü* Auswahl für Pinsel-Vorgaben *in der Optionenleiste den soeben erzeugten Pinsel. Klicken Sie einmal in das Dokumentfenster, um das Zweitonbild ins Dokument zu stempeln.*

7. Aktivieren Sie im linken Bereich die gewünschten Kontrollkästchen und klicken Sie dann auf den jeweiligen Eintrag, um die entsprechenden Einstellmöglichkeiten anzuzeigen und vorzunehmen.

Ihr neuer Pinsel ist einsatzbereit. Die Einstellmöglichkeiten sind so vielfältig, dass wir in diesem Buch nicht einmal annähernd vollständig darauf eingehen können. Eine komplette Übersicht entnehmen Sie der Photoshop-Hilfe.

Vorhandene Pinselspitzen abändern

1. Um bereits vorhandene Pinselspitzen abzuändern, wählen Sie im gerade erläuterten *Pinsel*-Bedienfeld zunächst einen vorhandenen Pinsel als Grundlage.

2. Nun definieren Sie die gewünschten Eigenschaften über die angezeigten Felder und Regler.

3. Danach klicken Sie rechts unten auf das Symbol *Neuen Pinsel erstellen* 🔲.

4. In der folgenden Dialogbox geben Sie dem neuen Pinsel einen Namen und bestätigen mit *OK*. Der Pinsel erscheint unter den anderen Einträgen am Ende der Liste.

So erzeugen Sie beispielsweise aus einem einfachen Standardpinsel einen Pinsel für gepunktete Linien:

Abbildung 8.8

Sie benötigen in Photoshop eine gepunktete Linie. Wählen Sie in der Pinsel-*Bibliothek zunächst eine runde harte Werkzeugspitze aus (links). Klicken Sie auf* Pinselform. *Hier stellen Sie den gewünschten Durchmesser ein und setzen den Malabstand auf mindestens 150 % – je höher der Prozentsatz, desto weiter liegen die Punkte auseinander. Achten Sie darauf, dass alle anderen Kontrollkästchen – bis auf* Glättung *– deaktiviert sind. Nachdem Sie Ihren Pinsel gespeichert haben, malen Sie mit der* ⇧*-Taste schnurgerade gepunktete Linien.*

Quasi das Gegenteil stellt der folgende „Konfetti"-Pinsel dar, der auf demselben Standardpinsel basiert:

Abbildung 8.9

Auch hier beginnen Sie mit einer runden Standardspitze in der gewünschten Größe.

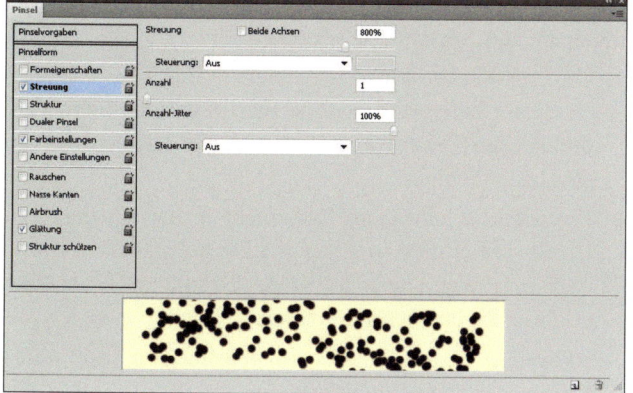

Abbildung 8.10

In der Kategorie Streuung *ziehen Sie den Regler* Streuung *auf 800, die* Anzahl *auf 1 und den* Anzahl-Jitter *auf 100. Klicken Sie anschließend auf* Farbeinstellungen *und ziehen Sie* Farbton-Jitter *und* Sättigungs-Jitter *auf 100, den* Helligkeits-Jitter *auf 0.*

Abbildung 8.11

Stellen Sie jetzt im Werkzeuge-Bedienfeld eine bunte Vordergrundfarbe ein und malen Sie mit dem neuen Pinsel.

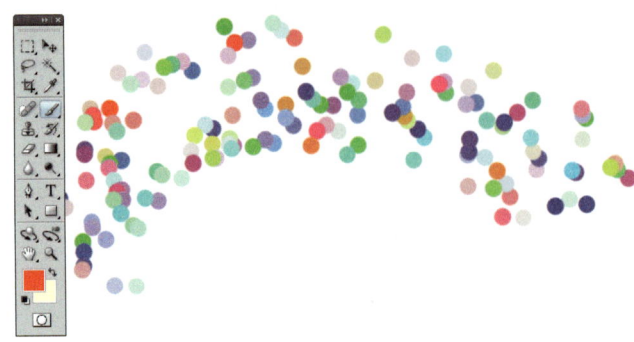

Pinsel speichern und laden

Bei Bedarf speichern Sie das aktuelle *Pinsel*-Bedienfeld mit den geänderten Pinseln, um sie später wieder zu laden.

1. Wählen Sie aus dem Bedienfeldmenü der Pinselvoreinstellungen den Befehl *Pinsel speichern*.

2. Wählen Sie im Photoshop-Ordner den Ordner *Vorgaben/ Pinsel*. Geben Sie einen Namen für die Pinselspitzen-Datei an und klicken Sie auf die Schaltfläche *Sichern* (Mac) bzw. *Speichern* (Windows).

Möchten Sie die gespeicherten Pinsel später laden, wählen Sie aus dem Bedienfeldmenü den Befehl *Pinsel laden*.

Mit Ebenenstilen „malen"

Erzeugen Sie eine neue Ebene (⌃Strg/⌘ + ⇧ + N) und weisen Sie ihr einen Ebenenstil zu (siehe Kapitel 9). Wenn Sie nun auf dieser Ebene malen, wird Ihr Werk mit dem Ebenenstil ausgestattet. Mehr über Ebenen und Ebenenstile erfahren Sie in Kapitel 9.

Mit dem Musterstempel malen

Ein weiteres geeignetes Malwerkzeug, vor allem für kreative Effekte, ist der Musterstempel. Mit diesem Werkzeug malen Sie mit einem zuvor über die Optionenleiste ausgewählten Muster.

Das Werkzeug lässt sich gut verwenden, um einem Foto ein handgemaltes Aussehen zu verleihen:

1. Öffnen Sie das gewünschte Foto und wählen Sie *Bearbeiten → Muster festlegen*. Geben Sie einen passenden Namen ein und klicken Sie auf *OK*. Sie haben damit das gesamte Foto als Muster definiert.

Abbildung 8.12

Das gesamte Bild wird als Muster festgelegt.

2. Erzeugen Sie ein neues Dokument in der gewünschten Größe. (Noch besser: Erzeugen Sie im aktuellen Dokument eine neue Ebene mit weißer Füllung; mehr darüber erfahren Sie im nächsten Kapitel.)

3. Aktivieren Sie das Musterstempel-Werkzeug und wählen Sie eine geeignete Pinselspitze aus.

4. In der Optionenleiste aktivieren Sie die Kontrollkästchen *Ausger.* und *Impress.*

5. Über die Musterpalette in der Optionenleiste wählen Sie das soeben erzeugte Muster aus.

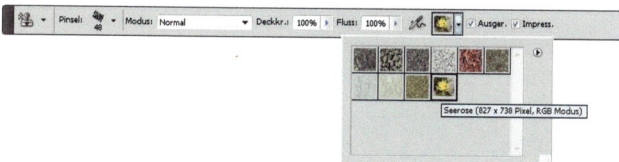

Abbildung 8.13
Wählen Sie das gerade definierte Muster aus.

6. Malen Sie das Bild mit dem *Musterstempel*-Werkzeug ins Bild. Für die Umrisse verwenden Sie längere Striche und für das Innere kürzere.

Abbildung 8.14
Hier wurden verschiedene Pinselspitzen der Gruppe Faux-Spitzen verwendet.

Radieren

Zum Radieren von Bildbereichen stehen Ihnen drei Radiergummi-Werkzeuge zur Verfügung:

- Verwenden Sie das Werkzeug *Radiergummi* 🖉, um einen Bildbereich durch die Hintergrundfarbe bzw. – auf eine Ebene angewandt – durch Transparenz zu ersetzen.

- Beim Radieren mit dem Werkzeug *Hintergrund-Radiergummi* 🖉 werden Bereiche entlang deutlicher Bildkonturen transparent.

- Die Funktion des Werkzeugs *Magischer Radiergummi* 🖉 ähnelt der des Zauberstabs: Sie wählen Bereiche mit ähnlichen Farbwerten und wandeln sie in Transparenz um.

Abbildung 8.15
Die drei Radiergummi-Werkzeuge im Werkzeuge-Bedienfeld.

Den Radiergummi verwenden

Bevor Sie mit dem Werkzeug *Radiergummi* 🖉 arbeiten, sollten Sie sich in seiner Optionenleiste auskennen.

1. Legen Sie über die Option *Pinsel* die gewünschte Werkzeugspitze fest.

2. Die Option *Modus* stellt verschiedene Werkzeuge für das Radieren bereit. Der Radiergummi simuliert dann die Eigenschaften dieses Werkzeugs.

Achtung
Der Hintergrund- und der magische Radiergummi funktionieren nicht im Modus *Indizierte Farben*.

Bildbereiche radieren
Vereinfachen Sie sich das Radieren, indem Sie zum Beispiel mit dem *Lasso*-Werkzeug zuvor eine Auswahl des entsprechenden Bereichs erstellen. Nun können Sie nur noch innerhalb dieser Auswahl radieren.

3. Stellen Sie bei Bedarf die Deckkraft ein.

4. Wenn Sie die Option *Basierend auf Protokoll löschen* wählen, funktioniert das Werkzeug wie der Protokollpinsel (mehr darüber in Kapitel 3).

Nachdem Sie die gewünschten Optionen eingestellt haben, arbeiten Sie mit dem Radiergummi ähnlich wie mit den Malwerkzeugen.

Den Hintergrund-Radiergummi verwenden

Das Werkzeug *Hintergrund-Radiergummi* bietet einige Werkzeug-Optionen, die bisher noch nicht besprochen wurden. Gehen Sie die nachfolgenden Schritte durch, um sich mit den Funktionen vertraut zu machen:

1. Aktivieren Sie den *Hintergrund-Radiergummi*.

2. Legen Sie über die Option *Toleranz* fest, wie stark die Farben, die Sie radieren möchten, der angeklickten Farbe ähneln müssen. Der Farbbereich vergrößert sich mit einer hohen Toleranzeinstellung. Geben Sie hier einen niedrigen Toleranzwert ein, radieren Sie nur Bereiche, die der zuerst angeklickten Farbe sehr ähnlich sind.

3. Das Kontrollkästchen *Vord. farbe schützen* sollten Sie dann aktivieren, wenn Sie mit der Vordergrundfarbe gefärbte Pixel vor der Bearbeitung schützen möchten.

4. Wählen Sie unter *Grenzen* den gewünschten Löschmodus. Wenn Sie *Nicht aufeinander folgend* wählen, löscht Photoshop die aufgenommene Farbe überall dort, wo sie unter dem Werkzeug auftritt. Wählen Sie *Aufeinander folgend*, löschen Sie die Bereiche, die die aufgenommene Farbe enthalten und miteinander verbunden sind.

5. Wählen Sie *Kanten suchen*, löschen Sie miteinander verbundene Bereiche in der aufgenommenen Farbe, wobei die Schärfe der Formkanten besser erhalten bleibt.

Im Popup-Menü *Sampling* wählen Sie *Kontinuierlich*, wenn Farben während des Ziehvorgangs pausenlos aufgenommen werden sollen. Diese Funktion empfiehlt sich für nebeneinanderliegende Bereiche, die verschiedene Farben haben. Wählen Sie hingegen den Eintrag *Einmal*, wenn der Bereich eine einheitliche Farbe hat. Dann radieren Sie nur Bereiche mit der zuerst angeklickten Farbe.

Wählen Sie den Eintrag *Hintergrund-Farbfeld*, um ausschließlich Bereiche in der aktuellen Hintergrundfarbe zu radieren.

Abbildung 8.16

Links: Das Innere der Lupe wurde aus-gewählt (damit der Radiergummi bei der folgenden Aufgabe nur auf dem Lupenglas radieren kann). Rechts: Mit dem Hintergrund-Radiergummi *und angeklickter Schaltfläche* Einmal 🌐🖌 *wurde in den Hintergrund geklickt und dann komplett über die Bildflä-che radiert. Die Teiltransparenzen der Lupe bleiben sehr schön erhalten.*
Danach wurde die Auswahl aufge-hoben (`Strg`*/*`⌘`* +* `D`*) und die gesamte Lupe ausgewählt.*
Nun kann diese mit dem Verschie-ben-*Werkzeug in ein beliebiges anderes Bild gezogen werden. Falls sie auf dem Hintergrund zu hell wirkt, lässt sich die Ebene mit* `Strg`*/*`⌘`* +* `J` *duplizieren (siehe auch Kapitel 9).*

Den magischen Radiergummi verwenden

Die Funktionsweise des magischen Radiergummis ähnelt dem *Zauberstab*-Werkzeug. Der Unterschied ist, dass Sie dabei keinen Bildbereich auswählen, sondern einen Bildbe-reich löschen.

1. Aktivieren Sie im Werkzeug-Bedienfeld das Werkzeug *Magischer Radiergummi* 🖌.

2. In der Optionenleiste geben Sie in das Eingabefeld *Tole-ranz* einen Wert ein, der die Ähnlichkeit der zu radieren-den Farben im Hinblick auf die zuerst angeklickte Farbe festlegt. Je höher der Wert ist, desto geringer muss die Farbähnlichkeit sein, damit die Pixel noch radiert werden (vgl. auch Kapitel 5 zum Thema „Zauberstab").

3. Das Kontrollkästchen *Glätten* sollten Sie aktivieren, damit die Kanten des radierten Bereichs geglättet werden.

4. Aktivieren Sie das Kontrollkästchen *Aufeinander folgend*, radieren Sie ausschließlich Pixel in der direkten Umge-bung des angeklickten Pixels. Anderenfalls radieren Sie alle ähnlichen Pixel im gesamten Bild.

5. Aktivieren Sie die Option *Alle Ebenen Aufnehmen*, werden alle Pixel der sichtbaren Ebene beim Radieren berücksich-tigt. Zum Thema „Ebenen" vgl. Kapitel 9.

6. Stellen Sie bei Bedarf die Deckkraft des Werkzeugs ein.

7. Bewegen Sie das Werkzeug nun in das Bild, nimmt der Mauszeiger die Form des magischen Radiergummis an.

8. Klicken Sie im Bild auf die Farbe, die der magische Radiergummi löschen soll.

9. Die Farbe wird aus dem Bild gelöscht, die hinterlassene Fläche ist transparent. Reduzieren Sie das Bild abschließend mit *Ebene* → *Auf Hintergrundebene reduzieren*.

Ebenen und Ebenenmasken

9

Sie haben bereits einen Eindruck davon erhalten, wie Sie Bildmontagen durch Kopieren von Auswahlbereichen von einem in ein anderes Bild erstellen. Wenn Sie eine Auswahl in ein anderes Bild kopieren, legt Photoshop diese in eine neue Ebene.

Alle Ebenen haben stets denselben Farbmodus und dieselbe Auflösung. Am besten stellen Sie sich Ebenen vor wie Overhead-Folien, die übereinandergelegt das Gesamtbild ergeben.

Bei Bedarf blenden Sie die Ebenen einzeln ein und aus, um sich auf eine bestimmte Ebene zu konzentrieren. Auf diese Weise bearbeiten Sie die Elemente auf der eingeblendeten Ebene, ohne eine irrtümliche Veränderung von Bereichen befürchten zu müssen.

Photoshop zeigt Ebenen im *Ebenen*-Bedienfeld an und organisiert sie von dort aus. Sie verwalten mit *Ebenen*-Bedienfeld die Ebenen, zum Beispiel wenn Sie

- eine neue Ebene erstellen,
- eine Ebene duplizieren,
- eine Ebene löschen,
- eine Ebenenmaske erstellen,
- Ebenen gruppieren,
- alle Ebenen auf die Hintergrundebene reduzieren usw.

Öffnen Sie zuerst das Bild, das Sie bearbeiten möchten. Wählen Sie dann *Fenster → Ebenen (*Taste F7). Das *Ebenen*-Bedienfeld erscheint. Ein übliches Digitalfoto verfügt zunächst nur über eine einzige Ebene, die Hintergrundebene. Photoshop zeigt diese als Miniatur. Die Ebene ist farbig hervorgehoben, da sie momentan aktiv ist. Wenn Sie später mehrere Ebenen in Arbeit haben, aktivieren Sie mit einem Klick die gewünschte Ebene und heben diese im Bedienfeld farbig hervor.

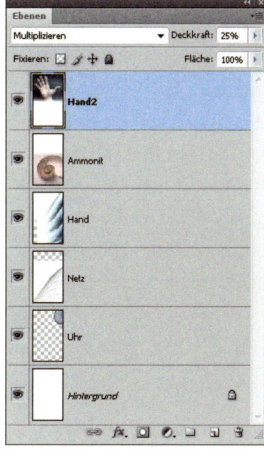

Abbildung 9.1
Ebenen sind mit je nach Vorgabe durchsichtigen Folien vergleichbar.

Abbildung 9.2
Übereinandergelegt ergeben sie das Gesamtbild.

179

Haben Sie hingegen eine Auswahl aus einem anderen Bild in das aktuelle Bild hineinkopiert, sind bereits mindestens zwei Ebenen vorhanden – eine Hintergrundebene und eine Ebene mit der einkopierten Auswahl.

Da für die Hintergrundebene nicht alle Funktionen verfügbar sind, legen Sie eine neue Ebene an, indem Sie im *Ebenen*-Bedienfeld auf die Schaltfläche *Neue Ebene erstellen* ◨ klicken. Photoshop erstellt die neue Ebene und aktiviert sie gleich.

Aber auch die Hintergrundebene lässt sich in eine normale Ebene konvertieren. Dazu führen Sie einen Doppelklick auf ihr Symbol im *Ebenen*-Bedienfeld aus und klicken gleich darauf auf die Schaltfläche *OK*.

Die Funktionen des Ebenen-Bedienfelds

Im Bedienfeld selbst sehen Sie nun einige Schaltflächen und Optionen:

- Über das Popup-Menü in der linken oberen Ecke des Bedienfelds legen Sie die Füllmethode der Ebene fest. Wir gehen später noch ausführlich darauf ein. Rechts daneben bestimmen Sie über die Option *Deckkraft* die Transparenz der Ebene.

- Im Feld Fläche legen Sie gegebenenfalls noch eine Transparenz innerhalb der Ebene fest.

- Darunter befindet sich die Zeile *Fixieren*, in der Sie bestimmte Bildbereiche vor der Bearbeitung oder dem Verschieben schützen.

- Ein Klick auf das Symbol *Transparente Pixel fixieren* ▣ sperrt alle transparenten Pixel der Ebene. Somit sind sie vor Bearbeitungen geschützt. Die Ebene ist mit einem Vorhängeschloss ⚿ gekennzeichnet.

- Klicken Sie auf das Symbol *Bildpixel fixieren* ✎, sperrt Photoshop die Pixel der Ebene – sie lassen sich nicht mehr bearbeiten. Auch in diesem Fall erhält die Ebene ein Schlosssymbol 🔒.

- Klicken Sie auf das Symbol *Position fixieren* ⊕, lassen sich die Elemente in der Ebene nicht mehr verschieben. Die Position ist gesperrt und die Ebene wird mit einem Schlosssymbol 🔒 gekennzeichnet.

- Klicken Sie auf das Symbol *Alles fixieren* 🔒, ist die komplette Ebene vor Bearbeitungen gesperrt und die Ebene mit einem schwarzen Schloss 🔒 gekennzeichnet.

Anhand dieser Schlosssymbole der Ebene sehen Sie stets, ob und auf welche Weise eine Ebene gesperrt ist.

Dateiformate
Damit die Ebenen auch nach dem Speichern und erneuten Öffnen des Bilds erhalten bleiben, müssen Sie ein geeignetes Dateiformat wie Photoshop (PSD) oder TIFF wählen, damit die Ebenen mit gesichert werden.

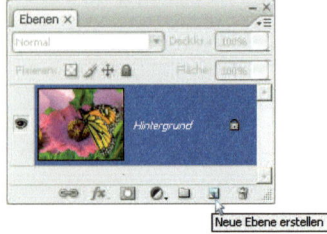

Abbildung 9.3
Eine neue Ebene erstellen Sie über das Symbol am unteren Bedienfeldrand.

Ebenentransparenz und Flächentransparenz
Der Unterschied zwischen der Ebenentransparenz (*Deckkraft*) und der Transparenz innerhalb der Ebene (*Fläche*): Die über das Feld *Fläche* festgelegte Transparenz wirkt sich im Gegensatz zur *Deckkraft* nur auf Pixel aus, die in einer Ebene gemalt wurden, ohne dabei die Deckkraft der zugewiesenen Ebeneneffekte zu beeinträchtigen.

Darunter sind die Ebenen des Bilds selbst aufgeführt. Da Sie vorhin für Ihr Bild eine neue Ebene angelegt haben, sind momentan zwei Ebenen verfügbar: die Hintergrundebene und die neue, noch leere Ebene, die vollständig transparent ist. Jede Ebene wird in der Grundeinstellung als Miniatur mit einer Ebenenbezeichnung dargestellt.

- Links von jeder Ebene sehen Sie ein Symbolfeld, in dem sich ein Auge befinden kann.

- Klicken Sie auf das Augensymbol 👁, blendet Photoshop die zugehörige Ebene aus. Ein weiterer Klick in dieses Feld blendet die Ebene wieder ein. Dabei spielt es keine Rolle, ob die jeweilige Ebene markiert ist oder nicht. Bei diesem Vorgang sind keine Verluste zu befürchten; die ausgeblendete Ebene bleibt erhalten.

- Rechts vom Ebenennamen kann ein Kettensymbol 🔗 erscheinen, wenn mehrere Ebenen miteinander verbunden sind.

Ganz unten im Bedienfeld befinden sich mehrere Schaltflächen:

- Die Schaltfläche *Ebenenstil hinzufügen* 🗘 öffnet ein Popup-Menü mit Ebeneneffekten.

- Klicken Sie auf die Schaltfläche *Ebenenmaske hinzufügen* 🔲, erstellen Sie eine neue Ebenenmaske für die momentan aktivierte Ebene. Was Sie damit anfangen können, erfahren Sie weiter hinten in diesem Kapitel.

- Klicken Sie auf die Schaltfläche *Neue Gruppe erstellen* 🗀, fügt Photoshop eine neue Gruppe ein, in der Sie mehrere Ebenen zusammenfassen und damit gemeinsam verwalten können.

- Hinter der Schaltfläche *Neue Füll- oder Einstellungsebene erstellen* ◑ verbirgt sich ein Popup-Menü mit verschiedenen Befehlen. Jeder dieser Befehle erstellt eine spezielle Ebene, die zur non-destruktiven Bildkorrektur geeignet ist, also zu einer Bildkorrektur, die jederzeit eine Rückkehr zum unkorrigierten Bild erlaubt. Mehr darüber erfahren Sie in Kapitel 14.

- Über die Schaltfläche *Ebene löschen* 🗑 entfernen Sie eine Ebene und ihren Inhalt bei Bedarf. Dabei stehen Ihnen zwei Möglichkeiten zur Auswahl: Entweder klicken und ziehen Sie eine Ebene auf die Papierkorb-Schaltfläche – die Ebene wird sofort gelöscht. Oder Sie markieren die Ebene und klicken anschließend auf die Papierkorb-Schaltfläche 🗑. Dann erscheint vor dem Löschen eine Sicherheitsabfrage.

Hinweis
Falls Ihr Bild den Farbmodus *Indizierte Farben* besitzt, sollten Sie es in RGB-Farben umwandeln, damit Sie uneingeschränkt mit dem Bedienfeld *Ebenen* arbeiten können.

Abbildung 9.4
Eveneneffekte auswählen

Eine neue Ebene anlegen

Eine neue Ebene erstellen Sie, indem Sie in die Zwischen-ablage kopierte Pixel in Ihr Bild einfügen, oder über die entsprechende Schaltfläche im *Ebenen*-Bedienfeld. Dennoch möchten wir noch einmal etwas ausführlicher auf dieses Thema eingehen. Wie Sie sicherlich bemerkt haben, ist die Hintergrundebene bei jedem üblichen Bild im *Ebenen*-Bedienfeld bereits vorhanden. Somit verfügt jedes Bild in Photoshop über diese Ebene. Die Hintergrundebene können Sie nicht löschen. Zum Anlegen einer neuen Ebene gibt es in Photoshop verschiedene Möglichkeiten:

1. Wählen Sie im Menü *Ebene* den Befehl *Neu* → *Ebene*.

2. Klicken Sie am unteren Rand des Bedienfelds *Ebenen* auf die Schaltfläche *Neue Ebene erstellen* ▨.

3. Öffnen Sie das Bedienfeldmenü ▾≡ des Bedienfelds *Ebenen* und wählen Sie den Befehl *Neue Ebene*.

In der Regel wird die Dialogbox *Neue Ebene* angezeigt, in der Sie die Eigenschaften der Ebene festlegen. Die Dialogbox erscheint nur dann nicht, wenn Sie im *Ebenen*-Bedienfeld auf die Schaltfläche *Neue Ebene erstellen* ▨ klicken. Dann erstellt Photoshop die Ebene ohne die Dialogbox sofort.

Auch hier zeigen Sie bei Bedarf die Dialogbox an, indem Sie bei gedrückter Alt-Taste auf die Schaltfläche *Neue Ebene erstellen* ▨ klicken.

1. Geben Sie in der Dialogbox im Eingabefeld *Name* einen aussagekräftigen Namen für die Ebene ein.

2. Aktivieren Sie das Kontrollkästchen *Schnittmaske aus vor-heriger Ebene erstellen*, wenn Sie beabsichtigen, eine Mas-kierungsgruppe zu erstellen. In der Maskierungsgruppe sind nur Bildbereiche sichtbar, die in der untersten Ebene der Gruppe vorhanden sind. Mehr über Schnittmasken erfahren Sie weiter hinten.

3. Über das Popup-Menü *Farbe* beeinflussen Sie die Darstel-lung der Ebene im *Ebenen*-Bedienfeld. Wählen Sie hier eine Farbe, kennzeichnen Sie die Ebene mit dieser Farbe, damit Sie sie besser identifizieren und verwalten können.

4. Wählen Sie aus dem Popup-Menü *Modus* den gewünsch-ten Modus für die Ebene. Details erfahren Sie im An-schluss.

5. Das unterste Kontrollkästchen ist erst aktiviert, wenn Sie einen anderen Modus als *Normal*, *Sprenkeln*, *Farbton*, *Sät-tigung*, *Farbe* und *Luminanz* auswählen. In den genannten *Modi ist* diese Option nicht aktivierbar.

Abbildung 9.5
Die Dialogbox Neue Ebene

Neutrale Farbe
Beachten Sie bitte, dass Sie einige Filter und Effekte nur auf nicht leere Ebenen anwenden können. In einem solchen Fall füllen Sie die Ebene eventuell mit einer neutralen Farbe, indem Sie die Option *Mit neutraler Farbe für den Modus [...] füllen* aktivieren. Die Einstellung hat keinerlei Auswirkungen, wenn Sie keine Filter oder Effekte zuweisen.

6. Stellen Sie bei Bedarf über die Option *Deckkraft* die Transparenz der Ebene ein.

7. Bestätigen Sie zuletzt Ihre Angaben mit der Schaltfläche *OK*.

Photoshop erstellt die neue Ebene mit den von Ihnen definierten Eigenschaften und zeigt sie im *Ebenen*-Bedienfeld an. Sie befindet sich über der Hintergrundebene.

Eine Ebene duplizieren

Wenn Sie ein Duplikat einer Ebene benötigen, haben Sie verschiedene Möglichkeiten. Bei der ersten Variante erzeugt Photoshop das Duplikat der Ebene sofort:

1. Ziehen Sie die Ebene mit gedrückter Maustaste unten auf die Schaltfläche *Neue Ebene erstellen* ▧.

2. Sobald die Schaltfläche eingedrückt erscheint, geben Sie die Maustaste frei. Photoshop erstellt sofort eine Kopie der Ebene und listet sie im *Ebenen*-Bedienfeld auf.

Bei der anderen Möglichkeit verwenden Sie die Dialogbox *Ebene duplizieren*. Dabei legen Sie einige Eigenschaften noch vor dem Duplizieren fest.

1. Markieren Sie die gewünschte Ebene im *Ebenen*-Bedienfeld. Wählen Sie aus dem Bedienfeldmenü ▾≡ den Befehl *Ebene duplizieren* und weisen Sie der Ebene über das Eingabefeld *Als* einen Namen zu.

2. Im Popup-Menü *Datei* des Dialogbereichs *Ziel* weisen Sie die Ebene einer neuen Datei zu: Wählen Sie im Klappmenü den Eintrag *Neu*. Darunter wird das Eingabefeld *Name* eingeblendet. Hier weisen Sie dem neuen Bild einen Namen zu.

3. Aus dem Popup-Menü *Datei* wählen Sie bei Bedarf eine andere geöffnete Datei aus. In diese wird die Ebene dann dupliziert.

Ebene duplizieren
Die zugehörige Tastenkombination lautet ⌜Strg⌟/⌜⌘⌟ + ⌜J⌟.

Eine Ebene auswählen

Bevor Sie eine Ebene bearbeiten können, müssen Sie sie auswählen.

1. Zeigen Sie mit dem Mauszeiger im *Ebenen*-Bedienfeld auf die gewünschte Ebene. Der Mauszeiger verwandelt sich in eine Hand.

2. Klicken Sie im *Ebenen*-Bedienfeld entweder auf den Namen oder auf das Miniaturbild der betreffenden Ebene.

Die Ebene wird hervorgehoben. Wenn Sie nun beispielsweise in Ihrem Bild malen oder Filter anwenden, wirkt sich das in der Grundeinstellung nur auf die aktuell ausgewählte Ebene aus.

Es gibt eine noch schnellere Methode zum Markieren einer Ebene:

1. Wählen Sie das Werkzeug *Verschieben* und öffnen Sie das Kontextmenü auf der Bilddatei (Rechtsklick unter Windows bzw. Ctrl -Taste + Klick am Mac).

2. Im Kontextmenü werden sämtliche im Bild verwendeten Ebenennamen angezeigt.

3. Wählen Sie mit einem Klick die gewünschte Ebene aus, wird diese im *Ebenen*-Bedienfeld markiert bzw. zur Bearbeitung freigegeben.

Die Ebenen richtig anordnen

Wesentlich bei der Arbeit mit Ebenen ist deren Anordnung, denn die Ebenen liegen übereinander wie Folien. Das Ergebnis ist, dass die oberste Ebene die darunter angeordneten teilweise verdeckt (je nach Füllmethode und Ebenentransparenz). Die Ebene, die im *Ebenen*-Bedienfeld oben erscheint, liegt auch im Bild obenauf.

Bei Bedarf ändern Sie die Anordnung der Ebenen – bis auf die Hintergrundebene, denn diese liegt immer ganz unten:

1. Zeigen Sie mit dem Mauszeiger im *Ebenen*-Bedienfeld auf das Symbol der Ebene, die Sie verschieben möchten. Der Mauszeiger verwandelt sich in eine Hand.

2. Klicken und ziehen Sie die Ebene mit gedrückter Maustaste an die gewünschte Stelle im Bedienfeld. Geben Sie die Maustaste frei, sobald die Ebene die gewünschte Position erreicht hat.

Alternativ verwenden Sie die Tastatur, um die Reihenfolge der Ebenen im Bedienfeld zu ändern:

1. Markieren Sie im *Ebenen*-Bedienfeld die zu verschiebende Ebene. Drücken Sie die Tastenkombination Strg / ⌘ + # , wird die Ebene im *Ebenen*-Bedienfeld um einen Rang nach unten verschoben.

2. Drücken Sie die Tastenkombination Alt + Strg / ⌘ + ↑ , wird die Ebene im *Ebenen*-Bedienfeld um einen Rang nach oben verschoben.

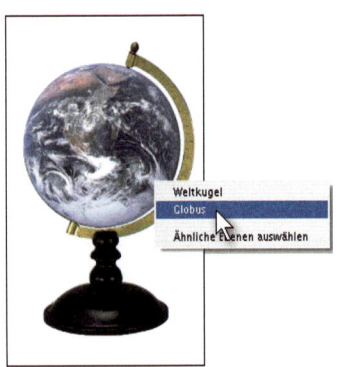

Abbildung 9.6
Eine Ebene über das Kontextmenü zur Bearbeitung auswählen (Rechtsklick unter Windows, am Mac Ctrl *-Taste + Klick)*

Abbildung 9.7
Das Untermenü des Menübefehls Anordnen, *zum Anordnen von einzelnen Ebenen im* Ebenen-*Bedienfeld*

Diese Möglichkeit zur schrittweisen Verschiebung steht Ihnen auch im Menü *Ebene* unter *Anordnen* zur Verfügung.

Wählen Sie dazu im Menü *Ebene* den Befehl *Anordnen*. Im Untermenü befinden sich vier Befehle zum Verschieben der markierten Ebene.

- Mit dem Menübefehl *Nach vorne bringen* positionieren Sie eine markierte Ebene an oberster Stelle im *Ebenen*-Bedienfeld und bringen damit die darauf platzierten Elemente in den Vordergrund.

- Umgekehrt funktioniert der Menübefehl *Nach hinten stellen*: Dadurch wird die Ebene ganz nach unten gestellt (sie wird aber über der Hintergrundebene platziert).

Die richtige Füllmethode wählen

Das Aussehen Ihrer Ebene wird maßgeblich von ihrer Transparenz und von der Füllmethode beeinflusst, die Sie im linken oberen Popup-Menü des *Ebenen*-Bedienfelds auswählen. Die Füllmethode bestimmt, wie Photoshop die übereinanderliegenden Ebenen miteinander verrechnet. Auf diese Weise erzielen Sie unter anderem interessante Ebenenüberblendeffekte.

Die Modi sind Ihnen in diesem Buch schon einmal begegnet, als es um das Füllen von Auswahlbereichen ging. Dort sind wir nicht näher auf die einzelnen Modi eingegangen. Das holen wir nun nach.

- Wenn Sie nichts anderes einstellen, befindet sich die Ebene im Modus *Normal*, Ebenensätze: *Hindurchwirken*. Dabei finden keinerlei Berechnungen statt – jedes einzelne Pixel erscheint gefüllt und je nach der im Popup-Menü *Deckkraft* eingestellten Ebenentransparenz scheint die darunterliegende Ebene durch.

- Im Modus *Sprenkeln* entsteht eine Pixelverteilung nach dem Zufallsprinzip. Je stärker Sie die Deckkraft senken, desto weiter liegen die angezeigten Pixel auseinander.

- Im Modus *Abdunkeln* wird aus der Originalfarbe der unteren und der oberen Ebene die hellere Farbe als Zielfarbe gewählt. Pixel, die dunkler sind als der Farbauftrag, werden ersetzt; Pixel, die heller sind als der Farbauftrag, bleiben unverändert.

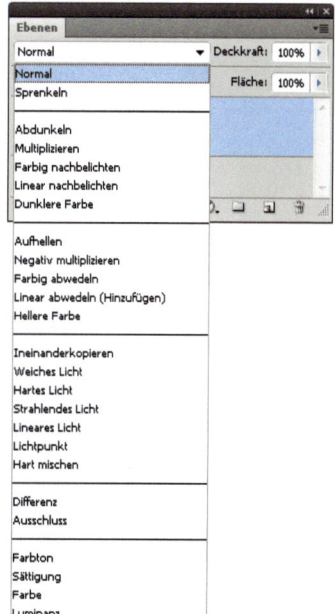

Abbildung 9.8
Photoshop CS4 bietet 25 Füllmethoden.

Abbildung 9.9

Gefahrloses Ausprobieren von Tattoos im Modus Multiplizieren *bei einer Ebenendeckkraft von 70 %*

Abbildung 9.10

Zur Aufhellung des Originalbilds (oben) wurden zwei Ebenenduplikate mit der Füllmethode Negativ multiplizieren *erzeugt. Um die Korrektur anschließend abzuschwächen, erhielt die oberste Ebene eine Deckkraft von 20%.*

- Der Modus *Multiplizieren* multipliziert die Farbinformationen jedes Farbkanals mit der Originalfarbe. Das Ergebnis sind dunkle Farben – etwa so, als wenn Sie zwei Dias übereinanderlegen. Wird eine Farbe mit Schwarz multipliziert, entsteht Schwarz, wird eine Farbe mit Weiß multipliziert, ergibt sich Weiß. Verwenden Sie den Modus *Multiplizieren* beispielsweise, um überbelichtete oder flaue Fotos zu verbessern: Legen Sie zwei Ebenen mit demselben Bild übereinander und wenden Sie auf die obere den Modus *Multiplizieren* an. Reduzieren Sie dann die Ebenendeckkraft entsprechend, bis Sie mit dem Ergebnis zufrieden sind.

- Im Modus *Farbig nachbelichten* wird die aufgetragene Farbe dunkel über die Originalfarbe gemischt. Bei weißen Pixeln ändert diese Füllmethode nichts. Sie erzielen mit dieser Füllmethode in Montagen leuchtende Farben.

- Im Modus *Linear nachbelichten* wird die Originalfarbe anhand der Farbinformationen in den einzelnen Kanälen und durch Verringern der Helligkeit abgedunkelt. Bei Weiß hat diese Füllmethode keine Auswirkung.

- Der Modus *Aufhellen* stellt die Umkehr des Modus *Abdunkeln* dar: Aus der Originalfarbe der Ebenen wird die hellere Farbe als Zielfarbe gewählt. Pixel, die dunkler sind als der Farbauftrag, werden ersetzt; Pixel, die heller sind als der Farbauftrag, bleiben unverändert.

- Der Modus *Negativ multiplizieren* verhält sich genau umgekehrt wie der Modus *Multiplizieren*: Die Farben werden aufgehellt. Verwenden Sie diese Methode beispielsweise, um Spitzlichter auf Gegenstände zu setzen. Wenn Sie ein stark unterbelichtetes Foto haben, können Sie beispielsweise mit der folgenden Methode einen Rettungsversuch starten: Duplizieren Sie die Fotoebene mit `Strg`/`⌘` + `J`. Setzen Sie die neue, obere Ebene in den Modus *Umgekehrt multiplizieren*. Wiederholen Sie diesen Vorgang, bis das Bild korrekt belichtet ist. Für das Feintuning können Sie die Deckkraft der obersten Ebene schließlich reduzieren, um ihren Effekt abzuschwächen.

- Der Modus *Farbig abwedeln* hellt die Originalfarbe stark auf. Ein schwarzer Farbauftrag ergibt keine Änderung. Verwenden Sie diesen Modus beim Malen, wenn die aufgetragene Farbe grell aufleuchten soll.

- Im Modus *Hellere Farbe* wird das jeweils hellere Pixel ohne Verrechnung angezeigt.

- Der Modus *Dunklere Farbe* verhält sich gerade umgekehrt – das jeweils dunklere Pixel wird angezeigt.

- Im Modus *Linear abwedeln* wird die Ausgangsfarbe sowohl aufgrund der Farbinformationen in den einzelnen Kanälen als auch durch Erhöhen der Helligkeit aufgehellt, so dass die Füllfarbe reflektiert wird.

- Im Modus *Überlagern* werden die normalen oder umgekehrten Farbwerte ausgehend von der Originalfarbe multipliziert. Die Tiefen und Lichter bleiben erhalten, indem die Originalfarbe mit dem Farbauftrag gemischt wird. Wenn Sie zwei Ebenen mit demselben Motiv übereinanderkopieren und diesen Modus anwenden, erhöhen Sie Sättigung und Kontrast deutlich.

- Im Modus *Weiches Licht* werden die Farben abgedunkelt oder aufgehellt, je nachdem, welche Farben die obere Ebene hat. Solange die Lichtquelle (das ist der Farbauftrag) heller ist als 50 % Grau, wird das Bild heller. Ist der Farbauftrag hingegen dunkler als 50 % Grau, wird das Bild abgedunkelt. Probieren Sie es bei zu flau geratenen Bildern einmal mit einem Ebenenduplikat mit der Füllmethode *Weiches Licht*.

- Im Modus *Hartes Licht* wirkt das Bild wie mit einem grellen Spot beleuchtet. Auf diese Weise fügen Sie zum Beispiel Glanzlichter und Schatten hinzu. Hier gilt: Ist die Füllfarbe heller als 50 % Grau, wird das Bild heller, ansonsten dunkler. Neutralgrau erscheint unverändert.

Füllmethoden schnell durchprobieren

Am schnellsten experimentieren Sie mit den Füllmethoden, wenn Sie die Tastenkombination `⇧`+`-` (Bindestrich) drücken. Photoshop blättert dann durch die verschiedenen Füllmethoden und weist sie der aktuellen Ebene jeweils zu (dies funktioniert auch, wenn das Ebenen-Bedienfeld nicht geöffnet ist).

Allerdings darf keines der folgenden Werkzeuge aktiviert sein:

- Pinsel- oder anderes Malwerkzeug

- Retuschewerkzeuge wie Reparaturpinsel oder Kopierstempel

- Verlaufs-/Füll-Werkzeug

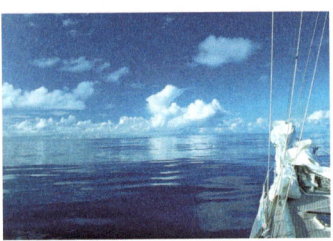

Abbildung 9.11
Obere und untere Ebene

Abbildung 9.12
Strahlendes Licht *bei einer Ebenen-deckkraft von 100 %*

Abbildung 9.13
Hellere Farbe *bei einer Ebenendeck-kraft von 100 %*

Abbildung 9.14
Lineares Licht *bei einer Ebenendeck-kraft von 100 %*

Abbildung 9.15
Dunklere Farbe *bei einer Ebenen-deckkraft von 100 %*

Abbildung 9.16
Hart mischen *bei einer Ebenendeck-kraft von 100 %.*

Abbildung 9.17
Ineinanderkopieren *bei einer Ebe-nendeckkraft von 100 %*

Abbildung 9.18
Luminanz *bei einer Ebenendeckkraft von 100 %*

Abbildung 9.19
Hartes Licht *bei einer Ebenendeck-kraft von 100 %*

Abbildung 9.20
Das Graffiti wurde im Modus Hartes Licht *auf die Hintergrundebene aufgebracht.*

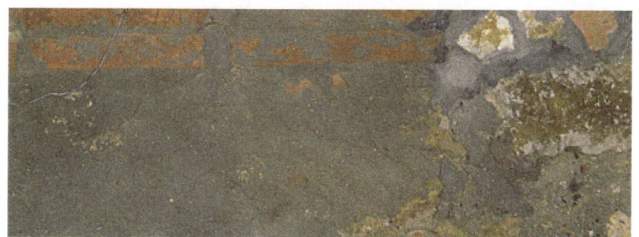

Abbildung 9.21
Hier die Ausgangsebenen

- Der Modus *Strahlendes Licht* hellt Farben, die heller als Neutralgrau sind, durch Verringerung des Kontrasts auf. Farben, die dunkler sind als Neutralgrau, dunkelt er durch Erhöhen des Kontrasts stark ab. Verwenden Sie diesen Modus, wenn Sie kräftige Kontraste benötigen.

- Der Modus *Lineares Licht* erhöht die Helligkeit von Farben, die heller sind als Neutralgrau. Die Helligkeit von Farben, die dunkler sind als Neutralgrau, wird verringert. Wie alle „Licht"-Füllmethoden eignet sich auch diese zur Auffrischung von Bildern (legen Sie zwei Ebenen mit demselben Motiv übereinander).

- Bei Farben, die heller als Neutralgrau sind, werden im Modus *Lichtpunkte* alle Pixel ersetzt, die dunkler sind als der Farbauftrag. Pixel, die heller sind als der Farbauftrag, werden nicht berührt. Bei Farben, die dunkler sind als Neutralgrau, werden alle Pixel ersetzt, die heller sind als die Füllfarbe. Wie viele „Licht"-Methoden eignet sich auch diese besonders zur Kontraststeigerung.

- Der Modus *Harte Mischung* setzt alle Farben in die additiven und subtraktiven Grundfarben um.

- Der Modus *Differenz* subtrahiert die Originalfarbe oder den Farbauftrag mit der jeweils anderen Farbe. Subtrahiert wird jeweils der niedrigere Helligkeitswert vom höheren Helligkeitswert.

- Der Modus *Ausschluss* erzeugt einen Effekt, welcher der Füllmethode Differenz ähnelt, aber kontrastärmer ist.

- Im Modus *Farbton* bleiben Helligkeit und Farbsättigung der Originalfarbe erhalten. Nur die Farbe wird entsprechend dem Auftrag geändert. Verwenden Sie diese Methode, wenn Sie die Struktur der unten liegenden Ebene erhalten möchten.

- Der Modus *Sättigung* lässt den Farbwert und die Helligkeit unberührt und verrechnet lediglich die Sättigung des Farbauftrags. Ein Farbauftrag in Graustufen entzieht den Originalpixeln die Farbe.

- Der Modus *Farbe* lässt die Helligkeitswerte der Ausgangsfarbe unberührt. Hingegen werden Farbton und Sättigung des Farbauftrags verwendet. Mit diesem Modus lassen sich Monochrombilder (RGB-Modus) kolorieren und Farbbilder mit einem Farbstich versehen.

- Der Modus *Luminanz* belässt Farbton und Sättigung der Originalfarbe unverändert. Lediglich die Helligkeit des Farbauftrags wird übernommen. Verwenden Sie diesen Modus, wenn Sie ein Objekt mit einer bestimmten Farbe unterlegen möchten.

Es gibt aber noch viele weitere sinnvolle Einsatzgebiete für die Ebenenmodi. Experimentieren Sie! Die Füllmethoden sind eine wichtige Hilfe für glaubwürdige Bildmontagen und -optimierungen. Im Verlauf dieses Buchs lernen Sie noch weitere konkrete Beispiele für die Anwendung verschiedener Füllmethoden kennen.

Transparente Bereiche vor Bearbeitungen schützen

Das Bedienfeld *Ebenen* bietet Ihnen die Möglichkeit, transparente Bereiche einer Ebene vor der Bearbeitung zu schützen. Transparent sind alle Bereiche der Ebene, auf der sich keine Pixel befinden.

Wenn Sie die transparenten Bereiche schützen und beispielsweise die Ebene anschließend mit *Bearbeiten* → *Fläche füllen* mit einer Farbe oder einem Muster füllen, erstreckt sich diese Füllung nur auf die nicht transparenten Bereiche des Bilds.

Abbildung 9.22
Oben: Original. Unten: Die Pflanze wurde mit Bearbeiten → Fläche füllen *mit einem selbst definierten Muster im Modus* Weiches Licht *gefüllt*

Um transparente Bereiche in einem Bild zu erstellen, eignet sich unter anderem das im vorigen Kapitel erläuterte Werkzeug *Magischer Radiergummi* .

Markieren Sie im *Ebenen*-Bedienfeld die gewünschte Ebene und klicken Sie dann in der Gruppe *Fixieren* auf das Symbol *Transparente Pixel fixieren* .

Ebeneninhalte verschieben

Ebeneninhalte verschieben Sie bei Bedarf mit dem Werkzeug *Verschieben* problemlos an eine beliebige andere Position. Bereiche, die nach dem Verschieben aus dem Bild herausragen, holen Sie durch erneutes Verschieben wieder ins Bild.

1. Falls Sie nur einen bestimmten Bereich der Ebene verschieben möchten, erzeugen Sie zuerst eine Auswahl.

1. Wählen Sie im *Ebenen*-Bedienfeld die gewünschte Ebene aus.

1. Aktivieren Sie im *Werkzeuge*-Bedienfeld das Werkzeug *Verschieben* .

2. Klicken Sie nun in das Dokumentfenster und ziehen Sie den Ebeneninhalt mit gedrückter Maustaste an die gewünschte Stelle.

Um den Ebeneninhalt in kleinen Schritten zu verschieben, verwenden Sie gegebenenfalls die Pfeiltasten auf der Tastatur. Auch hierbei muss das *Verschieben*-Werkzeug aktiviert sein.

- Dabei wird das Bild pro Tastendruck um einen Pixel verschoben.

- Halten Sie zusätzlich die ⌀ -Taste gedrückt, verschieben Sie das Bild pro Tastendruck um 10 Pixel.

Eine Ebene in ein anderes Bild einfügen

Außerdem können Sie eine Ebene ebenso in ein anderes Bild verschieben. Auch auf der Ebene eventuell vorhandene Auswahlbereiche werden mit verschoben.

Die Ebene wird dann im neuen Bild als eigene Ebene eingefügt.

- Öffnen Sie zwei Bilder und ordnen Sie sie so an, dass beide sichtbar sind. Blenden Sie das Bedienfeld *Ebenen* ein – am schnellsten über die Taste F7 .

- Ziehen Sie die zu verschiebende Ebene mit gedrückter Maustaste aus dem Bedienfeld *Ebenen* in das Zielbild. Sie wird dort durch eine gestrichelte Kontur hervorgehoben. Geben Sie die Maustaste an der gewünschten Stelle im Zielbild frei und die Ebene wird in dieses eingefügt.

Abbildung 9.23
Ausgangszustand

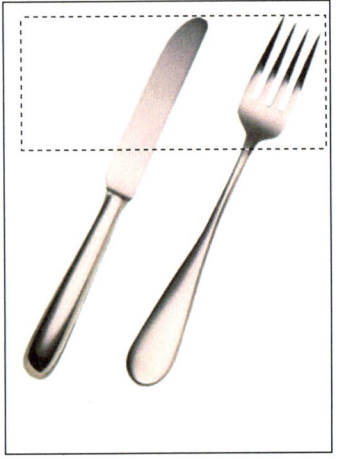

Abbildung 9.24
Beide Ebenen wurden an der oberen Kante der Auswahl ausgerichtet.

Ebenen an einer Auswahl ausrichten

In Photoshop können Sie Ebenen sowohl aneinander als auch an ausgewählten Bereichen auszurichten. Wir beginnen mit dem Ausrichten an Auswahlbereichen.

1. Legen Sie zuerst den gewünschten Auswahlbereich fest. Markieren Sie dann im *Ebenen*-Bedienfeld die auszurichtenden Ebenen mit gedrückter ⇧-Taste.

2. Anschließend öffnen Sie im Menü *Ebene* das Untermenü *Ebenen an Auswahl ausrichten*. Hier stehen Ihnen nun einige Befehle zum Ausrichten zur Auswahl.

Die einzelnen Ausrichtungsbefehle haben die folgenden Auswirkungen:

- Wählen Sie den Befehl *Obere Kanten*, um die oberste Pixelreihe der ausgewählten Ebenen an der obersten Kante der Auswahl auszurichten.

- Wählen Sie *Vertikale Mitten*, werden die markierten Ebenen zentriert an der Auswahl ausgerichtet.

- Wählen Sie *Untere Kanten*, erfolgt die Ausrichtung der Ebenen an der unteren Kante der Auswahl.

- Wählen Sie den Befehl *Linke Kanten*, werden die Ebenen in der Linie der linken Auswahlkante ausgerichtet.

- Wählen Sie den Befehl *Horizontale Mitten*, werden die Ebenen in der horizontalen Achse zentriert in der Position der Auswahl ausgerichtet.

- Wählen Sie *Rechte Kanten*, werden die Ebenen an der rechten Kante der Auswahl ausgerichtet.

Ebenen aneinander ausrichten und verteilen

Ebenen lassen sich auch aneinander ausrichten oder verteilen. Nachdem Sie die gewünschten Ebenen im Bedienfeld ausgewählt haben – klicken Sie ihre Symbole dazu mit gedrückter ⇧-Taste an –, wählen Sie den Menübefehl *Ebene → ausrichten*.

Die einzelnen Befehle im Untermenü gleichen denen beim Ausrichten einer Ebene an einer Auswahl. Der Unterschied ist, dass Sie die Ebenen an derjenigen Ebene ausrichten, die am weitesten links, rechts, oben oder unten liegt (je nach gewähltem Befehl).

Das *Verteilen* von Ebenen funktioniert nur dann, wenn Sie mindestens drei Ebenen ausgewählt haben. Wählen Sie im Menü *Ebene* den Befehl *verteilen*. Aus dem nun angezeigten

Untermenü wählen Sie den gewünschten Befehl aus. Die Ebenen werden gleichmäßig verteilt.

Ebenen mithilfe von magnetischen Hilfslinien ausrichten

Wenn Sie mit dem *Verschieben*-Werkzeug in eine Ebene klicken und dann mit gedrückter Maustaste ziehen, dockt diese Ebene automatisch an den Kanten und der Mitte der anderen Ebenen an. Signalisiert wird dies durch magnetische Hilfslinien, die in der Grundeinstellung als rote Linien gezeigt werden.

Werden die Hilfslinien nicht dargestellt, wählen Sie *Fenster* → *Einblenden* → *Magnetische Hilfslinien*.

Ebenen gemeinsam verschieben oder transformieren

Genauso können Sie mehrere Ebenen auswählen und sie gemeinsam verschieben (oder auch transformieren).

1. Aktivieren Sie das *Verschieben*-Werkzeug .
2. In der Optionenleiste des Werkzeugs aktivieren Sie das Kontrollkästchen *Ebene auto. wählen*.
3. Klicken Sie nun im Dokumentfenster mit gedrückter ⇧ -Taste auf die Ebenen, die Sie auswählen möchten.
4. Im *Ebenen*-Bedienfeld kontrollieren Sie, ob die richtigen Ebenen markiert sind.
5. Nun lassen sich die Ebenen gemeinsam bearbeiten, etwa verschieben.

Mit Schnittmasken arbeiten

Bei Bedarf erstellen Sie aus zwei übereinanderliegenden Ebenen eine sogenannte Schnittmaske. Nach dem Erstellen einer Schnittmaske lassen sich die Ebenen dennoch einzeln bearbeiten, nachdem Sie die entsprechende Ebene ausgewählt haben.

Bei dieser Technik bildet sich aus überlappenden Bildbereichen eine Schnittmenge. Überlappen also Bereiche auf der oberen Ebene Bereiche auf der darunter angeordneten Ebene, werden diese in der Schnittmaske nur innerhalb des Bildbereichs der darunterliegenden Ebene angezeigt. Man spricht deshalb auch von einer Maskierungsgruppe. Sie haben damit eine Möglichkeit, Bildteile aus einer Ebene zu entfernen. Ein praktisches Beispiel sehen Sie auf der folgenden Seite.

Abbildung 9.25
Beide Elemente liegen auf einer eigenen Ebene. Die Ebenen sollen oben ausgerichtet werden.

Abbildung 9.26
Weil das Messer weiter rechts lag, wird das oberste Pixel der Gabelebene am obersten Pixel der Messerebene ausgerichtet.

Abbildung 9.27
Wenn Sie eine Ebene mit dem Verschieben-Werkzeug ziehen, erscheinen automatisch magnetische Hilfslinien an der Oberkante, der linken Kante und der Mitte der anderen Ebenen.

Abbildung 9.28
Bei diesem Design für eine Website wurde auf der oberen Ebene zunächst eine geschwungene Form erzeugt und diese anschließend mit einem Farbverlauf in einer Ebenenmaske halbtransparent gestaltet. Das Marienkäferfoto wurde als oberste Ebene eingefügt. Mit dem Befehl Ebene → Schnittmaske erstellen wurde das Foto in die darunterliegende Wellenform eingepasst.

Abbildung 9.29
Die Schnittmaske erkennen Sie an der Einrückung und dem abwärts weisenden Pfeil neben der obersten Ebene.

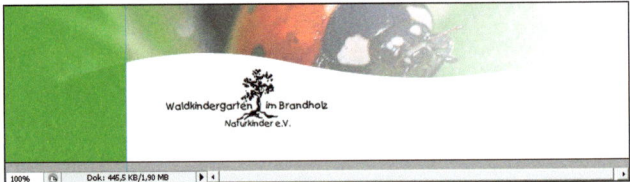

Markieren Sie im Bedienfeld die Ebene, aus der Sie mit der darunterliegenden unteren Ebene eine Schnittmaske erstellen möchten. Wählen Sie *Ebene → Schnittmaske erstellen*.

Alternativ drücken Sie einfach die Tastenkombination Alt + Strg / ⌘ + G .

Im *Ebenen*-Bedienfeld erhält die Ebene ein Pfeilsymbol, das auf die gruppierte Ebene deutet, und diese erscheint überdies eingerückt. Bei einer Gruppierung von mehreren verbundenen Ebenen erscheinen mehrere solche abwärts weisenden Pfeile.

Für die Gruppe werden die Deckkraft- und Moduseinstellungen der untersten Ebene verwendet.

Um eine Schnittmaske wieder aufzuheben, markieren Sie zuerst im *Ebenen*-Bedienfeld eine der gruppierten Ebenen. Anschließend wählen Sie *Ebene → Schnittmaske entfernen*. Oder drücken Sie die Tastenkombination Alt + Strg / ⌘ + G .

Ebenen in Gruppen zusammenfassen

Bei Bedarf fassen Sie Ebenen zu Ebenengruppen zusammen. So lassen sich Ebenen leicht gemeinsam verschieben, Sie können Attribute oder eine Maske (mehr darüber weiter hinten) darauf anwenden und die Gruppe kann für mehr Übersichtlichkeit temporär ausgeblendet werden. Mit Ebenengruppen richten Sie außerdem Fülloptionen für die ganze Gruppe ein. Sie können bis zu vier Untergruppen in eine Gruppe verschachteln.

1. Klicken Sie auf die Schaltfläche *Neue Gruppe erstellen* ▭ am unteren Rand des Bedienfelds *Ebenen*.

2. Bei Bedarf ändern Sie noch die Eigenschaften für die Ebenengruppe, indem Sie sie im *Ebenen*-Bedienfeld anklicken und aus dem Bedienfeldmenü ▾☰ den Befehl *Gruppeneigenschaften* wählen.

3. Geben Sie einen Namen ein und wählen Sie eine Farbe für die Anzeige im *Ebenen*-Bedienfeld.

Mit den in der Gruppe enthaltenen Ebenen arbeiten Sie nun auf die gewohnte Weise.

Die Füllmethode einer Ebenengruppe ist standardmäßig *Hindurchwirken*, d.h., die Ebenengruppe besitzt keine eigenen Fülleigenschaften. Ebenen in einer Ebenengruppe im Modus *Hindurchwirken* werden genau wie außerhalb der Ebenengruppe angezeigt. Wenn Sie für eine Ebenengruppe eine andere Füllmethode wählen, ändern Sie effektiv die Reihenfolge, in der das Gesamtbild erstellt wird.

Zuerst werden alle Ebenen in der Ebenengruppe zusammengesetzt. Die zusammengesetzte Ebenengruppe wird dann als einzelnes Bild behandelt und gemäß der ausgewählten Füllmethode an den Rest des Bilds angeglichen. Wenn Sie für die Ebenengruppe eine andere Füllmethode als *Hindurchwirken* wählen, werden also keine der Einstellungsebenen oder Ebenen-Füllmethoden in der Ebenengruppe auf Ebenen außerhalb der Ebenengruppe angewendet.

Ebenen reduzieren

Um den Speicherbedarf eines mit Ebenen versehenen Bilds zu reduzieren, bietet Ihnen Photoshop verschiedene Möglichkeiten zur Reduktion der Ebenen, sobald Sie ihre Bearbeitung abgeschlossen haben.

Sie können

- eine Ebene mit der darunterliegenden Ebene auf eine Ebene reduzieren (sie zu einer Ebene zusammenfassen),

- zwei markierte Ebenen auf eine Ebene reduzieren,

- alle sichtbaren Ebenen auf eine Ebene reduzieren. Hierbei werden alle eingeblendeten Ebenen (mit angezeigtem Augensymbol 👁) zu einer einzigen Ebene zusammengefasst. Ausgeblendete Ebenen werden nicht berücksichtigt,

- alle Ebenen auf die Hintergrundebene reduzieren. Auf diese Weise werden alle Ebenen im *Ebenen*-Bedienfeld auf der Hintergrundebene zusammengeführt.

Abbildung 9.30
Eine Ebenengruppe mit zwei Ebenen

Den Überblick über die Ebenen wahren
Gerade bei der Arbeit mit vielen Ebenen kann man schon einmal den Überblick verlieren. Damit Ihnen dies nicht passiert, hier einige Tipps:

- Statt des Standardnamens sollten Sie jeder Ebene einen aussagekräftigen Namen geben.

- Untereinanderliegende Ebenen können Sie mit gedrückter ⇧-Taste auswählen und dann mit *Ebene → Ebene verbinden* zusammenfassen. Die verbundenen Ebenen lassen sich nun gemeinsam verschieben und transformieren. Im *Ebenen*-Bedienfeld erkennen Sie die Verbindung am Kettensymbol nach dem Ebenennamen.

- Noch mehr Ordnung schaffen Sie durch die nebenstehend erläuterten Ebenengruppen. Einer der Vorteile ist, dass sich der Inhalt der Gruppe mit einem Klick auf das Dreiecksymbol vor dem Gruppennamen wegklappen lässt. Ihr Ebenen-Bedienfeld sieht dann gleich viel übersichtlicher aus!

Um die hier genannten Möglichkeiten an einer Ebene anzuwenden, markieren Sie diese zuerst im *Ebenen*-Bedienfeld.
Anschließend wählen Sie die einzelnen Befehle entweder
aus dem Menü *Ebene* oder aus dem Bedienfeldmenü ▾≡ des
Bedienfelds *Ebenen*.

Allgemeine Fülloptionen für eine Ebene festlegen

Die Dialogbox *Ebenenstil* bietet sehr umfassende Einstellmöglichkeiten. Um die Dialogbox *Ebenenstil* zu öffnen,
markieren Sie die Ebene (es darf sich dabei nicht um eine
Hintergrundebene handeln) und wählen Sie aus dem Bedienfeldmenü ▾≡ den Befehl *Fülloptionen*.

Abbildung 9.31
Die Dialogbox Ebenenstil

Sie erreichen die Ebenenstile auch, indem Sie im *Ebenen*-Be-
dienfeld auf die Schaltfläche *Ebenenstil hinzufügen* 𝑓 klicken
und aus dem nun geöffneten Menü einen Effekt heraussuchen
oder den Eintrag *Fülloptionen* wählen. Bei Pixelebenen können Sie auch auf die Miniatur im *Ebenen*-Bedienfeld doppelklicken, um die Dialogbox zu öffnen.

Über die allgemeinen Fülloptionen in der Dialogbox *Ebe-
nenstil* wählen Sie Ebenendeckkraft und Füllmethode. Im
Dialogbereich *Allgemeine Füllmethode* öffnen Sie das Popup-
Menü *Füllmethode*. Auch hier können Sie, wie im *Ebenen*-Be-
dienfeld, die Füllmethode auswählen. Darunter legen Sie die
Deckkraft der Ebene und ihrer Füllung fest. Bedienen Sie sich
dazu entweder des Reglers oder des zugehörigen Textfelds.
Neben diesen Optionen, die Sie bereits aus dem *Ebenen*-
Bedienfeld kennen, bestimmen Sie in der Gruppe *Erweiterte
Füllmethode*, auf welchen Farbkanal Sie die gewählte Füll-
methode anwenden möchten. Sie beziehen die Farbkanäle
also gezielt in die Füllmethode ein oder klammern sie aus.

Die Ebenenangleichung definieren

Im unteren Bereich der Dialogbox *Ebenenstil* legen Sie fest, welche Pixel von der markierten Ebene und welche von den darunterliegenden Ebenen im fertigen Bild angezeigt werden. Zu diesem Zweck wählen Sie einen Farbbereich aus. Diese Einstellmöglichkeiten eignen sich beispielsweise, wenn Sie dunkle Pixel aus der aktiven Ebene ausblenden oder helle Pixel aus den darunterliegenden Ebenen durchscheinen lassen möchten. Zudem haben Sie die Möglichkeit, einen Bereich von teilweise angeglichenen Pixeln zu definieren, um einen fließenden Übergang zwischen angeglichenen und nicht angeglichenen Bereichen zu erzeugen. So lassen sich Ebeneninhalte optisch miteinander verschmelzen.

1. Öffnen Sie das Popup-Menü *Farbbereich* und wählen Sie die gewünschte Option.

2. Wählen Sie die Option *Graustufen*, um den Angleichungs-bereich für alle Pixel, also alle Farbkanäle, auszuwählen.

3. Wählen Sie einen der Farbkanäle Rot, Grün oder Blau (falls es sich um ein RGB-Bild handelt), um die Anglei-chung nur für diesen Farbkanal festzulegen.

4. Ziehen Sie jetzt die Regler *Diese Ebene* und *Darunter lie-gende Ebene*. Damit bestimmen Sie den Helligkeitsbereich für die angeglichenen Pixel der aktuellen und der darun-terliegenden Ebene. Die Skalen reichen jeweils von 0 (= Schwarz) bis 255 (= Weiß). Mit dem schwarzen, linken Regler bestimmen Sie jeweils den unteren Wert, mit dem weißen, rechten Regler den oberen Wert. Sie legen damit fest, welche Pixel aus der aktuellen Ebene und welche aus der darunterliegenden Ebene sichtbar sein sollen.

5. Möchten Sie einen weichen Übergang zwischen den beiden Ebenen erzielen, indem Sie einen Bereich von nur teilweise angeglichenen Pixeln bestimmen, halten Sie die ⎡Alt⎤-Taste gedrückt. Nun verschieben Sie die beiden Reglerhälften unabhängig voneinander. Die Pixel zwischen den Markierungshälften werden dann nur zum Teil berücksichtigt. Oberhalb des Reglers sehen Sie Ton-wertangaben für ausgeblendete und halb ausgeblendete Helligkeitswerte.

Farbkanäle
Mehr über Farbkanäle erfahren Sie in Kapitel 1.

Die beiden Regler *Diese Ebene* und *Darunter liegende Ebene* sind auch eine gute Möglichkeit, um beispielsweise Farbkor-rekturen (siehe Kapitel 14) nur auf bestimmte Farbbereiche zu beschränken.

Abbildung 9.32
Die Weltkugel wurde auf das Bild mit dem Globus kopiert. In der Dialogbox Ebenenstil wurde der Regler Diese Ebene nach rechts gezogen, um dunkle Bereiche auszublenden. Dadurch scheint an diesen Stellen die untere Ebene durch. Mit gedrückter `Alt`*-Taste wurde der Regler geteilt und damit werden die Übergänge weicher.*

Abbildung 9.33
Die fertige Montage

Diese Möglichkeiten funktionieren nicht bei Hintergrundebenen, fixierten Ebenen und Ebenengruppen (wohl aber bei den darin enthaltenen Ebenen).

Verlustfreie Bearbeitungen mit Smart Objekten durchführen

Jede Ebene können Sie in ein sogenanntes Smart Objekt konvertieren. Der Vorteil eines Smart Objekts ist unter anderem, dass Sie mehrere Kopien davon erstellen und alle Kopien in einem Zug aktualisieren können. Trotzdem können Sie jeder Kopie ihren eigenen Ebenenstil zuweisen.

Weiterhin lassen sich Smart Objekte mit Smart-Filtern ausstatten – das sind Filter, deren Parameter Sie auch nach dem Speichern und erneuten Öffnen der Datei bearbeiten können. Mehr darüber erfahren Sie in Kapitel 13.

Ein weiterer Vorteil ist, dass Smart Objekte ihre Originalgröße speichern, so dass Sie sie mehrfach hintereinander transformieren können (etwa skalieren oder drehen), ohne dass immer neuer Qualitätsverlust zu befürchten wäre.

1. Wählen Sie die gewünschte Ebene im *Ebenen*-Bedienfeld aus.

2. Wählen Sie den Befehl *Ebene* → *Smart Objekte* → *in neuem Smart Objekt gruppieren*. Derselbe Befehl ist auch im Bedienfeldmenü ▾≡ des Bedienfelds *Ebenen* verfügbar.

3. Die Ebene erhält neben ihrem Vorschaubild ein spezielles Symbol 🗊.

Diese Smart Objekt-Ebene lässt sich nun mehrfach hintereinander transformieren, ohne dass es zu immer neuen Qualitätsverlusten kommt.

Testen Sie das Verhalten von Smart Objekten einmal mit den folgenden Schritten:

1. Öffnen Sie ein Farbfoto. Im *Ebenen*-Bedienfeld klicken Sie auf die Bildebene (normalerweise die Hintergrundebene) und wählen Sie *Ebene → Smart Objekte → In Smart Objekt konvertieren.*

2. Wählen Sie jetzt *Bild → Modus → Graustufen.* Photoshop fragt Sie, ob Sie die Ebene rastern möchten. Da Sie weiterhin mit einem Smart Objekt arbeiten möchten, klicken Sie auf *Nicht rastern.* Da Photoshop seit der Version CS3 eine bessere Methode kennt, um Graustufenbilder zu erzeugen, erhalten Sie ein entsprechendes Meldungsfenster (auf diese Methode gehen wir in Kapitel 14 ein). Bestätigen Sie das Fenster mit *Löschen,* um die Graustufenkonvertierung durchzuführen.

3. Das Bild erscheint in Graustufen.

4. Normalerweise verwirft Photoshop bei dieser Art der Graustufenkonvertierung alle Farbinformationen. Das heißt: Sie können das Graustufenbild zwar anschließend wieder in RGB oder CMYK zurückkonvertieren; die Farben kehren jedoch nicht zurück; sie sind unwiderruflich verlorengegangen. Nicht so bei Smart Objekten. Wählen Sie jetzt *Bild → Modus → RGB-Farbe,* um das Bild wieder in RGB umzuwandeln.

5. Beantworten Sie die Frage nach dem Rastern des Smart Objekts wieder mit *Nicht rastern* – und Photoshop stellt Ihr originales Farbbild wieder her.

Abbildung 9.34
Die Hintergrundebene wurde in ein Smart Objekt konvertiert.

Abbildung 9.35
Bestätigen Sie dieses Fenster mit Nicht rastern, damit das Smart Objekt erhalten bleibt.

Abbildung 9.36
Das Smart Objekt wurde in Graustufen umgewandelt.

Pixel und Vektoren
Smart Objekte sind ein spezieller Ebenentyp, der selbst keinen Pixelinhalt besitzt, sondern eingebettete Raster- oder Vektordaten.

Tipps
Wenn Sie mit Smart Objekten arbeiten, sollten Sie Ihre Datei am besten im PSD-Format speichern. So stellen Sie sicher, dass das Smart Objekt auch nach dem Schließen und erneuten Öffnen zur Verfügung steht. Vor der endgültigen Ausgabe sollten Sie jedoch *Ebene → Auf Hintergrundebene reduzieren* wählen.

Abbildung 9.37
Die Originalfarben des Smart Objekts
wurden wiederhergestellt.

Abbildung 9.38
Eine Illustrator-Vektorgrafik wurde
mit Datei → Platzieren als Smart
Objekt eingefügt.

Abbildung 9.39
Mit einem Doppelklick wurde die
Vektorgrafik in Illustrator geöffnet
(beachten Sie das Meldungsfenster –
oben –, das Sie mit OK bestätigen).

Vektor-Smart-Objekte bearbeiten

Wenn Sie beispielsweise mit *Datei* → *Platzieren* eine AI- oder
EPS-Grafik in Photoshop importieren, wird diese immer als
Smart Objekt eingebettet. Führen Sie dann einen Doppelklick
auf das Ebenensymbol aus, öffnet sich die AI- oder PDF-
Datei in Illustrator. Hier können Sie sie bearbeiten und dann
Datei → *Schließen* wählen. Das Objekt wird automatisch in
Photoshop aktualisiert.

Abbildung 9.40
Das Bild wurde in Illustrator umgefärbt und mit Datei → Schließen *und* Ja *in Photoshop aktualisiert.*

Mehrere Ebenen mit Smart Objekten gleichzeitig bearbeiten

Haben Sie mehrere Kopien einer Smart Objekt-Ebene erstellt, können Sie diese in einem Zug verändern.

1. Klicken Sie als Erstes Ihre Smart Objekt-Ebene im *Ebenen*-Bedienfeld an.

2. Öffnen Sie das Bedienfeldmenü ▾≡ und wählen Sie den Befehl *Ebene duplizieren* oder betätigen Sie die Tastenkombination ⌃Strg/⌘ + J.

3. Wiederholen Sie diesen Vorgang gegebenenfalls.

4. Doppelklicken Sie im *Ebenen*-Bedienfeld auf das Vorschaubild der Smart Objekt-Ebene.

5. Das folgende Meldungsfenster schließen Sie mit der Schaltfläche *OK*.

6. Das Smart Objekt wird in seinem eigenen Fenster geöffnet.

7. Bearbeiten Sie das Smart Objekt nun. Sie können die meisten Photoshop-Funktionen anwenden.

8. Betätigen Sie die Tastenkombination ⌃Strg/⌘ + S, um zu speichern; dann klicken Sie auf Ihr Originalbild.

9. Alle Kopien der Smart Objekt-Ebene haben sich entsprechend geändert.

Transformieren Sie ein Smart Objekt hingegen oder versehen Sie es mit einem Filter, werden die Kopien nicht mit transformiert.

RAW-Dateien als Smart Objekte öffnen

Auch für RAW-Dateien können Sie Smart Objekte nutzen. Halten Sie dazu einfach im *Camera-Raw*-Dialog die ⇧-Taste gedrückt und klicken Sie auf *Objekt öffnen*.

Die so geöffnete RAW-Datei können Sie nun jederzeit mit einem Doppelklick auf das Symbol im *Ebenen*-Bedienfeld erneut in Camera Raw öffnen.

Stile-Bedienfeld

Die Stile sind auch in einem eigenen Bedienfeld, dem *Stile*-Bedienfeld, verfügbar (*Fenster → Stile*). Auf die einzelnen Stilgruppen greifen Sie über das Bedienfeldmenü ▾☰ zu.

Abbildung 9.41
Das Stile-*Bedienfeld*

Abbildung 9.42
Ein leichter Schlagschatten verleiht vielen Motiven die nötige Plastizität.

Abbildung 9.43
Auf Mausklick lassen Sie in Ihrem Bild Nebel oder Regen aufziehen (Stilbibliothek Bildeffekte*).*

Ein einzelnes Duplikat ändern

Wenn Sie nur eine einzige der duplizierten Smart Objekt-Ebenen ändern möchten, rastern Sie diese zuvor. Allerdings kann sie anschließend nicht mehr als Smart Objekt bearbeitet werden. Wählen Sie dazu *Ebene → Rastern → Smart Objekt*.

Ebenenstile (siehe nächster Abschnitt) lassen sich für jede Smart Objekt-Kopie einzeln zuweisen, ohne dass die anderen Kopien davon beeinflusst werden. Möchten Sie also eine Smart Objekt-Kopie umfärben, wählen Sie den Ebenenstil *Farbüberlagerung*, beispielsweise mit der Füllmethode *Multiplizieren*.

Ebenenstile und Ebeneneffekte anwenden

Ebenen lassen sich mit verschiedenen Effekten versehen, z.B. Schatten oder Lichteinfall. Auch dazu verwenden Sie die Dialogbox *Ebenenstil*. Bei Bedarf wenden Sie auch mehrere Effekte an einer Ebene an. Die Gesamtheit aller Ebeneneffekte, die Sie auf eine bestimmte Ebene angewandt haben, nennt man den Ebenenstil.

Im linken Bereich der Dialogbox *Ebenenstil* stehen Ihnen verschiedene Ebeneneffekte zur Verfügung. Aktivieren Sie einen Stil, indem Sie das zugehörige Kontrollkästchen anklicken. In der rechten Hälfte der Dialogbox werden weitere Optionen angezeigt. Stellen Sie die gewünschten Optionen ein, wählen Sie bei Bedarf einen Effekt und bestätigen Sie mit *OK*.

Einer markierten Ebene einen vordefinierten Ebenenstil zuweisen

Alternativ arbeiten Sie mit den vordefinierten Ebenenstilen. Dazu klicken Sie links oben in der Dialogbox *Ebenenstil* auf den Eintrag *Stile*.

Nun wird ein Bedienfeld mit den vordefinierten Stilen angezeigt. Wählen Sie den gewünschten Stil aus der Bibliothek, um ihn der ausgewählten Ebene zuzuweisen.

Ebenenstile sind mit dem Ebeneninhalt verbunden. Wenn Sie den Inhalt auf der Ebene verschieben oder bearbeiten, wird der auf die Ebene angewendete Ebenenstil entsprechend geändert.

Betrachten Sie im *Ebenen*-Bedienfeld die Effekteliste unterhalb der Beschriftung *Stile*. Es sind nun mehrere davon mit Häkchen in den zugehörigen Kontrollkästchen versehen worden. Das bedeutet, dass der von Ihnen ausgewählte Stil aus den angekreuzten Effekten besteht.

Um die Effektparameter nach Ihren Vorstellungen abzuändern, klicken Sie einen davon an. Nun werden im Hauptbereich der Dialogbox die Parameter für diesen Effekt angezeigt. Ändern Sie diese nach Ihren Wünschen ab.

Fügen Sie bei Bedarf weitere Ebeneneffekte hinzu, indem Sie in der *Ebenenstil*-Dialogbox die jeweiligen Kontrollkästchen aktivieren, oder entfernen Sie Effekte, indem Sie die Kontrollkästchen deaktivieren.

Kontrollieren Sie die Auswirkungen Ihrer Änderungen jeweils im Dokumentfenster (das Kontrollkästchen *Vorschau* muss dazu in der Dialogbox *Ebenenstil* aktiviert sein). Haben Sie das gewünschte Ergebnis erzielt, klicken Sie auf *OK*, um die Dialogbox zu schließen.

Betrachten Sie das Bedienfeld *Ebenen*. Wie Sie sehen, wird rechts neben dem Ebenennamen ein abwärts deutender Pfeil angezeigt. Unter der Ebene sehen Sie eine Liste mit allen Ebeneneffekten, die der Ebene zugewiesen wurden. Mit einem Klick auf den Pfeil blenden Sie die Anzeige der Ebeneneffekte ein und wieder aus.

Abbildung 9.44
Stil: Kreisförmige Vignette (Bildeffekte). In der großen Auswahl finden Sie bestimmt auch das Richtige für Ihren Zweck. So können Sie viele Aufgaben erledigen, die ohne Ebeneneffekte mehr oder weniger aufwändige Arbeitsschritte erfordern würden.

Ebenenstile vorübergehend ausblenden

Um die auf die Bildebenen angewandten Effekte vorübergehend auszublenden, klicken Sie im *Ebenen*-Bedienfeld auf die Augensymbole vor den einzelnen Effekten oder auf das Augensymbol vor dem Gesamtstil. Nun betrachten Sie Ihre Ebenen wieder im Urzustand. Ihrer Arbeit passiert dabei nichts, nur die Ansicht wird geändert.

Öffnen Sie das Menü *Ebene → Ebenenstil* erneut: Sie sehen, dass der Befehl sich in *Alle Effekte einblenden* gewandelt hat, über den Sie die Stile wieder anzeigen können.

Weitere Stile hinzuladen

Bei Bedarf laden Sie über das Bedienfeldmenü rechts oben neben den vordefinierten Stilen weitere Stilbibliotheken hinzu. Nachdem Sie die gewünschte Stilbibliothek im Bedien-

Bilder für InDesign vorbereiten

In InDesign können Sie Text um die Konturen eines Objekts laufen lassen oder auch halbtransparente Pixelgrafiken, z. B. mit Schlagschatten, vor einen farbigen Hintergrund setzen. Dies funktioniert jedoch nur, wenn Sie die Datei entsprechend vorbereiten: Doppelklicken Sie im *Ebenen*-Bedienfeld auf die Hintergrundebene und bestätigen Sie mit *OK*. Wählen Sie das Objekt aus und wählen Sie *Auswahl* → *Auswahl umkehren* ([Strg]/[⌘]+[I]), um den Bildhintergrund auszuwählen. Drücken Sie die [Entf]-Taste. Wählen Sie *Datei* → *Speichern unter* und speichern Sie das Bild im Photoshop-PSD-Format. InDesign erkennt den Freisteller nun automatisch. Falls nicht, wählen Sie in InDesign *Objekt* → *Beschneidungspfad* → *Optionen*. Als *Art* wählen Sie *Alpha-Kanal*, unter *Alpha* wählen Sie *Transparenz*.

Klicken Sie nun im Bedienfeld *Konturenführung* auf *Konturenführung um Objektführung*, damit der Text das importierte Bildobjekt umfließt.

Abbildung 9.45
Mit Ebenen können Sie Ihre Bilder so vorbereiten, dass der Text in InDesign das Motiv umfließt.

feldmenü ausgewählt haben, entscheiden Sie in einer kleinen Dialogbox, ob Sie die aktuell angezeigte Stilbibliothek durch die gewählte ersetzen oder diese an die vorhandenen Stile anhängen, die Stilliste also verlängern möchten.

Eigene Ebenenstile erstellen

Sie können auch eigene Ebenenstile erzeugen. Dazu wenden Sie einen oder mehrere Ebeneneffekte auf eine Ebene an und speichern diese dann als Stil. Wählen Sie hier in der Dialogbox *Ebenenstil* die gewünschten Ebeneneffekte aus. Stellen Sie eventuell die benötigten Optionen für die einzelnen Effekte ein. Klicken Sie auf die Schaltfläche *Neuer Stil*, um die gleichnamige Dialogbox anzuzeigen. Geben Sie Ihrem neuen Stil hier einen Namen und klicken Sie auf *OK*.

Ebenenstile zwischen Ebenen kopieren

So übertragen Sie die Effektsammlungen, die Sie einer bestimmten Ebene zugewiesen haben, schnell auf eine andere Ebene im Bild: Markieren Sie im *Ebenen*-Bedienfeld die Ebene, der Sie die Effekte zugewiesen haben. Wählen Sie in der Menüleiste den Befehl *Ebene* → *Ebenenstil* → *Ebenenstil kopieren*. Der Befehl ist auch im Kontextmenü des Effekts im *Ebenen*-Bedienfeld verfügbar.

- Markieren Sie die Ebene, die Sie mit den kopierten Effekten versehen wollen, und wählen Sie die Befehlsfolge *Ebene* → *Ebenenstil* → *Ebenenstil einfügen*. Auch hier können Sie als Abkürzung das Kontextmenü verwenden.

- Alternativ arbeiten Sie mit der Drag & Drop-Technik: Klicken Sie einen einzelnen Ebeneneffekt im *Ebenen*-Bedienfeld an und ziehen Sie ihn mit gedrückter Maustaste auf eine andere Ebene. Bei diesem Verfahren wird der Effekt nicht kopiert, sondern verschoben. Zum Kopieren halten Sie zusätzlich die [Alt]-Taste gedrückt.

  - Um den gesamten Ebeneneffekt auf die andere Ebene zu übertragen, ziehen Sie die Beschriftung *Effekte* über der Auflistung der einzelnen Effekte.

    - Oder Sie ziehen den/die Ebeneneffekt(e) direkt in das Dokumentfenster auf die gewünschte Ebene.

      Falls die Zielebene (d.h. die Ebene, die den kopierten Ebenenstil erhält) bereits mit Effekten ausgestattet ist, werden diese durch den eingefügten Ebenenstil ersetzt.

Ebenenstile von einer Ebene entfernen

Möchten Sie einen oder mehrere Effekte von einer Ebene entfernen, markieren Sie die betreffende Ebene. Klicken Sie auf den Ebeneneffekt, den Sie entfernen möchten, und ziehen Sie ihn auf das Papierkorbsymbol 🗑 unten im *Ebenen*-Bedienfeld. Um den gesamten Ebeneneffekt zu entfernen, ziehen Sie die Beschriftung *Effekte* auf das Papierkorbsymbol 🗑.

Ebenenstile in Ebenen umwandeln

Sobald Sie zufrieden mit einem Ebenenstil und sicher sind, dass Sie daran nichts mehr ändern möchten, können Sie ihn in eine Ebene umwandeln. Dies hat den Vorteil, dass Sie beispielsweise Filter, Malwerkzeuge und andere Ebenenmodi darauf anwenden oder sie transformieren können.

Öffnen Sie auf dem Ebenenstilsymbol im *Ebenen*-Bedienfeld das Kontextmenü und wählen Sie *Ebene(n) erstellen*. Der längere Weg führt über den Menübefehl *Ebene → Ebenenstil → Ebenen erstellen*.

Abbildung 9.46
Oben: Der Stift soll einen perspektivischen Schlagschatten erhalten.

Abbildung 9.47
Falls der Stift auf der Hintergrundebene liegt, konvertieren Sie diese mit einem Doppelklick im Bedienfeld in eine normale Ebene. Links: Wählen Sie den Hintergrund aus und löschen Sie den Auswahlinhalt. Weisen Sie der Ebene einen Schlagschatten-*Ebenenstil zu. Rechts: Wählen Sie* Ebene → Ebenenstil → Ebene erstellen.

Abbildung 9.48
Links: Markieren Sie die aus dem Effekt erzeugte Ebene und wählen Sie Bearbeiten → Frei transformieren. *Drehen Sie den Schatten und verzerren Sie ihn perspektivisch. Rechts: Reduzieren Sie die Deckkraft der Schattenebene bei Bedarf, um den Schatten aufzuhellen.*

Mit Ebenenmasken arbeiten

Eine Ebenenmaske wirkt wie eine Schablone, mit der Sie Teile einer Ebene ausblenden. Der Vorteil dieser Vorgehensweise ist, dass die Ebenenpixel durch die Bearbeitung der Ebenenmaske nicht verändert werden. Sie können also frei experimentieren, ohne befürchten zu müssen, dass Sie den Inhalt der Ebene zerstören könnten. Die Ebenenmaske wird als Graustufenbild angelegt.

Bis auf die Hintergrundebene lässt sich jede Ebene mit einer Ebenenmaske versehen. Diese kann mit dem Bild gespeichert werden.

Sobald Sie mit dem Ergebnis Ihrer Arbeiten an der Ebene zufrieden sind, können Sie die Ebenenmaske permanent machen. Falls Sie doch lieber zur Urversion zurückkehren möchten, entfernen Sie die Maske einfach.

Weisen Sie einer Ebene eine Maske hinzu, wird sie direkt neben dem Eintrag im *Ebenen*-Bedienfeld als Miniatur in Graustufen dargestellt.

Nachdem der Ebene eine Maske zugewiesen wurde, verändern Sie in der Ebenenmaske bei Bedarf die Sichtbarkeit der Ebene. Dazu eignet sich beispielsweise das Verlaufswerkzeug gut, da Sie so eine schöne Verlauftransparenz des Ebeneninhalts erstellen können. Der Bildbereich auf der Ebene scheint dadurch stufenlos in den Bildbereich der darunterliegenden Ebene(n) überzugehen.

In der Miniatur der Ebenenmaske stellen schwarze Flächen die transparenten Ebenenbereiche dar, weiße Flächen die sichtbaren Bereiche der Ebene. Graue Töne bedeuten eine Halbtransparenz. Je heller das Grau ist, desto höher ist auch die Transparenz.

Eine Ebene mit einer Maske versehen

Markieren Sie die gewünschte Ebene im *Ebenen*-Bedienfeld. Falls es sich um die Hintergrundebene handelt, führen Sie einen Doppelklick auf ihr Ebenensymbol aus und klicken gleich darauf auf *OK*, um sie in eine normale Ebene zu konvertieren.

Klicken Sie im *Ebenen*-Bedienfeld auf die Schaltfläche *Ebenenmaske hinzufügen* 🔲.

Neu in CS4 ▶   Alternativ klicken Sie im Bedienfeld *Masken* auf das Symbol *Pixelmaske hinzufügen*.

Neben dem Ebenennamen wird die Miniatur für die Maske eingerichtet. Sie wird weiß dargestellt, da Sie sie noch nicht bearbeitet haben. Die weiße Farbe bedeutet, wie Sie oben erfahren haben, dass die gesamte Ebene sichtbar ist, also noch keine Transparenz und somit eine Deckkraft von 100 % hat.

Eine weitere Alternative zum Erzeugen einer Ebenenmaske ist der Befehl *Ebenenmaske* im Menü *Ebene*. Hier öffnen Sie ein Untermenü, aus dem Sie verschiedene Maskierungsarten wählen.

- Wählen Sie *Alles einblenden*, ist die Ebene zunächst komplett sichtbar, sie hat also eine Deckkraft von 100 %.
- Wählen Sie *Alles ausblenden*, wird der Bildbereich auf der Ebene völlig transparent, also unsichtbar. Die Miniatur der Ebenenmaske erscheint schwarz.

Die beiden anderen Befehle erscheinen nur dann eingeblendet, wenn Sie in der Ebene einen Auswahlbereich für die Maske festgelegt haben.

- Wählen Sie den Befehl *Auswahl einblenden*, wird die Maske außerhalb der ausgewählten Fläche angelegt. Das bedeutet, dass der ausgewählte Bereich sichtbar bleibt, alle nicht ausgewählten Bereiche werden unsichtbar.
- Mit dem Befehl *Auswahl ausblenden* verhält es sich genau umgekehrt: Nur der festgelegte Auswahlbereich ist maskiert. Mit anderen Worten: Der Auswahlbereich erscheint unsichtbar, der nicht ausgewählte Bereich sichtbar.

Bei Bedarf legen Sie in der Ebene einen Auswahlbereich fest, damit die Maske nur für einen bestimmten Bereich wirksam wird.

Alphakanal

Wenn Sie mit dem *Kanäle*-Bedienfeld umgehen können, werden Sie feststellen, dass die Ebenenmaske auch an letzter Stelle des *Kanäle*-Bedienfelds angezeigt wird. Mehr über die Arbeit mit Kanälen erfahren Sie in Kapitel 12.

Abbildung 9.49
Wenn Sie eine Auswahl erzeugen, bevor Sie die Ebenenmaske erstellen …

Abbildung 9.50
… werden alle nicht ausgewählten Bereiche in der Ebenenmaske schwarz gefüllt und damit unsichtbar (Bild: Kristine Kamm Kreativphotos)

Die Maske bearbeiten

Anschließend können Sie die Maske bearbeiten.

Um die Maske auszuwählen, klicken Sie im *Ebenen*-Bedienfeld auf ihre Miniatur. Wählen Sie nun z.B. im *Werkzeuge*-Bedienfeld das *Verlaufswerkzeug* ▣ aus, um Übergänge zwischen den einzelnen Ebenen zu erzeugen.

Oder Sie malen mit verschiedenen Graustufen in der Ebenenmaske:

Für Ebenenbereiche, die deckend bleiben sollen, benutzen Sie eine weiße Malfarbe, für Ebenenbereiche, die ausgeblendet werden sollen, eine schwarze Malfarbe. Verwenden Sie verschiedene Graustufen für verschiedene Transparenzstufen.

Abbildung 9.51

Links oben: Der Ball soll sich auf einer Glasplatte spiegeln. Stellen Sie ihn frei und kopieren Sie ihn mit Strg/⌘ + J *auf eine neue Ebene. Falls die Arbeitsfläche nach unten hin nicht genug Platz bietet, vergrößern Sie sie mit* Bild → Arbeitsfläche erweitern. *Rechts oben: Kopieren Sie die Auswahl und fügen Sie sie auf einer neuen Ebene ein. Wählen Sie* Bearbeiten → Transformieren → Um 180° drehen *und anschließend* Bearbeiten → Transformieren → Horizontal spiegeln. *Ziehen Sie das Duplikat mit dem Werkzeug* Verschieben *so weit nach unten, dass es gerade noch das Original berührt.*

Links unten: Versehen Sie die duplizierte Ebene mit einer Ebenenmaske. Richten Sie einen horizontalen Verlauf von Schwarz nach Weiß ein und ziehen Sie in der Ebenenmaske mit gedrückter ⇧-*Taste vom unteren Rand bis zur Oberkante der Spiegelung.*

Rechts unten: Setzen Sie die Ebenendeckkraft auf zirka 20 bis 25 % herab.

Abbildung 9.52

Ebenenmasken eignen sich auch, um klare Vordergrund-/Hintergrundver-hältnisse in Montagen zu schaffen – die beiden Ausgangsbilder.

Abbildung 9.53

Zuerst wurde die Erdkugel ausge-wählt, mit Strg/⌘ + X *ausge-schnitten und mit* Strg/⌘ + V *in einer neuen Ebene in das Bild mit der Hand eingefügt. Dann wurde die Ebene mit* Bearbeiten → Transfor-mieren → Skalieren *auf die richtige Größe gebracht. Anschließend wurde die Ebene mit der Erdkugel mit einer Ebenenmaske versehen.*

Abbildung 9.54

Die obere Ebene wurde ausgeblen-det, die untere Ebene markiert und die Finger, die sich eigentlich vor der Kugel befinden müssten, wurden ausgewählt.

Abbildung 9.55

Anschließend wurde die obere Ebene wieder eingeblendet und die Teile der Erdkugel, die von der Hand über-deckt werden sollen, wurden auf der Ebenenmaske mit dem Pinsel und schwarzer Vordergrundfarbe freige-malt. Das Malwerkzeug ist auf die Auswahl beschränkt.

Neu in CS4 ▶

Das Bedienfeld *Masken* bietet Ihnen einige halbautomatische Funktionen zum Bearbeiten Ihrer Ebenenmaske.

- Sie können die Ebenenmaske über die Schaltfläche *Umkehren* invertieren.
- Die Schaltfläche *Maskenkante* bringt Sie in eine Dialogbox, deren Funktionen mit denen zum Optimieren von Auswahlbereichen (siehe auch Kapitel 5) identisch sind. Sie verbessern hier die Übergänge in Ihrer Ebenenmaske.
- Oder klicken Sie auf die Schaltfläche *Farbbereich*. Hier können Sie den Maskeninhalt auf dieselbe Weise wie eine Auswahl mit der Dialogbox *Auswahl → Farbbereich* erstellen (siehe gleichfalls Kapitel 5).

Abbildung 9.56

Das ruhige Meer in diesem Bild soll etwas dramatischer wirken. Wählen Sie zuerst die Frauenfigur aus und kopieren Sie sie mit ⌈Strg⌉/⌈⌘⌉ + ⌈J⌉ in eine neue Ebene.

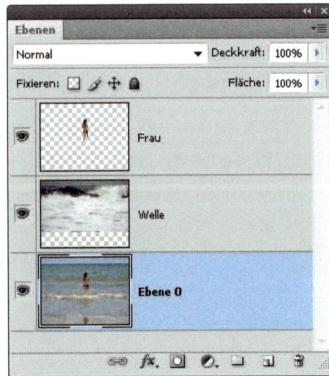

Abbildung 9.57

Fügen Sie ein Wellenbild als neue Ebene in das Dokument ein und ziehen Sie es an die mittlere Stelle der Ebenenordnung.

Abbildung 9.58
Aktivieren Sie die Wellenebene und erstellen Sie eine rechteckige Auswahl über die obere Bildhälfte. Fügen Sie der Wellenebene eine Ebenenmaske hinzu. Die obere Hälfte der Ebenenmaske ist weiß, die untere schwarz. Nun können Sie über den Regler Weiche Kante im Bedienfeld Masken bequem und unter Sichtkontrolle den Übergang zwischen den beiden übereinanderliegenden Bildern regulieren.

Die Ebenenmaske separat anzeigen

Photoshop ermöglicht es Ihnen, ausschließlich die Ebenenmaske darzustellen. Dabei können Sie Ihre Arbeit in der Maske manchmal besser begutachten.

Halten Sie die ⌈Alt⌉-Taste gedrückt und klicken Sie im *Ebenen*-Bedienfeld auf die Miniatur der Ebenenmaske. Die Ebenenmaske wird im Bildfenster dargestellt, alles andere wird ausgeblendet.

Ein erneuter Klick mit gedrückter ⌈Alt⌉-Taste auf die Ebenenmaskenminiatur blendet die anderen Ebenen wieder ein.

So simulieren Sie beispielsweise einen Diffusions- oder Softlight-Filter, der das Motiv weichzeichnet und für einen verträumten Schleier bei gleichzeitig verringertem Kontrast sorgt:

Maskierten und unmaskierten Bereich tauschen
Halten Sie zusätzlich die ⌈Alt⌉-Taste (Windows) gedrückt, werden der maskierte und der nicht maskierte Bereich vertauscht.

1. Duplizieren Sie die Hintergrundebene mit ⟨Strg⟩/ ⟨⌘⟩+⟨J⟩ und füllen Sie die Hintergrundebene weiß. Aktivieren Sie die obere Ebene und fügen Sie ihr eine Ebenenmaske hinzu.

2. Klicken Sie im *Ebenen*-Bedienfeld auf die Ebenenminiatur und markieren Sie mit ⟨Strg⟩/⟨⌘⟩+⟨A⟩ alle Pixel.

3. Drücken Sie ⟨Strg⟩/⟨⌘⟩+⟨C⟩, um die Pixel in die Zwischenablage zu kopieren.

4. Klicken Sie mit gedrückter ⟨Alt⟩-Taste auf die Ebenenmaskenminiatur und fügen Sie den Inhalt der Zwischenablage mit ⟨Strg⟩/⟨⌘⟩+⟨V⟩ in die Ebenenmaske ein.

5. Wählen Sie *Bild → Korrekturen → Umkehren*.

6. Klicken Sie mit gedrückter ⟨Alt⟩-Taste auf das Ebenenmaskensymbol, um den Ebeneninhalt anzuzeigen, die Ebenenmaske aber aktiviert zu lassen.

7. Ziehen Sie im *Masken*-Bedienfeld den Regler *Weiche Kante* nach rechts, bis die Weichzeichnung Ihnen gefällt.

Abbildung 9.59

Simulierter Softlight-Filter mit invertierter, weichgezeichneter Bildkopie in der Ebenenmaske

8. Falls Ihnen das Bild anschließend zu hell erscheint, heben Sie die Auswahl auf und duplizieren Sie die obere Ebene samt Ebenenmaske mit ⟨Strg⟩/⟨⌘⟩+⟨J⟩.

Die Ebenenmaske ein- und ausblenden

Bei Bedarf schalten Sie die Wirkung der Ebenenmaske ein und aus. Dadurch ziehen Sie einen Vergleich zwischen dem Maskeneffekt und der Originalebene.

Wählen Sie im Menü *Ebene* den Befehl *Ebenenmaske → deaktivieren*. Die Ebenenmaske wird ausgeblendet und die Miniatur im *Ebenen*-Bedienfeld erscheint durchgestrichen. Um die Ebenenmaske wieder einzublenden, öffnen Sie erneut das Menü *Ebene*. Der Befehl hat sich nun in *Ebenenmaske → aktivieren* geändert.

Alternativ halten Sie die ⟨⇧⟩-Taste gedrückt und klicken im *Ebenen*-Bedienfeld auf die Miniatur der Ebenenmaske. Klicken Sie erneut bei gedrückter ⟨⇧⟩-Taste, wird die Ebenenmaske wieder aktiviert.

Die Befehle zum Ein- und Ausblenden der Ebenenmaske stehen Ihnen auch im Kontextmenü der Maskenminiatur im *Ebenen*-Bedienfeld zur Verfügung. Dazu klicken Sie bei gedrückter ⟨Ctrl⟩-Taste (Mac) bzw. mit der rechten Maustaste (Windows) auf die Miniatur der Maske im *Ebenen*-Bedienfeld.

Das Duplikat einer Ebenenmaske einer anderen Ebene zuweisen

Eine einmal erzeugte Ebenenmaske können Sie auch auf eine andere Ebene anwenden.

Wählen Sie im *Ebenen*-Bedienfeld die Zielebene aus (d.h. die Ebene, der Sie das Duplikat der Ebenenmaske zuweisen möchten). Anschließend klicken Sie in der Ebene auf die Miniatur der Ebenenmaske und ziehen sie bei gedrückter Maustaste auf das Symbol *Vektormaske hinzufügen* 🔲 unten im *Ebenen*-Bedienfeld. Daraufhin wird die Ebenenmaske der zuvor markierten Ebene zugewiesen.

Die Maske auf die Ebene anwenden

Wenn Sie Ihre Arbeit in einer Ebenenmaske beendet haben und zufrieden mit dem Ergebnis sind, weisen Sie sie der Ebene zu. Dabei wird die Ebenenmaske von der Ebene entfernt und mit der Ebene verrechnet. Die durch die Ebenenmaske ausgeblendeten Pixel werden bei diesem Vorgang endgültig gelöscht.

1. Markieren Sie im *Ebenen*-Bedienfeld die Ebene mit der Maske. Wählen Sie daraufhin im Menü *Ebene* den Befehl *Ebenenmaske* → *Löschen*.

2. Anschließend wird die Ebenenmaske von der Ebene entfernt und mit der Ebene verrechnet.

Die Ebenenmaske löschen

Eine andere Möglichkeit ist das Löschen der Ebenenmaske.

1. Klicken Sie im *Ebenen*-Bedienfeld auf die Miniatur der Ebenenmaske und ziehen Sie sie mit gedrückter Maustaste auf die Schaltfläche *Ebene löschen* 🗑 unten im Bedienfeld.

Alle einblenden
Alle ausblenden
Auswahl einblenden
Auswahl ausblenden

Löschen
Anwenden

Deaktivieren
Verknüpfung aufheben

Abbildung 9.60
Das Untermenü des Menübefehls Ebenenmaske

Kontextmenü
Dieser Befehl steht Ihnen auch im Kontextmenü der Ebenenmaske zur Verfügung.

2. Alternativ markieren Sie zuerst die Miniatur der Ebenenmaske und klicken anschließend auf die Schaltfläche *Ebene löschen* 🗑.

3. In der folgenden Abfrage entscheiden Sie, ob die Maske auf die Ebene angewandt oder gelöscht werden soll.

4. Klicken Sie auf die Schaltfläche *Anwenden*, um die Maske auf die Ebene anzuwenden. Klicken Sie auf die Schaltfläche *Löschen*, wird die Maske entfernt.

Weitere Möglichkeiten zum Löschen bieten sich an, bei denen Sie aber keine Sicherheitsabfrage erhalten, sondern die Maske ohne Nachfrage sofort gelöscht wird:

1. Markieren Sie zuerst im *Ebenen*-Bedienfeld die Ebene mit der Maske.

2. Wählen Sie *Ebene* → *Ebenenmaske* → *Löschen* oder rufen Sie das Kontextmenü der Maskenminiatur der Ebene auf und wählen Sie hier den Befehl *Ebenenmaske löschen*.

Mit Vollton-, Verlaufs- oder Musterebenen arbeiten

Um in Photoshop wirklich flexibel zu arbeiten, sollten Sie Bildbereiche möglichst niemals direkt bearbeiten. Versuchen Sie vielmehr, stets eine Ebenenmaske zu verwenden. Ebenenmasken sind für alle Ebenentypen verfügbar, auch für die sogenannten Füllebenen. Dabei handelt es sich um einen Ebenentyp, der nur eine Füllung enthält. Diese kann aus einer einheitlichen Farbe, einem Verlauf oder einem Füllmuster bestehen und reicht stets bis zu den Ebenenrändern – auch wenn Sie das Bild nachträglich skalieren.

Im folgenden Beispiel soll der rote Pullover umgefärbt werden.

- Wählen Sie den Pullover mit einem passenden Auswahlwerkzeug aus.

- Klicken Sie im *Ebenen*-Bedienfeld auf das Symbol *Neue Füll- oder Einstellungsebene erstellen* und dann auf *Volltonfarbe*.

- Wählen Sie in der folgenden Dialogbox die gewünschte Farbe aus und klicken Sie auf *OK*.

Abbildung 9.61
Außer mit Farbton/Sättigung-*Einstellungsebenen*, die in Kapitel 14 erläutert werden, können Sie Objekte auch über Volltonfarbebenen umfärben.

- Wie Sie erkennen können, hat Photoshop der Volltonebene automatisch eine Ebenenmaske hinzugefügt, die in allen Bereichen außer der Auswahl die Pixel der unteren Ebene durchscheinen lässt.

- Setzen Sie die Ebene in den Modus Farbe, damit die ursprüngliche Textur hindurchscheint.

- Wenn Sie nun feststellen, dass die Auswahlkanten noch zu wünschen übrig lassen, verwenden Sie die Schaltflächen und Regler im *Masken*-Bedienfeld, um die Ebenenmaske zu verbessern.

Abbildung 9.62
Nachdem Sie die Volltonfarbebene hinzugefügt haben, können Sie sie jederzeit mit einem Doppelklick umfärben.

Ebenen deckungsgleich montieren

Seit der Version CS3 bietet Photoshop verschiedene halbautomatische, „intelligente" Funktionen zum Montieren von Bildern. Dazu gehört auch das Feature *Ebenen automatisch ausrichten*.

Wenn Sie zwei sehr ähnliche Fotos aufgenommen haben und diese zu einem einzigen Bild montieren möchten, bietet Photoshop Ihnen eine sehr praktische Funktion. Wenden Sie sie beispielsweise an, wenn Sie zwei sehr ähnliche, aber nicht identische Bilder haben – etwa zwei ohne Stativ aufgenommene Fotos von der gleichen Szene, aber mit unterschiedlichen Leuten im Vordergrund – und diese zusammenmontieren möchten.

1. Öffnen Sie beide Bilder.

2. Kopieren Sie das eine als neue Ebene auf das andere Bild.

3. Markieren Sie beide Ebenen mit gedrückter ⬆-Taste im *Ebenen*-Bedienfeld.

4. Wählen Sie dann *Bearbeiten → Ebenen automatisch ausrichten*.

5. Für normale Fotos aktivieren Sie die Option *Auto*, damit Photoshop die Bildkanten selbstständig findet und übereinanderlegt. Klicken Sie auf die Schaltfläche *OK*.

Abbildung 9.63

Diese beiden Bilder zeigen Ihnen die Funktion Ebenen automatisch ausrichten.

Abbildung 9.64

Links: Die beiden Ebenen wurden übereinander kopiert und gemeinsam ausgewählt. Rechts: Der Modus Differenz *zeigt die Unterschiede zwischen den beiden Ebenen – die schwarzen und weißen Flächen liegen nicht deckungsgleich aufeinander und unterscheiden sich auch noch vom Winkel her.*

Abbildung 9.65
Links: Die beiden Ebenen wurden markiert und dann wurde Bearbeiten → Ebenen automatisch ausrichten mit der Option Auto gewählt. Rechts: Photoshop hat die Ebenen ausgerichtet – immer noch im Modus Differenz.

Abbildung 9.66
Das Bild wurde zugeschnitten und anschließend wurde der schwarze Stift per Ebenenmaske sichtbar gemacht.

Panoramafotos montieren

Photoshop macht Ihnen die Montage von mehreren mit dem Stativ aufgenommenen Einzelbildern zu einem Panorama relativ leicht. Damit alles problemlos funktioniert, sollten Sie jedoch schon beim Fotografieren darauf achten, dass sich die einzelnen Fotos um etwa ein Viertel überlappen.

1. Wählen Sie *Datei* → *Automatisieren* → *Photomerge*.

2. Klicken Sie auf *Durchsuchen* und wählen Sie mit gedrückter ⇧- bzw. `Strg`/`⌘`-Taste alle Bilder aus, die Sie zu einem Panorama zusammensetzen möchten. Klicken Sie zweimal auf *OK*.

3. Photoshop öffnet nach einer Weile die Dialogbox *Photomerge* mit den zu einem Panorama zusammengesetzten Bildern. In dieser Ansicht sind eventuelle Farbunterschiede zwischen den Bildern noch deutlich erkennbar.

4. Klicken Sie auf *OK*, um das Panorama zu erzeugen. Die Bilder werden mit Ebenenmasken aneinander angepasst.

5. Mit dem *Freistellungswerkzeug* schneiden Sie das Bild jetzt auf den gewünschten Bildausschnitt zu.

HDR-Bilder montieren

HDR (High Dynamic Range)-Bilder erzeugen Sie beispielsweise, indem Sie mehrere Aufnahmen mit verschiedener Belichtung machen und diese anschließend zusammensetzen. Für die verschiedenen Helligkeitsbereiche des Bilds verwenden Sie jeweils die optimal belichtete Version.

◀ **Neu in CS4**

Bilder mit unterschiedlichem Schärfepunkt

Auch ansonsten identische Bilder mit unterschiedlichem Schärfepunkt lassen sich mit diesem Befehl überblenden, so dass im fertigen Bild die schärfsten Bereiche aus allen Einzelbildern dargestellt werden. Sie erweitern damit die Tiefenschärfe Ihres Bilds nachträglich.

Photoshop übernimmt diese Aufgabe nun automatisch für Sie:

1. Öffnen Sie das erste Bild Ihrer Belichtungsserie.

2. Öffnen Sie jetzt das zweite Bild und wählen Sie alle Pixel mit Strg/⌘ + A aus.

3. Kopieren Sie die Auswahl mit Strg/⌘ + C in die Zwischenablage.

4. Aktivieren Sie das erste Bild und fügen Sie den Inhalt der Zwischenablage mit Strg/⌘ + V als neue Ebene ein.

5. Wiederholen Sie die Schritte 2 bis 4 mit den übrigen Bildern Ihrer Belichtungsserie.

6. Markieren Sie im *Ebenen*-Bedienfeld alle Ebenen mit gedrückter Umschalt-Taste.

7. Wählen Sie aus dem Menü *Bearbeiten* den Befehl *Ebenen automatisch überblenden*.

Abbildung 9.67
Markieren Sie alle Ebenen und wählen Sie den Befehl Ebenen automatisch überblenden.

8. Aktivieren Sie das Optionsfeld *Ebenen stapeln* und klicken Sie auf *OK*.

Abbildung 9.68
Photoshop verwendet Ebenenmasken, um die jeweils optimalen Bildteile darzustellen.

 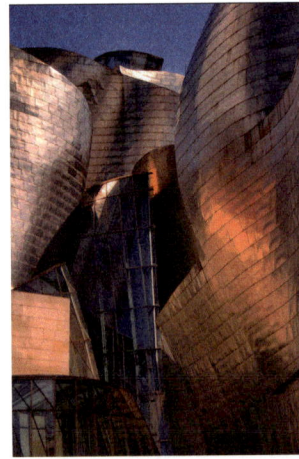

Bilder so skalieren, dass der Inhalt bewahrt bleibt

Mit der neuen Funktion *Skalieren (Inhalt bewahren)* führen Sie eine inhaltsabhängige Skalierung durch. Photoshop skaliert dabei Bereiche mit geringem Kontrast unabhängig von Bereichen mit hohem Kontrast. Das Ergebnis soll sein, dass der Hintergrund skaliert wird, wobei Vordergrundobjekte nicht verzerrt werden und unverändert bleiben. In Bildern mit deutlichem Vordergrundmotiv funktioniert dies auch oft ganz gut, vor allem, wenn der Kontrast des Hauptmotivs stärker ist als der des Hintergrunds.

◀ **Neu in CS4**

Abbildung 9.69
Original

Abbildung 9.70
Links: Normale Skalierung; rechts: So skalieren, dass der Inhalt bewahrt bleibt

1. Falls sich Ihr Bild auf der Hintergrundebene befindet, führen Sie einen Doppelklick auf das Ebenensymbol aus und bestätigen gleich darauf mit *OK*.

2. Wählen Sie *Bearbeiten* → *Skalieren (Inhalt bewahren)*.

3. Ziehen Sie an einem der Anfasser, um das Bild zu skalieren, und bestätigen Sie mit der ⏎-Taste.

Sind Personen im Bild zu sehen, können Sie überdies noch das Symbol *Hauttöne bewahren* in der Optionenleiste anklicken, damit Photoshop die Person(en) im Vordergrund unberührt lässt.

Zeichnen

Wie Sie in Photoshop malen, zeigt Kapitel 8. In diesem Kapitel befassen wir uns mit dem Zeichnen. Hierfür verwenden Sie die Zeichenwerkzeuge aus dem *Werkzeuge*-Bedienfeld.

Was sind Vektorformen und wozu werden sie verwendet?

Was ist der Unterschied zwischen den Zeichenwerkzeugen und dem Buntstift oder dem Pinsel? Bei den Objekten, die Sie mit den vier Zeichenstift-Arten erstellen, handelt es sich um Vektorobjekte, die nicht aus Pixeln, sondern aus Linien und Kurven aufgebaut sind (siehe auch Kapitel 1). Das Prinzip von vektorbasierten Zeichnungen kennen Sie vielleicht aus Anwendungen wie Adobe Illustrator.

Mit den Zeichenwerkzeugen erstellte Elemente haben mehrere Vorteile. Sie lassen sich jederzeit mit einem Klick im Ganzen auswählen und verschieben oder anderweitig ändern. Ihre Kontur, den Pfad, können Sie beliebig verformen. Außerdem weisen Sie der Vektorform bei Bedarf Eigenschaften wie Linienstärke und -farbe sowie Füllfarbe zu.

Die Vektorelemente müssen nicht in das pixelbasierte Photoshop-Bild eingerechnet werden. Dann sehen sie auch im Ausdruck immer glatt und nicht stufig aus, da sie auflösungsunabhängig sind.

Sie haben beim Zeichnen von Umrissen verschiedene Möglichkeiten:

- Erstellen Sie eine Form auf einer neuen Ebene. Die Form wird automatisch mit der aktuellen Vordergrundfarbe gefüllt. Farbe, Verlauf oder Muster der Füllung lassen sich aber leicht ändern. Die Kontur der Form wird in einem Ebenen-Beschneidungspfad, eine sogenannte Vektormaske, gespeichert, der im *Pfade*-Bedienfeld angezeigt wird.

Abbildung 10.1
Vektorgrafiken wirken für gewöhnlich „künstlicher" als fotorealistische Bilder.

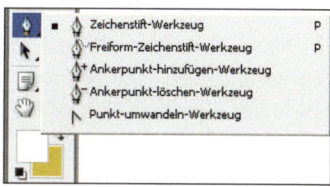

Abbildung 10.2
Das Werkzeuge-Bedienfeld enthält mehrere Werkzeuge zum Zeichnen.

Abbildung 10.3
Im Pfade-*Bedienfeld sehen Sie Ihre
Zeichnungen.*

Unterpfad erstellen

Wenn Sie einen Pfad abgeschlossen
haben, das *Zeichenstift*-Werkzeug
noch aktiviert ist und Sie auf eine
freie Fläche des Bildfensters klicken,
erzeugen Sie dadurch neue Ankerpunkte, die aber nicht dem vorhandenen Pfad hinzugefügt werden: Es
wird ein neuer Unterpfad erstellt.

Tipp

Über die Schaltflächen ▢▢▢▢▢
bestimmen Sie vor dem Zeichnen,
auf welche Weise der neue Unterpfad hinzugefügt werden soll. Die
linke Schaltfläche, *Dem Formbereich
hinzufügen*, fügt den neuen Pfad
dem bestehenden Pfad hinzu. Die
nächste Schaltfläche entfernt überlappende Bereiche aus dem bestehenden Pfad. Die dritte Schaltfläche,
Schnittmenge von Formbereichen,
beschränkt den neuen Pfad auf die
Schnittmenge mit dem bestehenden Pfad. Die rechte Schaltfläche,
*Überlappende Formbereiche aus-
schließen*, schließt überlappende
Bereiche in dem neuen und dem
vorhandenen Bereich aus.

- Oder Sie erstellen einen neuen Arbeitspfad. Ein Arbeitspfad ist ein temporärer Pfad, der nicht Teil des Bilds ist, bis
er in irgendeiner Weise angewendet wird. Der Arbeitspfad
kann dann zur späteren Verwendung gespeichert werden.
Ein Pfad lässt sich als Auswahl laden – eine der elegantes-
ten Möglichkeiten, eine Auswahl zu erstellen.

- Im Bedarfsfall erzeugen Sie aus einer Formebene eine
gerasterte Form. Die Form wird automatisch mit der aktuellen Vordergrundfarbe gefüllt. Eine gerasterte Form kann
nicht mehr als Vektorobjekt bearbeitet werden.

Die Vorgehensweise ist bei allen Möglichkeiten im Wesentli-
chen gleich. In diesem Kapitel beschreiben wir die Techniken
im Großen und Ganzen anhand der Arbeitspfade, gegen
Ende des Kapitels sehen Sie dann, wie Sie Formebenen und
gerasterte Formen erstellen.

Arbeitspfade erstellen

Wir beginnen mit dem Erstellen von Arbeitspfaden. Dabei
handelt es sich um temporäre Pfade, die im *Pfade*-Bedienfeld
angezeigt werden. Pfade werden nicht mit ausgedruckt.

Für solche Pfade gibt es viele Anwendungsgebiete: Sie können
den Umriss oder die Fläche von Pfaden füllen. Die vektorbasierten Pfade benötigen weniger Speicherplatz als pixelbasierte Bilddaten. Pfade eignen sich ideal für das Speichern
von Auswahlbereichen mit klaren Umrissen, in denen alle
Pixel komplett und nicht nur teilweise gefüllt sind. Die zuletzt
genannten Auswahlarten speichern Sie besser per *Auswahl* →
Auswahl speichern als Alphakanal.

Gerade Linienpfade mit dem Zeichenstift
erstellen

Das am häufigsten verwendete Pfadwerkzeug ist der *Zeichenstift* ✒. Mit etwas Übung erstellen Sie gerade Linien oder
Kurven. Dieses Werkzeug ähnelt im Gebrauch dem *Lasso*-
Werkzeug (siehe Kapitel 5), das zum Erstellen von Auswahlbereichen mit der Maus dient. Der einfachste Pfad, den Sie
mit dem Zeichenstift erstellen, ist eine gerade Linie.

Dazu wählen Sie im *Werkzeuge*-Bedienfeld den *Zeichenstift*
mit einem Mausklick an. In der Optionenleiste des Werkzeugs vergewissern Sie sich, dass die Schaltfläche *Pfade* ▦
angeklickt ist. Sonst würden Sie keinen Arbeitspfad, sondern
eine Formebene oder eine gerasterte Ebene erstellen. Dazu
kommen wir aber erst gegen Ende des Kapitels.

Platzieren Sie den Mauszeiger an der gewünschten Position in Ihrem Bild und klicken Sie. Dadurch haben Sie den ersten sogenannten Ankerpunkt der Linie, also den Startpunkt, definiert. Dieser wird durch ein schwarzes Quadrat markiert.

Bestimmen Sie die Position des zweiten Ankerpunkts der Linie, indem Sie an die gewünschte Stelle in Ihrem Bild klicken. Die beiden Ankerpunkte werden durch eine gerade Linie verbunden.

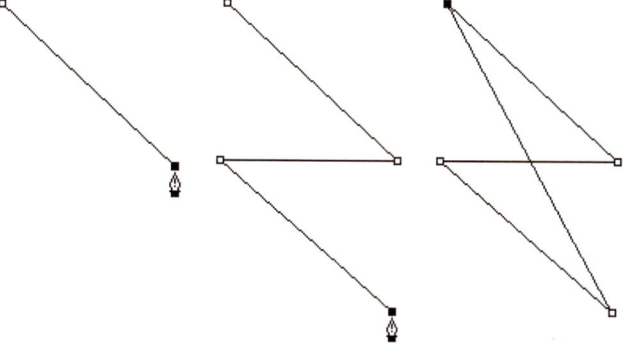

Abbildung 10.4
Links: Einen geraden Pfad aus zwei Punkten erzeugen. Mitte: Erzeugen Sie durch Mausklicks weitere gerade Pfadabschnitte. Rechts: Der Pfad wurde mit einem Klick auf den Anfangspunkt geschlossen.

Beim zweiten Mausklick ist der erste Ankerpunkt nicht mehr schwarz gefüllt. Das bedeutet, dass dieser nicht mehr aktiviert ist. Fahren Sie fort, Ankerpunkte zu setzen, bis Sie mehrere gerade Linienabschnitte erzeugt haben. Der zuletzt erstellte Ankerpunkt ist immer schwarz gefüllt, alle anderen sind leer.

Wenn Sie beim Erstellen der Ankerpunkte die ⬔-Taste gedrückt halten, erhalten Sie Linien mit einer Neigung von 45°.

Den Pfad vervollständigen

Soll Ihr Pfad offen bleiben, klicken Sie erneut im *Werkzeuge*-Bedienfeld auf das Symbol *Zeichenstift* ✒. Alternativ halten Sie die ⌨Strg/⌘-Taste gedrückt und klicken an eine beliebige Stelle außerhalb des Pfads. Um einen geschlossenen Pfad zu erhalten, zeigen Sie auf den ersten Ankerpunkt.

Dem Mauszeigersymbol wird ein kleiner Kreis hinzugefügt. Klicken Sie und der Pfad wird geschlossen. So erhalten Sie eine Fläche, die Sie zum Beispiel jederzeit mit einer Farbe füllen können (auf diese Möglichkeit gehen wir im Folgenden noch näher ein).

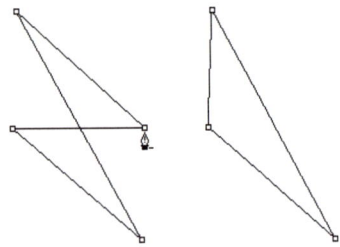

Abbildung 10.5
Einen Ankerpunkt löschen

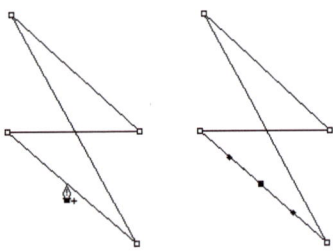

Abbildung 10.6
Einen Punkt hinzufügen

Tipp
Die Werkzeuge *Ankerpunkt hinzufügen* und *Ankerpunkt löschen* lassen sich auch direkt im *Werkzeuge*-Bedienfeld auswählen.

Abbildung 10.7
Ziehen Sie vom Ankerpunkt weg und lassen Sie die Maustaste los, ...

Abbildung 10.8
... positionieren Sie den Mauszeiger an einer anderen Stelle und ...

Punkte löschen und einfügen

Angenommen, Sie haben einen Linienpfad erstellt und möchten diesem nachträglich weitere Ankerpunkte hinzufügen oder einige Ankerpunkte löschen. Auch diese Aufgabe ist leicht zu bewältigen:

Zum Löschen eines Ankerpunkts wählen Sie erneut den *Zeichenstift* aus. Zeigen Sie auf den Ankerpunkt, den Sie löschen möchten. Rechts unten neben dem Mauszeiger wird nun ein kleines Minuszeichen angezeigt. Dieses deutet Ihnen an, dass Sie den Ankerpunkt mit einem Mausklick löschen können.

Möchten Sie hingegen einen neuen Ankerpunkt hinzufügen, zeigen Sie auf die Stelle auf der Linie, wo dieser erscheinen soll. Neben dem Mauszeiger erscheint ein Pluszeichen. Dieses gibt an, dass Sie jetzt mit einem Klick einen Ankerpunkt hinzufügen können.

Fortlaufende Kurvenpfade zeichnen

Sie haben gesehen, wie man mit dem Zeichenstift gerade Linien zeichnet und komplexe Auswahlbereiche in Pfade umwandelt. Überdies haben Sie aber auch die Möglichkeit, mit dem Zeichenstift gekrümmte Kurven zu erstellen. Dabei ist es sinnvoll, die Option *Gummiband* in Anspruch zu nehmen, denn nur dann erhalten Sie bereits während des Zeichenvorgangs einen Eindruck vom Kurvenverlauf.

Klicken Sie auf das *Zeichenstift*-Symbol im *Werkzeuge*-Bedienfeld und anschließend auf den kleinen Pfeil in der Optionenleiste (*Zeichenstift-Optionen*). Aktivieren Sie die Option *Gummiband*. Vergewissern Sie sich wieder, dass die Schaltfläche *Pfade* in der Optionenleiste aktiv ist.

Zum Zeichnen von gekrümmten Pfaden bieten sich mehrere Hilfsmittel an: Einerseits können Sie sich des *Zeichenstifts* bedienen, zum anderen aber auch des *Magnetischen Zeichenstifts* oder des *Freiform-Zeichenstifts*.

Wir beginnen mit dem bereits bekannten Zeichenstift, der überdies die größte Kontrolle über das Aussehen der Kurven ermöglicht.

1. Setzen Sie mit dem Zeichenstift den ersten Ankerpunkt in das Bildfenster, lassen Sie die Maustaste aber gedrückt. Ziehen Sie jetzt mit der Maus ein Stückchen vom Ankerpunkt weg.

2. Wie Sie sehen, entsteht während des Ziehens am Ankerpunkt eine Grifflinie. Zusätzlich ändert sich der Mauszeiger beim Ziehen von einem Fadenkreuz in einen Pfeil. Um den Winkel der Grifflinie auf 45°-Schritte einzuschränken,

halten Sie die ⬙-Taste gedrückt. Verdeutlichen Sie sich die Vorgehensweise anhand der folgenden Abbildungsreihe.

3. Lassen Sie die Maustaste los und positionieren Sie den Mauszeiger an einer anderen Stelle. Sie sehen, wie sich eine Kurve bildet. Noch ist die Form der Kurve nicht endgültig; außerdem können Sie diese auch später noch anhand der Grifflinien ändern. Wichtig ist, dass Sie jetzt die Stelle bestimmen, wo die Kurve enden soll.

4. Klicken Sie dort, wo die Kurve enden soll. Wenn Ihre Kurve nach unten gebogen ist (wie in der nebenstehenden Abbildung) ziehen Sie jetzt nach oben, um sie zu vervollständigen. Ist sie nach oben gebogen, ziehen Sie nach unten. Eine weitere Grifflinie bildet sich.

5. Sobald die Kurve die von Ihnen gewünschte Form erhalten hat, lassen Sie die Maustaste los.

Wenn Sie hingegen eine S-förmige Kurve benötigen, ziehen Sie nicht in die der Kurvenkrümmung entgegengesetzte, sondern in die gleiche Richtung.

Wenn Sie jetzt die nächste Kurve so anhängen wollen, dass eine Wellenlinie entsteht, setzen Sie den Zeiger dorthin, wo diese enden soll. Klicken Sie wieder und ziehen Sie in die entgegengesetzte Richtung.

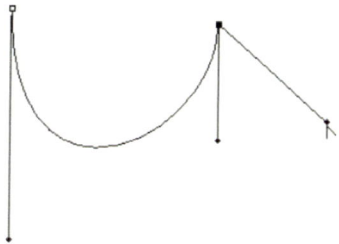

Abbildung 10.9
… klicken Sie dort, wo die Kurve enden soll, und ziehen Sie in die entgegengesetzte Richtung.

Nicht fortlaufende Kurven erstellen

Für eine fortlaufende Kurve statt einer Wellenlinie gehen Sie folgendermaßen vor:

1. Zeigen Sie mit der Maus auf den letzten Ankerpunkt und drücken Sie die ⟨Alt⟩-Taste. Ziehen Sie mit gedrückter Maustaste, um einen Eckpunkt zu erstellen.

2. Vergewissern Sie sich, dass Sie die Option *Gummiband* über den Abwärtspfeil ⯆ der Optionenleiste ausgewählt haben.

3. Lassen Sie die Maustaste dann los und ziehen Sie die Kurve.

Für diese ersten Übungen sind die genaue Position und die Krümmung der Kurve noch nicht wichtig; diese Merkmale können Sie später noch ändern.

Wenn Sie alle für den Pfad erforderlichen Kurven gezeichnet haben, schließen Sie ihn so ab, wie weiter vorne gezeigt: Wollen Sie einen geschlossenen Pfad zeichnen, klicken Sie auf den Startpunkt. Doppelklicken Sie, um den Pfad mit einem magnetischen Segment zu schließen. Halten Sie die ⟨Alt⟩-Taste gedrückt, um den Pfad mit einem geraden Segment zu schließen.

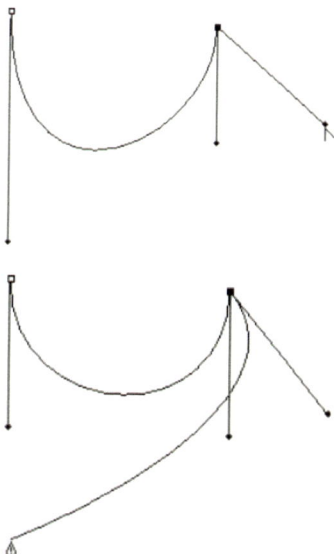

Abbildung 10.10
Oben: Drücken Sie die ⟨Alt⟩-Taste und klicken Sie auf den letzten Ankerpunkt. Ziehen Sie mit gedrückter Maustaste, um einen Eckpunkt zu erstellen. Unten: Lassen Sie die Maustaste los und ziehen Sie die Kurve.

Pfade mit dem Freiform-Zeichenstift erstellen

Bevor wir zeigen, wie Sie die erstellten Kurven verändern und formen, erläutern wir zwei weitere Hilfsmittel zum Zeichnen von Kurven, die bei der praktischen Arbeit wichtig werden: den Freiform- und den magnetischen Zeichenstift.

Der *Freiform-Zeichenstift* 🖊 funktioniert von der Handhabung her ähnlich wie der Buntstift (siehe Kapitel 8). Dabei werden keine einzelnen Punkte gesetzt, sondern Sie erstellen zuerst einmal bei gedrückter Maustaste im Bildfenster Ihre Zeichnung. Wenn Sie die Maustaste wieder freigeben, setzt Photoshop automatisch die Ankerpunkte an den geeigneten Stellen ein.

Abbildung 10.11
Kurvenform bei hoher und bei niedriger Kurvenanpassung

Pfade kopieren

Haben Sie sich schon einmal darüber geärgert, dass ein Pfad nicht mitkopiert wird, wenn Sie eine Ebene von einer Datei in eine andere ziehen?

1. Aktivieren Sie den Pfad mit einem Klick auf seine Miniatur im *Pfade*-Bedienfeld.
2. Im *Ebenen*-Bedienfeld aktivieren Sie die gewünschte Ebene mit einem Klick auf ihre Miniatur. (Falls es sich um die Hintergrundebene handelt, konvertieren Sie diese zuerst in eine normale Ebene, indem Sie einen Doppelklick darauf ausführen und auf *OK* klicken.)
3. Wählen Sie *Ebene → Vektormaske → Aktueller Pfad*.
4. Nun können Sie die Ebene samt Vektormaske mit gedrückter Maustaste an eine andere Stelle oder in ein anderes Dokument ziehen.

1. Wählen Sie den Freiform-Zeichenstift 🖊 aus dem *Werkzeuge*-Bedienfeld oder der Optionenleiste des Zeichenstifts. Vergewissern Sie sich, dass die Schaltfläche *Pfade* 🔲 in der Optionenleiste aktiv ist.

2. Außerdem bestimmen Sie in der Optionenleiste über die *Optionen* ▾ im Feld *Kurvenanpassung*, wie schnell der gezeichnete Pfad auf Maus- oder Stiftbewegungen reagieren soll. Je niedriger der Wert ist, desto mehr Ankerpunkte wird der Pfad haben, desto komplexer wird er also sein. Geben Sie einen Wert zwischen 0,5 und 10 ein.

3. Zeichnen Sie jetzt mit gedrückter Maustaste Ihre Form in das Bildfenster. Sobald Sie die Maustaste loslassen, entsteht ein Arbeitspfad mit mehr oder weniger Knoten, je nach Einstellung der Kurvenanpassung.

4. Sie setzen den Freiformpfad fort, indem Sie mit der Maus auf einen Endpunkt zeigen und erneut mit gedrückter Maustaste ziehen.

5. Verbinden Sie den Start- mit dem Endpunkt, wird der Pfad geschlossen.

Pfade mit dem magnetischen Zeichenstift erstellen

Von der Arbeitstechnik her ist das Werkzeug *Magnetischer Zeichenstift* mit dem Werkzeug *Magnetisches Lasso* vergleichbar, das Sie in Kapitel 5 kennengelernt haben.

Verwenden Sie den magnetischen Zeichenstift immer, wenn Sie komplexe Pfade aufgrund von klaren Kontrastunterschieden erstellen wollen. Vor der Verwendung des magnetischen Zeichenstifts nehmen Sie am besten die benötigten

Werkzeugeinstellungen vor, um die Präzision des Werkzeugs einzustellen.

Auch ein Bildmotiv sollte vorhanden sein, sonst funktioniert das Werkzeug nicht richtig.

1. Wählen Sie das Werkzeug *Freiform-Zeichenstift* 🖊. Vergewissern Sie sich, dass die Schaltfläche *Pfade* 🎛 in der Optionenleiste aktiv ist.

2. Aktivieren Sie – ebenfalls in der Optionenleiste – das Kontrollkästchen *Magn.*

3. Genauere Einstellungen nehmen Sie vor, indem Sie auf die Dreieck-Schaltfläche ⏷ in der Optionenleiste klicken und hier das Kontrollkästchen *Magn.* aktivieren.

- Geben Sie in das Feld *Kurvenanpassung* einen Wert zwischen 0,5 und 10 ein. So legen Sie fest, wie der Pfad auf die Mausbewegung reagiert. Je höher der Wert ist, desto einfacher wird der Pfad (desto weniger Ankerpunkte enthält er).

Abbildung 10.12
Der magnetische Zeichenstift ist aktiviert.

- Geben Sie außerdem eine *Breite* zwischen 1 und 256 Pixel an. Damit definieren Sie, wie breit der Bereich sein soll, innerhalb dessen der magnetische Zeichenstift die Kontur ermittelt.

- Mit der Einstellung im Feld *Kontrast* bestimmen Sie, wie genau die Kanten des Bereichs erkannt werden. Geben Sie einen hohen Prozentwert an, ermittelt der magnetische Zeichenstift nur kontrastreiche Kanten; bei einem niedrigeren Wert werden auch kontrastarme Kanten gefunden.

- Legen Sie im Feld *Frequenz* fest, wie oft Ankerpunkte eingefügt werden sollen.

4. Zeichnen Sie nun den Pfad. Dazu legen Sie per Mausklick zunächst den Startpunkt fest.

5. Danach führen Sie die Maus an der Kontur des gewünschten Bereichs entlang. Der Pfadverlauf wird automatisch ermittelt und an den notwendigen Stellen werden Ankerpunkte eingefügt. Die Grundlage dafür ist der Kontrast der Bildbereiche. Zum Abschließen des Pfads haben Sie drei Möglichkeiten:

- Drücken Sie die ⏎-Taste.

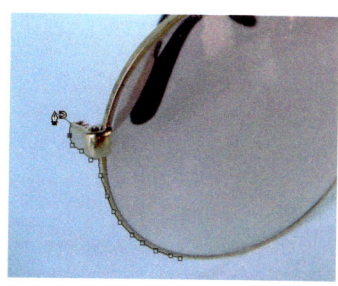

Abbildung 10.13
Arbeiten mit dem magnetischen Zeichenstift

- Wollen Sie einen geschlossenen Pfad zeichnen, klicken Sie auf den Startpunkt.
- Doppelklicken Sie, um den Pfad mit einem magnetischen Segment zu schließen. Halten Sie die ⌈Alt⌉-Taste gedrückt, um den Pfad mit einem geraden Segment zu schließen.

Das Pfade-Bedienfeld

Zur komfortablen Verwaltung der von Ihnen erstellten Pfade dient das *Pfade*-Bedienfeld. Dieses enthält die Namen aller von Ihnen erstellten Pfade sowie eine Miniaturansicht des jeweiligen Inhalts. Öffnen Sie das Bedienfeld mit dem Befehl *Fenster → Pfade*. Im *Pfade*-Bedienfeld wird der von Ihnen soeben erstellte Pfad angezeigt. Er trägt den Namen *Arbeitspfad*. Dieser Name signalisiert Ihnen, dass es sich nur um einen temporären Pfad handelt, der noch gespeichert werden muss, damit er erhalten bleibt, wenn Sie einen neuen Pfad zeichnen. Denn dieser würde sonst den vorhandenen Arbeitspfad ersetzen.

Den Arbeitspfad speichern und benennen

1. Klicken Sie den Eintrag *Arbeitspfad* im *Pfade*-Bedienfeld an. Der Mauszeiger wird zu einer Hand.
2. Ziehen Sie den Eintrag mit gedrückter Maustaste auf das Symbol *Neuen Pfad erstellen* ⬛ am unteren Rand des Bedienfelds. Ihr Pfad wird nun als *Pfad 1* gespeichert.
3. Wenn Sie Ihren Pfad aussagekräftig benennen möchten, doppelklicken Sie auf den Namen und überschreiben Sie ihn. Bestätigen Sie mit der ⌈↵⌉-Taste.

Abbildung 10.14
Über das Bedienfeldmenü speichern Sie Ihren Pfad.

Speicherformate
Damit Ihnen der Pfad auch beim nächsten Öffnen des Bilds wieder zur Verfügung steht, sollten Sie Ihr Bild in einem der folgenden Formate speichern: PSD, PSB, JPEG, DCS, EPS, PDF oder TIFF.

Den aktiven Pfad festlegen

Nicht nur zum Speichern und Benennen von Pfaden dient das *Pfade*-Bedienfeld. Vielmehr stellt es ein umfassendes Hilfsmittel zur Verwaltung von Pfaden dar. Besonders wenn Sie mit mehreren Pfaden in einem Bild arbeiten, wird es schnell zum unverzichtbaren Werkzeug.

Wir zeigen Ihnen nachfolgend einige grundlegende Arbeitstechniken mit diesem Bedienfeld, die Sie immer wieder brauchen werden.

- Haben Sie mehrere Pfade erstellt, wählen Sie diese mithilfe des *Pfade*-Bedienfelds sehr komfortabel aus. Klicken Sie einen Pfad einfach an, um diesen zu aktivieren. Ist er aktiviert, so wird im Bildfenster auch nur dieser Pfad angezeigt.

- Um die Anzeige des Pfads wieder aufzuheben, klicken Sie in einen leeren Bereich des Bedienfelds oder wählen Sie aus dem Bedienfeldmenü ▾≡ den Befehl *Pfad ausschalten*.

Miniaturen vergrößern, verkleinern oder ausschalten

Möchten Sie mehr Pfade anzeigen und die Darstellungsgeschwindigkeit erhöhen, verkleinern Sie die Miniatur-Vorschaubilder oder blenden Sie sie ganz aus.

1. Wählen Sie zunächst den Pfadnamen im Bedienfeld und öffnen Sie dann das Bedienfeldmenü ▾≡. Wählen Sie den Befehl *Bedienfeldoptionen*.

2. Jetzt bestimmen Sie die Vorschaugröße oder schalten Sie die Miniatur ganz aus, indem Sie das Optionsfeld *Ohne* anklicken.

Die Pfadreihenfolge ändern

Auch die Anzeigereihenfolge der Pfade im Bedienfeld ändern Sie gegebenenfalls, um Ihre Arbeit besser zu organisieren.

1. Dazu wählen Sie den entsprechenden Pfad zunächst im *Pfade*-Bedienfeld aus. Ziehen Sie ihn dann nach oben oder unten. Eine durchgehende Linie erscheint an der Stelle, wo der Pfad eingefügt wird, wenn Sie die Maustaste loslassen.

2. Sobald die durchgehende Linie an der gewünschten Stelle angezeigt wird, geben Sie die Maustaste frei.

Einen Pfad als Auswahl laden

Am unteren Rand des *Pfade*-Bedienfelds finden Sie das Symbol *Pfad als Auswahl laden* ◌. Mithilfe dieses Symbols wandeln Sie jeden Pfad in einen Auswahlbereich um.

Beim Umwandeln in Auswahlbereiche schließt Photoshop offene Pfade automatisch. Beachten Sie, dass dabei eventuell eine ungewollte Form entstehen kann. Wenn Sie einen Pfad erstellt haben, der sich mit einem Auswahlbereich überschneidet, fügen Sie den Pfad in die aktuelle Auswahl ein, entfernen ihn aus dieser oder kombinieren ihn damit. Wie es geht, erfahren Sie weiter hinten in diesem Kapitel.

Sie haben damit ein Hilfsmittel, um die Form von Auswahlbereichen exakt festzulegen und nachträglich zu ändern. Allerdings werden dabei die aktuellen Einstellungen der Dialogbox *Auswahl erstellen* (siehe Kapitel 5) verwendet.

Abbildung 10.15
Die Miniaturen lassen sich in verschiedenen Größen darstellen.

Abbildung 10.16
Aus jedem Pfad lässt sich schnell eine Auswahl erzeugen.

Wenn Sie also Wert darauf legen, bei der Umwandlung des Pfads in eine Auswahl Ihre eigenen Einstellungen zu verwenden, sollten Sie folgenden Weg wählen (falls Sie den vorhandenen Pfad mit einer Auswahl kombinieren möchten, müssen Sie zuerst mit einem Auswahlwerkzeug eine Auswahl erstellen):

1. Nachdem Sie den Pfad, den Sie in eine Auswahl umwandeln bzw. einer vorhandenen Auswahl hinzufügen möchten, ausgewählt haben, halten Sie die [Alt]-Taste gedrückt und klicken auf das Symbol *Pfad als Auswahl laden* ○. Alternativ öffnen Sie das Bedienfeldmenü ▾≡. Wählen Sie den Befehl *Auswahl erstellen*.

2. Die Dialogbox *Auswahl erstellen* wird angezeigt. In der Optionsgruppe *Berechnung* definieren Sie die Breite der weichen Kante innerhalb und außerhalb der Auswahlbegrenzung in Pixel.

3. Aktivieren Sie das Kontrollkästchen *Glätten*, damit Sie einen geglätteten Übergang zwischen den Pixeln der Auswahl und deren Umgebung erhalten, da die Auswahlkanten-Pixel nur teilweise gefüllt werden. Stellen Sie die weiche Kante in diesem Fall auf 0 Pixel.

In der Optionsgruppe *Vorgang* haben Sie vier Möglichkeiten:

- Über das Optionsfeld *Neue Auswahl* wandeln Sie nur den durch den Pfad definierten Bereich in eine Auswahl um.

- Mit dem Optionsfeld *Der Auswahl hinzufügen* fügen Sie den durch den Pfad definierten Bereich in die Originalauswahl ein.

- Klicken Sie das Optionsfeld *Von Auswahl subtrahieren* an, um den durch den Pfad definierten Bereich aus der Originalauswahl zu entfernen.

- Im Optionsfeld *Schnittmenge bilden* können Sie den gemeinsamen Bereich von Pfad und Originalauswahl auswählen. Diese Option ist natürlich nur dann sinnvoll, wenn sich Pfad und Auswahl überlappen, da sonst nichts ausgewählt wird.

Arbeitspfad aus Auswahl erstellen

Tipp
Die Alternative zum Menübefehl ist der Klick mit gedrückter [Alt]-Taste auf das Symbol *Neuen Pfad erstellen* ◪.

Auch die umgekehrte Verfahrensweise ist möglich. Mit einem Klick auf das Symbol *Arbeitspfad aus Auswahl erstellen* ⟡ erstellen Sie aus einer Auswahl einen Arbeitspfad, der in etwa die Form des aktuellen Auswahlbereichs hat.

Das Ergebnis ist allerdings häufig unbefriedigend, so dass Sie es in den meisten Fällen noch manuell nachbearbeiten müssen: Es zeichnet die Formen des Motivs nicht ausreichend genau nach bzw. besitzt zu viele Ankerpunkte. Hierzu eignet sich das *Direkt-Auswahl*-Werkzeug, das wir weiter hinten besprechen. Den so bearbeiteten Pfad speichern Sie für die spätere Verwendung oder wandeln Sie ihn wieder in eine Auswahl um.

Um eigene Einstellungen vorzunehmen, bietet sich die Dialogbox *Arbeitspfad erstellen* an. Sie rufen diese auf, indem Sie die [Alt]-Taste gedrückt halten, während Sie auf das Symbol *Arbeitspfad aus Auswahl erstellen* ⌁ klicken.

Die Dialogbox erscheint und Sie geben die Umwandlungstoleranz im Bereich von 0,5 bis 10 Pixel ein. Diese Toleranz definiert, wie sehr der Arbeitspfad der Auswahlkontur gleicht. Je höher Sie den Toleranzwert einstellen, desto geringer ist die Anzahl an Ankerpunkten, die für das Zeichnen des Pfads verwendet werden, und desto glatter (aber auch ungenauer) wird der Pfad sein.

Klicken Sie auf *OK*. Die Auswahl wird in einen Pfad umgewandelt. Im *Pfade*-Bedienfeld sehen Sie den neuen Pfad am Ende der Pfadauflistung.

Einen Pfad löschen

Wenn Sie einen Pfad nicht mehr benötigen und ihn löschen möchten, wählen Sie ihn mit einem Mausklick im *Pfade*-Bedienfeld an und ziehen Sie ihn auf das Papierkorbsymbol 🗑 am unteren Rand des Bedienfelds. Der Pfad wird endgültig entfernt. Vor dem Löschen erfolgt keine Sicherheitsabfrage.

Alternativ klicken Sie bei ausgewähltem Pfad auf das Papierkorb-Symbol 🗑 und bestätigen dann mit *Ja*. Oder Sie wählen aus dem Bedienfeldmenü ▾≡ den Befehl *Pfad löschen*.

Neue Pfade und Unterpfade über das Bedienfeld erstellen

Bisher haben Sie Pfade direkt im Bildfenster erzeugt. Genauso legen Sie einen neuen Pfad aber auch über das *Pfade*-Bedienfeld an, indem Sie die Schaltfläche *Neuen Pfad erstellen* ◰ anklicken.

Wenn Sie den neuen Pfad gleich beim Erstellen mit dem gewünschten Namen und den gewünschten Eigenschaften ausstatten möchten, gehen Sie folgendermaßen vor: Vergewissern Sie sich, dass Sie keinen Arbeitspfad ausgewählt haben. Öffnen Sie dann das Bedienfeldmenü ▾≡ des *Pfade*-Bedienfelds. Wählen Sie den Befehl *Neuer Pfad*. In der jetzt

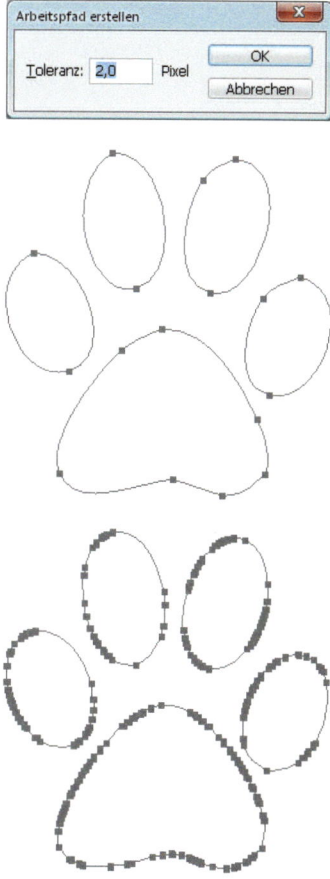

Abbildung 10.17
Die Genauigkeit stellen Sie über die zugehörige Dialogbox ein. Oben: Toleranz 0,5; unten: Toleranz 2 Pixel.

angezeigten gleichnamigen Dialogbox vergeben Sie einen passenden Namen und klicken auf *OK*.

Pfade duplizieren

Zum Duplizieren eines Pfads müssen Sie diesen nur im *Pfade-Bedienfeld* anklicken und dann mit gedrückter Maustaste auf das Symbol *Neuen Pfad erstellen* 🔲 ziehen.

Der Pfad erhält automatisch den Namen des Ursprungspfads mit dem Zusatz *Kopie* zugewiesen. Falls Sie gleich beim Erstellen einen sinnvolleren Pfadnamen zuweisen wollen, öffnen Sie das Bedienfeldmenü ▾☰ und wählen Sie den Befehl *Pfad duplizieren.*

Die Fläche des Pfads füllen

Offene Pfade füllen

Beim Füllen eines offenen Pfads wird dieser nicht geschlossen.

Am schnellsten füllen Sie die Fläche Ihres markierten Pfads mit der Vordergrundfarbe, indem Sie unten im *Pfade-Bedienfeld* auf die Schaltfläche *Pfad mit Vordergrundfarbe füllen* ⬤ klicken. Für genauere Einstellungen verwenden Sie die Dialogbox *Pfadfläche füllen*.

1. Markieren Sie den gewünschten Pfad, öffnen Sie das Bedienfeldmenü ▾☰ und wählen Sie den Befehl *Pfadfläche füllen*.

2. Alternativ halten Sie die [Alt]-Taste gedrückt, während Sie das Symbol *Pfad mit Vordergrundfarbe füllen* ⬤ anklicken. Die Dialogbox *Pfad füllen* wird angezeigt.

Abbildung 10.18
Nachdem Sie einen Pfad erstellt haben, ...

Abbildung 10.19
... füllen Sie dessen Fläche nach Belieben mit einer Farbe oder einem Muster. Dabei können Sie alle Füllmethoden verwenden (hier die Füllmethode Farbe.

3. Öffnen Sie das Popup-Menü *Füllen mit* und wählen Sie das Gewünschte aus. Legen Sie auch die Deckkraft, den Modus

und eventuell eine weiche Kante (über das Feld *Radius*) fest. Außerdem erzielen Sie durch das Kontrollkästchen *Glätten* bei Bedarf einen weichen Übergang zwischen den Auswahlpixeln und den daran angrenzenden Hintergrundpixeln.

4. Falls Sie in einer Ebene arbeiten und nur Bereiche füllen möchten, die schon Pixel enthalten und nicht transparent sind, aktivieren Sie das Kontrollkästchen *Transparente Bereiche schützen*.

5. Klicken Sie auf *OK*, um den Pfadinhalt mit den gewählten Optionen zu füllen.

Unterpfade füllen

Weiter vorne in diesem Kapitel wurde erwähnt, dass Pfade auch aus mehreren Unterpfaden bestehen können. Sie können jedem Unterpfad eine andere Füllung zuweisen.

Markieren Sie einen der Unterpfade mit dem *Pfadauswahl-Werkzeug*. Wählen Sie aus dem Bedienfeldmenü ▾≡ den Befehl *Unterpfadfläche füllen*. Nehmen Sie die gewünschten Einstellungen vor und klicken Sie auf *OK*.

Die Pfadkontur füllen

Beim Füllen der Pfadkontur wird der Pfad mit einem Malwerkzeugstrich – in der Grundeinstellung einem Buntstiftstrich mit den aktuell eingestellten Maleinstellungen und der aktuellen Werkzeugspitze – gefüllt. Die Pfadkontur ist keine Vektorgrafik, sondern übermalt die betroffenen Pixel.

Ziehen Sie den Pfad einfach im *Pfade*-Bedienfeld auf die Schaltfläche *Pfadkontur mit Pinsel füllen* ◯. Genaue Einstellungen nehmen Sie auch hier wieder über das Bedienfeldmenü ▾≡ vor:

1. Wählen Sie zunächst im *Werkzeuge*-Bedienfeld das Malwerkzeug, das Sie für die Pfadkontur verwenden möchten.

Mehrere Unterpfade auswählen
Mit gedrückter ⇧-Taste wählen Sie mehrere Unterpfade aus.

Formebenen
Weiter hinten lernen Sie mit den Formebenen eine flexiblere Möglichkeit kennen, Pfadinhalt und -umriss zu füllen.

Abbildung 10.20
So erzielen Sie interessante Texteffekte. Für diese Beispiele wurde zuerst eine breite Pfadkontur in einer dunklen Farbe und dann eine schmalere Pfadkontur in Weiß zugewiesen.

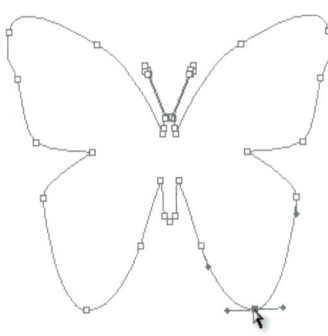

Abbildung 10.21
Einen Punkt markieren Sie mit dem
Direktauswahl-*Werkzeug.*

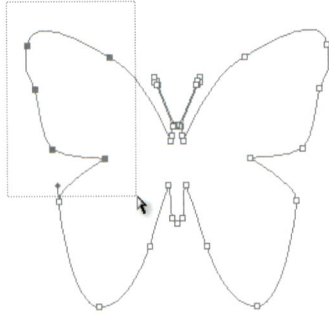

Abbildung 10.22
Mit einem Auswahlrechteck wählen
Sie mehrere Punkte aus.

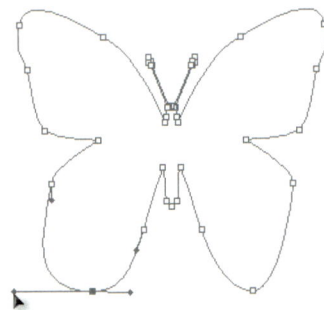

Abbildung 10.23
Wenn Sie einen Griffpunkt ziehen,
ändert sich die Form der angrenzen-
den Segmente.

2. Legen Sie die gewünschten Werkzeugoptionen und die Werkzeugspitze für dieses Werkzeug fest.

3. Wählen Sie dann den gewünschten Pfad oder Unterpfad mit dem *Pfadauswahl*-Werkzeug ► aus.

4. Wählen Sie aus dem Bedienfeldmenü ▾≡ des *Pfade*-Bedienfelds den Befehl *Pfadkontur füllen* bzw. *Unterpfadkontur füllen*. Alternativ klicken Sie die Schaltfläche *Pfadkontur füllen* ○ mit gedrückter Alt -Taste an. Die Dialogbox *Pfadkontur füllen* wird angezeigt.

5. Wählen Sie das Werkzeug, für das Sie vorhin die Werkzeugoptionen festgelegt haben, und klicken Sie auf *OK*. Die Pfadkontur wird erzeugt.

Gegebenenfalls führen Sie diese Arbeitsschritte auch mehrmals durch, indem Sie jedes Mal eine andere Werkzeugspitze und Vordergrundfarbe wählen. Die Konturen werden dann übereinandergelegt.

Nachdem die Pfadkontur erzeugt wurde, löschen Sie den Pfad bei Bedarf, indem Sie ihn im *Pfade*-Bedienfeld markiert lassen und dann auf das Papierkorbsymbol 🗑 klicken oder ihn mit gedrückter Maustaste auf dieses Symbol ziehen.

Den Pfad markieren und verschieben

Die Form Ihres Pfads lässt sich nachträglich ändern, indem Sie die einzelnen Segmente und die Ankerpunkte dazwischen bewegen. Dabei werden immer beide Segmente, die durch den Punkt verbunden sind, verformt – also sowohl das Segment vor als auch das nach dem Punkt.

Zum Bearbeiten der Ankerpunkte stellt Photoshop Ihnen zwei Werkzeuge zur Verfügung:

► Mit dem Werkzeug *Pfadauswahl* wählen Sie den kompletten Pfad oder die komplette Pfadkomponente aus.

► Mit dem Werkzeug *Direkt-Auswahl* in derselben Gruppe wählen Sie beliebige einzelne Punkte oder Zonen aus.

Möchten Sie einen Zeichenpfad nachträglich bearbeiten, benötigen Sie seine Ankerpunkte. Diese müssen zuerst markiert werden, bevor Sie mit ihnen arbeiten können. Dazu verwenden Sie das *Direkt-Auswahl*-Werkzeug ►.

Gelegentlich kommt es vor, dass ein Ankerpunkt an einer nicht gewünschten Stelle erzeugt wird. Sie annullieren diesen, indem Sie die Entf -Taste drücken. Mit einem Mausklick fügen Sie einen manuellen Ankerpunkt ein. Außerdem können Sie vorübergehend die magnetischen Eigenschaften des Werkzeugs abschalten, indem Sie die Alt -Taste gedrückt halten. Sobald Sie die Taste loslassen, wird das Werkzeug wieder magnetisch.

Um dieses Werkzeug zu aktivieren, klicken Sie entweder die entsprechende Schaltfläche ▶ im *Werkzeuge*-Bedienfeld an oder halten Sie – bei markiertem Zeichenstift – die [Strg]/[⌘]-Taste gedrückt, um das *Direkt-Auswahl-Werkzeug* vorübergehend zu aktivieren. Klicken Sie dann mit dem *Direkt-Auswahl-Werkzeug* auf den gewünschten Ankerpunkt, um ihn zu markieren.

Alternativ wählen Sie mehrere Ankerpunkte aus, indem Sie die [⇧]-Taste gedrückt halten und die gewünschten Ankerpunkte nacheinander anklicken. Oder Sie ziehen – ebenfalls mit dem *Direkt-Auswahl*-Werkzeug – einen Rahmen um die Ankerpunkte, die in der Auswahl enthalten sein sollen.

Die so markierten Ankerpunkte verschieben Sie nun beispielsweise, indem Sie sie anklicken und an eine andere Stelle ziehen oder transformieren. Die mit dem Ankerpunkt verbundenen Segmente ändern entsprechend ihre Form.

Um markierte Ankerpunkte in 1-Pixel-Schritten zu verschieben, bedienen Sie sich der Pfeiltasten. Halten Sie die [⇧]-Taste gedrückt, während Sie die Pfeiltasten betätigen. Dann werden die Ankerpunkte in 10-Pixel-Schritten verschoben.

Die Pfadform ändern

Haben Sie einen einzelnen Ankerpunkt mit dem Werkzeug *Direkt-Auswahl* ▶ markiert, stellen Sie fest, dass er mit einer oder zwei Grifflinien versehen ist. Anhand dieser Grifflinien verändern Sie die Form der angrenzenden Segmente, indem Sie den Griffpunkt am Ende der Linie anklicken und ihn ziehen.

Es gibt verschiedene Arten von Ankerpunkten:

- Eckpunkte ergeben sich beim Erstellen von geraden Linien. Sie stellen eine Art Gelenk zwischen zwei geraden Liniensegmenten dar.

- Kurvenpunkte entstehen beim Erstellen von gebogenen, weichen Übergängen zwischen zwei nebeneinanderliegenden Kurven. Einen markierten Kurvenpunkt erkennen Sie auch daran, dass er von vornherein über zwei Grifflinien verfügt. Mit diesen Ziehpunkten verändern Sie die Krümmung der Kurve, indem Sie sie mit gedrückter Maustaste in die gewünschte Richtung ziehen. Beachten Sie, dass bei Kurvenpunkten beide Ziehpunkte für die Krümmung wichtig sind und diese beeinflussen. Je weiter die Griffpunkte gezogen werden, desto stärker fällt die Krümmung

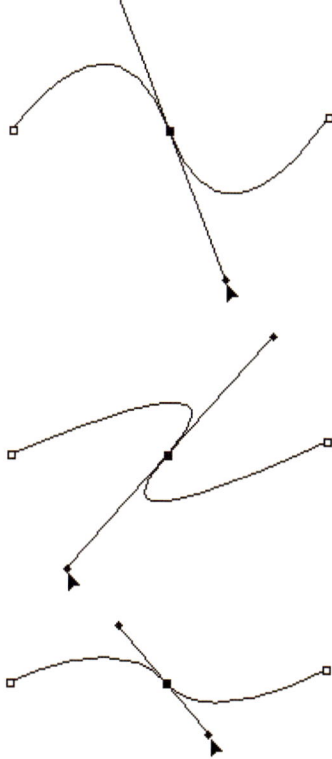

Abbildung 10.24
Länge und Winkel der Grifflinie bestimmen das Aussehen der zugehörigen Segmente.

aus. Sobald Sie die Maustaste freigeben, wird die Änderung ausgeführt.

Je weiter Sie eine Grifflinie herausziehen, desto stärker wird die angrenzende Kurve gekrümmt, denn der Abstand der Griffpunkte zum Ankerpunkt bestimmt die Krümmung der Kurve. Der Winkel der Ziehpunkte zum Kurvenpunkt bestimmt die Neigung der Kurve.

Ziehen Sie so lange an den Griffpunkten, bis die Kurve Ihren Vorstellungen entspricht.

Linien in Kurven umwandeln und umgekehrt

Falls Sie irrtümlich ein gerades statt eines gekrümmten Segments gezeichnet haben, gehen Sie folgendermaßen vor:

1. Wählen Sie das Werkzeug *Punkt umwandeln* ⌐ in der Gruppe des *Zeichenstift*-Werkzeugs ✒ und klicken Sie auf den Eckpunkt, der in einen Kurvenpunkt umgewandelt werden soll.

2. Halten Sie die linke Maustaste gedrückt und ziehen Sie. Am Punkt bilden sich Grifflinien.

3. Ziehen Sie die Grifflinien in die gewünschte Richtung, um die neu erstellten Kurvensegmente zu formen. Auch der umgekehrte Fall ist möglich: Sie wandeln einen Kurvenpunkt in einen Eckpunkt um und gestalten die angrenzenden Segmente dadurch in gerade Linien um.

4. Klicken Sie dazu den Kurvenpunkt einfach mit dem Werkzeug *Punkt umwandeln* ⌐ an.

Abbildung 10.25
Klicken Sie mit dem Werkzeug Punkt *umwandeln auf einen Kurvenpunkt, ...*

Abbildung 10.26
... um ihn in einen Eckpunkt umzuwandeln.

Pfade aus Grundformen erzeugen

Bisher haben Sie frei geformte Pfade erstellt und bearbeitet. Bei Bedarf erstellen Sie aber auch Pfade mit vordefinierten Formen, zum Beispiel Rechtecke, abgerundete Rechtecke, Ellipsen, Vielecke und komplexere Formen. Dazu stehen Ihnen im *Werkzeuge*-Bedienfeld mehrere Werkzeuge zur Verfügung, mit denen Sie solche Formen schnell und sicher erstellen.

Die Arbeitsweise gleicht der beim Erstellen von Auswahlrechtecken und -ellipsen:

1. Wählen Sie das gewünschte Werkzeug aus. Vergewissern Sie sich, dass die Schaltfläche *Pfade* 🔲 oben links in der Optionenleiste aktiv ist.

Quadrate und Kreise

Halten Sie beim Ziehen zusätzlich die ⇧-Taste gedrückt, um Quadrate und Kreise zu zeichnen. Halten Sie beim Ziehen zusätzlich die ⌐Alt⌐-Taste gedrückt, kann die Form aus der Mitte heraus gezeichnet werden. Beide Tastenhilfen können Sie auch kombinieren.

2. Bewegen Sie den Mauszeiger in das Bild, verändert sich dieser in ein Fadenkreuz. Klicken Sie und ziehen Sie den Pfad mit gedrückter Maustaste in der gewünschten Größe auf.

Vor dem Zeichnen: Optionen festlegen

Klicken Sie in der Optionenleiste auf das abwärts deutende Dreieck ⌄, um die *Optionen* für das gewählte Werkzeug zu öffnen.

Abbildung 10.27
Mit den Form-Werkzeugen erstellen Sie vordefinierte Pfadformen.

- Wählen Sie das Optionsfeld *Ohne Einschränkungen*, können Sie das Werkzeug frei bedienen.

- Zeichnen Sie mit aktivierter Option *Quadrat*, ergeben sich mit dem Rechteckwerkzeug nur Quadrate. Die gleiche Funktion erhalten Sie durch das Zeichnen bei gedrückter ⌂-Taste. Haben Sie das *Ellipsen*-Werkzeug gewählt, heißt diese Option *Kreis (für Durchmesser oder Radius)*, beim *Eigene-Form-Werkzeug Festgelegte Proportionen*. Für die anderen Werkzeuge ist die Option nicht verfügbar.

- Mithilfe der Option *Feste Größe* (verfügbar bei Rechteck, abgerundetem Rechteck, Ellipse und Eigene-Form-Werkzeug) blenden Sie die zugehörigen Eingabefelder *B* und *H* ein. Bestimmen Sie die Größe des geplanten Pfads im Voraus, indem Sie in die Eingabefelder die Breite und Höhe des Rechtecks eingeben (standardgemäß in Pixel). Anschließend genügt ein Klick in das Bild und der Pfad ist erstellt. Das Klicken und Ziehen ersparen Sie sich dadurch.

Abbildung 10.28
Die Optionen für das Rechteck-Werkzeug

- Aktivieren Sie die Option *Proportional*, werden auch hier die zugehörigen Eingabefelder aktiviert. Über diese legen Sie fest, welches Verhältnis die Seiten des Pfads haben sollen (verfügbar für Rechteck, abgerundetes Rechteck und Ellipse). Geben Sie beispielsweise in das Feld *B 3* ein und in das Feld *H 2*, erhält die Form das Seitenverhältnis 3:2, gleichgültig, wie groß Sie sie ziehen.

Abbildung 10.29
Nachdem Sie einen Pfad mit einer vorgefertigten Grundform im Bild erzeugt haben (links), können Sie diesen über das Bedienfeldmenü des Pfade-Bedienfelds als Auswahl laden (rechts). Hier erfolgte eine Umkehr der Auswahl (Auswahl → Auswahl umkehren) und mit der `Entf`*-Taste wurde die Hintergrundfarbe Weiß zugewiesen (rechts unten).*

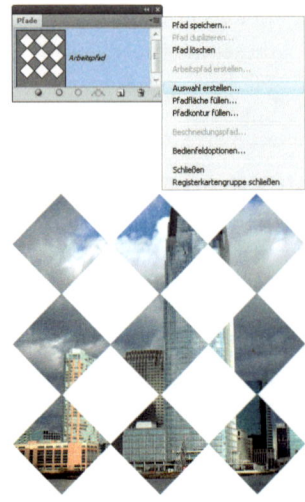

- Bei aktivem Kontrollkästchen *Vom Mittelpunkt aus* zeichnen Sie den Pfad stets aus der Mitte heraus. Diese Funktion ist identisch mit dem Zeichnen bei gedrückter `Alt`-Taste. Die Funktion ist für das Rechteck, das abgerundete Rechteck, die Ellipse und das *Eigene-Form*-Werkzeug verfügbar.

Besonderheiten bei abgerundeten Rechtecken

Für Pfade in abgerundeter Rechteckform ▭ legen Sie im Feld *Radius* der Werkzeugoptionen fest, wie stark die Eckenrundung sein soll.

Besonderheiten bei Polygonen und Sternen

Mit dem *Polygon-Werkzeug* erzeugen Sie nicht nur Polygone mit verschiedener Eckenanzahl, sondern auch Sterne.

Wählen Sie im *Werkzeuge*-Bedienfeld das *Polygon-Werkzeug* ⬠ aus. In den Werkzeugoptionen geben Sie im Feld *Seiten* die gewünschte Seitenzahl des Polygons an. Klicken Sie auch hier auf den Pfeil ▾, um die Optionen zu öffnen.

- Geben Sie in das Feld *Radius* einen Wert ein, ändern Sie den Abstand zwischen dem Mittelpunkt und den äußeren Punkten des Polygons.

Abbildung 10.30
Je höher der Eckradius, desto stärker werden die Ecken gerundet.

Abbildung 10.31
Die Optionen des Polygon-Werkzeugs

- Aktivieren Sie das Kontrollkästchen *Ecken abrunden*, werden die Spitzen des Polygons abgerundet.

- Aktivieren Sie die Option *Seiten einziehen um*, wenn Sie einen sternförmigen Pfad statt eines polygonförmigen Pfads erzeugen möchten. Geben Sie in das zugehörige Eingabefeld einen Prozentsatz ein, der den Radius der Zacken festlegt. Wählen Sie beispielsweise als Radius 50, nehmen die Zacken die Hälfte des Stern-Gesamtradius ein. Je höher der Wert ist, desto spitzwinkliger wird der Stern.

- Zusätzlich aktivieren Sie in der Funktion *Seiten einziehen um* gegebenenfalls das Kontrollkästchen *Einzüge glätten*. Auf diese Weise glätten Sie die Konturen zur Objektmitte hin, um Unebenheiten auszugleichen.

Abbildung 10.32
Links: Abgerundete Polygonecken.
Rechts: Seiten einziehen um: *25 %,*
50 % und 80 %

Besonderheiten des Linienzeichners

Mit dem *Linienzeichner* ⟍ zeichnen Sie Pfade in gerader oder gekrümmter Linienform und verschiedenen Linienstärken sowie mit Pfeilspitzen. Dabei kann die Linie sowohl am

Anfangs- als auch am Endpunkt mit einem Pfeil ausgestattet sein. Wählen Sie im *Werkzeuge*-Bedienfeld den *Linienzeichner* ✎ aus. Nehmen Sie bei Bedarf in den Werkzeugoptionen die gewünschten Einstellungen vor.

Abbildung 10.33
Die Optionen *des Linienzeichners*

* Klicken Sie auf den Pfeil ▾, um die Geometrieoptionen einzublenden.
* Legen Sie über die oberen Kontrollkästchen fest, ob Sie an beiden Linienenden einen Pfeil ansetzen möchten oder nur an einer Seite. Um die Form der Pfeile einzustellen, geben Sie in den Eingabefeldern *Breite* und *Länge* einen Prozentwert an. Verwenden Sie Werte zwischen 10 % und 1000 %.

Klicken Sie in das Feld *Rundung* und geben Sie den gewünschten Rundungsgrad ein. Je höher der Radius ist, desto stärker werden die Ecken abgerundet – bis hin zur Ellipse.

Über die Option *Rundung* stellen Sie die Krümmung der Pfeilform ein (vgl. Abbildung 10.34). Der Wert kann zwischen –50 % und 50 % liegen. Bestimmen Sie, ob die Pfeilseite am *Anfang* oder am *Ende* der Linie liegen soll.

Bewegen Sie den Mauszeiger in das Dokument, verändert sich der Mauszeiger in ein Fadenkreuz mit einem kleinen Pluszeichen auf der Seite.

Klicken Sie, um den Anfangspunkt der Linie festzulegen. Halten Sie die Maustaste gedrückt und ziehen Sie in die gewünschte Richtung. Geben Sie zuletzt die Maustaste wieder frei, um den Endpunkt abzulegen.

Abbildung 10.34
Links: Dieser Pfeil enthält keine Rundung. Mitte: Rundung 50 %. Rechts: Rundung –50 %.

Gerade Linien zeichnen
Wenn Sie die Linie mit gedrückter ⇧-Taste ziehen, zeichnen Sie gerade Linien bzw. bewegen die Linie in 45°-Schritten.

Besonderheiten des Eigene-Form-Werkzeugs

Das *Eigene-Form-Werkzeug* 🐾 stellt Ihnen zum Zeichnen von Formen einige vordefinierte Formen zur Verfügung. Das Zeichnen funktioniert genauso wie mit allen anderen Form-Werkzeugen und die Optionen sind ebenfalls ähnlich.

Die Auswahlliste der Formen befindet sich im Popup-Menü *Form* in den Werkzeugoptionen dieses Werkzeugs.

- Wählen Sie im *Werkzeuge*-Bedienfeld das *Eigene-Form*-Werkzeug 🪁. Öffnen Sie in der Optionenleiste das Bedienfeld *Form*.

- Um die Auswahlliste zu erweitern, wählen Sie aus dem Bedienfeldmenü ▾≡ die gewünschte Formenbibliothek.

- In der folgenden Abfrage klicken Sie auf die Schaltfläche *Anfügen*, um der Liste weitere Formenbibliotheken hinzuzufügen.

Abbildung 10.35
Die Auswahlliste wird eingeblendet; bisher stehen einige wenige Formen zur Auswahl.

- Klicken Sie auf die Schaltfläche *OK*, wenn Sie die Liste ersetzen möchten. Die Auswahlliste wird nun um die neuen Formen erweitert bzw. ersetzt.

- Um wieder die Standardbesetzung einzustellen, wählen Sie aus dem Bedienfeldmenü ▾≡ den Befehl *Formen zurücksetzen*.

Abbildung 10.36
Fügen Sie die neu hinzugeladenen zu den vorhandenen Formen hinzu oder ersetzen Sie die aktuelle Auswahl.

Eigene Formen speichern

Sie können den eigenen Formen auch selbst erstellte Pfade hinzufügen.

1. Markieren Sie den gewünschten Pfad im *Pfade*-Bedienfeld.

2. Wählen Sie die Befehlsfolge *Bearbeiten* → *Eigene Form festlegen*.

3. Die Dialogbox *Name der Form* öffnet sich. Geben Sie der Form einen Namen.

4. Klicken Sie auf *OK*.

Ihre eigene Form wird von nun an im Popup-Menü *Form* des *Eigene-Form*-Werkzeugs angezeigt und kann dort ausgewählt werden. Um die Form dauerhaft zu speichern, wählen Sie aus dem Palettenmenü der Formen-Palette den Befehl *Formen speichern*.

Mit Formebenen arbeiten

Bisher haben Sie die Zeichen- und Formwerkzeuge benutzt, um Pfade zu erstellen. Pfade lassen sich zwar füllen und mit einer Kontur versehen, aber Sie können sie selbst nicht ausdrucken.

Abbildung 10.37
Der ausgewählte Stil wird auf alle Formen, die Sie auf der Formebene erstellen, angewandt.

Mehr über Ebenenstile
Über die Arbeit mit Ebenenstilen informiert Sie Kapitel 9.

Tipp
Sie können den Ebenenstil auf die übliche Weise auch noch nachträglich einstellen (Doppelklick auf das Maskensymbol zum Anzeigen der Dialogbox *Ebenenstil*).

Abbildung 10.38
Eine neue Formebene erstellen

Eine Formebene erstellen

Sie können mit diesen Werkzeugen auch Formebenen erzeugen. Die Farbe der gezeichneten Form wird durch eine Füllebene festgelegt, ihre Kontur durch einen Ebenen-Beschneidungspfad (eine Vektormaske). Bis zur Photoshop-Version CS3 war es keine Frage, dass Vektormasken immer über harte Kanten verfügten. Mit CS4 hat sich das geändert: Über das neue Bedienfeld *Masken* kann auch eine Vektormaske über eine weiche Kante verfügen.

Nach dem Erstellen des Formpfads ändern Sie dann Eigenschaften wie die Farbe der Form. Dazu bearbeiten Sie die Füllebene oder wenden Ebenenstile darauf an (über Ebenenstile können Sie sich in Kapitel 9 informieren). Selbstverständlich lässt sich bei Bedarf auch der Beschneidungspfad bearbeiten, der die Kontur der Form bildet, wie Sie es weiter vorne in diesem Kapitel gesehen haben.

Legen Sie die gewünschte Vordergrundfarbe fest (mit dieser wird die Form zunächst gefüllt) oder wählen Sie in der Optionenleiste einen Stil. Farbe und Stil werden auf alle Elemente angewandt, die Sie auf der Formebene erstellen. Aktivieren Sie eines der beschriebenen Zeichenwerkzeuge, wie etwa *Rechteck* oder *Eigene Form*.

- Klicken Sie in der Optionenleiste für das Werkzeug auf die Schaltfläche *Formebenen* ⬚. Die Optionenleiste ist nun erweitert worden.

- Aus dem Popup-Menü *Modus* wählen Sie die gewünschte Füllmethode für die Ebene; im Feld *Deckkraft* oder über den zugehörigen Regler geben Sie die Ebenendeckkraft an.

- Erstellen Sie jetzt mit dem gewählten *Zeichen*- oder *Form*-Werkzeug die gewünschte Form.

- Betrachten Sie das *Ebenen*-Bedienfeld. Wie Sie sehen, ist hier eine neue Ebene mit dem Namen *Form 1* erstellt worden. Sie kann nun bearbeitet werden.

- Fügen Sie der Ebene weitere Formen hinzu, indem Sie weitere Elemente auf ihr zeichnen. oder bearbeiten Sie den Pfad der vorhandenen Form.

Abbildung 10.39
Das Rosenfoto wurde mit einer als Schnittmaske verwendeten Vektormaske versehen (Bild: Kristine Kamm Kreativphotos).

Weiche Kanten für Vektormasken

Bisher hatten Vektormasken stets scharfe Kanten. Dies ändert sich mit der Version CS4; über das neue *Masken*-Bedienfeld lassen sich Formebenen auch mit weichen Kanten versehen Ziehen Sie dazu bei aktivierter Formebene einfach den Regler *Weiche Kante* nach rechts.

◀ **Neu in CS4**

Abbildung 10.40
Vektormasken können in der Version CS4 auch weiche Kanten haben.

Auch die *Stärke* der Maske können Sie über das Bedienfeld reduzieren: Je niedriger der Wert, desto schwächer wird die Maske, so dass die Farbe sich auch halbtransparent in die übrigen Bildbereiche erstreckt.

Abbildung 10.41
Die Dichte der Maske wurde reduziert, so dass das Foto auch außerhalb der Maske durchscheint.

Gerasterte Formen zeichnen

Die dritte eingangs besprochene Möglichkeit zum Erstellen von Zeichnungen sind die sogenannten gerasterten Formen. Dabei handelt es sich nicht um Vektorobjekte, sondern um eingefärbte Pixel auf einer normalen Ebene.

Im Grunde genommen gleicht dieses Verfahren dem Erstellen von Auswahlbereichen, die mit der Vordergrundfarbe gefüllt werden – mit dem Unterschied, dass alle Formen einschließlich der *Eigenen Formen* zur Verfügung stehen.

Daraus geht hervor, dass gerasterte Formen nicht über editierbare Pfade verfügen.

1. Falls Sie sich noch in einer Vektorebene (also einer Form- oder der im nächsten Kapitel besprochenen Textebene) befinden, wählen Sie eine „normale" pixelbasierte Ebene aus oder erzeugen Sie eine neue leere Ebene.

2. Wählen Sie die gewünschte Vordergrundfarbe.

Abbildung 10.42

Eine gerasterte Form erstellen Sie über die Schaltfläche Pixel füllen.

3. Wählen Sie das passende Werkzeug. Sie haben die Wahl zwischen dem Rechteck-, dem abgerundeten Rechteck- oder dem Ellipsenwerkzeug, dem Linienzeichner oder dem Polygon- bzw. Eigene-Form-Werkzeug.

4. In der Optionenleiste klicken Sie auf die Schaltfläche *Pixel füllen*. Wählen Sie den gewünschten Modus und die Deckkraft sowie – falls gewünscht – das Kontrollkästchen *Glätten*, um die Form mit Anti-Aliasing zu versehen, und einen Ebenenstil. Ziehen Sie die Form in Ihrem Bild auf.

Text

Anders als in manchen anderen Bildbearbeitungsprogrammen, in denen Schriftzeichen immer aus Pixeln bestehen, kann Text in Photoshop rein vektorbasiert angelegt werden. Auf diese Weise bleibt Ihr Text jederzeit bearbeitbar und vor allem erscheint er in jeder Größe und Auflösung und auch nach Bearbeitungen unverändert glatt und gestochen scharf.

Wenn Sie mit der Textbearbeitung fertig sind, können Sie die Textebene rastern.

Text erstellen

Zum Einfügen von Texten in Ihr Bild stellt Photoshop Ihnen im *Werkzeuge*-Bedienfeld die Textwerkzeuge T ǀT zur Verfügung. Photoshop kennt horizontalen und vertikalen Text und unterscheidet zudem zwischen Punkttext und Absatztext. Punkttext verwenden Sie für kurze, einzeilige Texte, zum Beispiel einzelne Wörter für Überschriften oder Webseiten-Buttons. Absatztext ist das Richtige, wenn Sie längere Texte mit automatischem Zeilenumbruch eingeben wollen.

Punkttext eingeben

Bei Punkttext geben Sie keine Zeilenlänge vor; diese passt sich beim Erstellen dem Textumfang an. Der Text wird nicht automatisch umbrochen, das heißt, dass die Zeile fortgeführt wird, bis Sie mit der Tastenkombination �Ⓢ + ↵ einen Zeilenumbruch bzw. mit der ↵-Taste einen Absatz herbeiführen.

1. Klicken Sie das Werkzeug *Horizontaler Text* T im *Werkzeuge*-Bedienfeld an. Der Mauszeiger wird zum Textcursor. Der untere Querbalken dieses Cursors markiert die Grundlinie des geplanten Texts.

2. Klicken Sie dort, wo Sie mit der Texteingabe beginnen möchten. Tippen Sie den gewünschten Text direkt ein.

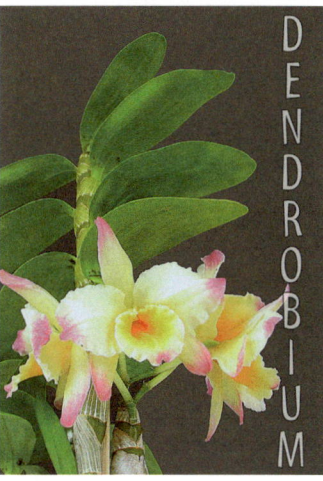

Abbildung 11.1
Text kann in Photoshop horizontal oder vertikal ausgerichtet sein.

Abbildung 11.2
Jeder eingegebene Text wird auf einer neuen Ebene platziert.

Abbildung 11.3
Bevor Sie Absatztext eingeben, ziehen Sie einen Rahmen dafür auf.

3. Bestätigen Sie die Textebene, indem Sie in der Optionen-leiste auf die Schaltfläche *Aktuelle Bearbeitung bestätigen* ✔ klicken, die ⎡Enter⎤-Taste auf dem Zehnerblock oder die Tastenkombination ⎡Strg⎤/⎡⌘⎤ + ⎡↵⎤ drücken.

Nach dem Bestätigen der Bearbeitung wird der Text in der aktuellen Vordergrundfarbe erstellt und auf einer eigenen, automatisch erstellten Ebene platziert.

Bisher müssen Sie sich noch nicht allzu viele Gedanken über Farbe, Schriftgrad und die genaue Platzierung des Textes machen. Denn alle diese Parameter lassen sich nachträglich noch ändern. Die Tatsache, dass Text stets auf einer eigenen Ebene platziert wird, hat den Vorteil, dass Sie ihn ohne Pro-bleme bearbeiten, zum Beispiel verschieben können, ohne dass die Pixel im Hintergrund dadurch gelöscht werden. Für jedes neue Textobjekt wird eine eigene Ebene erstellt. Bei Bedarf fassen Sie diese Ebenen zu einer einzigen Ebene zusammen (siehe Kapitel 9). Sie werden dann allerdings zu Pixelebenen.

Etwas anders sieht es von vornherein bei Bildern mit indi-zierten Farben aus. Hier wird der Text als Auswahl einge-fügt und nach dem Aufheben der Auswahl fest in das Bild integriert. Er steht also nicht mehr in Form von Vektoren zur Verfügung. Wandeln Sie ein indiziertes Bild deshalb vor der Texteingabe am besten zuerst in Echtfarben um (*Bild* → *Modus* → *RGB-Farbe*).

Vertikalen Punkttext eingeben

- Klicken Sie zuerst im *Werkzeuge*-Bedienfeld das *Textwerk-zeug* an. Klicken Sie in Ihrem Dokument an die Stelle, an der Sie mit der Texteingabe beginnen möchten, und dann in der Optionenleiste des Textwerkzeugs auf die Schalt-fläche *Textausrichtung ändern* ⊥T. Die Ausrichtung ändert sich von horizontal in vertikal.

- Oder Sie wählen im *Werkzeuge*-Bedienfeld aus der Gruppe des Textwerkzeugs das Werkzeug *Vertikaler Text* ⊥T. Kli-cken Sie danach an die Stelle, wo die Texteingabe beginnen soll, und geben Sie den gewünschten Text ein.

Absatztext eingeben

Im Unterschied zum Punkttext geben Sie für den Absatztext bei Bedarf eine feste Spaltenbreite an. Ist diese erreicht, bricht der Text automatisch in die nächste Zeile um.

Entscheiden Sie sich, ob der Text horizontal oder vertikal laufen soll, und wählen Sie dann im *Werkzeuge*-Bedienfeld das entsprechende Textwerkzeug.

1. Klicken Sie dort in das Dokumentfenster, wo eine der Ecken des geplanten Begrenzungsrahmens für den Text liegen soll. Ziehen Sie mit gedrückter Maustaste diagonal in eine beliebige Richtung, um den Rahmen aufzuziehen.

2. Geben Sie nun den Text ein. Am Ende einer Zeile bricht der Text automatisch um. Sie müssen also nur dann die ⏎-Taste drücken, wenn Sie ausdrücklich einen neuen Absatz beginnen möchten. Geben Sie mehr Text ein, als in den Begrenzungsrahmen passt, erhält dieser an seiner rechten unteren Kante ein sogenanntes Überlauf-Symbol ⊞.

3. Bestätigen Sie Ihre Eingabe mit einem Klick auf die Schaltfläche *Aktuelle Bearbeitungen bestätigen* ✔ in der Optionenleiste, mit der Enter-Taste auf dem Zehnerblock oder mit der Tastenkombination Strg/⌘ + ⏎.

4. Eine neue Ebene mit dem eingegebenen Text wird erstellt.

Die Größe des Begrenzungsrahmens von Absatztext nachträglich ändern

Manchmal stellt man nachträglich fest, dass der Begrenzungsrahmen von Absatztext größer oder kleiner sein sollte. Bei Bedarf ändern Sie diese Abmessungen, auch nach Abschluss der Texteingabe. Der Textfluss wird dann an die geänderte Rahmengröße angepasst.

1. Wählen Sie das gewünschte Textwerkzeug und klicken Sie im *Ebenen*-Bedienfeld auf die entsprechende Textebene.

2. Wählen Sie den Befehl *Bearbeiten → Frei transformieren*. Der Begrenzungsrahmen des Textes wird angezeigt.

Dieser Begrenzungsrahmen verfügt über acht Griffe. Platzieren Sie den Mauszeiger auf einem dieser acht Griffe, so dass der Zeiger zu einem Doppelpfeil wird. Ziehen Sie in eine beliebige Richtung, um den Rahmen zu skalieren.

Text transformieren

Zudem lässt sich der Begrenzungsrahmen und damit der darin enthaltene Text auch noch transformieren, also drehen, neigen und verzerren.

Genaue Abmessungen

Wünschen Sie genaue Abmessungen für den Begrenzungsrahmen, halten Sie nach der Auswahl des Textwerkzeugs die Alt-Taste gedrückt und klicken Sie in das Dokumentfenster oder ziehen Sie mit gedrückter Maustaste. Nun öffnet sich die Dialogbox *Größe des Absatztextes*, in die Sie die gewünschten Abmessungen eingeben.

Abbildung 11.4
Wenn Sie mit gedrückter Alt-Taste ziehen, können Sie dem Absatztextrahmen feste Abmessungen geben.

Textebene bestätigen

Sie müssen die Bearbeitung der Textebene stets bestätigen, um mit anderen Aktionen fortzufahren. Dies gilt nicht nur für die Texterstellung, sondern auch für die spätere Bearbeitung. Während der Bearbeitung sehen Sie in der Optionenleiste die Schaltflächen 🚫 und ✔; nach der Bestätigung verschwinden diese.

Rahmenproportionen erhalten

Sollen die Proportionen des Rahmens erhalten bleiben, halten Sie die ⇧-Taste gedrückt, während Sie an einem der Eckgriffe ziehen.

Abbildung 11.5
Oben: Positionieren Sie den Mauszeiger so, dass er zu einem gebogenen Doppelpfeil wird. Mitte: Ziehen Sie in die gewünschte Richtung, um den Rahmen samt enthaltenem Text zu drehen. Rechts: Text neigen

Abbildung 11.6
Horizontal gespiegelte Textebene und vertikal gespiegelter Text

1. Zeigen Sie auf die oben beschriebene Weise den Begrenzungsrahmen an. Um den Begrenzungsrahmen zu drehen, zeigen Sie außerhalb des Rahmens, bis der Begrenzungsrahmen zu einem gebogenen Doppelpfeil wird.

2. Ziehen Sie in eine beliebige Richtung. Der Rahmen und der darin enthaltene Text werden in diese Richtung gedreht. Bestätigen Sie die Änderung der Textebene mit einem Klick auf die Schaltfläche ✔ in der Optionenleiste bzw. durch Betätigen der `Enter`-Taste auf dem Zehnerblock bzw. der Tastenkombination `Strg`/`⌘` + `↵`.

3. Möchten Sie die Drehung in 15°-Schritten ausführen, halten Sie beim Ziehen die `⇧`-Taste gedrückt.

Der Rahmen wird stets um seinen Mittelpunkt gedreht. Dieser ist in der Grundeinstellung horizontal und vertikal im Begrenzungsrahmen zentriert. Er wird durch ein kleines Fadenkreuz-Symbol ✛ gekennzeichnet.

Soll die Drehung nicht um die Mitte des Rahmens erfolgen, verschieben Sie seinen Mittelpunkt. Halten Sie dazu die `Strg`/`⌘`-Taste gedrückt und gleichzeitig die Maustaste auf dem Mittelpunkt-Symbol ✛ gedrückt. Ziehen Sie es bei weiterhin gedrückter Maustaste an eine andere Stelle (diese kann sich ruhig auch außerhalb des Textbegrenzungsrahmens befinden).

Zum Neigen von Textrahmen benötigen Sie dabei einen der acht Griffe des Begrenzungsrahmens.

Zeigen Sie mit der Maus auf einen der seitlichen Griffe und halten Sie die `Strg`/`⌘`-Taste gedrückt. Der Mauszeiger sieht aus wie eine Pfeilspitze. Ziehen Sie in die gewünschte Richtung.

Über den Befehl *Bearbeiten* → *Transformieren* finden Sie noch weitere Transformationsmöglichkeiten, die Sie auf Ihren Text anwenden können.

Auf diese Weise lassen sich Texte beispielsweise auch horizontal und vertikal spiegeln.

Schriftart, Schriftgröße und Schriftschnitt ändern

Selbstverständlich lassen sich die Zeichen Ihres Textes nachträglich noch ändern und formatieren. Sie können etwa einzelnen Buchstaben, Wörtern oder ganzen Absätzen bestimmte Textformatierungen zuweisen. Dazu müssen Sie die gewünschte Textpassage zunächst markieren.

1. Wählen Sie im *Ebenen*-Bedienfeld die gewünschte Textebene aus und klicken Sie in den Text, so dass die Einfügemarke erscheint und blinkt.

2. Markieren Sie die gewünschte Textpassage.

3. Um die Schriftart des markierten Texts zu ändern, öffnen Sie in der Optionenleiste das Popup-Menü *Schriftfamilie einstellen*. Zu jeder Schriftart sehen Sie ein Schriftmuster, das Ihnen die Auswahl erleichtern soll.

4. Öffnen Sie das Popup-Menü rechts daneben und wählen Sie den gewünschten Schriftschnitt.

5. Sie haben je nach Schriftart beispielsweise folgende Auswahlmöglichkeiten: *Regular* (= Normal), *Bold Italic* (= Fett und kursiv), *Bold* (= Fett), *Italic* (= Kursiv).

6. Öffnen Sie das Popup-Menü zum Einstellen der Schriftgröße. Wählen Sie den Schriftgrad in Punkt oder geben Sie ihn direkt in das Textfeld ein. Bei Bedarf verwenden Sie hier auch eine andere Maßeinheit und geben sie direkt hinter dem Wert ein: Zentimeter (cm), Zoll (in), Pixel (px), Pica (pc). Photoshop wandelt die Eingabe beim Bestätigen der ⏎-Taste in die Standardmaßeinheit um.

Beachten Sie, dass ein PostScript-Punkt in einem 72-ppi-Bild 1/72 Zoll entspricht. Traditionelle Punkte sind etwas kleiner als PostScript-Punkte. Wechseln Sie bei Bedarf zwischen der PostScript-Definition und der traditionellen Definition der Punktgröße.

Im Abschnitt *Maßeinheiten & Lineale* der Dialogbox *Voreinstellungen* (*Voreinstellungen* → *Maßeinheiten & Lineale*) ändern Sie die Standardmaßeinheit für Text. Wählen Sie dazu unter *Punkt-/Pica-Größe* die gewünschte Option (siehe Abbildung auf der folgenden Seite).

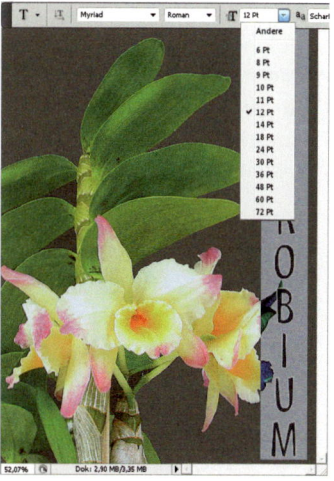

Abbildung 11.7
Die Schriftgröße für den markierten Text festlegen

Abbildung 11.8
Als Maßeinheit für die Schriftgröße können Sie unter anderem Zentimeter angeben – Photoshop rechnet sie in die Standardmaßeinheit um.

Schriften skalieren

Falls es Ihnen zu mühsam ist, die Schrift durch Ändern der Schriftgröße passgenau in Ihr Bild einzufügen, verwenden Sie stattdessen einfach die Transformieren-Werkzeuge. Drücken Sie dazu die Enter-Taste auf der Zehnertastatur, um den Textmodus zu verlassen, und wählen Sie dann *Bearbeiten* → *Frei Transformieren*. Mit gedrückter ⇧-Taste wahren Sie die Proportionen.

Nachdem Sie den Text mit dem Textwerkzeug markiert haben, klicken Sie in der Optionenleiste in das Feld *Schriftgrad einstellen*. Mit der ⬆-und der ⬇-Taste ändern Sie die Schriftgröße in Einerschritten. Halten Sie zusätzlich die ⇧-Taste gedrückt, wenn Sie die Pfeiltasten betätigen, ändern Sie die Schriftgröße in Zehnerschritten.

Abbildung 11.9

In den Voreinstellungen wählen Sie zwischen PostScript-Punkt und traditionellem Punkt.

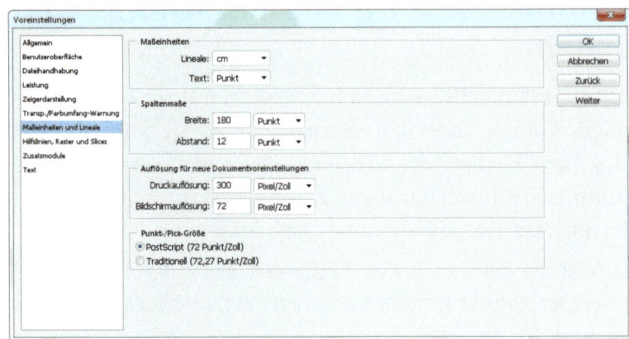

Betrachten Sie das Erscheinungsbild des Textes am besten immer in 100% Vergrößerung. Alle anderen Zoomstufen verfälschen die Optik des Textes (außer bei Open-GL-fähigen Grafikkarten).

Faux-Schriftschnitte einsetzen

Über die Optionenleiste können Sie nur diejenigen Schriftschnitte für eine bestimmte Schriftart auswählen, die in dieser tatsächlich enthalten sind.

Verfügt eine Schriftart nicht über den gewünschten Schnitt, zum Beispiel Kursiv (*Italic*), simulieren Sie diesen gegebenenfalls, indem Sie einen sogenannten Faux-Schnitt verwenden.

Garamond

Abbildung 11.10

Normalschnitt der Garamond

Garamond

Abbildung 11.11

Echter Kursivschnitt der Garamond

Garamond

Abbildung 11.12

Faux-Kursivschnitt der Garamond. Optisch lässt sich der Faux-Kursiv-Schnitt nicht mit dem echten Kursiv-Schnitt vergleichen.

Allerdings wirken diese Faux-Schnitte nicht so schön wie echte Kursiv-Schnitte, denn Letztere weichen meist vom Normal-Schnitt ab; bei klassischen Schriftarten basieren sie auf der Handschrift.

Der Faux-Kursiv-Schnitt hingegen stellt einfach alle Buchstaben gleichmäßig schräg. In einem solchen Fall ist es daher meist besser, entweder auf den Kursiv-Schnitt zu verzichten oder eine andere Schriftart auszuwählen.

1. Markieren Sie den gewünschten Schriftschnitt und zeigen Sie das *Zeichen*-Bedienfeld an.

2. Öffnen Sie das Bedienfeldmenü ▾≡ und wählen Sie den Eintrag *Faux Fett* bzw. *Faux Kursiv*.

Alternativ stehen diese Befehle am unteren Rand des *Zeichen*-Bedienfelds als Schaltflächen **T** (*Faux Fett*) bzw. *T* (*Faux kursiv*) zur Verfügung.

Text glätten

Sie können Ihren Text mit Antialiasing versehen, also verschieden stark glätten. Dadurch wird ein mehr oder minder starker Übergang zwischen den Kanten des Texts und dem Hintergrund erzeugt.

1. Markieren Sie den Text, dessen Glättung Sie ändern möchten. Alternativ wählen Sie im *Ebenen*-Bedienfeld die entsprechende Textebene aus.

2. Wählen Sie aus dem Popup-Menü *Glättung einstellen* ªa in der Optionenleiste den gewünschten Eintrag:

   - *Ohne*, um die Glättung abzuschalten.

   - Mit *Scharf* wirkt der Text schärfer; *Schärfer* steigert den Effekt noch.

   - Mit *Stark* wirkt der Text schwerer.

   - *Abrunden* lässt den Text weicher erscheinen.

Dieselben Befehle sind auch im Menü *Ebene*, Befehl *Text*, verfügbar.

Ein Nachteil der Glättung ist, dass die Farbanzahl erhöht wird, die für die Darstellung des Texts benötigt wird. Dies kann bei Bildern für Online-Medien, zum Beispiel das Internet, ein Nachteil sein, weil die Dateigröße dadurch ansteigt. Zudem kann der Text bei der für Online-Medien notwendigen geringen Bildauflösung auf recht unschöne Weise geglättet werden. Verbessern Sie die Darstellung zumindest ein wenig, indem Sie das Bedienfeld *Zeichen* öffnen und im Bedienfeldmenü den Befehl *Gebrochene Breiten* deaktivieren.

Die Textfarbe

Zunächst erhält der Text stets die Vordergrundfarbe. Wollen Sie eine andere Textfarbe verwenden, markieren Sie den Text, klicken Sie in der Optionenleiste auf das Farbfeld *Textfarbe einstellen* und wählen Sie aus dem nun angezeigten *Farbwähler* die gewünschte Farbe.

Eine besonders schnelle Möglichkeit, die Textfarbe des markierten Textes zu ändern: Stellen Sie die Vordergrundfarbe ein und betätigen Sie die Tastenkombination [Alt] + [Entf].

Den Zeilenabstand festlegen

Der Zeilenabstand, also der freie Platz zwischen Textzeilen, wird ebenfalls über das *Zeichen*-Bedienfeld festgelegt.

Markieren Sie den Text, dessen Zeilenabstand Sie ändern möchten. Öffnen Sie im Bedienfeld *Zeichen* das Popup-Menü

Abbildung 11.13
Text ohne Glättung

Abbildung 11.14
Text mit abgerundeter Glättung

Kleine Schriftgrade
In kleinen Schriftgraden sollten Sie aus Gründen der besseren Lesbarkeit auf eine Glättung verzichten.

Standard-Zeilenabstand
In der Grundeinstellung wird als Zeilenabstand 120 % der eingestellten Schriftgröße verwendet. Um diesen Standard zu ändern, zeigen Sie das *Absatz*-Bedienfeld an und wählen aus dem Bedienfeldmenü ▾≡ den Befehl *Abstände*. In das Feld *Autom. Zeilenabstand* geben Sie den gewünschten Wert ein (siehe Abbildung).

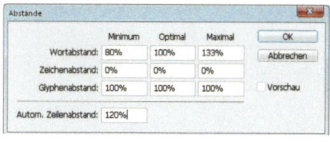

Abbildung 11.15
Den automatischen Zeilenabstand neu definieren

Zeilenabstand einstellen 🗛 und wählen Sie den gewünschten Wert aus. Alternativ geben Sie den Zeilenabstand direkt in das Textfeld ein.

Das Kerning regulieren

Besonders in großen Schriftgraden entstehen zwischen bestimmten Buchstabenpaaren, zum Beispiel AV und TO durch die spezielle Form dieser Buchstaben Schriftlücken, die recht unschön wirken.

Dieser Fehler kann schon bei der Texteingabe oder auch nachträglich behoben werden, da professionelle Schriftarten mit einer sogenannten Kerning-Tabelle ausgestattet sind. Diese legt die Abstände zwischen einzelnen Buchstabenpaaren fest.

1. Öffnen Sie im *Zeichen*-Bedienfeld das Popup-Menü *Abstand zwischen zwei Zeichen einstellen* 🗛.

2. Wählen Sie den Eintrag *Metrisch*, um das automatische Kerning, also den automatischen Ausgleich der Buchstabenabstände, einzuschalten. Geben Sie den gewünschten Text ein.

Wenn Sie das automatische Kerning noch nachträglich auf einen Text anwenden möchten, markieren Sie diesen und wählen Sie die Option *Metrisch*.

Billigschriften verfügen oftmals nicht über eine Kerning-Tabelle. Möchten Sie solche Schriftarten trotz ihrer vielen Nachteile einsetzen, sind Sie auf die manuelle Einstellung des Kernings angewiesen. Auch bei Schriften mit Kerning-Tabellen sind diese manchmal nur für bestimmte Schriftgrößen optimiert, weshalb Sie besonders in Überschriften das Kerning überprüfen sollten.

1. Klicken Sie mit dem Textwerkzeug zwischen die beiden Buchstaben, deren Kerning Sie einstellen möchten.

2. Öffnen Sie das Popup-Menü *Abstand zwischen zwei Zeichen einstellen* 🗛 und wählen Sie einen Wert aus. Alternativ geben Sie einen Wert direkt in das Textfeld ein.

Negative Werte verringern den Abstand zwischen dem Buchstabenpaar, positive Werte erhöhen ihn. Die Einheit für das Kerning (und die nachfolgend besprochene Laufweite) ist ein Tausendstelgeviert. Ein Geviert entspricht der Breite des Buchstabens **m** in der gewählten Schriftgröße.

Abbildung 11.16
Oben: Beachten Sie die Abstände zwischen dem Anfangs- und dem darauf folgenden Buchstaben. Unten: Die Abstände wurden ausgeglichen.

Die Laufweite einstellen

Während beim Kerning die Abstände zwischen zwei Buchstaben individuell eingestellt werden, ändern sich durch das Ändern der Laufweite die Abstände aller markierten Buchstaben.

1. Markieren Sie den gewünschten Text.

2. Im Bedienfeld *Zeichen* öffnen Sie das Popup-Menü *Laufweite für die ausgewählten Zeichen einstellen* und wählen Sie den gewünschten Wert aus. Alternativ geben Sie den gewünschten Wert gleich in das Textfeld ein.

Horizontale und vertikale Skalierung ändern

Mit der horizontalen und vertikalen Skalierung dehnen und stauchen Sie den markierten Text.

Klicken Sie dazu im Bedienfeld *Zeichen* in das Textfeld *Vertikal skalieren* $\mathbb{I}\mathbf{T}$ bzw. das Textfeld *Horizontal skalieren* $\mathbf{T}$.

Abbildung 11.17
Geänderte horizontale und vertikale Skalierung

Abbildung 11.18
Durch die Grundlinienverschiebung stellen Sie Text hoch oder tief.

Grundlinienverschiebung einstellen

In chemischen oder mathematischen Formeln und für viele andere Einsatzgebiete muss Text hoch- oder tiefgestellt werden. Dies erzielen Sie durch eine Grundlinienverschiebung. Dadurch wird der Abstand zwischen dem Text und der Textgrundlinie festgelegt.

1. Markieren Sie die Zeichen, die Sie hoch- oder tiefstellen möchten.

2. Im *Zeichen*-Bedienfeld geben Sie in das Feld *Grundlinienverschiebung einstellen* den gewünschten Wert ein. Ein positiver Wert sorgt dafür, dass der Text hochgestellt wird, ein negativer bewirkt die Tiefstellung.

Wenn Sie Text etwa für Formeln hoch- oder tiefstellen möchten, ist es meist praktischer, wenn Sie über das Bedienfeldmenü ≡ des *Zeichen*-Bedienfelds gehen und hier den Befehl *Hochgestellt* oder *Tiefgestellt* wählen. Dann werden die ausgewählten Buchstaben gleich verkleinert.

Alternativ stehen Ihnen diese Funktionen auch unten im *Zeichen*-Bedienfeld in Form von Schaltflächen zur Verfügung: Klicken Sie auf *Hochgestellt* $\mathbf{T}^1$ oder *Tiefgestellt* $\mathbf{T}_1$.

Abbildung 11.19
Hochgestellten Text wählen

Die Schaltflächen des Bedienfelds *Zeichen* nutzen

Im unteren Teil des Bedienfelds *Zeichen* finden Sie verschiedene weitere Schaltflächen, mit denen Sie schnell Formatierungen wie z.B. fett, kursiv, hochgestellt, tiefgestellt zuweisen.

Großschreibung bzw. Kapitälchen verwenden

Wenn Sie Versaltext eingeben möchten, müssen Sie sich nicht mit gedrückter ⇧-Taste abmühen. Vielmehr wählen Sie unten im *Zeichen*-Bedienfeld die Schaltfläche *Großbuchstaben* **TT** oder aus dem Bedienfeldmenü den gleichnamigen Befehl. Sie können diesen auch nachträglich auf markierte Zeichen anwenden.

Möchten Sie Text in Kapitälchen formatieren, wählen Sie aus dem Bedienfeldmenü ▾≡ den Befehl *Kapitälchen*.

Absätze über das Absatz-Bedienfeld formatieren

Abbildung 11.20
Die Absatzeigenschaften festlegen

Alle Absätze schnell auswählen
Um alle Absätze auf einmal auszuwählen, wählen Sie die Textebene
im *Ebenen*-Bedienfeld.

Unter „Absätzen" versteht man einen Textbereich, der mit dem Betätigen der ⇧-Taste abgeschlossen wird. Bei Punkttext wird jede Zeile als eigener Absatz gewertet. Formatieren Sie den Absatz über das *Absatz*-Bedienfeld, das sich in derselben Gruppe befindet wie das *Zeichen*-Bedienfeld. Alle Angaben, die Sie in diesem Bedienfeld machen, gelten stets für den gesamten Absatz, in dem die Einfügemarke steht.

Die Textausrichtung für horizontalen Text einstellen

Horizontal angeordneten Text ordnen Sie linksbündig, zentriert oder rechtsbündig an.

Über die Schaltflächen *Text links ausrichten* ≣, *Text zentrieren* ≣ und *Text rechts ausrichten* ≣ in der Optionenleiste oder des Bedienfelds *Absatz* legen Sie die gewünschte Ausrichtung fest. Das *Absatz*-Bedienfeld bietet Ihnen zusätzlich noch verschiedene Blocksatzarten. Für Punkttext sind diese Möglichkeiten deaktiviert.

Folgende Blocksatzoptionen sind für waagerechten Text verfügbar:

- ≣ *Blocksatz, letzte linksbündig*. Alle Zeilen bis auf die letzte werden im Blocksatz ausgerichtet. Die letzte Zeile ist linksbündig.

- ≣ *Blocksatz, letzte zentriert*. Alle Zeilen bis auf die letzte werden im Blocksatz ausgerichtet. Die letzte Zeile ist zentriert.

- ≣ *Blocksatz, letzte rechtsbündig*. Alle Zeilen bis auf die letzte werden im Blocksatz ausgerichtet. Die letzte Zeile ist rechtsbündig.

- ▤ *Text im Blocksatz ausrichten.* Der Blocksatz wird für alle Zeilen, einschließlich der letzten, erzwungen.

Die Textausrichtung für vertikalen Text einstellen

Auch für vertikalen Text gibt es verschiedene Ausrichtungsoptionen.

Haben Sie vertikalen Text markiert, ändert sich das Aussehen des *Absatz*-Bedienfelds. Wählen Sie zwischen den folgenden Ausrichtungen:

- ⦀ *Text oben ausrichten.* Der Text wird oben ausgerichtet – das Äquivalent zur linksbündigen Ausrichtung.

- ⦀ *Text zentrieren.* Der Text wird zentriert ausgerichtet.

- ⦀ *Text unten ausrichten.* Der Text wird unten ausgerichtet – das Äquivalent zum rechtsbündig ausgerichteten waagerechten Text.

- ⦀ *Blocksatz, letzte oben.* Alle Zeilen werden im Blocksatz ausgerichtet, bis auf die letzte. Diese wird oben ausgerichtet.

- ▤ *Blocksatz, letzte zentriert.* Alle Zeilen werden im Blocksatz ausgerichtet, bis auf die letzte. Diese wird zentriert ausgerichtet.

- ⦀ *Blocksatz, letzte unten.* Alle Zeilen werden im Blocksatz ausgerichtet, bis auf die letzte. Diese wird unten ausgerichtet.

- ⦀ *Text im Blocksatz ausrichten.* Alle Zeilen werden im Blocksatz ausgerichtet, einschließlich der letzten. Häufig führt diese Option zu unschönen Ergebnissen wie zu weit oder zu eng gesetztem Text.

Absatzabstände und Einzüge festlegen

Verschiedene Einzüge und Absatzabstände sind für den ausgewählten Absatz ebenfalls im Bedienfeld *Absatz* verfügbar.

Geben Sie im *Absatz*-Bedienfeld einen Wert für die gewünschte Einzugsart ein.

- ⬦ Mit dem Feld *Einzug am linken Rand* erstellen Sie einen Einzug ausgehend von der linken Kante bzw. der oberen Textkante (bei vertikalem Text).

- ⬦ Mit dem Feld *Einzug am rechten Rand* erstellen Sie einen Einzug ausgehend von der rechten Textkante bzw. der unteren Kante (bei vertikalem Text).

Der Weg, der von diesem Halbkreis weiter in den Garten führt, ist gesäumt von Chinesischen Rosen, weißen und rosafarbenen, hier und da von einem Persisch-Gelb. Ich wünschte mir, ich hätte Teerosen dort gepflanzt und mir schwant Schlimmes bei der Wirkung des Persisch-Gelbs zwischen den chinesischen Rosen, denn letztere sind solche Winzlinge und das Persisch-Gelb sieht so aus, als wolle es zu mächtigen Büschen werden.

Abbildung 11.21
Blocksatz, letzte linksbündig

Der Weg, der von diesem Halbkreis weiter in den Garten führt, ist gesäumt von Chinesischen Rosen, weißen und rosafarbenen, hier und da von einem Persisch-Gelb. Ich wünschte mir, ich hätte Teerosen dort gepflanzt und mir schwant Schlimmes bei der Wirkung des Persisch-Gelbs zwischen den chinesischen Rosen, denn letztere sind solche Winzlinge und das Persisch-Gelb sieht so aus, als wolle es zu mächtigen Büschen werden.

Abbildung 11.22
Blocksatz, letzte zentriert

Der Weg, der von diesem Halbkreis weiter in den Garten führt, ist gesäumt von Chinesischen Rosen, weißen und rosafarbenen, hier und da von einem Persisch-Gelb. Ich wünschte mir, ich hätte Teerosen dort gepflanzt und mir schwant Schlimmes bei der Wirkung des Persisch-Gelbs zwischen den chinesischen Rosen, denn letztere sind solche Winzlinge und das Persisch-Gelb sieht so aus, als wolle es zu mächtigen Büschen werden.

Abbildung 11.23
Blocksatz, letzte rechtsbündig

Der Weg, der von diesem Halbkreis weiter in den Garten führt, ist gesäumt von Chinesischen Rosen, weißen und rosafarbenen, hier und da von einem Persisch-Gelb. Ich wünschte mir, ich hätte Teerosen dort gepflanzt und mir schwant Schlimmes bei der Wirkung des Persisch-Gelbs zwischen den chinesischen Rosen, denn letztere sind solche Winzlinge und das Persisch-Gelb sieht so aus, als wolle es zu mächtigen Büschen werden.

Abbildung 11.24
Text im Blocksatz ausrichten

Abbildung 11.25
Die Silbentrennung definieren

Hängende Interpunktion festlegen

Unter „hängender Interpunktion" versteht man die Möglichkeit, Satzzeichen außerhalb der Ränder des Textblocks zu setzen. Dies gilt für Punkte, Kommas, einfache und doppelte Anführungszeichen, Apostrophe, Trennstriche, Geviert- und Halbgeviertstriche, Doppelpunkte und Semikola außerhalb der Ränder. Diese Möglichkeit gibt es nur für Absatztext.

Wählen Sie aus dem Bedienfeldmenü ▾≡ des *Absatz*-Bedienfelds den Befehl *Hängende Interpunktion Roman*.

„Das wahre Geheimnis der Welt ist das Sichtbare, nicht das Unsichtbare."

Oscar Wilde

„Das wahre Geheimnis der Welt ist das Sichtbare, nicht das Unsichtbare."

Oscar Wilde

Abbildung 11.26
Oben: ohne hängende Interpunktion, unten: mit hängender Interpunktion

- ⁺≣ Mit dem Feld *Einzug erste Zeile* wird nur die erste Zeile um den von Ihnen angegebenen Wert eingerückt. Alternativ erstellen Sie einen hängenden Einzug, indem Sie einen negativen Wert eingeben.

- Den Absatzabstand bestimmen Sie im *Absatz*-Bedienfeld über die Felder *Abstand vor Absatz eingeben* ≣ und *Abstand nach Absatz einfügen* ₊≣.

Die Silbentrennung einstellen

Aktivieren Sie gegebenenfalls für Ihren Absatztext die automatische Silbentrennung. Dazu stehen Ihnen verschiedene Optionen zur Verfügung. Zum Aktivieren der automatischen Silbentrennung achten Sie darauf, dass im *Absatz*-Bedienfeld das Kontrollkästchen *Silbentrennung* aktiviert ist. Um die Optionen für die automatische Silbentrennung einzustellen, öffnen Sie das Bedienfeldmenü ▾≡ des *Absatz*-Bedienfelds und wählen Sie den Befehl *Silbentrennung*. Die folgenden Einstellungen stehen Ihnen zur Verfügung:

- Im Feld *Wörter länger als* legen Sie die minimale Zeichenanzahl für getrennte Wörter fest.

- In den Feldern *Nach ersten* und *Vor letzten* geben Sie die minimale Zeichenanzahl am Anfang oder Ende eines Wortes an, die getrennt werden dürfen.

- Im Feld *Max. Trennstriche* geben Sie an, wie viele Trennstriche in aufeinander folgenden Zeilen vorkommen dürfen. Geben Sie hier 0 ein, dürfen unbegrenzt viele Trennstriche aufeinander folgen.

- Im Feld *Trennbereich* geben Sie den Abstand vom Ende einer Zeile an, bei dem ein Wort in Text ohne Blocksatz umbrochen werden darf.

- Wenn Wörter nicht in Großbuchstaben getrennt werden sollen, deaktivieren Sie das Kontrollkästchen *Trennung großgeschriebener Wörter*.

Bestätigen Sie zuletzt mit *OK*.

Bestimmte Wörter zusammenhalten

Bestimmte Wörter, zum Beispiel Personennamen, sollen nicht getrennt werden.

- Wählen Sie ein solches Wort aus und öffnen Sie das Bedienfeldmenü ▾≡ des *Zeichen*-Bedienfelds. Wählen Sie den Befehl *Kein Umbruch*.

Textebenen krümmen

In der Optionenleiste bietet sich Ihnen die Möglichkeit, Texte zu verzerren. Sie haben hier die Wahl zwischen einer Vielzahl von Formen, zum Beispiel Wellen und Bögen.

1. Markieren Sie die gewünschte Textebene. Wählen Sie im *Werkzeuge*-Bedienfeld das Textwerkzeug und klicken Sie in der Optionenleiste auf die Schaltfläche *Verkrümmten Text erstellen* ⚓. Alternativ wählen Sie *Ebene → Text → Text verkrümmen*.

2. In der folgenden Dialogbox wählen Sie aus dem Popup-Menü *Stil* einen Verkrümmungsstil. Klicken Sie eines der Optionsfelder *Horizontal* und *Vertikal* an, um die Ausrichtung des Verkrümmungseffekts festzulegen. Bei einigen Verkrümmungsstilen sind diese Optionen nicht anwählbar.

3. Betätigen Sie die Regler *Biegung, Horizontale Verzerrung* und *Vertikale Verzerrung*.

- Die Biegung bestimmt dabei, wie stark die Ebene gekrümmt werden soll.

- Mit *Horizontale Verzerrung* und *Vertikale Verzerrung* gestalten Sie die Krümmung überdies perspektivisch.

4. Bestätigen Sie schließlich mit *OK*, um die Krümmung anzuwenden.

Ebenenstile für Text anwenden

Photoshop-Texte können Sie mit allen in der Dialogbox *Ebenenstil* verfügbaren Effekten ausstatten. Außerdem hält das Programm zwei Ebenenstil-Bibliotheken speziell für Texte bereit. Die Ebenenstile gelten – genauso wie die Verkrümmung – stets für die gesamte Textebene.

1. Um Ihren Text mit einem Ebenenstil zu versehen, öffnen Sie im *Ebenen*-Bedienfeld das Kontextmenü auf der Textebene und wählen *Fülloptionen*. Daraufhin wird die Dialogbox *Ebenenstil* angezeigt.

Faux-Fett und Bitmap-Schriften

Schriften mit einer *Faux Fett*-Formatierung oder Schriften ohne Konturdaten (z.B. Bitmap-Schriften) lassen sich nicht verkrümmen.

Abbildung 11.27
Text verkrümmen

Abbildung 11.28
Drei Textebenen, in verschiedene Formen gekrümmt. Der ausgewählte Verkrümmungsstil ist ein Attribut der Textebene. Das bedeutet, dass die Verkrümmung für alle Texte auf der Ebene gilt. Einzelne Zeichen auf einer Ebene lassen sich also nicht ändern. Ändern Sie den Verkrümmungsstil, ändert sich die Form der Verkrümmung für die gesamte Ebene.

Das Bedienfeld *Stile*

Noch schneller arbeiten Sie mit dem Bedienfeld *Stile* (*Fenster → Stile*), weil Sie dieses bei der Arbeit geöffnet lassen können.

Abbildung 11.29
Bestimmt ist für jeden Anlass der richtige Texteffekt dabei.

2. Klicken Sie nun ganz links oben in der Dialogbox auf die Beschriftung *Stile*. Im Hauptbereich der Dialogbox wird die *Stile*-Palette angezeigt.

3. Öffnen Sie das Bedienfeldmenü ▾☰ dieser Palette und wählen Sie die Bibliothek *Texteffekte* oder *Texteffekte 2* (natürlich könnten Sie auch eine andere Bibliothek wählen, aber die Texteffekte gelingen eben mit Texten besonders gut).

4. Wählen Sie den gewünschten Effekt aus. Bei aktiviertem Kontrollkästchen *Vorschau* sehen Sie die Auswirkungen gleich im Dokumentfenster.

5. Sobald Sie den gewünschten Effekt gefunden haben, verlassen Sie die Dialogbox mit *OK*.

Auf diese Weise versehen Sie Ihre Texte schnell und einfach mit einer besonderen Gestaltung. Vergleichen Sie zu diesem Thema auch das Kapitel 9.

Abbildung 11.30
Voll bearbeitbare Mehrfachtextkonturen erzeugen Sie über Ebenenstile.

Doppelte oder dreifache Textkonturen gestalten

Doppelte oder gar dreifache Konturen für Texte lassen sich mit Ebenenstilen gestalten. Ihr Text bleibt dabei von Anfang bis Ende bearbeitbar. Sie können seine Formatierung und seinen Wortlaut auch nachträglich noch ändern.

1. Bei aktivierter Textebene wählen Sie *Ebene → Ebenenstil → Kontur*. Legen Sie die gewünschte Konturbreite und -farbe für die innere Kontur fest (im Beispiel links Weiß).

2. Lassen Sie die Dialogbox geöffnet und aktivieren Sie den Ebenenstil *Schein nach außen*.

3. Wählen Sie die gewünschte Konturfarbe und setzen Sie *Deckkraft* und *Überfüllen* auf jeweils *100%*.

4. Ziehen Sie den Regler *Größe*, bis die zweite Kontur die gewünschte Breite hat.

5. Sogar eine dritte Kontur können Sie hinzufügen: Klicken Sie in derselben Dialogbox auf den Ebenenstil *Schlagschatten*. Wählen Sie die gewünschte Konturfarbe und setzen Sie *Deckkraft* und *Überfüllen* auf jeweils *100%*, den *Abstand* auf *0*. Ziehen Sie den Regler *Größe*, bis die Kontur die gewünschte Breite hat.

6. Bestätigen Sie zuletzt Ihre Einstellungen mit *OK*.

Punkttext in Absatztext umwandeln und umgekehrt

Punkttext kann nachträglich in Absatztext konvertiert werden und umgekehrt. Beim Konvertieren von Absatztext in Punkttext sollten Sie berücksichtigen, dass nur die im Begrenzungsrahmen sichtbaren Zeichen konvertiert werden.

- Zeigen Sie das Bedienfeld *Ebenen* an und wählen Sie die gewünschte Textebene aus.
- Wählen Sie *Ebene* → *Text* → *In Punkttext konvertieren* bzw. *Ebene* → *Text* → *In Absatztext konvertieren*.

Texte in Arbeitspfade, Formen oder Rasterebenen konvertieren

Aus einem Text lässt sich auch ein Arbeitspfad erstellen, der wie jeder andere Pfad gespeichert und bearbeitet werden kann. Wählen Sie dazu *Ebene* → *Text* → *Arbeitspfad erstellen*.

Beachten Sie dabei, dass Sie die Zeichen des Texts dann nicht mehr bearbeiten, also Tippfehler beispielsweise nicht mehr korrigieren können.

Zudem können Sie einen Text in eine Vektorform umwandeln. Wählen Sie eine Textebene aus und wählen Sie *Ebene* → *Text* → *In Form konvertieren*.

In diesem Fall wird die Textebene zu einer Ebene mit einer Vektormaske. Dieser kann dann bearbeitet und mit Effekten versehen werden. Auch in diesem Fall lassen sich Tippfehler nicht mehr korrigieren.

Manche Funktionen, zum Beispiel die verschiedenen Filter (siehe Kapitel 13) oder die Malwerkzeuge, funktionieren auf Textebenen nicht. Das liegt daran, dass der Text in Form von Vektoren angelegt wird, damit sie stufenlos skaliert und ohne Treppcheneffekt ausgedruckt werden.

Damit sich die Funktionen, die nur mit Pixelgrafiken einsetzbar sind, auf Texte anwenden lassen, müssen Sie die Textebene rastern. Der Text ist danach nicht mehr als solcher bearbeitbar (Tippfehler können nicht korrigiert werden) und die Textebene wird zu einer normalen Ebene.

Zeigen Sie das Bedienfeld *Ebenen* an und wählen Sie hier Ihre gewünschte Textebene aus. Wählen Sie *Ebene* → *Rastern* → *Text*. Die Textebene ist nun in eine normale Ebene umgewandelt worden.

Text schnell in eine Auswahl konvertieren

Auch nachträglich lässt sich Text noch in eine Auswahl konvertieren: Klicken Sie die Miniatur der Textebene im *Ebenen*-Bedienfeld mit gedrückter [Strg]/[⌘]-Taste an und löschen Sie eventuell anschließend die Textebene.

Textauswahlbegrenzungen erstellen

Mit Photoshop können Sie nicht nur Text erzeugen, sondern auch Auswahlbereiche in Form des eingegebenen Texts erstellen. Dieser Auswahlbereich kann dann wie jede andere Auswahl auch behandelt werden.

Zu diesem Zweck verwenden Sie die Werkzeuge *Horizontales Textmaskierungswerkzeug* T bzw. *Vertikales Textmaskierungswerkzeug* T in der Gruppe des Textwerkzeugs. Wählen Sie die gewünschten Textoptionen und geben Sie Ihren Text dann wie üblich ein. Der eingegebene Text erscheint als Auswahl. Dieses Verfahren ist jedoch ziemlich unflexibel. Falls Sie einen Auswahlbereich in Textform benötigen, verwenden Sie daher besser die im folgenden Kasten geschilderte Technik.

Abbildung 11.31

Erzeugen Sie aus dem Text eine Auswahl. Nachdem Sie eine neue Ebene erzeugt haben, blenden Sie die Textebene aus.

Texte mit Pinselfüllungen und -konturen versehen

Interessante Effekte erzielen Sie, wenn Sie Ihre Texte mit zwei verschiedenen Pinseltechniken kombinieren:

1. Geben Sie Ihren Text ein. Im *Ebenen*-Bedienfeld klicken Sie dann mit gedrückter [Strg]/[⌘]-Taste auf das Symbol der Textebene. Mit dieser Tastenkombination laden Sie den Ebeneninhalt als Auswahl.

2. Erzeugen Sie mit einem Klick auf das Symbol *Neue Ebene erstellen* im *Ebenen*-Bedienfeld eine neue Ebene.

3. Blenden Sie die Textebene mit einem Klick auf ihr Augensymbol aus.

4. Aktivieren Sie im *Werkzeuge*-Bedienfeld das *Pinsel*-Werkzeug. Wählen Sie eine geeignete, effektvolle Pinselspitze (im Beispiel *Dünengras*) mit der gewünschten Stärke.

5. Wählen Sie die gewünschte Vordergrundfarbe und übermalen Sie die Auswahl.

6. Im *Pfade*-Bedienfeld klicken Sie auf das Symbol *Arbeitspfad aus Auswahl erstellen*.

7. Öffnen Sie dann das Bedienfeldmenü des *Pfade*-Bedienfelds und wählen Sie den Befehl *Pfadkontur füllen*. Achten Sie darauf, dass hier *Pinsel* ausgewählt ist, und klicken Sie auf *OK*. Wiederholen Sie den Schritt 8 gegebenenfalls noch einmal.

Text am Pfad ausrichten

Durch das Ausrichten von Text auf einem zuvor gezeichneten Pfad erzielen Sie in Photoshop ohne viel Aufwand interessante Texteffekte.

1. Erstellen Sie zunächst den Pfad, an dem Sie den Text ausrichten möchten.

2. Wählen Sie das *Horizontale Textwerkzeug* T oder das *Vertikale Textwerkzeug* ↓T.

3. Zeigen Sie auf den Pfad. Am Cursor erscheint eine gewellte Linie.

4. Klicken Sie. Die Einfügemarke wird am Anfang des Pfads angezeigt.

5. Beginnen Sie mit der Texteingabe. Der eingegebene Text verläuft unmittelbar auf dem Pfad.

6. Formatieren Sie dann den Text nach Ihren Wünschen.

Abbildung 11.32
Klicken Sie mit einem Textwerkzeug auf den Pfad, um die Einfügemarke an dessen Anfang zu stellen. Der Text, den Sie nun erstellen, wird direkt auf dem Pfad ausgerichtet.

Text auf dem Pfad verschieben

Falls Sie den Text nachträglich auf anderen Abschnitten des Pfads ausrichten möchten, wählen Sie das Werkzeug *Direktauswahl* ↖ aus und zeigen Sie damit auf den Text. Der Cursor wird um einen Pfeil ergänzt.

- Solange der Pfeil nach rechts weist, verschieben Sie mit gedrückter Maustaste den Anfangspunkt des Textes.

- Weist der Pfeil nach links, verschieben Sie mit gedrückter Maustaste den Endpunkt des Textes.

Text in eine Form setzen

Auch innerhalb einer Form auf einer Vektorebene oder innerhalb eines geschlossenen Pfads lässt sich Text platzieren.

1. Erstellen Sie die gewünschte Form bzw. den gewünschten Pfad.

2. Klicken Sie mit einem Textwerkzeug hinein.

Es ist schwer, sich vorzustellen, dass wir in drei Monaten wahrscheinlich eingeschneit sein werden und sicherlich frieren. Dieser Monat hat etwas an sich, das mich an den April erinnert. Die gleiche Milde ist in der Luft und der Himmel und das Gras haben das gleiche Aussehen. Letzte Nacht hatten wir 7 Grad minus und als erstes ging ich am Morgen nach unten, um zu sehen, was aus den Teerosen geworden war, und siehe da, sie waren hellwach und putzmunter, zwar mit Raureif bedeckt, aber alles andere als schwarz und verdorrt. Besonders die Bouquet strotzt nur so von Knospen. Allerdings darf ich die Vorsehung nicht allzu sehr herausfordern und habe darum

Abbildung 11.33
Text lässt sich auch in Vektorformen oder Pfade eingeben.

3. Geben Sie den Text ein und formatieren Sie ihn.

Haben Sie den Text schon in einem Textprogramm vorbereitet, wählen Sie ihn dort aus und kopieren Sie ihn mit `Strg`/`⌘` + `C`. In Photoshop klicken Sie mit dem entsprechenden Textwerkzeug auf den vorbereiteten Pfad und fügen den Text mit der Tastenkombination `Strg`/`⌘` + `V` ein.

Selbstverständlich können Sie die Pfadform wie üblich nachträglich bearbeiten. Der Text läuft mit.

Texte um Bilder fließen lassen

Als InDesign-Anwender kennen Sie bestimmt die Möglichkeit, Texte um Grafiken fließen zu lassen. Auch in Photoshop ist dies mit der folgenden Vorgehensweise möglich:

Stellen Sie das gewünschte Bild frei und ziehen Sie es mit dem Verschieben-Werkzeug in ein neues, leeres Dokument.

Wählen Sie im *Werkzeuge*-Bedienfeld das *Zeichenstift*-Werkzeug 🖊. In der Optionenleiste aktivieren Sie das Symbol *Formebenen*. Zeichnen Sie auf der Seite des Objekts, auf der es vom Text umflossen werden soll, einen Pfad, der seinen Konturen folgt.

Halten Sie die ⌐-Taste gedrückt und vervollständigen Sie den Pfad durch Klicks mit rechtwinkligen Linien. Schließen Sie den Pfad durch einen Klick auf den Anfangspunkt.

Achten Sie darauf, dass im *Ebenen*-Bedienfeld die Vektormaske aktiviert ist, und klicken Sie mit dem Textwerkzeug in die gezeichnete Form und geben Sie Ihren Text ein.

Aktivieren Sie im *Ebenen*-Bedienfeld die Formebene und löschen Sie sie mit einem Klick auf das Papierkorb-Symbol.

Abbildung 11.34
Textumflüsse sind auch in Photoshop möglich.

Einen Schriftzug mit Verläufen, Füllmustern und Bildern füllen

Wie Sie gesehen haben, hat Text in Photoshop immer eine einheitliche Farbe. Es ist nicht möglich, Musterfüllungen oder Verläufe als Füllung zu verwenden.

Trotzdem ist es kein Problem, einen Text mit einem Muster oder einem Verlauf darzustellen:

1. Geben Sie den Text ein. Schließen Sie die Textbearbeitung mit der `Enter`-Taste auf dem Zehnerblock ab.

2. Wählen Sie *Ebene* → *Ebenenstil* → *Verlaufsüberlagerung* bzw. *Musterüberlagerung*.

3. Wählen Sie den gewünschten Verlauf bzw. das gewünschte Muster aus.

Eine weitere, flexible Möglichkeit, einen Text mit einem Bild zu füllen, zeigen die nächsten Abbildungen. Wie Sie erkennen können, lässt sich die Textebene auch mit Ebeneneffekten versehen. Und selbstverständlich können Sie den Wortlaut des Textes nachträglich noch ändern. Außerdem lassen sich Text und Bild unabhängig voneinander bewegen: Wählen Sie im *Werkzeuge*-Bedienfeld das *Verschieben*-Werkzeug und deaktivieren Sie das Kontrollkästchen *Automatisch auswählen*. Klicken Sie jetzt auf die Miniatur der jeweiligen Ebene und ziehen Sie den Ebeneninhalt im Bild umher.

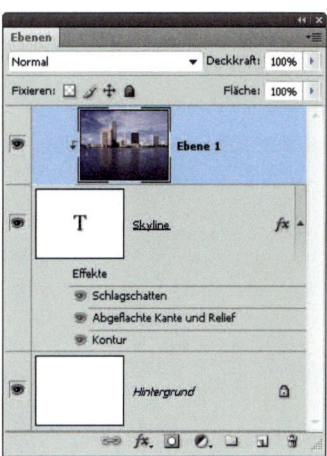

Abbildung 11.35

Geben Sie den gewünschten Text ein und formatieren Sie ihn.

Abbildung 11.36

Öffnen Sie das Bild, mit dem Sie den Text füllen möchten. Wählen Sie das komplette Bild mit Strg/⌘ + A *aus und kopieren Sie es mit* Strg/⌘ + C *in die Zwischenablage. Zeigen Sie das Dokument mit dem Text an und betätigen Sie* Strg/⌘ + V, *um das Bild aus der Zwischenablage als neue Ebene einzufügen. Wählen Sie* Ebene → Schnittmaske erstellen.

Kanäle

12

Jedes Photoshop-Dokument enthält von vornherein Kanäle, in denen die Farbinformationen gespeichert sind. Der Farbmodus des Bilds bestimmt die Anzahl der Kanäle.

Was sind Kanäle?

Ein CMYK-Bild (Cyan/Magenta/Gelb/Schwarz) enthält beispielsweise vier Kanäle: einen Cyan-, einen Magenta-, einen Gelb- und einen Schwarzkanal.

Ein RGB-Bild (Rot/Grün/Blau) verfügt hingegen nur über drei Kanäle: einen Rot-, einen Grün- und einen Blaukanal.

Daraus resultiert, dass ein CMYK-Bild mehr Speicherplatz benötigt als ein RGB-Bild: Immerhin hat es einen Kanal mehr. Hinzuzufügen ist, dass jede Ebene eines Bilds einen eigenen Farbkanalsatz besitzt.

Abbildung 12.1
Oben und links unten: Die Farbinformationen eines Bilds (hier eines RGB-Bilds) werden in einzelnen Farbkanälen gespeichert. Rechts unten: Alle Kanäle zusammen ergeben den Gesamtkanal.

Nun könnten Sie dem Bild noch weitere Kanäle, zum Beispiel sogenannte Alphakanäle, hinzufügen. Mit dieser Art von Kanälen speichern Sie eine Auswahl in Ihrem Bild als Graustufenbild, um eine Maske zu erstellen. Jeder neue Kanal erhöht den Speicherbedarf des Bilds.

Indizierte Bilder

Für Bilder im indizierten Farbformat sind keine Kanäle verfügbar. Möchten Sie die Kanäle eines solchen Bilds anzeigen und bearbeiten, müssen Sie es vorher mit *Bild → Modus* in ein RGB- oder CMYK-Bild umwandeln.

Farbige Kanaldarstellung

Falls Sie die Kanäle farbig anzeigen wollen, wählen Sie *Bearbeiten → Voreinstellungen → Benutzeroberfläche* und aktivieren das Kontrollkästchen *Farbauszüge in Farbe anzeigen*.

Abbildung 12.2
Bei Bedarf zeigen Sie die Kanäle in Farbe an.

Darüber hinaus erstellen Sie bei Bedarf Volltonfarbkanäle. Zusätzliche Volltonfarbkanäle verwenden Sie, wenn bei der Reproduktion Ihres Bilds zusätzliche Druckplatten mit Volltonfarben verwendet werden sollen.

Sie können Ihr Bild mit bis zu 56 Kanälen ausstatten.

Das Bedienfeld Kanäle

Die einzelnen Kanäle Ihres Bilds werden im Bedienfeld *Kanäle* in Graustufen dargestellt.

Mithilfe des *Kanäle*-Bedienfelds bearbeiten Sie jeden einzelnen Kanal in Ihrem Bild gesondert und erstellen auch eigene Kanäle, die sogenannten Alphakanäle.

- In der Grundeinstellung ist stets der Gesamtkanal aktiviert, so dass Sie das Gesamtbild mit allen Kanälen im Dokumentfenster ansehen können.
- Möchten Sie einen einzelnen Farbkanal betrachten, klicken Sie ihn im *Kanäle*-Bedienfeld an.
- Je nachdem, welchen Kanal Sie angeklickt haben, ändert sich die Darstellung des Bilds im Dokumentfenster. In der Abbildung 12.3 beispielsweise werden nur noch die Cyan-Komponenten des Bilds dargestellt

Alle Änderungen, die Sie nun an dem Bild vornehmen, wirken sich nur auf den ausgewählten Kanal aus.

- Eine schwarze Füllfarbe bedeutet dabei im CMYK-Modus volle Deckkraft der angezeigten Kanalfarbe.
- Weiß bedeutet, dass die Farbe völlig entfernt wird.
- Graustufen bedeuten unterschiedliche Deckkraftstufen. Ein Beispiel: Füllen Sie im abgebildeten Bild den Magentakanal komplett weiß, dann kommt diese Farbe nicht mehr im Bild vor.

Im RGB-Modus verhält es sich gerade umgekehrt: Füllen Sie hier einen Kanal weiß, erhält diese Farbe vollständige Deckkraft, füllen Sie ihn schwarz, wird diese Farbe aus dem Bild entfernt.

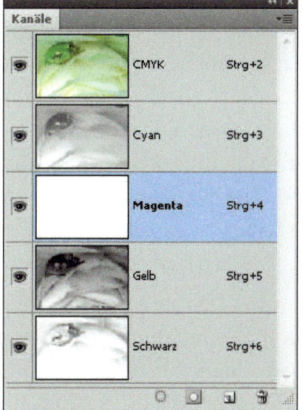

Abbildung 12.3
Die Farbe Magenta wurde bei diesem CMYK-Bild vollständig aus dem Bild entfernt, indem der Kanal weiß gefüllt wurde.

Abbildung 12.4
Im RGB-Modus verhält es sich gerade umgekehrt: Um eine Farbe aus dem Bild zu entfernen, füllen Sie den jeweiligen Kanal schwarz.

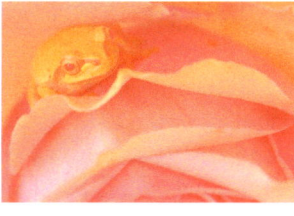

Abbildung 12.5
Nur Cyan- und Magentakanal werden angezeigt.

Möchten Sie wieder das Bild mit allen Farbkomponenten sehen, markieren Sie erneut den Gesamtkanal in der ersten Zeile des *Kanäle*-Bedienfelds. Im Bedarfsfall zeigen Sie mehrere Kanäle gleichzeitig an, um sie zu bearbeiten. Dazu markieren Sie die gewünschten Kanäle im *Kanäle*-Bedienfeld mit gedrückter ⬆-Taste.

Masken erstellen

Oben wurde bereits erwähnt, dass Sie außer den sowieso vorhandenen Farbkanälen noch zusätzliche Alphakanäle in Ihrem Bild erzeugen und speichern können. Mit Alphakanälen erstellen Sie beispielsweise Masken aus Auswahlbereichen. Diese sind eine hervorragende Alternative oder Ergänzung zum herkömmlichen Auswahlbereich: So können Sie beispielsweise eine Auswahl in einen Alphakanal konvertieren, diesen mit den Malwerkzeugen korrigieren und erweitern und wieder in eine Auswahl umwandeln.

Außerdem stellen Sie mithilfe von Alphakanälen sogenannte Kanalberechnungen an. Sie können damit die Pixelwerte verschiedener Kanäle einander überlagern lassen und kombinieren, um so ein neues Bild zu erzeugen.

In Photoshop gibt es verschiedene Maskentypen:

- Temporäre Masken (d. h. Masken, die nicht gespeichert werden können) erstellen Sie im Maskierungsmodus. Dabei werden nicht ausgewählte Bildteile mit einer Rotfolie abgedeckt. So erkennen Sie, ob Ihre Auswahl „passt".
- Alphakanäle werden eingesetzt, um als Masken verwendete Auswahlbereiche zu speichern.
- Die bereits erläuterten Ebenenmasken verwenden Sie, wenn Sie Masken für einzelne Ebenen erstellen wollen.

Temporäre Masken erstellen

Temporäre Masken erstellen Sie im Maskierungsmodus per Taste Q. In Kapitel 5 sind wir schon einmal darauf eingegangen. Diese Art von Maske geht beim Schließen der Bilddatei verloren und kann nicht gespeichert werden.

Im Maskierungsmodus wird der nicht ausgewählte Bereich halbtransparent rot dargestellt (bei der manuellen Fotoretusche verwendet man tatsächlich eine rote Folie). Sämtliche Bildbearbeitungen, wie Malwerkzeuge oder Filter, werden ausschließlich auf den temporären Maskenkanal angewandt.

Nachdem Sie in den Maskierungsmodus umgeschaltet und im Bild eine Auswahl erstellt haben, wird im *Kanäle*-Bedienfeld ein vorübergehender Maskenkanal angezeigt. Er verschwindet, sobald Sie den Maskierungsmodus wieder verlassen.

Eine Besonderheit des Maskierungsmodus ist, dass Sie ausgewählte Bereiche nun mit den Malwerkzeugen wie z.B. dem Pinsel erweitern können.

Abbildung 12.6
Alles außer den Rahmen der Vorsatzlinsen wurde ausgewählt.

Abbildung 12.7
Umschalten in den Maskierungsmodus (die nicht ausgewählten Teile werden im Bild mit einer Rotfolie überzogen dargestellt, im Kanäle-Bedienfeld schwarz).

Abbildung 12.8
Links: Die Maske kann nun mit dem Pinsel-Werkzeug erweitert oder verkleinert werden. In diesem Fall wurden die Linsen mit dunkelgrauer Farbe übermalt, um ihre Halbtransparenz zu bewahren. Rechts: Konvertieren Sie die Maske wieder in eine normale Auswahl, werden die halbtransparenten Bereiche zu teilweise ausgewählten Pixeln. Wird die Auswahl nun beispielsweise weiß gefüllt, bleiben die Tönung der Linsen und die Struktur darunter erhalten.

- Wählen Sie mit einem der Auswahlwerkzeuge den gewünschten Bildbereich aus. Klicken Sie dann im *Werkzeuge*-Bedienfeld auf die Schaltfläche *Im Maskierungsmodus Bearbeiten* 🔘 oder drücken Sie die Taste Q .

- Im *Kanäle*-Bedienfeld wird ganz unten ein neuer Kanal mit dem Namen *Maskierungsmodus* angezeigt.

- Außerdem erscheinen alle nicht ausgewählten Bereiche des Bilds im Dokumentfenster mit einer roten Folie überdeckt. Der ausgewählte Bereich sieht weiterhin normal aus.

- Werfen Sie noch einmal einen Blick auf das *Werkzeuge*-Bedienfeld. Wie Sie sehen, ist die Vordergrundfarbe nun Schwarz, die Hintergrundfarbe Weiß. Solange Sie sich im Maskierungsmodus befinden, können Sie nun verschiedene Grautöne für Vorder- und Hintergrundfarbe einstellen, aber keine anderen Farben.

Abbildung 12.9
In der Dialogbox Masken-Optionen *ändern Sie unter anderem die Maskenfarbe. Oberes Bild: Option* Maskierte Bereiche *aktiviert; unteres Bild: Option* Ausgewählte Bereiche *aktiviert (die Papageien sind ausgewählt)*

Abbildung 12.10
Eine Auswahl lässt sich als Alphakanal speichern.

- Falls nötig, vergrößern Sie den nicht maskierten Bereich, indem Sie mit einem Malwerkzeug mit Weiß malen. Malen Sie hingegen mit Schwarz, verkleinert sich der Auswahlbereich. Genau wie bei den Ebenenmasken erstellen Sie durch die Farbe Grau halbtransparente Bereiche.

- Möchten Sie den Maskierungsmodus wieder verlassen, klicken Sie im *Werkzeuge*-Bedienfeld auf die Schaltfläche *Im Standardmodus bearbeiten* oder Sie drücken erneut die Taste Q.

Maskenoptionen festlegen

Bei Bedarf bestimmen Sie, in welcher Farbe und mit welcher Transparenz maskierte Bereiche gezeigt werden sollen, indem Sie auf das Symbol *Im Maskierungsmodus bearbeiten* doppelklicken. Alternativ führen Sie einen Doppelklick auf den temporären Alphakanal im Bedienfeld *Kanäle* aus. Die Dialogbox *Masken-Optionen* wird angezeigt.

- Hier legen Sie fest, welche Bereiche Sie mit der Rotfolie überdecken wollen: die maskierten oder die ausgewählten Bereiche. In der Grundeinstellung ist der maskierte Bereich farbig abgedeckt.

- Außerdem verwenden Sie gegebenenfalls eine andere Farbe als Rot zum Maskieren der Bereiche. Das ist besonders dann sinnvoll, wenn Ihr Bild selbst viel Rot enthält.

- Klicken Sie einfach auf das Farbfeld in der linken unteren Ecke der Dialogbox und wählen Sie die gewünschte Farbe aus. Im Eingabefeld rechts daneben legen Sie die Deckkraft der Folie fest. Diese beträgt in der Grundeinstellung 50 %.

Ob die maskierten oder die ausgewählten Bereiche farbig hervorgehoben werden, können Sie auch ohne diese Dialogbox festlegen, indem Sie mit gedrückter Alt-Taste auf die Schaltfläche *Im Maskierungsmodus bearbeiten* klicken.

Auswahl als eigenen Kanal speichern

Falls Sie Ihre Auswahl über die aktuelle Arbeitssitzung hinaus aufbewahren wollen, können Sie sie in einem Kanal speichern.

- Befinden Sie sich noch im Maskierungsmodus, verlassen Sie diesen mit einem Klick auf die Schaltfläche *Im Standardmodus bearbeiten* im *Werkzeuge*-Bedienfeld.

- Klicken Sie im Bedienfeld *Kanäle* auf die Schaltfläche *Auswahl als Kanal speichern*, erstellt Photoshop einen neuen Alphakanal mit der Maske.

- Oder Sie wählen die Befehlsfolge *Auswahl → Auswahl speichern*. Dann wird die Dialogbox *Auswahl speichern* angezeigt. Diese bietet Ihnen neben der Gelegenheit, den Kanal gleich zu benennen, auch noch die Möglichkeit, den Kanal in einem anderen momentan geöffneten Bild zu speichern. Allerdings muss dieses dieselben Abmessungen haben. Oder Sie speichern den Kanal in einem ganz neuen Dokument.

Öffnen Sie das Popup-Menü *Datei* und wählen Sie die Datei, in der Sie die Auswahl speichern wollen. Dann wählen Sie im Menü *Kanal*, in welchem Kanal Sie die Auswahl speichern wollen. In der Grundeinstellung wird sie in einem neuen Kanal gespeichert. Hier können Sie aber auch einen beliebigen anderen von Ihnen erstellten Kanal oder auch eine Ebenenmaske verwenden. Haben Sie sich dazu entschlossen, die Auswahl nicht in einem neuen, sondern in einem vorhandenen Kanal des Zielbilds zu speichern, bestimmen Sie im unteren Bereich der Dialogbox, wie die Auswahl in den Kanal eingefügt werden soll.

- Mit *Kanal ersetzen* ersetzen Sie die aktuelle Auswahl im Kanal.

- Mit *Dem Kanal hinzufügen* fügen Sie dem Inhalt im Kanal die aktuelle Auswahl hinzu.

- Mit *Von Kanal subtrahieren* wird die Auswahl aus dem Kanal entfernt.

- Mit *Kanalschnittmenge bilden* werden nur die Bereiche der neuen Auswahl beibehalten, die sich mit dem Kanalinhalt überschneiden. Bestätigen Sie Ihre Auswahl mit *OK*.

Einen Kanal laden

Möchten Sie einen gespeicherten Kanal laden, wählen Sie die Befehlsfolge *Auswahl → Auswahl laden*. Die Möglichkeiten in der Dialogbox *Auswahl laden* gleichen denen des Fensters *Auswahl speichern*.

- Die von Ihnen erzeugten Alphakanäle werden stets in Graustufen dargestellt. In der Grundeinstellung stellen die weißen Teile des Kanals die ausgewählten Bereiche dar, die schwarzen Teile die nicht ausgewählten.

- Falls Sie neben dem Alphakanal auch den Rest des Bilds sehen wollen, klicken Sie im Bedienfeld *Kanäle* auf das Auge-Symbol des Gesamtkanals. Dann zeigt sich der Alphakanal wie im Maskierungsmodus als rötliche Folie.

- Im Alphakanal können Sie nun mit Malwerkzeugen wie dem Pinsel die Auswahl vergrößern bzw. verkleinern.

Kanäle nachträglich ändern

Möchten Sie nachträglich etwas an dem Kanal ändern oder seine Darstellung beeinflussen, führen Sie im Bedienfeld *Kanäle* einen Doppelklick auf den entsprechenden Kanal aus. Die Dialogbox *Kanal-Optionen*, die der Dialogbox *Masken-Optionen* gleicht, wird angezeigt und Sie nehmen nun die gewünschten Einstellungen vor.

Bilder mit Kanälen speichern

Damit die Farbkanalinformationen erhalten bleiben, können Sie Ihr Bild in jedem Dateiformat speichern, das den Farbmodus unterstützt. Damit Alphakanalinformationen erhalten bleiben, sollten Sie Ihr Bild am besten in einem der folgenden Dateiformate speichern:

- Adobe Photoshop (PSD)
- Adobe Acrobat (PDF)
- TIFF
- RAW

Volltonfarbkanäle können Sie außerdem im EPS-Format DCS 2.0 speichern.

Das JPEG-Format kann keine zusätzlichen Kanäle speichern.

Abbildung 12.11
Der Befehl Dunkle Bereiche vergrößern *ist eine praktische Möglichkeit
zum Verändern der Auswahl.*

Dazu klicken Sie den Alphakanal an und wählen dann das entsprechende Malwerkzeug aus. Wenn Sie die Farbe Weiß als Malfarbe wählen, wird der Auswahlbereich vergrößert, wenn Sie Schwarz wählen, wieder verkleinert. Möchten Sie eine Halbtransparenz erzielen, wählen Sie verschiedene Graustufen.

Oder Sie vergrößern bzw. verkleinern den Auswahlbereich nach genauen Pixelmaßen. Dazu gehen Sie wie folgt vor.

1. Wählen Sie im Bedienfeld *Kanäle* den Alphakanal aus.

2. Wählen Sie *Filter* → *Sonstige Filter*, um das zugehörige Untermenü zu öffnen.

3. Wählen Sie *Helle Bereiche vergrößern* bzw. *Dunkle Bereiche vergrößern*. Mit dem ersten Befehl erweitern Sie die Auswahl, mit dem zweiten verkleinern Sie sie. Die Dialogbox *Helle Bereiche vergrößern* bzw. *Dunkle Bereiche vergrößern* wird angezeigt.

4. Vergewissern Sie sich, dass das Kontrollkästchen *Vorschau* aktiviert ist, damit Sie die Auswirkungen Ihrer Einstellungen direkt im Bild ansehen können. Klicken Sie auf die Plus- ⊞ bzw. die Minus-Schaltfläche ⊟, um die Anzeige im Vorschaufeld darüber zu vergrößern bzw. zu verkleinern. Um den Bildausschnitt im Vorschaufeld zu verschieben, ziehen Sie ihn mit gedrückter Maustaste.

5. Geben Sie in das Feld *Radius* einen Wert ein oder stellen Sie ihn per Schieberegler ein. Je höher der Wert, desto stärker wird der Bereich vergrößert/verkleinert. Bestätigen Sie mit der Schaltfläche *OK*.

Abbildung 12.12
*Links: Für einen trendigen Halbton-
rastereffekt wählen Sie Ihr Objekt
zunächst aus und setzen es mit* Strg/
⌘ + J *in eine neue Ebene. Füllen Sie
die Hintergrundebene dann weiß.
Rechts: Klicken Sie mit gedrückter
Taste* Strg/⌘ *auf die Ebenen-
miniatur der oberen Ebene, um den
Ebeneninhalt auszuwählen.*

Abbildung 12.13
Klicken Sie im Kanäle-*Bedienfeld auf das Symbol* Neuen Kanal erstellen *. Aktivieren Sie den Kanal mit einem Klick.*

 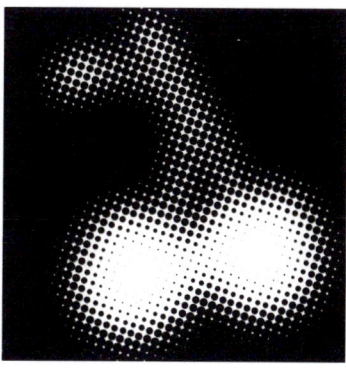

Abbildung 12.14
Heben Sie die Auswahl mit Strg/⌘+D *auf. Wählen Sie* Filter → Weichzeichnungsfilter → Gaußscher Weichzeichner *und dann* Filter → Vergröberungsfilter → Farbraster. *Stellen Sie den gewünschten Wert ein (dieser bezieht sich auf die Pixelgröße der größten Punkte).*

Abbildung 12.15
Klicken Sie mit gedrückter Strg/⌘-*Taste auf die Kanal-Miniatur, um den Kanal wieder als Auswahl zu laden. Aktivieren Sie im* Ebenen-*Bedienfeld die Hintergrundebene und füllen Sie die Auswahl mit der gewünschten Farbe.*

Abbildung 12.16
Auch mit Text wirken derartige Effekte gut. Hier wurde ein Text eingegeben, weiß formatiert und dann mit einem Klick bei gedrückter Strg/⌘-Taste *auf die Textebenenminiatur als Auswahl geladen. Die Auswahl wurde mit* Auswahl → Auswahl verändern → Erweitern *um 4 Pixel erweitert und dann als Kanal gespeichert. Nach dem Aufheben der Auswahl wurde auf den aktivierten Alphakanal der Kunstfilter* Grobes Pastell *angewandt. Nun wurde der Kanal als Auswahl geladen und die Hintergrundebene aktiviert. Die Auswahl wurde mit einer Farbe gefüllt und dann die Textebene mit der Füllmethode* Ineinanderkopieren *versehen.*

Alphakanäle einsetzen

Der Alphakanal hat gegenüber der normalen Auswahl den Vorteil, dass Sie ihn mit dem Bild speichern können, um ihn jederzeit wieder zu verwenden. So erstellen Sie im Bedarfsfall auch mehrere Alphakanäle in Ihrem Bild, um Vergleiche zu ziehen. Um den Alphakanal einzusetzen, laden Sie ihn als Auswahl. Ist der Alphakanal mit unterschiedlichen Graustufen, z.B. Verläufen, versehen, wirken sich nun alle Bearbeitungen nur teilweise aus – sie werden halbtransparent.

Um einen Alphakanal als Auswahl zu laden, klicken Sie seine Miniatur im Bedienfeld *Kanäle* mit gedrückter Strg/⌘-Taste an oder klicken bei ausgewähltem Alphakanal auf die Schaltfläche *Kanal als Auswahl laden* ○.

Kanäle duplizieren

Kanäle können dupliziert werden, wenn Sie sie beispielsweise in einem anderen Bild verwenden oder mit Varianten experimentieren möchten.

Zum Duplizieren eines Kanals stehen Ihnen verschiedene Möglichkeiten offen.

- Ziehen Sie den Kanal, den Sie duplizieren möchten, unten im *Kanäle*-Bedienfeld auf die Schaltfläche *Neuen Kanal erstellen* ▣.

- Soll das Duplikat in eine andere geöffnete Datei eingefügt werden, ziehen Sie den Kanal aus dem *Kanäle*-Bedienfeld in das Dokumentfenster der betreffenden Datei.

- Oder Sie wählen den gewünschten Kanal im *Kanäle*-Bedienfeld aus und wählen aus dem Bedienfeldmenü ▾≡ den Befehl *Kanal duplizieren*. In der jetzt angezeigten Dialogbox geben Sie einen Namen für den neuen Kanal ein und wählen aus dem Popup-Menü *Datei*, in welcher geöffneten Datei der Kanal eingefügt werden soll. Falls Sie eine neue Datei erstellen möchten, in die der Kanal eingefügt werden soll, wählen Sie aus dem Popup-Menü den Eintrag *Neu* und geben Sie im jetzt aktiven Eingabefeld *Name* einen Namen für die neue Datei ein. Falls Sie den Kanal invertieren möchten, klicken Sie das Kontrollkästchen *Umkehren* an. Bestätigen Sie abschließend mit *OK*.

Kanäle teilen und einzeln speichern

Bei Bedarf speichern Sie die Kanäle Ihres Bilds als einzelne Dateien. Vorher müssen Sie das Bild jedoch auf die Hintergrundebene reduzieren. Außerdem empfiehlt es sich, Änderungen im Originalbild vorher zu speichern.

Öffnen Sie zunächst das Bedienfeldmenü ▾≡ des *Kanäle*-Bedienfelds. Wählen Sie den Befehl *Kanäle teilen*. Für jeden Farbkanal wird ein eigenes Graustufendokument erstellt, das Sie nun separat speichern.

Geteilte Kanäle wieder zusammenfügen

Solange Sie mindestens zwei der Kanalbilder geöffnet haben, fügen Sie sie bei Bedarf wieder zum ursprünglichen Bild zusammen. Auch voneinander unabhängige Graustufenbilder lassen sich so zusammenfügen. Voraussetzung ist nur, dass Sie mindestens zwei Bilder geöffnet haben und diese alle dieselben Pixelabmessungen haben.

1. Markieren Sie eines der Bilder und wählen Sie aus dem Bedienfeldmenü ▾≡ des *Kanäle*-Bedienfelds den Befehl *Kanäle zusammenfügen*.

2. Je nachdem, wie viele Graustufenbilder mit gleichen Abmessungen Sie geöffnet haben, wählen Sie unterschiedliche Farbmodi für das zusammenzufügende Bild. Haben Sie, wie im Beispiel, drei Bilder geöffnet, wählen Sie zwischen RGB, Lab und Mehrkanal. CMYK ist nur dann möglich, wenn Sie vier Graustufenbilder geöffnet haben.

3. Geben Sie bei Mehrkanalbildern im Feld *Kanäle* an, wie viele Kanäle das Bild haben soll. Bestätigen Sie mit *OK*.

4. In der nächsten Dialogbox bestimmen Sie, welches der geöffneten Graustufenbilder zu welchem Kanal werden soll.

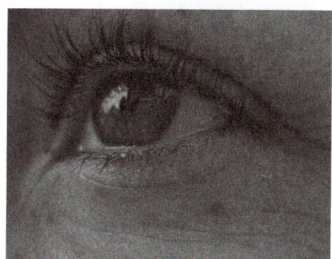

5. Möchten Sie doch einen anderen Farbmodus wählen, klicken Sie auf die Schaltfläche *Modus*, ansonsten auf *OK*. Falls Sie ein Mehrkanalbild erzeugen möchten, klicken Sie auf die Schaltfläche *Nächster*, um den nächsten Kanal hinzuzufügen.

Zum Schluss werden die angegebenen Kanäle zu einem neuen Bild zusammengefügt. Die Originalbilder werden geschlossen, so dass nur noch das neue Bild auf dem Monitor zu sehen ist.

Selbstverständlich steht es Ihnen frei, auch die anderen Modi zu testen. Starke Kontraste erreichen Sie beispielsweise mit dem Modus *Hart mischen*.

Abbildung 12.17
Die drei Graustufenbilder wurden zu drei Kanälen eines neuen RGB-Bilds zusammengefügt.

Den Kanalmixer nutzen

Mit dem Befehl *Bild → Korrekturen → Kanalmixer,* den Sie auch über die entsprechende Schaltfläche im *Korrekturen*-Bedienfeld erreichen, mischen Sie die Anteile der einzelnen Kanäle am Bild neu.

Abbildung 12.18

Mit den Bildberechnungen bringen Sie die Farben dieses Fotos schnell zum Leuchten (Bild: Kristine Kamm Kreativphotos). Konvertieren Sie es zuerst in den Lab-Modus und duplizieren Sie die Hintergrundebene mit ⌈Strg⌉/⌈⌘⌉ + ⌈J⌉.

Abbildung 12.19

Öffnen Sie die Dialogbox Bildberechnungen *und probieren Sie die Kanäle und Füllmethoden durch. Sobald Sie eine geeignete Einstellung gefunden haben, klicken Sie auf OK und reduzieren gegebenenfalls die Ebenendeckkraft der oberen Ebene, um den Effekt abzuschwächen.*

- Wählen Sie im Popup-Menü *Ausgabekanal* zunächst den Kanal, den Sie ändern möchten, zum Beispiel den Rotkanal. Wenn Sie anschließend den Wert des Rotreglers erhöhen, wird der Rotkanal heller. Verringern Sie den Wert, wird er dunkler. Erhöhen Sie die Werte des Grün- oder des Blaukanals, wird der Anteil dieses Kanals am ausgewählten Kanal stärker.

- Erhöhen Sie den Wert Konstante, desto mehr Weiß wird dem Kanal hinzugefügt. Bei negativen Werten wird dem Kanal hingegen Schwarz hinzugefügt.

- Wenn Sie das Kontrollkästchen *Monochrom* aktivieren, rechnet Photoshop die Informationen in Graustufen um.

Im Popup-Menü *Vorgabe* finden Sie verschiedene Voreinstellungen für Graustufen und getonte Graustufen.

Kanalberechnungen und Bildberechnungen anstellen

Leichter verständlich ist der Befehl *Bild → Kanalberechnungen*. In dieser Dialogbox verrechnen Sie zwei Einzelkanäle zweier Bilder oder eines Bilds miteinander. Das Ergebnis ist ein neuer Kanal, eine neue Datei oder ein Auswahlbereich.

Der Befehl eignet sich ganz besonders für die Erzeugung von Graustufenbildern. Bei der normalen Graustufenkonvertierung werden die Helligkeiten häufig nicht optimal gewichtet. Mit Kanalberechnungen können Sie hier selbst Hand anlegen und so Graustufen nach Maß erhalten.

Für die schnelle farbliche Optimierung von Bildern ist der Befehl *Bild → Bildberechnungen* gut geeignet. Mit diesem Befehl können Sie einen Kanal auf das ganze Bild anwenden und dabei alle in Photoshop verfügbaren Füllmethoden auswählen. Gehen Sie folgendermaßen vor, um die Farben Ihres Bilds schnell und intuitiv aufzupeppen:

1. Konvertieren Sie Ihr Bild mit *Bild → Modus → Lab-Farbe* in den Lab-Modus.

2. Wählen Sie *Bild → Bildberechnungen* und probieren Sie bei aktiviertem Kontrollkästchen *Vorschau* die einzelnen Kanäle und Füllmethoden durch.

3. Wenn die Einstellung Ihnen gefällt, klicken Sie auf *OK* und reduzieren nun eventuell die Deckkraft der oberen Ebene.

Mit Volltonfarbkanälen arbeiten

Mit Volltonfarben können Sie spezielle, definierte Farbtöne oder auch Lacke zusätzlich zu den üblichen Ebenen drucken. Sie müssen in Ihrem Bild nicht ausschließlich Volltonfarben verwenden, sondern können sie auch zusätzlich zu den Prozess-CMYK-Farben einsetzen. Gewisse Töne, zum Beispiel metallische Farben oder Neonfarben lassen sich mit der Vierton-Euroskala nicht darstellen. Hier finden Volltonfarben ihr Einsatzgebiet.

Haben Sie Ihr Bild in CMYK-Farben umgewandelt, spiegelt jeder Farbkanal eine Druckplatte wider, Cyan, Magenta, Gelb und Schwarz. Falls zusätzlich zu den Prozessfarben eine Volltonfarbe verwendet werden soll, müssen Sie dafür einen weiteren Kanal anlegen, da die Volltonfarbe eine eigene Druckplatte benötigt.

Beim späteren Separieren des Bilds (vgl. Kapitel 15) erscheint auf jeder entsprechenden Druckplatte der Name der von Ihnen gewählten Volltonfarbe. Der Volltonfarbkanal ähnelt in der Handhabung einem Alphakanal.

Wenn Ihr Bild solche Volltonfarbkanäle enthält, müssen Sie es im DCS 2.0-Format (Desktop Color Separation) oder im Photoshop-PSD-Format speichern.

Abbildung 12.20
Da die Schrift in einer Sonderfarbe gedruckt werden soll, wurde ein Volltonfarbkanal dafür angelegt.

Volltonkanäle erstellen

Der erste Schritt beim Erstellen eines Volltonkanals besteht darin, die gewünschte Farbe ausfindig zu machen. Verwenden Sie dazu einen Farbfächer (vgl. auch Kapitel 7) oder wenden Sie sich an Ihre Druckerei. In Photoshop benutzen Sie dann den Namen der gewählten Farbe, zum Beispiel Pantone Blue 072 CVC. Die Angabe des richtigen Namens ist wichtig, damit es bei der Belichtung nicht zu Problemen kommt.

1. Öffnen Sie im *Kanäle*-Bedienfeld das Bedienfeldmenü ▾☰ und wählen Sie den Befehl *Neuer Volltonfarbenkanal*.

2. Geben Sie in das Feld *Name* den Namen der Farbe ein.

Die beiden übrigen Optionen der Dialogbox haben keinerlei Einfluss auf das Aussehen der Farbe im Druck, sondern lediglich darauf, wie die Farbe in Ihrer Datei angezeigt wird.

3. Klicken Sie in das Farbfeld, um die gewünschte Vorschaufarbe aus dem Farbwähler herauszusuchen.

4. Im Feld *Solidität* geben Sie an, wie deckend die Farbe am Bildschirm dargestellt werden soll. Ist die von Ihnen gewählte Volltonfarbe deckend, wie dies zum Beispiel auf Metallicfarben zutrifft, geben Sie hier am besten eine Solidität von 100 % an. Möchten Sie eine lasierende Volltonfarbe verwenden, geben Sie eine geringere Solidität an.

5. Klicken Sie schließlich auf *OK*. Der Volltonkanal erscheint an letzter Stelle der Kanalliste im Bedienfeld.

6. Der neue Kanal ist noch ganz leer. Alles, was Sie nun in diesen markierten Kanal einfügen, erscheint nur im Volltonauszug und auf keiner Ebene. Sie können hier nur Pixelinformationen einfügen. Wenn Sie beispielsweise Text eingeben, wird dieser nicht als Vektorschrift angelegt, sondern als Pixelschrift.

Sie arbeiten in Ihrem Volltonkanal im Großen und Ganzen wie in einem Alphakanal: Mit Schwarz erzeugen Sie eine hundertprozentige Deckkraft der Volltonfarbe, mit Grau eine geringere. Weiße Bereiche erhalten keine Druckfarbe. In diesem Fall gilt die Deckkraft nicht für die Vorschau, sondern sie bestimmt tatsächlich die Dichte der Druckfarbe.

Alle Informationen im Volltonkanal erscheinen im Dokumentfenster in der beim Anlegen des Kanals festgelegten Markierungsfarbe. Auf den Druck hat diese Farbe keine Auswirkungen.

Da Volltonfarben vorgemischte Druckfarben sind, müssen sie nicht in Photoshop eingestellt werden, sondern die Druckplatte, die durch den Volltonkanal angefertigt wird, wird einfach mit der vorgefertigten Druckfarbe eingefärbt.

Soll Ihre Datei ausschließlich aus Sonderfarben bestehen, konvertieren Sie sie gleich nach dem Anlegen über *Bild* → *Modus* → *Mehrkanal* in den *Mehrkanal*-Modus.

Ein Vorteil ist hierbei, dass die Pixelinformationen auch im *Ebenen*-Bedienfeld angezeigt werden.

Beachten Sie bitte, dass Volltonfarbkanäle die darunterliegenden Kanäle überdrucken.

Graustufenbilder mit Volltonfarbe erzeugen

Es ist recht unpraktisch, dass die Volltonfarben nicht im *Ebenen*-Bedienfeld angezeigt werden. Wenn Sie ein Graustufenbild mit einer oder auch mehreren Sonderfarben ausstatten möchten, können Sie deshalb folgendermaßen vorgehen:

1. Erzeugen Sie eine neue CMYK-Datei mit weißem Hintergrund.

2. Öffnen Sie Ihr Graustufenbild.

3. Reduzieren Sie es gegebenenfalls mit *Ebene → Auf Hintergrundebene reduzieren.*

4. Drücken Sie die Tastenkombination Strg/⌘ + A, um alle Bildpixel auszuwählen.

5. Kopieren Sie diese mit Strg/⌘ + C in die Zwischenablage.

6. Aktivieren Sie die leere CMYK-Datei und in der *Kanäle*-Palette den Schwarzkanal.

7. Fügen Sie den Inhalt der Zwischenablage mit Strg/⌘ + V ein.

8. Aktivieren Sie einen der Farbkanäle und fügen Sie hier die Elemente ein, die in der Sonderfarbe gedruckt werden sollen.

9. Liefern Sie die Datei ohne vorherige Farbkonvertierungen an die Druckerei und teilen Sie dieser mit, in welcher Sonderfarbe der verwendete Farbkanal gedruckt werden soll.

Alphakanäle in Volltonfarbkanäle konvertieren

Falls Sie bereits einen Alphakanal erstellt haben und diesen in einen Volltonfarbkanal umwandeln möchten, gehen Sie folgendermaßen vor:

1. Doppelklicken Sie im *Kanäle*-Bedienfeld auf den Alphakanal.

2. Geben Sie dem Kanal den zutreffenden Farbnamen.

3. Wählen Sie das Optionsfeld *Volltonfarbe* und nehmen Sie die Vorschaueinstellungen vor (wie im vorigen Abschnitt beschrieben).

4. Bestätigen Sie dann mit *OK*. Alle Bereiche mit Grau- oder Schwarzwerten werden in die Volltonfarbe umgewandelt.

Filter

13

Die in diesem Kapitel beschriebenen Funktionen dienen einerseits dazu, Ihre Bilder künstlerisch zu verfremden, oder sie sind reine „Spielerei" – hier gibt es natürlich überhaupt keine Regeln, allein Ihr Geschmack zählt.

Andererseits haben Filter teilweise auch eindeutig nützliche Eigenschaften und dienen der Bildverbesserung – und sei es nur, um missglückte Bilder zu retten. Mit etwas Fingerspitzengefühl verwandeln Sie solche Bilder dann doch noch in interessante Bildkreationen. Oder Sie ändern die Bildaussage von bereits akzeptablen Bildern durch die Anwendung von Filtern.

Einem Bild oder Bildbereich einen Filter zuweisen

Wenden Sie einen Filter an, indem Sie das Menü *Filter* öffnen und den gewünschten Befehl aus den Untermenüs wählen. In den meisten Fällen – nämlich immer, wenn auf den Filterbefehl drei Punkte folgen – wird eine Dialogbox oder die Filtergalerie mit weiteren Einstellmöglichkeiten angeboten. Wählen Sie die gewünschten Optionen und klicken Sie auf *OK*, um den Filter zuzuweisen.

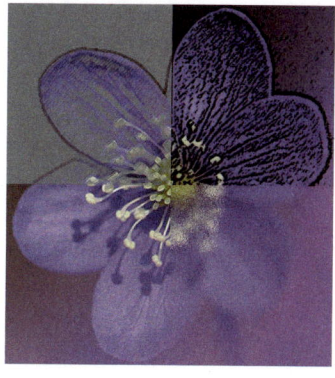

Abbildung 13.1
Mit Filtern lässt sich der Eindruck eines Bilds sehr schnell verändern.

Abbildung 13.2
Das qualitativ geringwertige Foto wird mit den Filtern Farbpapier-Collage, Körnung und Aufhellung *sowie* Tontrennung und Kantenbetonung *„gerettet".*

Nachdem Sie einmal einen Filter angewandt haben, wird er an erster Stelle im Menü *Filter* angezeigt. So kann er schnell

Abbildung 13.3
*Ganz oben: Original. Mitte und unten:
Hier wurden nur auf den Grün- bzw.
Rotkanal des Bilds ein Filter angewandt, der Rest blieb unverändert.
Das wirkt interessanter, als wäre das
gesamte Bild mit den Filtern versehen
worden. Dasselbe gilt für eine Auswahl im Bild (mit weicher Kante), die
mit einem Effektfilter versehen wird.*

und rationell mehrmals verwendet werden. Der Befehl wird
dann mit den gewählten Einstellungen angewandt.

Möchten Sie die Dialogbox des zuletzt verwendeten Befehls
anzeigen, drücken Sie ⌈Strg⌉/⌈⌘⌉ + ⌈Alt⌉ + ⌈F⌉.

Soll der Filter nur auf einen bestimmten Bildbereich angewandt werden, erstellen Sie zunächst eine Auswahl. Häufig
erzielen Sie so interessantere Ergebnisse, als wenn Sie den
Filter auf das gesamte Bild anwenden. Die Alternative ist ein
Smart Objekt mit einer entsprechenden Filtermaske.

Beachten Sie bei Bildern mit Ebenen, dass der Filter lediglich
auf die aktive Ebene angewandt wird (sofern sie sichtbar ist).
Auf verschiedene Ebenen innerhalb eines Bilds lassen sich
unterschiedliche Filter anwenden, was interessante Effekte
ergibt, besonders wenn Sie dazu noch mit den Ebenenfüll-
optionen arbeiten (siehe Kapitel 9). Dasselbe gilt übrigens
für Kanäle. Soll ein Filter nur auf einen bestimmten Kanal
angewandt werden, wählen Sie diesen im *Kanäle*-Bedienfeld
(siehe Kapitel 12).

Beachten Sie auch, dass Filter nicht auf Bilder im *Bitmap*- oder
Indizierte Farben-Modus angewandt werden können. Dabei
erfordern manche Filter sogar ein RGB-oder LAB-Bild.

Filter auf Ebenenmasken anwenden

Weisen Sie einen Filter einer Ebenenmaske zu (indem Sie
vor dem Anwenden des Filters im *Ebenen*-Bedienfeld auf das
Symbol der Ebenenmaske klicken), erhalten Sie oft ein ganz
anderes – und häufig interessanteres – Ergebnis, als wenn Sie
diesen Filter auf die Ebene selbst anwenden:

1. Falls sich Ihr Bild auf der Hintergrundebene befindet,
   doppelklicken Sie auf ihr Ebenensymbol und bestätigen
   gleich darauf mit *OK*. Damit konvertieren Sie die Hinter-
   grund- in eine normale Ebene.

2. Erzeugen Sie eine neue Ebene, füllen Sie sie weiß und ziehen Sie sie unter die vormalige Hintergrundebene.

3. Aktivieren Sie die obere Ebene und wählen Sie mit ⌈Strg⌉/
   ⌈⌘⌉ + ⌈A⌉ alle Pixel aus. Kopieren Sie sie mit ⌈Strg⌉/⌈⌘⌉ +
   ⌈C⌉ in die Zwischenablage.

4. Klicken Sie am unteren Rand des Ebenen-Bedienfelds auf
   das Symbol *Ebenenmaske hinzufügen*.

5. Stellen Sie den Inhalt der Ebenenmaske dar, indem Sie ihr
   Symbol mit gedrückter ⌈Alt⌉-Taste anklicken. Mit ⌈Strg⌉/
   ⌈⌘⌉ + ⌈V⌉ fügen Sie den Inhalt der Zwischenablage in die
   Ebenenmaske ein.

6. Invertieren Sie die Ebenenmaske mit ⌈Strg⌉/⌈⌘⌉ + ⌈I⌉.

- Klicken Sie mit gedrückter Alt-Taste auf das Ebenen-maskensymbol, um die Ebene wieder anzuzeigen, die Ebenenmaske aber aktiv zu lassen.

- Weisen Sie jetzt einen oder mehrere Mal- oder Zeichen-filter zu.

Abbildung 13.4
Links wurde der Zeichenfilter auf die Ebene, rechts auf die Ebenenmaske angewandt.

Die Filtergalerie verwenden

Viele Photoshop-Filter sind in der Dialogbox *Filtergalerie* zusammengefasst. Die Filter lassen sich hier auch kombinieren (vgl. nächster Abschnitt „Effektebenen einsetzen").

Wählen Sie einen der in der Filtergalerie enthaltenen Filter, wird diese automatisch geöffnet. Alternativ wählen Sie direkt *Filter → Filtergalerie*.

Die *Filtergalerie*-Dialogbox ist in drei Bereiche unterteilt, deren mittleren – die Miniaturen für verschiedene Filter – Sie mit einem Klick auf den Doppelpfeil ⊗ neben der *OK*-Schaltfläche auch ausblenden können.

- Der linke Bereich zeigt eine Vorschau des Bilds mit dem momentan ausgewählten Filtereffekt. An ihrer rechten unteren Ecke ⠿ ziehen Sie die Dialogbox bei Bedarf kleiner oder größer. Über die beiden Schaltflächen ⊟ ⊞ am linken unteren Rand der Vorschau zoomen Sie innerhalb des Vorschaubereichs. Rechts daneben finden Sie die Möglichkeit, einen fest eingestellten Zoomfaktor zu wählen.

- In der Mitte der *Filtergalerie*-Dialogbox wählen Sie den gewünschten Filter aus. Auf die verschiedenen Filtergruppen gehen wir im Verlauf dieses Kapitels noch ein. Über die Pfeile vor den Filtergruppennamen klappen Sie die Kategorien auf und wieder zu. Um einen Filter auf das Vorschaubild anzuwenden, klicken Sie diesen einfach an.

Filter vorübergehend deaktivieren

Die Arbeitsgeschwindigkeit von Photoshop lässt sich durch die vorübergehende Deaktivierung von nicht benötigten Filtern erhöhen.

Im Photoshop-Programmordner finden Sie den Unterordner *Zusatzmodule*. Setzen Sie vor den Namen der nicht benötigten Filter ein Tilde-Zeichen (~-Zeichen). Schließen Sie Photoshop und starten Sie das Programm neu. Der Filter ist aus dem entsprechenden Menü verschwunden.

Um den Filter wieder zu aktivieren, entfernen Sie die Tilde vor dem Dateinamen, schließen Photoshop und starten es erneut.

Abbildung 13.5
Die Filtergalerie ist ein sinnvolles Feature zur Auswahl von Filtern.

Im rechten Bereich der Dialogbox finden Sie für jeden Filter verschiedene Parameter, über die Sie die Wirkung jedes Filters variieren können. Das Vorschaubild ändert sich dann entsprechend.

Effektebenen einsetzen

Viele Filter wirken etwas vorhersehbar oder – gerade die „künstlerischen" Filter – ein wenig unecht. Sie verbessern das Ergebnis häufig, indem Sie zwei (oder auch mehr) verschiedene Filter nacheinander anwenden oder als Smart-Filter kombinieren. Dazu sind die Effektebenen der Dialogbox *Filtergalerie* ideal geeignet.

- Sobald Sie einen Filter aktiviert haben, wird er als Effektebene in der rechten unteren Ecke der Dialogbox angezeigt.

- Nachdem Sie die Parameter für diesen Filter eingestellt haben, legen Sie bei Bedarf einen weiteren Filter an, indem Sie auf das Symbol *Neue Effektebene* klicken.

- Lassen Sie die neue Effektebene markiert und weisen Sie ihr ebenfalls einen Filter zu. Auf diese Weise können Sie in der Filtergalerie so viele Filter, wie Sie möchten, übereinanderschichten.

- Bei Bedarf ändern Sie die Reihenfolge der Effektebenen, indem Sie sie in der Liste einfach an eine neue Stelle ziehen. Der Eindruck des Vorschaubilds ändert sich entsprechend. Mit diesem Hilfsmittel lassen sich an einer Bilddatei mehrere Filter auf einmal anwenden und deren Wirkung begutachten.

Achtung

Besonders bei großen Bildern kann das Zuweisen von Filtern recht lang dauern. Einige Filter werden komplett im RAM-Speicher Ihres Rechners verarbeitet.

Filter von Drittherstellern verwenden

Neben den mit Photoshop ausgelieferten Filtern gibt es eine riesige Anzahl Filter von Drittherstellern. Kostenpflichtige Plug-ins sind meist mit Installationsroutinen ausgestattet. Nach der Installation finden Sie den neuen Filter ebenfalls im *Filter*-Menü. Gratis-Plug-ins mit der Dateiendung 8bf müssen Sie meist von Hand installieren: Suchen Sie das Photoshop-Programmverzeichnis. Hier befindet sich ein Unterordner *Zusatzmodule* und darin wiederum noch ein Unterordner *Filter*. Dorthinein kopieren Sie die Datei. Damit Sie den Filter nutzen können, starten Sie Photoshop nun neu.

- Möchten Sie eine Effektebene nachträglich ändern, aktivieren Sie diese einfach und bearbeiten die Parameter im rechten Bereich der Dialogbox.

- Mit einem Klick auf das Augensymbol 👁 blenden Sie einzelne Effektebenen vorübergehend aus, mit einem Klick auf das Papierkorb-Symbol 🗑 löschen Sie sie.

- Über die Schaltfläche *OK* weisen Sie sämtliche definierten Filter schließlich Ihrem Bild zu.

Smart-Filter

Das Kapitel 9 informierte Sie bereits über Smart Objekte. Die meisten Filter können Sie auch auf Smart Objekte anwenden. Der große Vorteil dieser Vorgehensweise ist, dass Sie einen Filter auch nach dem Zuweisen und sogar nach dem Schließen und erneuten Öffnen der Datei noch verändern können.

Mit normalen Ebenen ist dies nicht möglich – ein einmal zugewiesener Filter verändert die Bildpixel endgültig.

1. Bevor Sie mit Smart-Filtern arbeiten, erzeugen Sie gegebenenfalls ein Duplikat der Ebene mit dem Bild, auf das Sie die Filter anwenden möchten. Besonders schnell geht dies mit der Tastenkombination ⌷Strg⌷/⌷⌘⌷ + ⌷J⌷. Dann sind Sie besonders flexibel: Sie können die Deckkraft der Ebene später reduzieren und somit den Filter abschwächen.

2. Konvertieren Sie diese Ebene nun in ein Smart Objekt, indem Sie auf der Ebenenbeschriftung das Kontextmenü öffnen und *In Smart Objekt konvertieren* wählen.

3. Ein kleines Symbol 🔳 zeigt Ihnen, dass die Ebene in ein Smart Objekt konvertiert wurde.

4. Wenden Sie nun den gewünschten Filter an.

Bis hierhin unterscheidet sich die Arbeit mit Smart-Filtern nicht von der normalen Arbeit mit Filtern. Die Smart-Filter spielen ihre Stärke aber voll aus, wenn Sie später feststellen, dass Ihnen der/die zugewiesene(n) Filter noch nicht gefallen:

Doppelklicken Sie einfach auf den Namen des Smart-Filters, den Sie bearbeiten möchten. Die Filterdialogbox mit den von Ihnen verwendeten Einstellungen wird geöffnet und Sie können diese erneut anpassen und zuweisen.

Tipp
Außer den verschiedenen Filtern können Sie auch die Befehle *Tiefen/Lichter und Variationen* aus dem Menü *Korrekturen* (siehe folgendes Kapitel) auf einer Smart-Ebene verwenden.

Abbildung 13.6
Über das Kontextmenü konvertieren Sie eine beliebige Ebene in ein Smart Objekt.

Smart-Filter-Reihenfolge ändern
Wenn Sie mehrere Smart-Filter zugewiesen haben, können Sie deren Reihenfolge ändern, indem Sie ihre Symbole im Ebenenbedienfeld an eine neue Stelle ziehen.

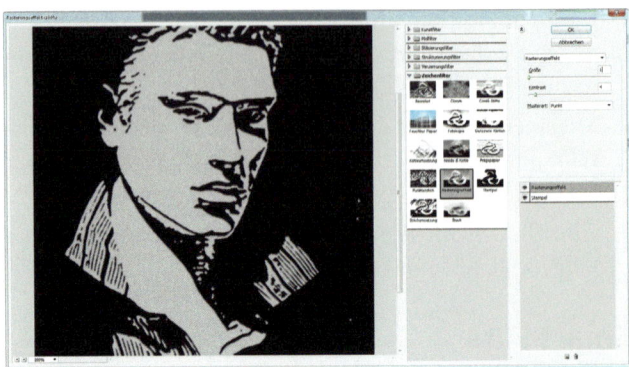

Abbildung 13.7

Doppelklicken Sie einfach auf den Namen des Smart-Filters, den Sie bearbeiten möchten (hier zum Beispiel Filtergalerie). Die Filterdialogbox mit den von Ihnen verwendeten Einstellungen wird geöffnet und Sie können diese erneut anpassen und zuweisen.

Filtermasken für Smart-Filter verwenden

Sobald Sie einen Smart-Filter angewandt haben, sehen Sie unter dem Smart Objekt eine leere Filtermaske, das heißt, dass momentan noch das gesamte Bild von dem Filtereffekt betroffen ist. Arbeiten Sie mit dieser Filtermaske wie mit den in Kapitel 9 erklärten Ebenenmasken.

So können Sie beispielsweise mit einem Schwarzweißverlauf einen Übergang zwischen dem Filter und dem ursprünglichen Bild schaffen (siehe Abbildungen auf der nächsten Seite).

Oder Sie füllen die Maske mit einem Grau, um die Wirkung des Filters abzuschwächen und das Original darunter hervorscheinen zu lassen.

Beachten Sie, dass die Maske stets auf alle dem Smart Objekt zugewiesenen Filter angewandt wird.

Abbildung 13.8

Links: das Original. Rechts: Das Bild wurde mit dem Zeichenfilter Stempel verfremdet.

Abbildung 13.9
Links: Bestimmte Bereiche der Smart Objekt-Maske wurden mit grauer Farbe übermalt, um das Originalbild teilweise freizulegen und damit einen Kolorierungseffekt zu erzielen.

Mit einem Doppelklick auf das Fülloptionen-Symbol ⚥ neben dem Filter öffnen Sie die Dialogbox *Fülloptionen*. Wenn Sie hier die Deckkraft reduzieren, schwächen Sie die Wirkung des Filters graduell ab. Außerdem können Sie eine Füllmethode zuweisen.

Kunstfilter einsetzen

Die Filter aus dem Untermenü *Kunstfilter* sollen Ihre Bilder im Handumdrehen in ein Aquarell, eine Buntstiftzeichnung, oder ein Ölgemälde verwandeln. Sie wenden also mit dieser Filtergruppe die verschiedensten Maltechniken auf Ihre Arbeiten an. Außerdem steht beispielsweise der Filter *Kunststoffverpackung* zur Verfügung, der Ihr Bild aussehen lässt, als sei das Motiv in einer Plastikfolie mit glänzender Oberfläche vakuumverpackt. Mit dem Filter *Tontrennung & Kantenbetonung* reduzieren Sie die Farbanzahl in Ihrem Bild nach Ihren Wünschen. Darüber hinaus werden die Bildkanten ermittelt und mit schwarzen Linien nachgezogen. Einheitliche größere Bildbereiche werden einfach schattiert, gleichzeitig werden feine dunkle Details im Bild verteilt.

Darüber hinaus gibt es einige Kunstfilter, z. B. *Malgrund*, die einen strukturierten Hintergrund verwenden. Mit solchen Filtern erwecken Sie den Eindruck, als sei das Bild z.B. auf einer Leinwand gemalt. Aus einer Liste wählen Sie verschiedene Arten von Strukturen und Sie können auch welche hinzuladen.

Malfilter einsetzen

Auch die Malfilter wie *Gekreuzte Malstriche* oder *Kreuzschraffur* geben Ihrem Bild ein „handgemachtes" Aussehen,

Tastenkombinationen in Filterdialogboxen

In vielen Filterdialogboxen und der Filtergalerie funktionieren die üblichen Photoshop-Tastenkombinationen für Zoomen, Schwenken, Rücknahme usw:

Befehl	Tasten
Letzte Änderung rückgängig	`Strg`/`⌘` + `Z`
Mehrere Schritte rückgängig	`Strg`/`⌘` + `Alt` + `Z`
Bildausschnitt verschieben	`H` oder `Leer`
Vergrößerungslupe dauerhaft	`H`
Vergrößerungslupe vorübergehend	`Strg`/`⌘` + `Leer`
Verkleinerungslupe vorübergehend	`Alt` + `Leer`
Gesamtbild	`Strg`/`⌘` + `0`
Zoom 100%	`Strg`/`⌘` + `Alt` + `0`

zum Beispiel *Spritzer* für die Simulation einer Spritzpistole, oder *Sumi-e* für die Simulation einer japanischen Pinselzeichnung.

Bessere Maleffekte erzielen

Künstlerische Filter und Malfilter versprechen, ein Foto in ein Aquarell, ein Ölgemälde oder ein Pastellbild zu verwandeln. In der Realität erhalten Sie in den meisten Fällen ein eher unbefriedigendes, weil unrealistisches Ergebnis, wenn Sie diese Filter ohne Vorbereitung und Nacharbeiten auf ein Foto anwenden. So produziert der Aquarellfilter beispielsweise sehr dunkle Bilder, während bei der klassischen Aquarelltechnik eigentlich überhaupt kein Schwarz ins Bild gebracht wird.

Mit etwas „Handarbeit" erzielen Sie ein viel besseres Ergebnis als bloß durch Anwenden eines einzigen Filters, wie das folgende Beispiel zeigt.

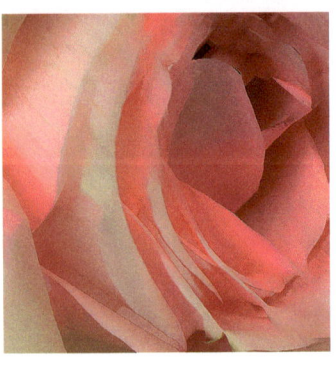

Abbildung 13.10
Von oben nach unten: Original, Sumi-e, Gekreuzte Malstriche

1. Nachdem Sie ein geeignetes, kontrast- und tonreiches Foto ausgewählt und es – falls erforderlich – zur Bearbeitung in den RGB-Modus konvertiert haben, erhöhen Sie dessen Sättigung (*Bild* → *Korrekturen* → *Farbton/Sättigung*).

2. Als Nächstes duplizieren Sie die vorhandene Ebene und weisen Sie der neuen Ebene einen Filter zu, der das Foto abstrahiert und vergröbert. Gut geeignet ist der Filter *Farbpapier-Collage* aus dem Menü *Filter* → *Kunstfilter*. Experimentieren Sie mit den Einstellungen, bis Sie den gewünschten Abstraktionsgrad gefunden haben.

3. Bestätigen Sie mit *OK*. Damit dieser Effekt nicht zu plakativ wird, statten Sie die Ebene noch mit der Füllmethode *Luminanz* aus. Dadurch behält sie ihre Helligkeit, allerdings werden die Farbtöne und die Sättigung der darunterliegenden Ebene verwendet.

4. Ziehen Sie die Originalebene erneut auf das Symbol *Neue Ebene erstellen*, um ein weiteres Duplikat zu erzeugen. Dieses ziehen Sie an die oberste Position des *Ebenen*-Bedienfelds.

5. Lassen Sie die neue Ebene ausgewählt und wählen Sie den Befehl *Filter* → *Kunstfilter* → *Grobe Malerei*. Nehmen Sie die entsprechenden Einstellungen vor. Für ein größeres bzw. höher aufgelöstes Bild benötigen Sie wahrscheinlich einen größeren Pinsel als für ein kleineres oder eines mit einer niedrigen Auflösung.

6. Bestätigen Sie mit *OK*.

7. Wieder verrechnen Sie die oben liegende neue Ebene mit den darunterliegenden. (Weiter mit Schritt 8 auf S. 290)

Abbildung 13.11
Eher unbefriedigend: der Aquarellfilter *von Adobe*
Photoshop

Abbildung 13.12
Reduzieren Sie mit dem Filter Farbpapier-Collage
zunächst die Bildfarben und vereinfachen Sie die
Konturen.

Abbildung 13.13
Der Filter Grobe Malerei *sorgt für das erwünschte „hand-*
gemachte" Aussehen.

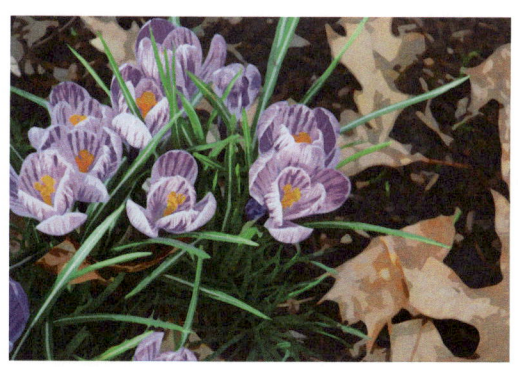

Abbildung 13.14
Durch den Modus Umgekehrt multiplizieren *auf*
der Duplikatebene erzielen Sie eine aquarellartige
Aufhellung.

Abbildung 13.15
Die Füllmethode Abdunkeln *sorgt für Tiefe und Kontrast.*

8. Hier eignet sich die Füllmethode *Umgekehrt multiplizieren*: Dadurch werden die Farben der oben liegenden Ebene aufgehellt, so dass sich der erwünschte Aquarelleffekt ergibt. Wird das Bild zu hell, reduzieren Sie die Deckkraft der Ebene entsprechend.

9. Eventuell wirkt Ihr Bild noch zu glatt und künstlich. Erstellen Sie ein weiteres Duplikat der Originalebene, das Sie wieder an die oberste Stelle des *Ebenen*-Bedienfelds ziehen. Versehen Sie es mit dem *Kunstfilter Ölfarbe getupft* und weisen Sie der Ebene den Füllmodus *Abdunkeln* zu. Regulieren Sie die Ebenendeckkraft, bis sich der gewünschte Effekt ergibt.

Verzerrungsfilter einsetzen

Mit den Verzerrungsfiltern versehen Sie Ihre Bilder mit dreidimensionalen und anderen geometrischen Verzerrungseffekten, zum Beispiel:

Abbildung 13.16
Beim Filter Verbiegen *ziehen Sie eine Kurve, um die Stärke der Verzerrung zu bestimmen.*

- Mit dem Filter W*eiches Licht* lassen Sie Ihr Bild so wirken, als würde es durch einen weichen Lichtfilter betrachtet.

- Durch den Filter *Versetzen* versetzen Sie Bildbereiche mit den Helligkeitswerten eines zweiten Bilds. Im Anschluss finden Sie ein Beispiel für den Einsatz dieses Filters.

- Der Filter *Glas* erweckt den Eindruck, als würde man Ihr Bild durch eine bestimmte (auswählbare) Glasstruktur betrachten.

- Der Filter *Polarkoordinaten* erzeugt die im 18. Jahrhundert beliebte Anamorphose. Sie erstellen damit ein Bild, das normal aussieht, wenn es durch einen Spiegelzylinder betrachtet wird, bei normaler Betrachtung erscheint es hingegen verzerrt. Der Filter eignet sich aber auch für allerlei Spezialeffekte oder zur Erzeugung von geometrischen Formen.

Abbildung 13.17
Links: Ausgangsbild. Mitte: Rechteckig –→ Polar. *Rechts:* Polar–→ Rechteckig.

Abbildung 13.18
Links: Ausgangsbild. Mitte: Rechteckig – Polar. *Rechts:* Polar – Rechteckig.

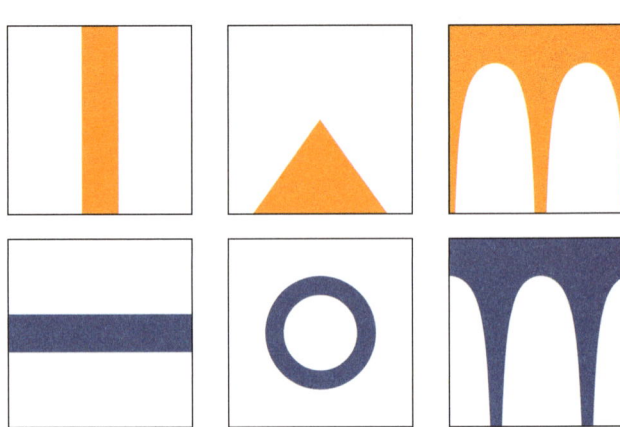

Planetoiden erzeugen

Ein beliebtes Anwendungsgebiet des Filters *Polarkoordinaten* sind Miniplaneten, die Sie mit wenigen Arbeitsschritten erzeugt haben:

- Suchen Sie sich ein Bild, das mindestens doppelt so breit wie hoch ist, am besten noch breiter. Außerdem sollten der untere und der obere Bildteil möglichst wenig Details enthalten und die linke und die rechte Bildkante sollten möglichst deckungsgleich sein. Perfekt wäre ein 360-Grad-Panorama.

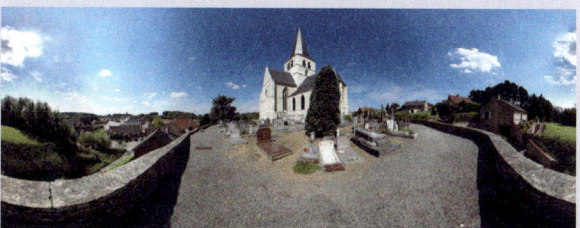

Abbildung 13.19
Am besten funktioniert ein 360°-Panorama.

- Wählen Sie *Bild → Bildgröße* und deaktivieren Sie das Kontrollkästchen *Proportionen beibehalten*. Geben Sie für *Breite* und *Höhe* identische Abmessungen ein und bestätigen Sie mit *OK*.
- Wählen Sie *Bild → Bilddrehung → 180 Grad*.
- Wählen Sie *Filter → Verzerren → Polarkoordinaten* und aktivieren Sie das Optionsfeld *Rechteckig -> Polar*.
- Zum Schluss retuschieren Sie eventuelle Nahtstellen mit dem Kopierstempel-Werkzeug (siehe Kapitel 14).

Abbildung 13.20
Der Effekt ist mit wenigen Menübefehlen fertiggestellt.

Ein Bild auf einen Untergrund projizieren

Der Filter *Versetzen* verschiebt die Pixel der oberen Ebene so, dass sie scheinbar den Kurven oder der Textur der darunterliegenden Ebene folgt. So können Sie beliebige Elemente wie Texte, Vektorformen oder anderes perfekt jedem Hintergrund anpassen.

1. Wählen Sie ein geeignetes Bild aus – der Untergrund sollte einen entsprechend ausgeprägten Faltenwurf, eine Knitterstruktur oder dergleichen aufweisen – und öffnen Sie es.

2. Wählen Sie *Bild → Duplizieren*, um eine Bildkopie zu erzeugen.

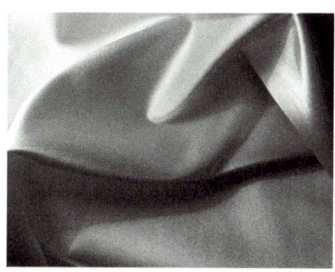

Abbildung 13.21
Mit dem Versetzen-Filter können Sie Bilder auf solchen Untergründen platzieren.

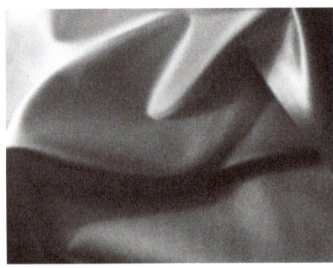

Abbildung 13.22
Als Verschiebematrix verwenden Sie eine weichgezeichnete Graustufen-version im PSD-Format.

Abbildung 13.23
Kopieren Sie das gewünschte Motiv über das Original-Strukturbild (nicht über die Verschiebematrix!).

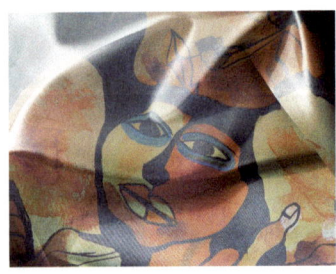

Abbildung 13.24
Das Motiv passt sich jetzt dem Falten-wurf optimal an. Die Füllmethode ist hier Ineinanderkopieren, damit der Glanz des Stoffs erhalten bleibt.

3. Wandeln Sie diese mit *Bild* → *Modus* → *Graustufen* in eine Graustufenversion um.

4. Erhöhen Sie gegebenenfalls den Kontrast des neuen Bilds über eine Gradationskurve oder eine Tonwertkorrektur (Kapitel 14), damit die Falten besser hervortreten.

5. Nun zeichnen Sie das Bild mit dem Befehl *Filter* → *Weich-zeichnungsfilter* → *Gaußscher Weichzeichner* weich. Wichtig ist, dass die Falten noch deutlich ausgeprägt sind.

6. Diese Verschiebematrix speichern Sie im Photoshop-PSD-Format.

7. Kopieren Sie das Motiv in das Bild mit dem Original-Bedruckstoff.

 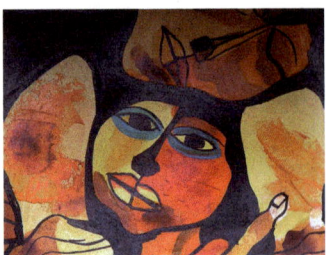

8. Wählen Sie *Filter* → *Verzerrungsfilter* → *Versetzen*. Wählen Sie die zuvor gespeicherte Verschiebematrix und belassen Sie für einen ersten Test die Grundeinstellungen. Klicken Sie auf *OK*.

9. Wirkt das Motiv jetzt zu zackig, wählen Sie *Bearbeiten* → *Rückgängig* (Strg/⌘ + Z). Aktivieren Sie wieder die Verschiebematrix und zeichnen Sie diese noch weicher. Passt sich das Motiv dem Faltenwurf nur ungenügend an, erhöhen Sie den Wert in den Feldern *Horizontal skalieren* und *Vertikal skalieren*.

10. Weisen Sie der Ebene eine geeignete Füllmethode wie *Multiplizieren* oder *Ineinanderkopieren* zu.

Zum Schluss optimieren Sie das Motiv mit einer Tonwertkorrektur oder den Gradationskurven und zeichnen es gegebenenfalls etwas weich (siehe Kapitel 14).

Es liegt auf der Hand, dass dieser Filter sich nicht nur für die oben gestellte Aufgabe eignet, sondern auch für die Darstellung von Schattenwürfen, Tattoos oder Graffiti an einer rauen Wand.

Störungsfilter einsetzen

Mit dieser Filtergruppe fügen Sie Störungen (per Zufall verteilte Pixel) zu Ihren Bildern hinzu oder Sie entfernen Störungen aus einem Bild, beispielsweise Staub und Kratzer.

Im nächsten Kapitel sehen Sie einige sinnvolle Einsatzgebiete für die Störungsfilter.

Vergröberungsfilter einsetzen

Mit den Vergröberungsfiltern weisen Sie Ihrem Bild bzw. Ihrer Auswahl verschiedene vergröbernde Effekte zu. Bei diesen Filtern werden Pixel mit ähnlichen Farbwerten zu (Raster-)Zellen zusammengefasst, beispielsweise:

- Mit dem Filter *Farbraster* simulieren Sie ein grobes Raster, wie es z. B. beim nahen Herantreten an Großplakate sichtbar wird, für jeden einzelnen Kanal.

- Mit dem Filter *Kristallisieren* werden jeweils mehrere Pixel zu polygonförmigen Farbflächen zusammengefasst.

- Beim Filter *Mosaikeffekt* fasst Photoshop die Pixel hingegen zu quadratischen Flächen zusammen. Das Ergebnis sieht aus, als hätte man eine niedrig aufgelöste Bilddatei vergrößert.

Abbildung 13.25
Die Dialogbox des Vergröberungsfilters Kristallisieren

Auf das ganze Bild angewandt wirken die Vergröberungseffekte häufig etwas fad. Eine relativ unaufwändige Methode, die meist interessante Ergebnisse bringt: Rastern Sie einfach nur einen der Farbkanäle des Bilds auf:

1. Zeigen Sie das Bedienfeld *Kanäle* an und wählen Sie in dieser den Kanal, den Sie mit dem Effekt versehen möchten.

2. Wählen Sie den gewünschten Filter – zum Beispiel *Filter → Vergröberungsfilter → Farbraster*. Experimentieren Sie mit einem relativ hohen Radius in diesem Farbkanal, denn der Gesamteindruck des Bilds bleibt durch die übrigen Kanäle erhalten.

Sehr reizvoll wirken die Vergröberungsfilter auch, wenn Sie sie auf einen Alphakanal anwenden, wie in Kapitel 12 beschrieben.

Rendering-Filter einsetzen

Mit diesen Filtern bringen Sie Lichtreflexionen auf Ihre Bilder, erstellen eine große Anzahl von Beleuchtungs- und Struktureffekten sowie Wolken- und andere Muster. Außerdem können Sie dreidimensionale Quader, Kugeln und Zylinder simulieren.

Abbildung 13.26
Wenden Sie die Vergröberungsfilter – hier den Mosaikeffekt – auf eine Ebenenmaske bzw. einen Alphakanal an. Die genaue Vorgehensweise beschreibt Kapitel 13.

Abbildung 13.27
Geheimnisvolle Beleuchtungseffekte erzielen Sie mit dem entsprechenden Filter.

Blendenflecken-Pinsel

Auch als Pinsel können Sie den Blendenflecken-Filter verwenden. Erzeugen Sie dazu ein neues RGB-Dokument und versehen Sie es mit einem schwarzen Hintergrund. Weisen Sie dann den Filter Blendenflecke zu. Den Mittelpunkt des Blendenflecks ziehen Sie in das Zentrum des Vorschaubilds. Verringern Sie die Helligkeit ein wenig und klicken Sie auf *OK*. Invertieren Sie das Bild mit [Strg]/[⌘] + [I].

Jetzt wählen Sie mit [Strg]/[⌘] + [A] das gesamte Bild aus und wählen *Bearbeiten → Pinselvorgabe festlegen*. Geben Sie einen Namen ein und klicken Sie auf OK.

Um den Blendenflecken-Pinsel zu verwenden, setzen Sie die Vordergrundfarbe auf Weiß und klicken den Blendenfleck in das gewünschte Bild.

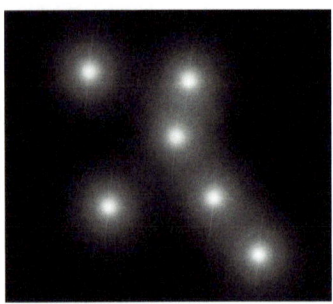

Abbildung 13.28
Mit Ihrem neuen Pinsel klicken Sie eine beliebige Anzahl Blendenflecken ins Bild.

Der Filter *Wolken* beispielsweise ist immer dann geeignet, wenn Sie unregelmäßige, diffuse Strukturen ins Bild bringen möchten.

Mit dem Filter *Blendenflecke* peppen Sie zu „glatt" und künstlich wirkende Bilder schnell auf. Der Filter simuliert die Gegenlichtreflexe, die entstehen, wenn Sie direkt ins Licht fotografieren. In der Dialogbox dieses Filters passen Sie die Blendenflecke auf vielfältige Weise an. Leider ist der Filter etwas unflexibel, weil Sie die Position des Blendenflecks nachträglich nicht mehr ändern können. Aus diesem Grund verwenden Sie die Funktion als Smart-Filter oder Sie wenden den Blendenfleck auf einer neuen, neutralgrau gefüllten Ebene mit dem Modus *Hartes Licht* an. So zaubern Sie mit diesem Filter beispielsweise eine Sonnenscheibe ins Bild:

1. Erzeugen Sie eine neue, leere Ebene mit dem Modus *Hartes Licht*.

2. Wählen Sie *Bearbeiten → Fläche füllen → 50 % Grau*.

3. Wählen Sie *Filter → Rendering-Filter → Blendenflecke* mit der Option *105 mm* und einer Helligkeit von 120 %.

4. Ziehen Sie den Effekt im Vorschaubild der Dialogbox an die Stelle, an der er im Bild erscheinen soll.

5. Öffnen Sie die Dialogbox erneut und wählen Sie jetzt die Option *50-300 mm Zoom* mit einer *Helligkeit* von 150 %.

6. Nun aktivieren Sie das *Pinsel*-Werkzeug und versehen es dann mit einer runden Spitze, einer Kantenschärfe von

95 % und einem Hauptdurchmesser, der der gewünschten Sonnengröße entspricht.

7. In den Optionen des *Pinsel*-Werkzeugs wählen Sie eine *Transparenz* von 50 %.

8. Setzen Sie die Vordergrundfarbe auf Weiß.

9. Klicken Sie einmal oder mehrmals exakt in das Zentrum des Blendenflecks.

Abbildung 13.29
Fügen Sie zwei unterschiedliche Blendenflecke hinzu.

Abbildung 13.30
Klicken Sie die Sonne mit dem Pinsel-Werkzeug in das Zentrum des Blendenflecks.

Abbildung 13.31

Hier soll das schöne Wetter ins Gegenteil verkehrt werden.

Mitte: Zunächst wurde der Himmel mit dem Schnellauswahl-Werkzeug ausgewählt.

Stellen Sie die Vordergrundfarbe auf Schwarz und die Hintergrundfarbe auf Weiß – am schnellsten mit der Taste [D]. Erzeugen Sie eine neue, leere Ebene und lassen Sie diese markiert. Wählen Sie Filter → Renderingfilter → Wolken (unten rechts).

Wählen Sie dann Filter → Weichzeichnungsfilter → Bewegungsunschärfe.

Unten rechts: Verringern Sie die Deckkraft der oberen Ebene etwas und heben Sie die Auswahl auf.

Erzeugen Sie eine Farbton/Sättigung-Einstellungsebene (siehe dazu Kapitel 14) und verringern Sie Helligkeit und Sättigung.

Bei Innen-, aber auch Außenaufnahmen wirken die *Beleuchtungseffekte* unter Umständen besonders interessant. Der Filter kann dramatische Änderungen schaffen – Ihr Bild in warmes, geheimnisvolles oder unheilverkündendes Licht tauchen, unerwünschte Bildteile ausblenden, für eine spannende Atmosphäre sorgen und vieles mehr. Prinzipiell bestehen die Beleuchtungseffekte aus einer oder mehreren Lichtquellen und dem Umgebungslicht. Diese Parameter und den Standort der Lichtquelle stellen Sie in der Dialogbox des Filters frei ein oder wählen Sie aus dem Listenfeld *Stil* einen der vordefinierten Stile. Mit dem Rendering-Filter *Fasern* versehen Sie Ihre Bilder mit einer Struktur, die an Woll- oder sonstige Fasern erinnert.

Zeichenfilter einsetzen

Auch die Zeichenfilter eignen sich, wenn Sie Ihren Bildern ein „handgemachtes", in diesem Fall gezeichnetes Aussehen verleihen möchten.

Verwenden Sie dafür beispielsweise die Filter *Kreide & Kohle, Conté-Stifte, Strichumsetzung, Kohleumsetzung* oder *Fotokopie,* der Ihre Bilder aussehen lässt wie eine schlechte Fotokopie.

Außerdem können Sie Ihre Bilder mit Strukturen versehen, beispielsweise für 3D-Effekte (Filter *Prägepapier*).

Stilisierungsfilter einsetzen

Die Stilisierungsfilter versehen Ihre Bilder mit verschiedenen grafischen Effekten, zum Beispiel:

- Der Filter *Extrudieren* projiziert Ihr Bild auf ein Feld dreidimensionaler Elemente.
- Beim *Kacheleffekt* wird Ihr Bild in einzelne, unregelmäßig versetzte Elemente zerlegt.
- *Relief* lässt Ihr Bild geprägt oder hervorgehoben erscheinen.
- Der *Windeffekt* verschiebt Pixel horizontal nach links oder nach rechts.

Abbildung 13.32
Von oben nach unten: Extrudieren, Leuchtende Konturen, Windeffekt

Strukturierungsfilter einsetzen

Mit Strukturierungsfiltern erhalten Ihre Bilder Tiefe bzw. ein organisches Aussehen. Sie versehen sie beispielsweise mit Rissen oder einer Körnung oder zerlegen sie in kleine Kacheln.

Abbildung 13.33

Links: So erzeugen Sie ein Puzzle: Duplizieren Sie die Hintergrundebene mit dem Bild. Füllen Sie die Hintergrundebene weiß. Rechts: Markieren Sie die obere Ebene und wählen Sie Filter → Strukturierungsfilter → Mit Struktur versehen. Klicken Sie auf die Pfeilschaltfläche neben dem Popup-Menü Struktur *und wählen Sie* Struktur laden. *Laden Sie die Struktur* Puzzle.psd.

Abbildung 13.34

Passen Sie die Parameter nach Wunsch an und klicken Sie auf OK. Wählen Sie gegebenenfalls ein Puzzleteilchen aus, ziehen Sie es aus dem Bild und drehen Sie es.

Weichzeichnungs- und Scharfzeichnungsfilter einsetzen

Mit diesen Filtern schärfen Sie verschwommene, unscharfe Bilder oder Bildbereiche, indem Sie den Kontrast benachbarter Pixel erhöhen. Mehr über diese Filter erfahren Sie im nächsten Kapitel.

Sonstige Filter verwenden

Mit den Filtern im Untermenü *Sonstige Filter* erzeugen Sie eigene Filter, setzen Filter zum Verändern von Masken ein, verschieben eine Auswahl im Bild und nehmen schnelle Farbkorrekturen vor.

- In der Dialogbox *Eigener Filter* legen Sie die sogenannte Faltung für jedes Pixel fest. Darunter versteht man die Anpassung der Helligkeitswerte des Pixels mit einer vordefinierten mathematischen Operation, wobei jedes Pixel einen Wert auf der Grundlage der umgebenden Pixel erhält. Der eigene Filter kann dann gespeichert und auf Bilder angewandt werden.

- Der *Hochpass*-Filter sorgt dafür, dass Details von Kanten im angegebenen Radius mit deutlichen Farbübergängen bestehen bleiben. Der Rest des Bilds verschwindet. Den Hochpassfilter können Sie beispielsweise für das Herausarbeiten von Details verwenden.

- Die Filter *Dunkle Bereiche vergrößern* und *Helle Bereiche vergrößern* verwenden Sie wie in Kapitel 12 beschrieben, um weiße oder schwarze Bereiche in Alphakanälen und Ebenenmasken gleichmäßig zu verändern.

Bilder retuschieren und optimieren

Bevor Ihre Bilder gedruckt oder im Internet veröffentlicht werden, müssen sie für eine optimale Wiedergabequalität häufig noch bearbeitet werden. Photoshop bietet Ihnen leistungsfähige Werkzeuge, um zum Beispiel Tonwerte zu korrigieren und die Farbbalance zu optimieren, sowie verschiedene Retuschewerkzeuge.

Bildnachbearbeitung Schritt für Schritt

Beim Optimieren gescannter oder auf andere Weise digitalisierter Bilder ist es eine Hilfe, die optimale Reihenfolge der Korrekturen zu kennen. Wenn Sie diese Reihenfolge einhalten, erzielen Sie als Einsteiger erfahrungsgemäß die besten Ergebnisse und Sie arbeiten recht zeitsparend.

- Stellen Sie das Bild mit dem *Freistellungswerkzeug* frei. Dabei können Sie es gleich drehen und geraderichten.
- Entfernen Sie gegebenenfalls Bildrauschen und retuschieren Sie Falten, Kratzer usw.
- Nehmen Sie eine Korrektur der Tonwerte vor, entweder über die *Tonwertkorrektur* oder über die *Gradationskurve*.
- Anschließend sind eventuelle Farbstiche an der Reihe. Um diese zu entfernen oder hinzuzufügen, verwenden Sie den Befehl *Farbbalance*, die *Selektive Farbkorrektur* oder die *Gradationskurve*.
- Nach dieser allgemeinen Farbkorrektur nehmen Sie gegebenenfalls gezielte farbliche Änderungen einzelner Bildbereiche vor.
- Falls Sie das Bild in CMYK benötigen, ist nun der richtige Zeitpunkt gekommen, es in diesen Modus umzurechnen.
- Erst ganz zum Schluss widmen Sie sich der Schärfung des Bilds.

Bildretusche

Bevor Sie die Farben und die Schärfe Ihres Bilds optimieren, entfernen Sie eventuelle Problemzonen wie Staub, Kratzer, störende Elemente und Bildrauschen. Wenn Sie diese Arbeit vor den zuerst genannten Korrekturarbeiten vornehmen, erzielen Sie ein glaubwürdigeres Ergebnis.

Rauschen reduzieren

Die Phänomene des Bild- oder Farbrauschens entstehen beispielsweise bei hoher ISO-Empfindlichkeit des verwendeten Films bzw. der Digitalkamera. Bis zu einem bestimmten Grad lässt sich dieses Problem ganz gut in Photoshop korrigieren – allerdings müssen Sie mit einem gewissen Weichzeichnungseffekt rechnen.

Eines der besten Mittel gegen Bildrauschen ist der Befehl *Filter → Rauschfilter → Rauschen reduzieren*.

Abbildung 14.1
Die Dialogbox des Filters Rauschen reduzieren

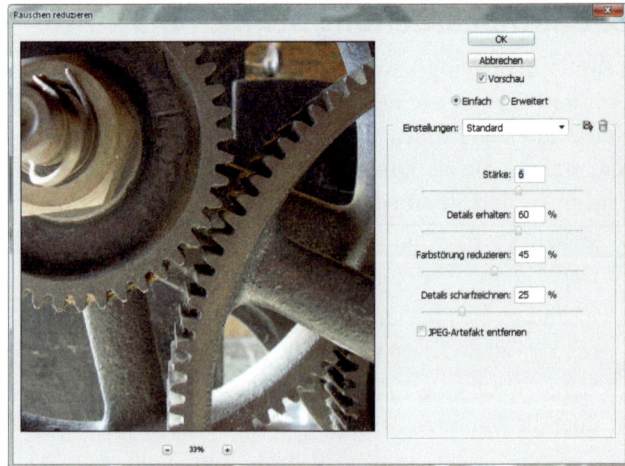

Die Dialogbox enthält Regler für die Stärke des Effekts, den Erhalt der Detailzeichnung, die Reduktion der Störungen und die Schärfung der Details. Über das Kontrollkästchen unten rechts reduzieren Sie die Artefakte, die bei zu starker JPG-Kompression auftreten.

Aktivieren Sie das Kontrollkästchen *Pro Kanal*, können Sie das Korn sogar in den einzelnen Kanälen entfernen – diese Möglichkeit ist wichtig, weil sich das Rauschen häufig im Blaukanal stärker zeigt als in den anderen Kanälen.

Bei Bedarf speichern Sie Ihre Einstellungen über das Diskettensymbol ◱ im rechten oberen Bereich als Voreinstellung, die Sie später über das Popup-Menü *Einstellung* wieder abrufen können.

Haben Sie mit dem Filter *Störungen reduzieren* keinen Erfolg, können Sie die folgenden Maßnahmen ausprobieren.

- Verwenden Sie den Filter *Rauschen entfernen*, um das Bild/ die Auswahl weichzuzeichnen – aber ohne die Konturen. Bei Bedarf können Sie den Befehl auch mehrmals hintereinander anwenden. Die starken Helligkeitsunterschiede der einzelnen Pixel in verrauschten Bildern mildern Sie mit dem Filter *Helligkeit interpolieren*.

- Eine weitere Möglichkeit sind die Weichzeichnungsfilter *Matter machen* und *Selektiver Weichzeichner*, Option *Normal*.

- Bei lokalen Problemen verwenden Sie das Werkzeug *Weichzeichner* (mehr darüber weiter hinten).

Mit dem Kopierstempel retuschieren

Das *Kopierstempel*-Werkzeug 🖫 dient in erster Linie zum Retuschieren von Bildern. Sie kopieren mit diesem Werkzeug unversehrte Bildbereiche über den beschädigten Bereich.

So lassen sich Knicke, Staub und Fusseln oder auch unerwünschte Gegenstände oder Personen aus Ihrem Bild entfernen.

1. Aktivieren Sie im *Werkzeuge*-Bedienfeld das *Kopierstempel*-Werkzeug 🖫. Stellen Sie über die Optionenleiste die gewünschten Optionen ein.

2. Drücken Sie die [Alt]-Taste und klicken Sie mit dem Fadenkreuz-Mauszeiger auf einen unversehrten Bereich, um diesen zu kopieren.

3. Geben Sie die [Alt]-Taste frei. Anschließend klicken Sie im Bild auf die Stelle, die Sie retuschieren möchten.

4. Neben der Werkzeugspitze an der vorher angeklickten Stelle erscheint ein Kreuz, das den Kopierursprung zeigt.

5. Ziehen Sie mit gedrückter Maustaste ein Stückchen weiter. Das Fadenkreuz wandert mit und kopiert die Bildstellen, über die es sich bewegt. Gleichzeitig werden diese Stellen den Bereichen, über die Sie mit der Maus fahren, zugewiesen.

In der Optionenleiste des Kopierstempels legen Sie unter anderem fest, aus welchen Ebenen Sie Pixel aufnehmen möchten. Im Popup-Menü am rechten Rand der Optionenleiste wählen Sie zwischen *Aktueller Ebene*, *Allen Ebenen* sowie *Aktueller und darunter liegender Ebene*. Die zuletzt genannte Option ist besonders interessant, weil sie damit sogenannte nicht destruktive Retuschen durchführen können: Legen

Tipp

An manchen Bildstellen ist die Retusche vielleicht etwas komplizierter – Sie finden einfach keine geeignete Stelle, die Sie auf die fehlerbehaftete übertragen können. Zoomen Sie sich in solchen Fällen weiter in das Bild hinein, wählen Sie eine feine Werkzeugspitze und gehen Sie langsam vor, indem Sie nur winzige Bildbereiche kopieren und übertragen. Eine grobe, schnell ausgeführte Retusche wirkt in vielen Fällen schlimmer als der ursprüngliche Fehler.

Ausgerichtet

In der Grundeinstellung ist in der Optionenleiste des Kopierstempel-Werkzeugs das Kontrollkästchen *Ausger.* (*Ausgerichtet*) aktiviert. Das bedeutet, dass der Kopierstempelursprung auch nach dem Loslassen der Maustaste und erneutem Klicken mitwandert. Diese Option eignet sich, wenn Sie beispielsweise ein komplettes Bild an eine andere Stelle kopieren möchten. Deaktivieren Sie das Kontrollkästchen, wird der Aufnahmebereich jedes Mal wieder vom Kopierursprung aus aufgetragen, wenn Sie das Werkzeug absetzen und dann wieder klicken.

Sie einfach eine neue, leere Ebene über die Ebene, die Sie retuschieren möchten, und wählen Sie *Aktuelle und darunter*. Sind Sie mit Ihren Retuschen nachträglich nicht zufrieden, können Sie die obere Ebene mit ⌈Strg⌋/⌈⌘⌋ + ⌈A⌋ und ⌈Entf⌋ wieder leeren und von neuem beginnen bzw. nur Teile der Retusche mit dem Radiergummi löschen.

Abbildung 14.2
Nachdem Sie eine entsprechende Werkzeugspitze gewählt und den Kopierstempelursprung festgelegt haben, ziehen Sie mit gedrückter Maustaste über den Bildbereich, in den der vom Kopierstempel kopierte Bereich eingefügt werden soll. Das Fadenkreuz wandert mit und kopiert immer neue Bereiche, die gleichzeitig an der Stelle eingefügt werden, die Sie mit gedrückter Maustaste überfahren.

Mehrere Aufnahmequellen verwenden

Der Kopierstempel beschränkt Sie keineswegs auf einen einzigen Quellbereich. Wenn Sie für schwierigere Retuscharbeiten mehrere Quellbereiche festlegen und nach Bedarf einsetzen möchten, gehen Sie folgendermaßen vor:

- Öffnen Sie das Bedienfeld *Kopierquelle*.

- Im oberen Bereich dieses Bedienfelds sehen Sie fünf Stempelsymbole. Mit jedem dieser Symbole können Sie eine Kopierquelle festlegen: Klicken Sie zuerst auf eines der Symbole und dann mit gedrückter ⌈Alt⌋-Taste in ein geöffnetes Bild, um eine neue Kopierquelle festzulegen.

Kopierquellen aus mehreren Bildern
Die Kopierquellen können sogar aus unterschiedlichen Bildern stammen.

- Aktivieren Sie dazu noch das Kontrollkästchen *Überlagerung anzeigen*, sehen Sie eine Überlagerung des Bereichs, den Sie gerade klonen. So haben Sie mehr Kontrolle über Ihre Arbeit. Über das Feld *Deckkraft* regulieren Sie die Darstellung dieser Überlagerung.

- Über die Felder *B* und *H* und das darunterliegende Feld *Kopierquelle drehen* ⟳ lässt sich die Kopierquelle sogar prozentual verkleinern oder vergrößern sowie drehen, so dass Sie beispielsweise eine verkleinerte oder vergrößerte Version des Originals zum Klonen verwenden können.

Abbildung 14.3
Legen Sie fest, in welchen Ebenen Sie retuschieren möchten.

Abbildung 14.4
Störende Gegenstände aus einem Bild entfernen – mit dem Kopierstempel eine leichte Übung

Abbildung 14.5
Bei Bedarf zeigen Sie eine Überlagerung des Quellbereichs im Bild an. Im Bedienfeld Kopierquelle *können Sie auch mehrere Kopierquellen definieren.*

Bildretusche mit Reparatur-Pinsel und Ausbessern-Werkzeug

Wenn Sie mit dem *Kopierstempel* nicht vorsichtig umgehen, erscheinen schnell Farbsäume im Bild, die Ihre Retuschearbeiten unglaubwürdig und offensichtlich erscheinen lassen. Bei den Werkzeugen *Reparatur-Pinsel* ✐ und *Ausbessern-Werkzeug* ⬤ ist diese Gefahr wesentlich geringer. Beide Werkzeuge befinden sich in derselben Gruppe des *Werkzeuge*-Bedienfelds. Grundsätzlich funktioniert der *Reparatur-Pinsel* wie der *Stempel* – das Besondere ist jedoch, dass Farbe, Struktur, Beleuchtung und Schattierung der aufgenommenen Pixel an die Quellpixel angepasst werden. So müssen Sie – anders als beim Kopierstempel – nicht befürchten, Farbsäume ins Bild zu bringen.

Allerdings liefern diese Werkzeuge nur in Bereichen ohne allzu starke Farbunterschiede und Kontrastkanten das gewünschte Ergebnis. Typische Einsatzgebiete sind beispielsweise Hautretuschen.

Abbildung 14.6

Die Spuren des Alters (links), lassen sich hervorragend mit dem Reparatur-Pinsel-Werkzeug abmildern (rechts) (ganz entfernen sollten Sie sie gerade bei Porträts von älteren Personen nicht; das würde künstlich wirken).

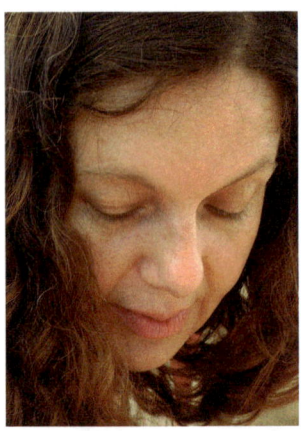

Nicht destruktive Retuschen

Auch der *Reparatur-Pinsel* bietet die beim Kopierstempel erläuterte Möglichkeit, auf der aktuellen und der darunterliegenden Ebene zu retuschieren und auf diese Weise nicht destruktive Retuschen durchzuführen (siehe Abschnitt 14.4). Außerdem ist die Möglichkeit, mehrere Kopierquellen festzulegen, in diesem Werkzeug ebenfalls gegeben.

Abbildung 14.7

Auch mit dem Reparatur-Pinsel sind nicht destruktive Retuschen möglich: Sie retuschieren auf der oberen, leeren Ebene – und wenn Ihre Retuschen Ihnen nicht gefallen, löschen Sie sie einfach wieder. Wenn sie Ihnen zu stark erscheinen, reduzieren Sie die Deckkraft der oberen Ebene.

1. Klicken Sie mit gedrückter ⟨Alt⟩-Taste auf eine unversehrte Stelle im Bild.

2. Geben Sie die ⟨Alt⟩-Taste frei.

3. Fahren Sie mit gedrückter Maustaste über den Bereich, den Sie korrigieren möchten.

4. Während dieses Vorgangs sind deutliche Farbunterschiede zu erkennen. Sobald Photoshop seine Berechnungen abgeschlossen hat, sieht die übermalte Stelle jedoch völlig natürlich aus (vorausgesetzt, dass an dieser Stelle keine kontrastreichen Bildkanten vorhanden waren).

Auch das *Ausbessern*-Werkzeug übernimmt Farbe, Struktur, Beleuchtung und Schattierung von der unversehrten Stelle. Allerdings funktioniert dieses Werkzeug etwas anders:

- Nachdem Sie das Werkzeug aktiviert haben, wählen Sie mit ihm den zu reparierenden Bereich aus – als ob Sie mit dem Lasso arbeiten. Vergewissern Sie sich, dass in der Optionenleiste das Optionsfeld *Quelle* aktiviert ist. Mit gedrückter ⟨⇧⟩-Taste erweitern Sie die Auswahl jeweils, mit gedrückter ⟨Alt⟩-Taste verkleinern Sie sie. Halten Sie die Tastenkombination ⟨Alt⟩ und ⟨⇧⟩ gedrückt, erstellen Sie einen Bereich, der mit der vorigen Auswahl überlappt.

- Alternativ wählen Sie den Bereich mit den unversehrten Pixeln, also den Bereich, mit dem Sie die beschädigte Stelle ausbessern möchten. Aktivieren Sie in diesem Fall in der Optionenleiste das Optionsfeld *Ziel*.

- Nun führen Sie die eigentliche Retusche durch: Ziehen Sie auf den unversehrten Bildteil, wenn Sie zuvor den beschädigten Bildteil ausgewählt haben. Sobald Sie die Maustaste loslassen, wird der markierte Bildteil mit dem unversehrten repariert.

Umgekehrt verfahren Sie, wenn Sie zuvor den unbeschädigten Bildteil markiert haben.

Bereichsreparaturen durchführen

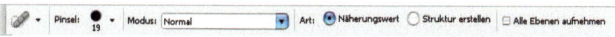

Ein praktisches und sehr leicht anwendbares Retuschewerkzeug ist das *Bereichs-Reparatur*-Werkzeug , das Sie im selben Popup-Menü finden wie die übrigen Retuschewerkzeuge. Das Werkzeug eignet sich bestens, um kleine Hautunreinheiten, Leberflecken und Ähnliches aus Porträtaufnahmen zu entfernen.

Das *Bereichs-Reparatur*-Werkzeug unterscheidet sich insofern von den übrigen Retuschewerkzeugen, als Sie keinen Quellbereich/keine Auswahl definieren müssen, bevor Sie es anwenden können. Vielmehr klicken Sie einfach auf die Problemstelle und Photoshop gleicht sie der Umgebung bezüglich Farbe und Struktur an.

Voraussetzung ist auch hier, dass sich in der näheren Umgebung keine Kontrastkanten befinden.

1. Wählen Sie in der Optionenleiste des Werkzeugs eine geeignete Werkzeuggröße. Diese sollte etwas größer sein als der Bereich, den Sie korrigieren möchten.

2. Aktivieren Sie *Alle Ebenen aufnehmen*, damit das Werkzeug über alle Ebenen hinweg Pixel aufnimmt – und nicht nur in der momentan ausgewählten Ebene.

3. Klicken Sie nun auf die Stelle, die Sie retuschieren möchten, oder ziehen Sie mit gedrückter Maustaste darüber.

Falls Sie mit *Normal* kein befriedigendes Ergebnis erzielen, experimentieren Sie in der Optionenleiste mit den anderen angebotenen Füllmethoden.

Bildretusche mit dem Wischfinger-Werkzeug

Die meisten Bildbearbeiter verwenden die oben genannten Werkzeuge zur manuellen Bildretusche. In manchen Fällen, besonders für eher diffuse Bildbereiche, leistet aber das *Wischfinger*-Werkzeug ebenfalls gute Dienste.

Mit dem Wischfinger werden keine kompletten Bildteile kopiert und eingefügt, sondern die Farbwerte umliegender Pixel verwendet.

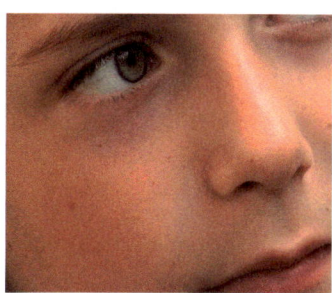

Abbildung 14.8
Die Optionen für das Bereichs-Reparatur-Werkzeug

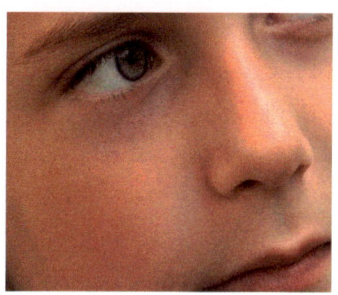

Abbildung 14.9
Kleine Hautunreinheiten und Ähnliches entfernt das Bereichs-Reparatur-*Werkzeug durch einfaches Klicken oder Übermalen wie durch Zauberhand.*

1. Wählen Sie im *Werkzeuge*-Bedienfeld das *Wischfinger-Werkzeug* 🐾 aus (Sie finden es in derselben Gruppe wie Weichzeichner und Scharfzeichner).

2. Stellen Sie in der Optionenleiste die *Stärke* auf 100 %.

3. Klicken Sie nahe neben den Knick, Kratzer oder Staubpartikel, den Sie entfernen möchten. Ziehen Sie mit gedrückter Maustaste über die fehlerhafte Stelle.

4. Gelegentlich werden bei dieser Vorgehensweise umliegende Bildbereiche verschmiert. Sie minimieren diesen Fehler, indem Sie in der Optionenleiste einen der Modi *Abdunkeln* oder *Aufhellen* auswählen. *Abdunkeln* eignet sich für helle Bildfehler auf dunklem Grund, *Aufhellen* für dunkle Fehler auf hellen Bereichen.

Korrekturen mit dem Werkzeug „Farbe ersetzen" ausführen

Das Werkzeug *Farbe ersetzen* 🖌️ aus dem Popup-Menü des Pinsel-/Buntstiftwerkzeugs verwenden Sie, um Farbtöne in Ihrem Bild dynamisch durch eine frei gewählte Farbe zu ersetzen, ohne dass dadurch Zeichnung verloren geht.

Es eignet sich beispielsweise für die Retusche von überblitzten Tieraugen, die meist grün oder weiß herauskommen und deshalb mit dem nachfolgend erläuterten *Rote-Augen*-Werkzeug nicht korrigiert werden können. Das Werkzeug übermalt nur Bereiche im selben Farbton mit der Vordergrundfarbe, so dass keine Gefahr besteht, dass Sie über das Auge hinausmalen.

In der Optionenleiste dieses Werkzeugs stellen Sie die *Toleranz* dieses Farbtons ein – je größer die Toleranz, desto mehr Farbtöne können übermalt werden. Stellen Sie die Toleranz auf 0, so müssen Bildpartien genau die Farbe des zuerst angeklickten Pixels haben, damit sie ebenfalls mit der Vordergrundfarbe übermalt werden.

Abbildung 14.10

Links: Mit dem Blitz aufgenommene Menschen- und Tierporträts zeigen häufig den „Rote-Augen-Effekt" (bei Tieraugen eher weiß oder grün). Rechts: Mit dem Werkzeug Farbe ersetzen *lassen sich solche Fehler mühelos wegretuschieren.*

Das Rote-Augen-Werkzeug einsetzen

Noch leichter fällt die Retusche von roten Augen mit dem *Rote-Augen*-Werkzeug ⁺🔍. Sie funktioniert allerdings nur bei roten Menschenaugen, nicht bei weißen oder grünen Tieraugen. Sie finden es in demselben Popup-Menü der Werkzeugleiste wie die übrigen Retuschewerkzeuge.

1. Nachdem Sie das Werkzeug angeklickt haben, wählen Sie in den Werkzeugoptionen die gewünschte Pupillengröße von 1–100 % aus.

2. Wählen Sie ebenfalls, wie dunkel die Pupille werden soll.

3. Ziehen Sie ein Rechteck um die rote Pupille auf – fertig! Den Rest erledigt Photoshop selbsttätig.

Bildteile verflüssigen

Ein sehr interessanter Filter ist *Verflüssigen*. Er ist direkt im Menü *Filter* anwählbar. Mit diesem Filter klicken Sie beliebige Bildteile an und ziehen sie umher, als wären sie aus Gummi – oder eben flüssig. So können Sie unter anderem Karikaturen aus Porträtaufnahmen machen und vieles mehr; auch krasse Mimikänderungen gelingen im Handumdrehen. Oder Sie gehen Problemzonen in Porträtaufnahmen an – korrigieren Sie Doppelkinn oder Himmelfahrtsnasen.

Abbildung 14.11
Verwenden Sie den Filter Verflüssigen unter anderem, um Problemzonen in Porträtaufnahmen zu korrigieren oder abzumildern.

Dazu steht Ihnen in der Dialogbox *Verflüssigen* eine eigene Werkzeugpalette zur Verfügung, mit der Sie Bildpunkte unter dem Mauszeiger wölben, zusammenziehen, verdrehen oder reflektieren.

Ein Zoom-Werkzeug gibt Ihnen dabei Gelegenheit, sich einzelne Bildpartien näher anzusehen. Per [Strg]/[⌘] + [Z] machen Sie hier Arbeitsschritte rückgängig, wie Sie es aus dem Programmfenster gewohnt sind.

Abbildung 14.12
Mit dem Verflüssigen-Filter formen Sie Bildteile so problemlos, als seien sie aus Knetmasse.

Einstellungen zurücksetzen

Möchten Sie Ihre Einstellungen in der Dialogbox auf den Standard zurücksetzen, um noch einmal von vorne zu beginnen, drücken Sie die `Alt`-Taste. Die Schaltfläche *OK* wird zur Schaltfläche *Zurück*, mit der Sie die Standardeinstellungen wiederherstellen. Die Vorgehensweise funktioniert auch in den anderen Dialogboxen zur Bildeinstellung.

Abbildung 14.13
Dieses Bild soll in eine Innenaufnahme montiert werden. Es wird auf eine Ebene reduziert, mit `Strg`/`⌘` *+* `A` *komplett ausgewählt und mit* `Strg`/`⌘` *+* `C` *in die Zwischenablage kopiert.*

Perspektivische Retuschen und Montagen mit dem Fluchtpunkt-Filter

Die Arbeit mit den bisher besprochenen Retuschewerkzeugen wie dem Kopierstempel wird problematisch, sobald das Bild mit einer Perspektive ausgestattet ist. In diesem Fall verwenden Sie die Funktion *Fluchtpunkt* (Befehl *Filter → Fluchtpunkt*). Diese passt die Perspektive beim Malen, Retuschieren und Verschieben von Auswahlbereichen automatisch während der Arbeit an Ihrem Bild an.

Weil der Filter ohne ein paar Vorbereitungen recht unkomfortabel ist, sollten Sie zunächst im Zielbild eine neue, leere Ebene erzeugen und den Fluchtpunkt-Filter erst dann anwenden. Nur dann stehen Ihnen für einkopierte Objekte und Retuschearbeiten die Ebenenfüllmethoden von Photoshop zur Verfügung.

Die Ebenenfläche im Fluchtpunkt-Filter definieren

Öffnen Sie jetzt die Dialogbox *Fluchtpunkt*.

Zuerst definieren Sie eine 3D-Ebene in Form eines Drahtgitters, das Breite und Tiefe der 3D-Ebene beschreibt. Auch nach dem Schließen des Filterdialogs bleibt es erhalten, sobald Sie den Filter erneut wählen.

Abbildung 14.14
Ziehen Sie in dem Zielbild zunächst ein Raster auf. Sobald seine Perspektive stimmt, wird es blau dargestellt. Mit dem Ebene-erstellen-Werkzeug können Sie – wie hier – mehrere Raster in einem Bild erstellen.

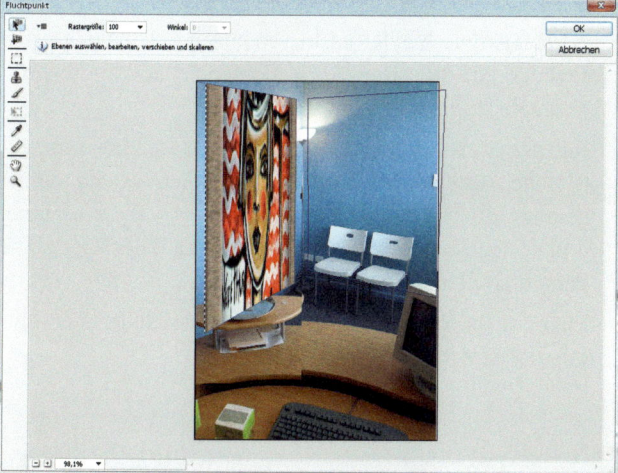

Abbildung 14.15
Fügen Sie das in die Zwischenablage kopierte Bild mit Strg/⌘ + V ein und ziehen Sie es auf das Raster. Es erhält die durch das Raster definierte Perspektive.

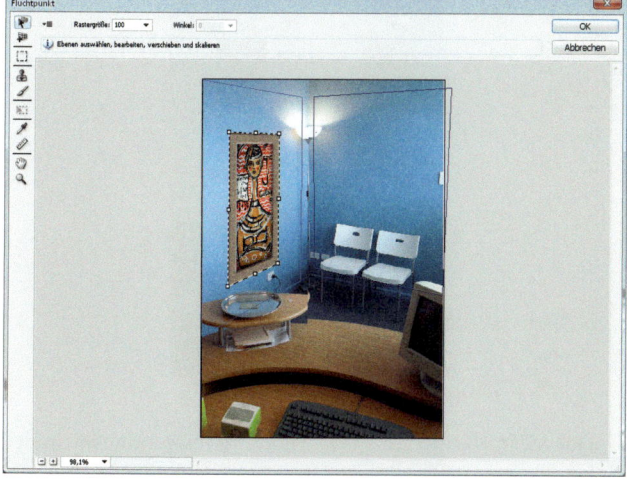

Abbildung 14.16
Wählen Sie das Transformieren-Werkzeug in der Werkzeugleiste der Fluchtpunkt-Dialogbox und skalieren Sie das eingefügte Bild auf die gewünschten Proportionen.

1. Nachdem Sie den Befehl *Filter → Fluchtpunkt* gewählt haben, klicken Sie mit dem Werkzeug *Ebene erstellen* auf vier Punkte in Ihrem Bild, um die perspektivische Bearbeitungsebene zu definieren. (Möchten Sie das erzeugte Raster löschen und von vorne beginnen, betätigen Sie die Tastenkombination [Strg]/[⌘] + [.] oder die [Entf]-Taste.)

2. Photoshop zeigt das Raster in Blau an, wenn die Perspektive der Bearbeitungsebene korrekt ist. Wenn nicht, ist das Raster gelb oder rot.

Durch Ziehen an den Kanten lässt sich das Raster in den gegebenen Dimensionen vergrößern bzw. verfeinern.

In der Fluchtpunktebene arbeiten

Zum perspektivischen Retuschieren bieten sich die folgenden Werkzeuge an, die ihren Äquivalenten in der Photoshop-Werkzeugleiste entsprechen:

- Mit dem Auswahlrechteck ⌐⌐ erstellen Sie eine perspektivische Auswahl. Mit einem Doppelklick wählen Sie die gesamte Ebene aus. Mit gedrückter [Alt]-Taste kopieren und verschieben Sie den Auswahlinhalt auf der Ebene. Die Perspektive passt sich entsprechend an.

- Mit dem *Transformieren*-Werkzeug lässt sich der Auswahlinhalt perspektivisch transformieren.

Abbildung 14.17
Die Auswahl perspektivisch transformieren

- Das *Stempel*- und das *Pinselwerkzeug* verwenden Sie in der gewohnten Weise – mit dem Unterschied, dass sich alle Retuschearbeiten dem definierten 3D-Raum anpassen.

Sie sind übrigens durchaus nicht auf eine Perspektivebene beschränkt, sondern können mehrere davon erzeugen, die auch nicht in rechtem Winkel zueinander stehen müssen.

Eine Objektivkorrektur durchführen

Mit der Objektivkorrektur-Funktion (*Filter* → *Verzerren* → *Objektivkorrektur*) korrigieren Sie eine ganze Reihe von üblichen Aufnahmeproblemen, zum Beispiel kissen- oder tonnenförmige Verzerrungen, Vignettierungen oder chromatische Aberrationen.

Abbildung 14.18
Schematische Darstellungen von Aufnahmefehlern: kissenförmige Verzerrung (links), tonnenförmige Verzerrung (rechts)

Ein typisches, alltägliches Beispiel ist die stürzende Perspektive, die beim Fotografieren eines hohen Gebäudes entsteht.

Bei tonnen- bzw. kissenförmigen Verzerrungen sind die Bildränder nach außen bzw. nach innen gebogen. Bei der Vignettierung sind die Bildecken dunkler als die Bildmitte. Die chromatische Aberration äußert sich durch Farbsäume an den Objektkanten.

Die Dialogbox *Objektivkorrektur* legt ein Raster über das Bild, so dass Sie beim Durchführen der Korrekturen horizontale und vertikale Bezugspunkte haben.

Flexibles Arbeiten mit Smart-Filtern

Auch die Objektivkorrektur ist als Smart-Filter (siehe Kapitel 13) verfügbar. Dies ermöglicht eine besonders flexible Arbeit.

Abbildung 14.19
Mit der Objektivkorrektur können Sie beispielsweise tonnenförmige Verzeichnungen korrigieren (Bild: Kristine Kamm Kreativphotos).

Beurteilen Sie nun das aufnahmetechnische Problem Ihres Bilds und nehmen Sie dementsprechend in der entsprechenden Reglergruppe Ihre Einstellungen vor. Die Auswirkungen zeigen sich Ihnen sofort im Vorschaubild.

Die Werkzeuge der Objektivkorrektur verwenden

Außer den Reglern im rechten Bereich verfügt die Dialogbox *Objektivkorrektur* im linken oberen Bereich über eine Werkzeugleiste, mit der Sie die Korrekturen durch Klicken und Ziehen direkt am Vorschaubild vornehmen:

- Verwenden Sie das Werkzeug *Verzerrung entfernen* , um kissen- oder tonnenförmige Verzerrungen auszugleichen: Wählen Sie zuerst aus dem Popup-Menü *Kante* im unteren Bereich der Dialogbox, wie Photoshop entstehende Bereiche ohne Bildpixel behandeln soll – diese Bereiche können transparent bleiben bzw. mit der Hintergrundfarbe oder mit einer Wiederholung der Kantenpixel gefüllt werden. Wenn Sie dann mit dem Werkzeug nach innen ziehen, korrigieren Sie eine tonnenförmige Verzerrung, wenn Sie nach außen ziehen, korrigieren Sie eine kissenförmige Verzerrung.

- Verwenden Sie das Werkzeug *Gerade ausrichten* , um das Bild gerade zu richten: Ziehen Sie mit gedrückter Maustaste entlang einer Linie, die Sie gerade richten möchten – beispielsweise entlang der Horizontlinie.

Die übrigen drei Werkzeuge der Werkzeugleiste dienen zum Verschieben des Rasters , zum Verschieben des Bildausschnitts und zum Zoomen des Bilds .

Farbe, Kontrast und Bildschärfe optimieren

Wenn sie direkt aus der Kamera oder vom Scanner kommen, benötigen die meisten Digitalbilder noch bestimmte Anpassungen bezüglich ihrer Farben, Kontraste und der Bildschärfe. Auf den folgenden Seiten erfahren Sie, wie Sie dabei am besten vorgehen.

Mit Einstellungsebenen arbeiten

Die Bildoptimierung erfordert viel Fingerspitzengefühl, Erfahrung und auch Ausprobieren. Dem ungehinderten Experimentieren steht oft die Befürchtung im Wege, dass man etwas am Bild zerstören könnte. Daher gibt es die Einstellungsebene, in der Sie Kontrast- und Farbtoneinstellungen

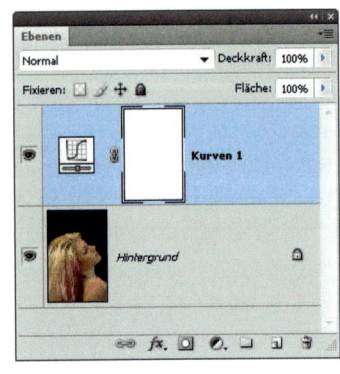

Abbildung 14.20
Die neue Einstellungsebene wird im Ebenen-Bedienfeld über der markierten Ebene eingerichtet. Zusätzlich erhält die Einstellungsebene automatisch eine Ebenenmaske.

ausprobieren können, ohne dass Ihr Bild selbst dadurch verändert würde. Alle über Einstellungsebenen verfügbaren Korrekturbefehle finden Sie auch im Menü *Bild → Korrekturen*. Weil Sie aber nur wenig flexibel sind, wenn Sie die Korrekturbefehle auf diesem direkten Weg zuweisen, sollten Sie sich von Vornherein angewöhnen, lieber gleich mit Einstellungsebenen zu arbeiten.

Hinweis
Im Modus *Indizierte Farben* können Sie keine Einstellungsebenen verwenden.

Photoshop CS4 bietet zur bequemen Erzeugung und Bearbeitung von Einstellungsebenen das neue Bedienfeld *Korrekturen*. So gehen Sie vor, um eine Einstellungsebene zu erzeugen:

◀ **Neu in CS4**

1. Zeigen Sie das Bedienfeld *Korrekturen* an und klicken Sie auf das Symbol mit der gewünschten Korrekturfunktion. Alternativ klicken Sie auf das Symbol *Neue Füll- oder Einstellungsebene erstellen* ⊘ am unteren Rand des Ebenen-Bedienfelds und dann auf den gewünschten Befehl.

2. Im Bedienfeld *Korrekturen* erscheinen nun die Regler und Felder für die gewählte Funktion. Nehmen Sie hier die gewünschten Einstellungen vor (Einzelheiten dazu erfahren Sie auf den nächsten Seiten). Die Änderungen werden dem Bild direkt zugewiesen.

3. Außerdem ist im Bedienfeld *Ebenen* eine Einstellungsebene mit einem zur jeweiligen Korrektur passenden Symbol sowie einer Ebenenmaske erschienen. Falls Sie also der Einstellungsebene einen neuen Namen geben, erkennen Sie anhand der Symbole trotzdem, um welche Optimierungsfunktion es sich handelt. Die nebenstehende Tabelle zeigt Ihnen eine Übersicht.

Die Wirkung von Einstellungsebenen einschränken

Jede Einstellungsebene besitzt standardmäßig eine Ebenenmaske (siehe auch Kapitel 9). Das heißt, dass Sie die Korrekturen auf bestimmte Bildbereiche beschränken können: Übermalen Sie bei aktiviertem Ebenenmaskensymbol und ausgewähltem *Pinsel*-Werkzeug alle Bildbereiche mit Schwarz, auf die die Korrektur nicht wirken soll. Alle Bildbereiche, auf die die Korrektur wirken soll, lassen Sie weiß. Bildbereiche, auf die die Korrektur nur in abgeschwächter Form wirken soll, übermalen Sie grau.

Sie können es sich auch leichter machen: Wählen Sie vor dem Erzeugen der Einstellungsebene den Bildbereich aus, den Sie korrigieren möchten. Wenn Sie dann die Einstellungsebene erzeugen, erzeugt Photoshop automatisch die entsprechenden schwarzen und weißen Bereiche in der Einstellungsebene.

Symbol	Funktion
	Farbbalance
	Tonwertkorrektur
	Gradationskurve
	Belichtung
	Dynamik
	Farbton/Sättigung
	Farbbalance
	Schwarzweiß
	Fotofilter
	Kanalmixer
	Umkehren
	Tontrennung
	Schwellenwert
	Verlaufsumsetzung
	Selektive Farbkorrektur

Abbildung 14.21
Das Bild zeigt einen diagonalen Übergang von Farbe zu Schwarzweiß – verantwortlich dafür ist der Verlauf in der Ebenenmaske der Schwarzweiß-Einstellungsebene.

Genauso wichtig ist die Tatsache, dass Sie die Wirkung einer Korrektur abschwächen können: Setzen Sie dazu einfach die Deckkraft der Einstellungsebene herab.

Und wenn Sie mit einer Korrektur nicht zufrieden sind, können Sie sie jederzeit ändern: Klicken Sie auf die entsprechende Einstellungsebene und betätigen Sie die Regler im Bedienfeld *Korrekturen*.

Bei allen diesen Aktionen wird Ihr eigentliches Bild nicht verändert und auch nach dem Schließen und erneuten Öffnen von Photoshop können Sie jederzeit weiterkorrigieren oder durch Deaktivieren bzw. Löschen der Einstellungsebene zum Originalbild zurückkehren – man nennt dies eine „nicht destruktive" oder zerstörungsfreie Bildbearbeitung.

Die Wirkung von Einstellungsebenen auf die darunterliegende Ebene beschränken

Normalerweise wirken sich Änderungen in der Einstellungsebene auf alle darunterliegenden Ebenen aus.

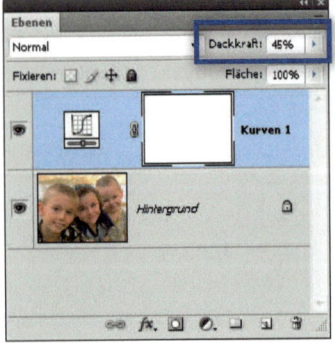

Manchmal ist das gerade nicht erwünscht; die Einstellungsebene soll sich nur auf die unmittelbar darunterliegende Ebene auswirken. In diesem Fall fassen Sie Einstellungs- und darunterliegende Ebene zu einer Maskierungsgruppe zusammen. Dazu klicken Sie das Symbol der gewünschten Korrekturfunktion im Bedienfeld *Korrekturen* mit gedrückter Alt-Taste an oder Sie wählen den Menübefehl *Ebene → Neue Einstellungsebene* anlegen. In diesem Fall erhalten Sie eine Dialogbox, in der Sie das Kontrollkästchen *Schnittmaske aus vorheriger Ebene erstellen* anklicken und dann mit *OK* bestätigen.

Abbildung 14.22
Es macht nichts, wenn Ihre Korrekturen zunächst zu stark ausfallen (oben) – sie lassen sich nachträglich noch abschwächen (Mitte) und zwar stufenlos und jederzeit (auch nach dem Schließen und erneuten Öffnen des Dokuments).

Auch nachträglich können Sie diese Schnittmaske erzeugen: Dazu klicken Sie am unteren Rand des *Korrekturen*-Bedienfelds auf das Symbol *Diese Korrektur wirkt sich auf alle darunterliegenden Ebenen aus*.

Abbildung 14.23
Erstellen Sie eine Schnittmaske, damit die Einstellungsebene nur auf die unmittelbar darunterliegende Ebene wirkt.

Das Ganze funktioniert auch mit mehreren Einstellungsebenen, die sich dann auf die erste nicht eingerückte Ebene auswirken.

Abbildung 14.24
Die Einstellungsebene hat eine Schnittmaske erhalten.

Eine weitere Einstellungsebene erzeugen

Um weitere Korrekturen an Ihrem Bild bzw. einer Ebene vorzunehmen, fügen Sie weitere Einstellungsebenen hinzu. Wenn Sie dazu das Bedienfeld *Korrekturen* verwenden möchten, müssen Sie es zuerst wieder in die Ansicht *Korrektur hinzufügen* umschalten. Dazu klicken Sie am unteren Bedienfeldrand auf den Linkspfeil. Klicken Sie nun eines der Korrektursymbole an, erhält Ihr Bild eine weitere Einstellungsebene.

Tonwerte des Bilds korrigieren

In einem digitalen Bild hat jedes Pixel eine eigene Helligkeitsinformation. Diese nennt man auch Tonwert. In einem Graustufenbild kann jedes Pixel einen von 256 Grautönen annehmen. Das Graustufenbild kann 256 unterschiedliche Tonwerte aufweisen. Der Tonwert drückt die Intensität einer Farbe aus und wird in Prozent gemessen – 0 % entspricht Schwarz und 100 % entspricht Weiß.

Viele Fotos aus dem semiprofessionellen Bereich wirken nach dem Scannen zu dunkel oder flau (d.h., die Unterschiede zwischen dunklen, mittleren und hellen Bereichen sind schwach; das Weiß der Vorlage kommt als helles Grau heraus und das Schwarz als dunkles Grau). Solche ungenügenden Lichtverhältnisse im Bild lassen sich beheben: einerseits durch eine einfache Korrektur der Bildhelligkeit und des Kontrasts, zum anderen durch die anspruchsvollere, aber bessere Korrektur der Tiefen, Lichter und Mitteltöne des Bilds – mit einer Tonwertkorrektur oder der Gradationskurve.

Bildanalyse mit dem Histogramm

Bevor Sie sich an die Korrektur Ihres Bilds machen, können Sie seine Qualität und mögliche Probleme mit dem Histogramm überprüfen. Wählen Sie dazu *Fenster → Histogramm*.

Wählen Sie aus dem Bedienfeldmenü ▾☰ den Befehl *Erweiterte Ansicht*, um die zugehörigen Informationen einzublenden.

Den Hauptbereich des Bedienfelds stellt das Histogramm dar, das Ihnen die Tonwerte in Ihrem Bild zeigt: Sie sehen, wie viele Bildpunkte von jeder der 256 Helligkeitsstufen vorhanden sind – die Tiefenbereiche des Bilds werden nach links hin anhand ihrer Häufigkeit dargestellt und können den Wert 0 erreichen. Die Helligkeitsbereiche zeigen sich im Histogramm nach rechts hin: Helle Bereiche können einen Wert von 255 erreichen.

Ist das Balkendiagramm an einer bestimmten Stelle der Skala besonders hoch, bedeutet das, dass Ihre Datei besonders viele Bildpunkte dieses Tonwerts enthält. Im nebenstehenden Bild sind die Lichter und Tiefen beispielsweise sehr viel stärker vertreten als die Mitteltöne.

Abbildung 14.25
Mitteltöne, Lichter und Tiefen

Überprüfen Sie entweder das Gesamtbild mit allen seinen Kanälen – dies ist die Grundeinstellung. Alternativ wählen Sie aus dem Bedienfeldmenü ▾☰ die Darstellung der Einzelkanäle.

Außerdem können Sie über das Bedienfeldmenü aus der Kompaktansicht in eine erweiterte Ansicht umschalten. Dann werden im unteren Bereich des Bedienfelds *Informationen* über den Tonwert unter dem Mauszeiger dargestellt. Oder Sie ziehen mit gedrückter Maustaste über einen Diagrammbereich, um Informationen über den ausgewählten Bereich zu erhalten.

Die Informationen unter dem Histogramm sagen Folgendes aus:

- *Mittelwert*: der durchschnittliche Helligkeitswert

- *Abweichung*: die Variation der Werte insgesamt

- *Zentralwert*: der Mittelwert der Farbwerte

- *Pixel*: die Gesamtanzahl der Pixel in der Datei bzw. dem ausgewählten Bereich

- *Tonwert*: zeigt an, welcher Tonwertbereich ausgewählt ist bzw. auf welchen Tonwert Sie gerade zeigen

- *Anzahl*: zeigt an, wie oft der ausgewählte Tonwert vorkommt

- *Spreizung*: der prozentuale Anteil von Pixeln, die dunkler sind als der gewählte Wert/Bereich

- *Cache-Stufe*: zeigt an, ob die Informationen aus den Originalpixeln oder aus einer verkleinerten Bildschirmdarstellung errechnet werden. Wird 1 angezeigt, verwendet Photoshop alle Pixel des Bilds (die Zoomstufe beträgt 100 %). Wird 2 angezeigt (in der Zoomstufe 50 %) wird das Histogramm zwar schneller errechnet, es ist aber nicht so genau.

Analysieren Sie nun einige Ihrer Bilder.

- Wirkt das Histogramm „faserig", sehen Sie also eine Menge Tonwertlöcher im Diagramm, dürfte es sich entweder um einen schlechten Scan bzw. ein aggressiv bearbeitetes Bild handeln oder das Bild lag ursprünglich im Modus *Indizierte Farben* vor. Sind diese Tonwertabrisse extrem, zeigen die Bilder im Druck unschöne Stufeneffekte.

- Zeigt sich ganz links und ganz rechts jeweils eine Spitze und in der Mitte verläuft das Diagramm flach, enthält das Bild viele Tiefen- und Lichterbereiche, während die Mitteltöne schwach vertreten sind.

- Sehen Sie hingegen rechts oder links (in den Tiefen und Lichtern) kaum Tonwerte, sondern nur in der Mitte, liegt Ihnen ein flaues Bild vor. Als Faustregel für den Druck gilt: Der Tonwertumfang sollte mindestens 10 … 240 betragen.

- Haben Sie im Histogramm solche Tonwertprobleme festgestellt, korrigieren Sie diese mit den Funktionen *Tonwertkorrektur* und *Gradationskurven*.

Abbildung 14.26
Das Histogramm eignet sich zur Analyse Ihres Bilds.

Auswahlbereiche und Ebenen
Enthält Ihr Bild eine Auswahl, gilt das Histogramm nur für diese. Zudem können Sie wählen, dass das Histogramm nur für eine bestimmte Ebene Ihres Bilds gelten soll. Wählen Sie die gewünschte Ebene in der erweiterten Ansicht aus dem Popup-Menü *Quelle*.

Abbildung 14.27
*Die Tonwerte befinden sich fast aus-
nahmslos im mittleren Bereich – das
Bild wirkt flau und benötigt eine Kon-
trastverstärkung.*

Abbildung 14.28
*Dieses Bild wurde zu aggressiv mit
den Auto-Korrekturfunktionen von
Photoshop bearbeitet (mehr darüber
weiter hinten) – Tonwertlücken
machen sich bemerkbar.*

Abbildung 14.29
*In diesem Low-Key-Bild sind die Tie-
fenbereiche am markantesten – in
diesem Bild ist das kein Problem, sondern ein gewollter Effekt.*

Abbildung 14.30
Das lückenhafte Histogramm eines
für das Internet vorbereiteten GIF-
Bilds – einer der Gründe, warum ton-
reiche Fotos eher im JPEG- als im GIF-
Format gespeichert werden sollten.

Abbildung 14.31
Dieses Bild nutzt den gesamten
Tonwertbereich. Tonwertabrisse in
diesem Umfang sollten im Druck kein
Problem darstellen.

Tiefen und Lichter korrigieren

Gerade Digitalbilder haben häufig einen zu großen Dynamikumfang. Sie enthalten sowohl über- als auch unterbelichtete Bereiche. Die Tiefen erscheinen zugelaufen; sie weisen keine Detailzeichnung auf, während die Lichter ausgefressen erscheinen – ebenfalls ohne Detailzeichnung.

Der Befehl *Bild → Korrekturen → Tiefen/Lichter* ist eine hervorragende Möglichkeit, um Digitalbilder ohne Verluste in der Detailzeichnung zu korrigieren und zugelaufene Tiefen zu öffnen.

Verwenden Sie diesen Befehl, um die Detailzeichnung in unterbelichteten Bildern herauszuarbeiten, oder für die Korrektur von leicht überbelichteten oder überblitzten Bildern. Er ist auch nützlich, wenn Sie in einem ansonsten korrekt belichteten Bild die Tiefen aufhellen oder die Lichter abschwächen möchten.

Abbildung 14.32
So präsentiert sich die Dialogbox Tiefen/Lichter *beim ersten Öffnen.*

Abbildung 14.33
Der Befehl Tiefen/Lichter *kann auf unkomplizierte Weise dramatische Veränderungen in die Tiefen und Lichter Ihres Bilds bringen – bei unveränderten Mitteltönen (Bild: Kristine Kamm Kreativphotos).*

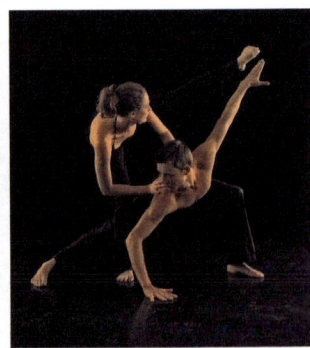

Tiefen/Lichter korrigiert die Gesamtbelichtung des Bilds nicht wirklich; vielmehr hellt der Befehl die Pixel auf der Grundlage des Helligkeitswerts benachbarter Pixel auf bzw. dunkelt sie ab. Wenn Sie den Befehl zum ersten Mal öffnen, erhalten Sie die Standardeinstellungen, die vor allem bei Gegenlichtaufnahmen recht gut funktionieren. Doch wie bei allen Photoshop-Befehlen eignen sich die Standardeinstellungen nicht für alle Bilder.

Der Befehl enthält separate Regler für die Tiefen und Lichter des Bilds. Je höher Sie den *Stärke*-Wert des Tiefenreglers einstellen, desto mehr werden die dunklen Bereiche des Bilds aufgehellt. Je höher Sie den *Stärke*-Wert der Lichter einstellen, desto stärker werden die hellen Bereiche des Bilds abgedunkelt. Damit Sie sinnvoll mit dem Befehl arbeiten können, sollten Sie auf jeden Fall das Kontrollkästchen *Weitere Optionen einblenden* aktivieren. Nur mit den dann eingeblendeten Optionen erhalten Sie die volle Kontrolle über Ihre Bilder.

Abbildung 14.34
Viel mehr Optionen bietet die erweiterte Dialogbox Tiefen/Lichter.

Ziehen Sie den *Tonbreite*-Regler, um den Tonwertbereich, der in den Tiefen bzw. Lichtern in die Anpassung einbezogen wird, zu erhöhen oder zu verringern. Je niedriger der Prozentwert, desto kleiner der betroffene Tonwertbereich. Bei einem sehr niedrigen Tonwertbereich werden beispielsweise nur die dunkelsten Bereiche der Tiefen oder die hellsten Bereiche der Lichter korrigiert. Bei einem hohen Wert beziehen Sie hingegen einen großen Tonwertbereich in die Korrektur ein; gegebenenfalls sind sogar Mitteltöne betroffen.

Beginnen Sie am besten mit der Standardeinstellung 50 % und bewegen Sie den Regler in kleinen Schritten. Vergewissern Sie sich, dass das Kontrollkästchen *Vorschau* aktiviert ist, und überprüfen Sie die Auswirkungen an Ihrem Original hinter der Dialogbox.

Stellen Sie beim Aufhellen der Tiefen fest, dass die Mitteltöne und vielleicht sogar die Lichter ebenfalls zu hell werden, reduzieren Sie den *Tonbreite*-Wert für die Tiefen. Sehen Sie hingegen Artefakte, etwa Halos um Bildkonturen, liegt der Wert zu hoch.

Ziehen Sie den *Radius*-Regler, um die Anzahl der in der Umgebung verwendeten Pixel zu erhöhen oder zu verringern. Der Befehl *Tiefen/Lichter* verwendet zur Anpassung der Tiefen und Lichter die Helligkeit der umliegenden Pixel. Der geeignete Radius unterscheidet sich von Bild zu Bild. Ist der Radius zu klein, erhält das Motiv zu wenig Kontrast, ist er hingegen zu groß, wird der Hintergrund zu hell oder zu dunkel.

- Im unteren Bereich der Dialogbox finden Sie den Regler *Farbkorrektur*. Mit diesem korrigieren Sie die Farben nur in den Bereichen Ihres Bilds, die durch die Anpassung betroffen wurden, also Mitteltöne.

- Ziehen Sie den Regler *Mittelton-Kontrast* nach links oder nach rechts, um den Kontrast in den Mitteltonbereichen anzupassen, ohne die Tiefen und Lichter zu beeinflussen. Ziehen Sie den Regler nach links, um den Kontrast zu verringern, und nach rechts, um ihn zu erhöhen.

- Die Werte in den Feldern *Schwarz beschneiden* und *Lichter beschneiden* bestimmen, wie viel von den Tiefen und Lichtern auf den neuen Tiefen- (0) und Lichterwert (255) beschnitten wird. Durch die Beschneidung werden die verbleibenden Stufen zwischen den Helligkeitswerten von 0 bis 255 verteilt. Höhere Prozentwerte erhöhen den Tonwertbereich und die Kontraste. Ist der Wert hingegen zu hoch, geht Detailzeichnung in den Tiefen und Lichtern verloren.

Befehl *Tiefen/Lichter* verlustfrei anwenden

Für den Befehl *Tiefen/Lichter* gibt es keine Einstellungsebene. Um trotzdem eine nicht destruktive Bildbearbeitung zu ermöglichen, weisen Sie den Befehl *Tiefen/Lichter* als Smart-Filter zu.

Radius-Wert

Setzen Sie den *Radius*-Wert auf etwa die halbe Größe Ihres Hauptmotivs. Ist dieses also etwa 1000 Pixel groß, sollten Sie den Radius auf 500 Pixel setzen. Über das Lineal und die Messwerkzeuge können Sie schnell abschätzen, wie groß das Motiv Ihres Bilds ist.

Achtung

Wenn Sie den Mitteltonkontrast erhöhen, dunkeln Sie eventuell auch ungewollt die Tiefen ab und hellen die Lichter auf.

Abbildung 14.35
Die Dialogbox Helligkeit/Kontrast

Der Befehl Helligkeit und Kontrast

Im Vergleich zu den nachfolgend besprochenen Möglichkeiten ist die über das *Korrekturen*-Bedienfeld erreichtbare Funktion *Helligkeit/Kontrast* etwas ungenau. Sie gleichen mit dieser Funktion die Mitteltöne des Bilds aus. Wenn möglich, sollten Sie deshalb die übrigen beschriebenen Möglichkeiten vorziehen.

Den Kontrast eines Bilds automatisch einstellen

Sogar automatisch können Sie den Bildkontrast von Photoshop einstellen lassen: Wählen Sie *Bild → Auto-Kontrast* oder drücken Sie die Tastenkombination ⎇ + ⇧ + Strg / ⌘ + L . Dieser Befehl sucht die hellsten und dunkelsten Tonwerte und setzt sie auf reines Weiß und Schwarz. Die dazwischenliegenden Tonwerte werden gleichmäßig verteilt.

Für viele Motive ist das Anpassen des Kontrasts per *Auto-Kontrast* nicht subtil genug. Zudem kommt es fast immer zu Lücken im Histogramm, die im Druck schlimmstenfalls unangenehm auffallen.

Abbildung 14.36
Im Bedienfeld Korrekturen *finden Sie verschiedene Vorgaben für die Tonwertkorrektur, wenn Sie Ihr Bild beispielsweise heller oder kontrastreicher wünschen.*

Eine Tonwertkorrektur durchführen

Die Tonwertkorrektur lässt zwar nicht so feine Abstimmungen zu wie die im Anschluss besprochene Gradationskurve, ist aber dennoch ein gutes Werkzeug, wenn der Tonwertumfang Ihres Bilds sich als zu gering herausstellt. Sie verleihen Ihren Bildern mit einer Tonwertkorrektur mehr Brillanz und Tiefe.

1. Erzeugen Sie, wie weiter vorne beschrieben, eine *Tonwertkorrektur*-Einstellungsebene: Klicken Sie im *Korrekturen*-Bedienfeld auf das Symbol *Tonwertkorrektur*. Oder Sie starten mit einer der Vorgaben, indem Sie im unteren Bereich des Bedienfelds auf das Dreieck vor *Tonwertkorrektur – Vorgaben* klicken und das Gewünschte auswählen.

2. Im *Korrekturen*-Bedienfeld erscheinen die Regler und Eingabefelder zur Einstellung der Tonwertverteilung. Ist Ihnen das Bedienfeld zu klein, klicken Sie an seinem unteren Rand auf das Symbol *Bedienfeld in erweiterter Ansicht anzeigen*.

3. Den Hauptbereich des Bedienfelds stellt das bereits bekannte Histogramm dar, das Ihnen die Tonwerte in Ihrem Bild zeigt. Öffnen Sie das Popup-Menü *Kanal*, um einen Farbkanal auszuwählen, den Sie bearbeiten möchten.

Möchten Sie – wie in den meisten Fällen – den Gesamtkanal bearbeiten, lassen Sie das Popup-Menü unverändert.

4. Betätigen Sie die drei Schieberegler unter dem Histogramm, um die Tonwerte im Bild anzupassen. Alternativ
   tragen Sie in die Eingabefelder *Tonwertspreizung* Werte
   ein, um genauere Angaben zu machen. Die Eingabefelder
   stehen dabei für die drei Regler. Direkt unter dem Histogramm sehen Sie drei Regler in Form von kleinen Drei-
   ecken. Mit diesen verändern Sie die Tiefen, Lichter und
   Mitteltöne Ihres Bilds bzw. der Auswahl.

5. Der linke schwarze Regler ist für die Tiefen zuständig, der
   rechte für die Lichter und der mittlere, der Gammaregler,
   für die Mitteltöne.

- Alle Werte links vom schwarzen Regler für die Tiefen werden auf Schwarz abgesenkt. Verschieben Sie den schwarzen Regler also nach rechts, wird das Bild dunkler und
  kontrastreicher eingestellt. Beispiel: Verschieben Sie den
  Schwarzregler auf 20, werden alle Tonwerte von 0 bis 20
  auf reines Schwarz gesetzt. Die übrigen Tonwerte des Bilds
  werden neu verteilt und nach unten gespreizt.

- Umgekehrt stellen Sie die Lichter des Bilds mit dem weißen Regler rechts unter dem Histogramm ein. Alle Werte
  rechts vom weißen Regler sind weiß.

- Zwischen diesen beiden Reglern liegt der Gammaregler
  für die Mitteltöne. Mit ihm regeln Sie die Helligkeit der
  Mitteltöne. Verschieben Sie den Regler nach rechts, wird
  das Bild dunkler. Mit einem Wert über 1,00 heben Sie die
  Mitteltöne in Ihrem Bild an, ohne die Tiefen zu ändern.

Im unteren Bereich des Bedienfelds steht der *Tonwertumfang*-
Verlaufsbalken zur Verfügung. Mit diesem verringern Sie den
Tonwertumfang des Bilds, das Bild wird also flauer:

- Ziehen Sie den rechten weißen Regler nach links auf den
  Wert 200, werden sämtliche hellen Tonwerte von 200 bis
  256 auf den Wert 200 gestellt.

- Verschieben Sie den schwarzen Regler nach rechts, werden
  die dunklen Bereiche auf die Reglerposition eingestellt.

Durch die Reduzierung des Tonwertumfangs können Sie
Bilder für Hintergründe aufhellen. Und noch einen weiteren
praktischen Nutzen bietet dieser Regler: In Webgrafiken machen sich die extremen Tonwerte 255 und 0 nicht besonders
gut. Bilder, die volles Schwarz oder Weiß erreichen, erzeugen
am Monitor zu starke Kontraste. Deshalb können Sie mit dem
unteren Balken den Tonwertumfang um ein paar Prozent
verringern.

Abbildung 14.37
Im Bedienfeld Korrekturen *finden Sie
verschiedene Vorgaben für die Tonwertkorrektur, wenn Sie Ihr Bild beispielsweise heller oder kontrastreicher
wünschen.*

Auch Druckmaschinen kommen mit diesen extremen Tonwerten häufig nicht besonders gut klar – diese Tonwerte neigen dazu, im Druck auszureißen bzw. zuzulaufen. Weil Druckergebnisse durch die Beschaffenheit der Druckfarbe und des Papiers immer etwas unvorhersehbar sind, ist es auch hier sicherer, ein paar Zähler über bzw. unter den absoluten Tiefen bzw. Lichtern zu bleiben.

Abbildung 14.38

Links: Die flauen Farben dieses Fotos profitieren von einer Tonwertkorrektur. Mitte: Ziehen Sie den schwarzen und den weißen Regler nach innen, um die komplette Tonwertskala abzudecken. Falls das Bild nun zu dunkel ist, bewegen Sie den mittleren Regler in Richtung Tiefen (nach links), um die Mitteltöne aufzuhellen.

Abbildung 14.39

Die gesamte Tonwertskala ist nun gefüllt. Durch die Tonwertkorrektur kommt es stets zu Tonwertabrissen, die in gravierenden Fällen im Druck negativ auffallen können. Durch die vorherige Konvertierung des Bilds in 16 Bit/Kanal (Bild → Modus → 16 Bit/Kanal) minimieren Sie die Tonwertabrisse. Anschließend konvertieren Sie das Bild zurück in 8 Bit/Kanal.

Eine halbautomatische Tonwertkorrektur durchführen

Gerade wenn Sie noch nicht viel Erfahrung mit der Tonwertkorrektur haben, helfen Ihnen die drei Pipetten-Schaltflächen im Bedienfeld *Tonwertkorrektur* oder *Gradationskurven*.

 Wählen Sie die Pipette mit der schwarzen Füllung, um die dunklen Bildbereiche zu korrigieren.

 Wählen Sie die Pipette mit der grauen Füllung, um die Mitteltöne des Bilds zu korrigieren.

 Wählen Sie die Pipette mit der weißen Füllung, um die hellen Bereiche des Bilds zu korrigieren.

Klicken Sie mit der zutreffenden Pipette in den gewünschten Bildbereich. Der Tonwert wird automatisch korrigiert. Die schwarze Pipette korrigiert den Bildpunkt nach schwarz und senkt auch die übrigen Tonwerte ab. Mit der weißen Pipette wird der angeklickte helle Bildpunkt nach Weiß korrigiert und mit der grauen Pipette nach einem neutralen Grau.

Die Gefahr dabei: Klicken Sie mit der Weiß-Pipette ein Pixel an, das nicht so hell ist wie die hellsten Bildpunkte, sondern etwas dunkler, kommt es zur sogenannten Beschneidung. Da alle Pixel, die heller sind als das angeklickte, auf Weiß gesetzt werden, verliert das Bild Helligkeitsinformationen, die Lichter fressen aus. Genauso verhält es sich mit der Schwarz-Pipette: Ist der angeklickte Schwarzpunkt heller als der dunkelste vorhandene Punkt, laufen die Tiefen zu; sie zeigen keine Detailzeichnung mehr.

Eine automatische Tonwertkorrektur durchführen

Noch komfortabler ist die automatische Tonwertkorrektur. Allerdings ist damit keine so differenzierte Einstellung möglich wie über die manuelle Korrektur. Sie können jedoch einige Einstellungen für die Korrektur vornehmen, wie Sie im nächsten Abschnitt sehen werden. Auf jeden Fall sollten Sie kritisch überprüfen, ob Sie mit der Auto-Tonwertkorrektur unerwünschte Farbstiche ins Bild bringen, weil diese Funktion die einzelnen Kanäle nicht gleichmäßig, sondern unabhängig voneinander spreizt.

Für die automatische Tonwertkorrektur klicken Sie im Bedienfeld *Tonwertkorrektur* auf die Schaltfläche *Auto*.

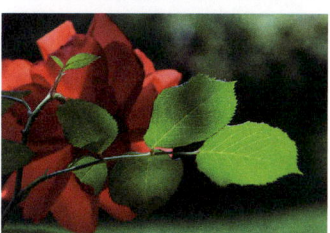

Abbildung 14.40
Die Auto-Tonwertkorrektur verändert die Bildfarben – ob erwünscht oder unerwünscht, müssen Sie von Bild zu Bild selbst entscheiden.

Die Optionen der automatischen Tonwertkorrektur festlegen

Bei Bedarf passen Sie die Optionen der automatischen Tonwertkorrektur an: Sie geben an, zwischen welchen Tonwerten die Bereiche liegen, die korrigiert werden sollen.

Wählen Sie aus dem Bedienfeldmenü des *Tonwertkorrektur*-Bedienfelds den Befehl *Auto-Optionen*. Klicken Sie auf die Schaltfläche *Optionen*, um die Auto-Farbkorrekturoptionen anzuzeigen. Hier wählen Sie den Algorithmus, den Photoshop verwenden soll, wenn es den Tonwertbereich des Bilds anpasst.

Abbildung 14.41
Die Dialogbox Auto-Farbkorrektur-optionen *zum Voreinstellen der automatischen Tonwertkorrektur*

- Wählen Sie das Optionsfeld *Schwarzweiß-Kontrast verbessern*, wenn alle Kanäle auf dieselbe Weise behandelt werden sollen. Mit dieser Option werden die Lichter heller und die Tiefen dunkler – eine einfache Kontrasteinstellung.

- Wählen Sie hingegen das Optionsfeld *Kontrast kanalweise verbessern*, wenn der Tonwert in jedem Kanal maximiert werden soll. Das Ergebnis ist eine starke Korrektur. Beachten Sie, dass dadurch eventuell auch zusätzliche Bildprobleme entstehen können, wie zum Beispiel Farbstiche.

- Mit dem Optionsfeld *Dunkle und helle Farben suchen* werden die Lichter jedes Kanals als Weiß definiert, die Tiefen als Schwarz und die mittleren Töne werden proportional verteilt.

- Soll Photoshop im Bild nach einer relativ neutralen Farbe suchen und die Gammawerte so ausrichten, dass diese Farbe neutral bleibt, aktivieren Sie das Kontrollkästchen *Neutrale Mitteltöne ausrichten*.

- Geben Sie in die Eingabefelder die gewünschten Prozentwerte ein. Die Werte dürfen sich zwischen 0,00 und 9,99 bewegen.

- Die voreingestellten 0,50 % bedeuten, dass die dunkelsten Pixel bis 0,5 Prozent Helligkeit bei der Suche nach dem dunkelsten vorhandenen Pixel nicht berücksichtigt werden, damit nicht einzelne Ausreißer die Korrektur allzu schwach ausfallen lassen.

- Möchten Sie Ihre Einstellungen auch für spätere Korrekturen beibehalten, aktivieren Sie das Kontrollkästchen *Als Standard speichern*.

- Verlassen Sie die Dialogbox mit der Schaltfläche *OK*, um zum Bedienfeld *Tonwertkorrektur* zurückzukehren. Klicken Sie jetzt auf *Auto*, um die automatische Tonwertkorrektur durchzuführen.

Den Kontrast mit der Gradationskurve regeln

Das wichtigste Werkzeug zur Tonwert- und Farbkorrektur ist die Gradationskurve, auch Schwärzungskurve genannt. Hiermit bestimmen Sie für jeden einzelnen Tonwert von 0 bis 255 einen neuen Wert. Dabei können Sie bis zu 15 Tonwertpositionen fixieren. Holen Sie die Gradationskurve mit einem Klick auf das entsprechende Symbol im *Korrekturen*-Bedienfeld auf den Bildschirm.

Oben im Bedienfeld befindet sich ein Popup-Menü für die einzelnen Kanäle; darunter sehen Sie ein Schaubild mit der aktuellen Gradationskurve und einem integrierten Histogramm sowie den bereits bei der Tonwertkorrektur erläuterten Reglern zur Erweiterung des Tonwertumfangs.

Auf der X-Achse des Diagramms finden sich die Eingabewerte (das sind die ursprünglichen Helligkeitswerte). Beachten Sie, dass bei RGB-Bildern Werte von 0 bis 255 verwendet werden. Die Tiefen (0 = Schwarz) stehen links, die Lichter (255 = Weiß) rechts. CMYK-Bilder verhalten sich in der Grundeinstellung anders herum, da sie durch das subtraktive Farbsystem gebildet werden (vgl. auch Kapitel 1): Die Lichter (0 = Weiß) stehen links, die Tiefen (100 = Schwarz) sind rechts angesiedelt. In der Mitte befinden sich in beiden Farbmodi die Mitteltöne.

Auf der Y-Achse werden die Ausgabewerte des Bilds angezeigt. Unmittelbar nach dem Aktivieren der Funktion ist die Kurve in dem Diagramm noch gerade; das bedeutet, dass alle Pixel identische Ein- und Ausgabewerte haben. Um die Mitteltöne in RGB-Bildern anzuheben, biegen Sie die Kurve nach oben (Sie werden gleich sehen, wie das geht), um sie abzudunkeln, nach unten. In CMYK-Bildern verfahren Sie anders herum.

Über das Popup-Menü *Kanal* bearbeiten Sie bei Bedarf die einzelnen Kanäle separat. Ansonsten wählen Sie den aktuellen Farbmodus, um das gesamte Bild einzustellen. Ist rechts von den Optionen *Eingabe* und *Ausgabe* die Schaltfläche mit der Kurve 〰 aktiviert, bearbeiten Sie die bestehende Gradationskurve durch Anklicken und Ziehen.

Hinweis

Möchten Sie die Anordnung der Tiefen und Lichter vertauschen, klicken Sie auf den Abwärtspfeil neben Kurven-Anzeigeoptionen und aktivieren Sie bei RGB-Bildern das Optionsfeld *Pigment/Druckfarbe %*, bei CMYK-Bildern das Optionsfeld *Licht*.

Tipp

Zeigen Sie im Diagramm ein feineres Raster an, um den Verlauf der Gradationskurve genauer einzustellen. Dazu klicken Sie bei gedrückter Alt-Taste in das Diagramm Klicken Sie erneut, erscheint wieder das gröbere Raster.

Tipp

Möchten Sie zwischendrin prüfen, wie Ihr Bild vorher, also ohne Tonwertkorrektur, aussah, klicken Sie am unteren Rand des Bedienfelds *Korrekturen* auf das Symbol *Ebenensichtbarkeit Ein/Aus*.

In der Grundeinstellung sind zwei Punkte gesetzt, einer bei 0 und einer bei 255 bzw. 100. Ziehen Sie diese Punkte senkrecht nach oben bzw. nach unten, bleibt die Gradationskurve gerade, die Lichter bzw. Schatten werden angehoben bzw. verringert, wobei alle anderen Werte gleichmäßig angepasst werden.

Bei Bedarf setzen Sie neue Kurvenpunkte ein und verändern dadurch die Form der Gradationskurve. Setzen Sie an jeder Stelle der Kurve, die unverändert bleiben soll, einen Punkt. So beeinflussen Sie beispielsweise die Lichter und Tiefen, behalten die Mitteltöne aber bei (oder umgekehrt).

Auf diese Weise fixieren Sie bis zu 16 Punkte der Gradationskurve und nehmen so sehr sensible Einstellungen vor.

Um einen Punkt wieder aus der Gradationskurve zu löschen, klicken Sie ihn mit gedrückter Strg/⌘-Taste an. Alternativ klicken und ziehen Sie den Punkt mit gedrückter Maustaste aus dem Diagramm heraus.

Aktivieren Sie statt der Schaltfläche mit der Kurve 〜 die Schaltfläche mit dem Stift ✐, verändern Sie die bestehende Gradationskurve durch Zeichnen mit gedrückter Maustaste. Mit gedrückter ⇧-Taste zeichnen Sie eine gerade Linie. Über die Schaltfläche *Glätten* glätten Sie die so erzeugte Kurve zum Schluss. Auf diese Weise vermeiden Sie harte Tonsprünge. Wechseln Sie bei Bedarf wieder zur Kurvenansicht, indem Sie auf die Kurvenschaltfläche klicken.

Um einen Tonwert als Punkt in die Gradationskurve einzutragen, klicken Sie mit gedrückter Strg/⌘-Taste auf den gewünschten Bereich im Bild. Der Punkt kann anschließend auf der Gradationskurve bearbeitet werden.

Abbildung 14.42
Hier wurde bei ¼ und ¾ der Gradationskurve je ein Punkt gesetzt, um die Lichter abzudunkeln und die Tiefen aufzuhellen (Sie erhalten ein sehr flaues Ergebnis).

Abbildung 14.43
Krasse solarisationsartige Farbveränderungen erreichen Sie, indem Sie im Bleistiftmodus in der Matrix der Gradationskurve „herumkritzeln".

Abbildung 14.44
Mitte der RGB-Kurve nach oben
ziehen: Mitteltöne aufhellen

Abbildung 14.45
Mitte der RGB-Kurve nach unten
ziehen: Mitteltöne senken

Abbildung 14.46
Kontrast erhöhen: Dreivierteltöne
anheben, Vierteltöne senken

Abbildung 14.47
Bild flauer machen: Dreivierteltöne
senken, Vierteltöne anheben

Die Gradationskurve anhand der Bildfarben intuitiv bearbeiten

Links oben im Bedienfeld *Gradationskurven* sehen Sie ein handförmiges Symbol. Aktivieren Sie dieses mit einem Klick, um Ihre Anpassungen direkt im Bild durchzuführen:

Sobald Sie nun auf das Bild zeigen, wird Ihr Mauszeiger zu einer Pipette.

Farbänderungen vermeiden

Normalerweise ändern sich nicht nur die Bildkontraste, sondern auch die Farben, wenn Sie die Gradationskurven ändern. Sie können dies jedoch vermeiden, wenn Sie die Gradationskurven-Einstellungsebene am Schluss in den Modus *Luminanz* setzen.

- Möchten Sie nun die Lichter abdunkeln, klicken Sie in einen Lichterbereich in Ihrem Bild und ziehen Sie dann nach unten. Die Kurve ändert sich entsprechend.

- Möchten Sie die Schatten aufhellen, klicken Sie in einen Tiefenbereich und ziehen Sie nach oben.

Tonwertabrisse zeigen

Das Vermischen von Tonwerten kann zu Tonwertabrissen führen. Dadurch kann es zu unschönen Farbverschiebungen und Abstufungen kommen, da Farben, die im Originalbild unterschiedlich waren, im korrigierten Bild dieselbe Farbe erhalten. Dieses Problem erkennen Sie schnell, wenn Sie mit gedrückter ⎡Alt⎤-Taste in das Diagramm klicken. Immer, wenn eine Beschneidung in einer Einstellung entsteht, wird der Bereich in leuchtenden Farben hervorgehoben.

▼ **Neu in CS4**

Halten Sie im Bedienfeld *Gradationskurven* die ⎡+⎤-Taste gedrückt, um den jeweils nächsten Punkt auf der Kurve zu aktivieren. Mit der ⎡−⎤-Taste aktivieren Sie den jeweils vorigen Punkt.

Abbildung 14.48
Die Probleme werden in der jeweiligen Kanalfarbe angezeigt.

Abbildung 14.49
Die vordefinierten Gradationskurven im Bedienfeld Korrekturen

Vorgefertigte Kurven verwenden

Das *Gradationskurven*-Bedienfeld enthält einige interessante vordefinierte Gradationskurven. Gerade für Einsteiger empfiehlt es sich, diese einmal auszuprobieren. Es sind beispielsweise Kurven für eine mittlere oder starke Anhebung des Kontrasts und für eine Bildaufhellung vorhanden.

Die Analyse der zu diesen Voreinstellungen gehörenden Kurven ist ein guter Weg, die Funktionsweise der Gradationskurven zu erlernen. Alternativ klicken Sie auf die Schaltfläche *Auto*. Dann versucht Photoshop, die besten Einstellungen anhand der Tonwertverteilung des jeweiligen Bilds selbst zu finden.

Dem folgenden rechten Bild wurde die Voreinstellung *Cross-Entwicklung* zugewiesen. Als Cross-Entwicklung bezeichnet man die Positiv-Entwicklung eines Farbnegativfilms oder umgekehrt die Negativ-Entwicklung eines Farbpositivfilms. Charakteristisch sind knallige Farben, hoher Kontrast und meist grobes Korn. Die Cross-Entwicklung wurde besonders in den 1980er und 1990er Jahren als Stilmittel eingesetzt.

Abbildung 14.50
Cross-Entwicklung (rechts)

Die Gradationskurve speichern

Bei Bedarf speichern Sie Ihre erstellten Gradationskurven in einer Zuordnungsdatei mit der Dateiendung .ACV, um sie später wieder zu laden. Dazu öffnen Sie das Menü ▾≡ neben dem Popup-Menü *Vorgaben* und wählen *Vorgabe speichern*.

Bei aktiviertem Kontrollkästchen *Kanalüberlagerungen* zeigt Photoshop Ihnen die Kurven der einzelnen Kanäle bei Auswahl des Gesamtkanals an (siehe Abbildung auf der rechten Seite oben).

Gradationskurve nur auf helle/dunkle Bildbereiche anwenden

Die einfachste Möglichkeit, nur die dunklen (oder die hellen) Bereiche eines Bilds zu ändern, ist eine Teilauswahl, die sogenannte Luminanzmaske: Je heller die Bildbereiche, desto stärker sind sie in der Auswahl vertreten. Die absoluten Lichter werden komplett ausgewählt, die absoluten Tiefen überhaupt nicht. Damit können Sie beispielsweise beim Aufhellen des Bilds die Lichter vor dem Ausfressen bewahren.

1. Zeigen Sie das Bedienfeld *Kanäle* an.
2. Klicken Sie das Symbol des Gesamtkanals mit gedrückter `Strg`/`⌘`-Taste an.
3. Wenden Sie nun eine Gradationskurve (oder auch eine andere Korrekturfunktion) auf das Bild an, wirkt sich diese auf die hellen Bildbereiche viel stärker aus als auf die dunklen.

Hinweis

Sollen die dunklen Bildbereiche von der Korrektur stärker betroffen sein als die hellen, kehren Sie die Auswahl um.

Abbildung 14.51

Links: Per `Strg`/`⌘` + Klick auf die Miniatur des Gesamtkanals im Kanäle-Bedienfeld wählen Sie nur die hellen Bildteile aus. Anschließend kehren Sie die Auswahl mit `Strg`/`⌘` + `I` um, um nur die dunklen Bildteile auszuwählen. Rechts: Per Gradationskurve hellen Sie die dunklen Bildbereiche auf; die ohnehin schon beinahe ausgefressenen Lichter bleiben unberührt.

Farbstiche entfernen

Nachdem Sie die Tonwerte Ihres Bilds angepasst haben, überprüfen Sie Ihr Bild auf Farbstiche oder sonstige Farbprobleme.

Fotografien weisen manchmal unattraktive Farbstiche auf. Bei überaltertem Filmmaterial beispielsweise werden die Bilder mitunter nach der Entwicklung rotstichig. Bilder, die mit einer Digitalkamera der unteren Preisklasse bei Glühbirnenlicht aufgenommen wurden, bekommen manchmal einen Gelb-, Orange- oder Rotstich (je nach Wattzahl der Glühbirne – je niedriger diese ist, desto rötlicher wird der Farbstich).

Gute Lichtverhältnisse für Digitalfotos

Die besten Lichtverhältnisse zur Vermeidung von Farbstichen bei der Digitalfotografie finden Sie an sonnigen Tagen um die Mittagszeit.

Selbst preisgünstigere Digitalkameras bieten heutzutage oft die Möglichkeit, einen manuellen Weißabgleich vorzunehmen. Auf diese Weise mindern Sie Farbstiche beispielsweise bei Kunstlicht (verhindern lassen sie sich aber meist nicht ganz). Aber auch nachträglich können Sie Farbstiche relativ leicht entfernen. Eine Möglichkeit sind die erläuterten Gradationskurven: Häufig genügt schon ein Klick auf die Schaltfläche *Auto*, um den Farbstich aus dem Bild zu entfernen.

Abbildung 14.52
*Der Farbstich des Originalbilds (oben)
ließ sich mit den Auto-Gradationskur-
ven entfernen (unten).*

Oder Sie wählen eine manuelle Vorgehensweise: Weist Ihr
Bild beispielsweise einen Rotstich auf, wählen Sie im RGB-
Modus im Bedienfeld *Gradationskurven* den Rotkanal aus
und ziehen Sie die Kurve nach unten, bis der Farbstich verschwunden ist.

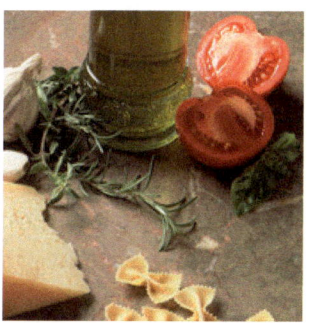

Abbildung 14.53
*Beachten Sie, dass ein geringer Farb-
stich nicht unbedingt ein Nachteil
sein muss, sondern im Gegenteil
manchmal erwünscht ist. Innenauf-
nahmen von Wohnräumen beispielsweise wirken durch einen leichten
Orangestich besonders anheimelnd.
Winterlandschaften kommen durch
einen leichten Blaustich besonders
prächtig heraus.*

Farbstiche lassen sich auch durch die Anpassung der Farbbalance entfernen (oder auch hinzufügen).

1. Klicken Sie im Bedienfeld *Korrekturen* auf das Symbol
   Farbbalance, um eine entsprechende Einstellungsebene
   zu erzeugen.

2. Legen Sie nun fest, für welchen Helligkeitsbereich Sie
   die Farbbalance einstellen möchten: für die Lichter, die
   Mitteltöne oder die Tiefen. Wählen Sie das entsprechende
   Optionsfeld im oberen Bereich des Bedienfelds aus.

3. Möchten Sie die Helligkeit des Bilds schützen, aktivieren
   Sie das Kontrollkästchen *Luminanz erhalten*.

4. Nehmen Sie jetzt die gewünschten Farbtoneinstellungen
   vor und klicken Sie auf *OK*.

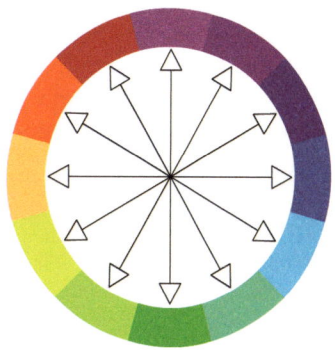

Abbildung 14.54
Farbkreis

Farben, die im Farbkreis gegenüberliegen, stehen sich auch im Bedienfeld gegenüber.

- Zwischen zwei gegenüberliegenden Farben befindet sich jeweils ein Schieberegler.

- Alternativ zu den Schiebereglern steht für jede Reihe neben der Option *Farbtonwerte* ein Eingabefeld zur Verfügung. Sie bewegen also entweder die Schieberegler oder geben Werte in die Eingabefelder ein.

- Positive Werte bewegen den Schieberegler nach rechts, negative Werte bewegen ihn nach links. Dementsprechend wird die Farbmenge des zugehörigen Kanals im Bild verändert, indem der Anteil der im Farbkreis gegenüberliegende Farbe erhöht oder verringert wird.

Abbildung 14.55
Der Blaustich (links) wurde mit Bild → Anpassen → Farbbalance *entfernt (rechts).*

Einzelne Farbtöne gezielt anpassen

Mit der selektiven Farbkorrektur verändern Sie gezielt die einzelnen Farbtöne im Bild. Jeder Farbton wird dabei mit seinen Cyan-, Magenta-, Gelb- und Schwarzanteilen aufgelistet – das gilt auch für RGB-Bilder.

1. Stellen Sie sicher, dass in Ihrem Bild der Gesamtkanal aktiviert ist, und klicken Sie im *Korrekturen*-Bedienfeld auf das Symbol *Selektive Farbkorrektur*.

2. Über das Popup-Menü *Farben* wählen Sie den Farbton zur Bearbeitung aus. Die Auswahl besteht aus den Druckfarben CMYK, aus den Lichtfarben RGB und den Neutraltönen Schwarz, Weiß und Grau.

3. Wählen Sie dann im unteren Bereich des Bedienfelds die gewünschte Korrekturmethode. Entscheiden Sie sich zwischen *Relativ* und *Absolut*. Mit *Relativ* bestimmen Sie, dass bereits vorhandene Anteile an Cyan, Magenta, Gelb oder Schwarz anhand ihres Anteils am Gesamtwert geändert werden. Wenn ein Pixel beispielsweise bisher 50 % Cyan enthält und Sie 10 % hinzufügen, wird der Cyan-Anteil um 5 % – das sind 10 % von 50 % – erhöht, so dass sich 55 % ergibt. Auf diese Weise kann kein reines Weiß eingestellt werden, da es keine Farbkomponente enthält. Wählen Sie

Farb- und Kontrastkorrektur mit dem Befehl Auto-Farbe

Sind Sie in Eile und müssen Sie schnell eine große Menge von Bildern optimieren, sind Ihnen die bisher vorgestellten Farbkorrekturmöglichkeiten vielleicht zu umständlich. In diesem Fall bietet Photoshop Ihnen die Option *Auto-Farbe*, die Sie über das Menü *Bild* (Tastenkombination ⇧ + Strg / ⌘ + B) erreichen. Damit passt Photoshop weniger den Kontrast, sondern vor allem die Farbe Ihres Bilds automatisch an. Oft erzielen Sie mit diesem Befehl ganz gute Ergebnisse, wobei er eine richtige Tonwertkorrektur nicht ersetzen kann. Er stellt aber häufig eine gute Ausgangsbasis für weitere Korrekturen dar.

das Optionsfeld *Absolut*, definieren Sie die Farben in absoluten Werten. Beginnen Sie mit 50 % Cyan, das Sie um 10 % erhöhen, ergibt sich bei dieser Methode 60 % Cyan.

4. Darüber sehen Sie die Druckfarben zum Einstellen des Farbtons. Durch Verschieben der Schieberegler ändern Sie die Intensität der einzelnen Farbanteile des Farbtons. Bestätigen Sie schließlich mit *OK*.

Farbton, Sättigung und Lab-Helligkeit einstellen

Viele Digitalfotos sind so stark gesättigt, dass die Farben bonbonartig und unnatürlich wirken. Das gegenteilige Problem weisen alte, verblasste Papierfotos auf. In beiden Fällen hilft ein Herabsetzen bzw. Erhöhen der Sättigung.

1. Klicken Sie zunächst im *Korrekturen*-Bedienfeld auf das Symbol *Farbton/Sättigung*.

2. Über das Popup-Menü *Bearbeiten* wählen Sie die verschiedenen Farbtöne des Bilds zur Bearbeitung aus. Mit *Standard* bearbeiten Sie das Gesamtbild.

3. Darunter verändern Sie nun die einzelnen Eigenschaften des Bilds: *Farbton, Sättigung* und *Lab-Helligkeit*. Dazu betätigen Sie entweder den Schieberegler auf der Skala oder Sie geben in die Eingabefelder einen Wert ein.

Abbildung 14.56
Die selektive Farbkorrektur

Die Veränderung der Farben erkennen Sie auch über die beiden unteren Farbskalen. Die obere Farbskala bleibt immer unverändert, an der unteren sehen Sie die Veränderung.

- Über den obersten Regler in diesem Bedienfeld legen Sie den Farbton fest. Jeder Farbton belegt in einem Farbkreis, der das gesamte Farbspektrum wiedergibt, einen bestimmten Platz. Das Farbspektrum verläuft auf einer Skala von –180 bis +180 Grad. Die Position des Farbtons im Farbspektrum wird in einer Gradzahl angegeben. Daher können Sie im Bedienfeld über den Regler *Farbton* bzw. das zugehörige Eingabefeld auch Werte zwischen –180 und +180 angeben.

Abbildung 14.57
Wie immer gilt: Wenn Sie zuerst eine Auswahl vornehmen und danach die Einstellungsebene erzeugen, gelten die Anpassungen nur für den zuvor ausgewählten Bereich. Über Farbton/ Sättigung *lassen sich auf diese Weise Objekte schnell umfärben (Bild: Kristine Kamm Kreativphotos).*

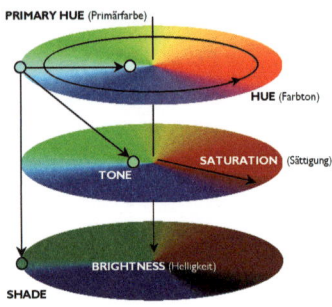

Abbildung 14.58
Hue: Festlegen des Farbtons; Saturation: Festlegen der Sättigung, Brightness: Festlegen der Helligkeit.

- Die *Sättigung* wiederum bestimmt die Leuchtkraft der Farbe. Erhöhen Sie die Sättigung, verringern Sie den Grauanteil der Farbe und machen sie leuchtender; verringern Sie die Sättigung, wird in den Farbton mehr Grau gemischt und er wirkt stumpfer.
- Über den untersten Regler bestimmen Sie die Lab-Helligkeit der Farbe.

Die Farben zweier Bilder einander angleichen

Es kommt relativ häufig vor: Zwei Bilder sollen nebeneinander abgedruckt werden, unterscheiden sich aber vollständig im Farbton, obwohl sie ein ähnliches Motiv oder ein Porträt zeigen. Photoshop macht es Ihnen leicht, die Farben solcher Bilder miteinander abzugleichen. Öffnen Sie einfach das Bild, dessen Farben Sie ändern möchten, und wählen Sie *Bild → Korrekturen → Gleiche Farbe*. Unter *Quelle* wählen Sie das Bild, dessen Farbgebung Sie für das aktuelle Bild verwenden möchten. Auch für die Farbangleichung von montierten Elementen ist dieser Befehl interessant.

Bilder einfärben

Auch getonte Schwarzweißbilder können Sie über das Bedienfeld *Farbton/Sättigung* erzeugen. Falls Ihr Bild noch in Graustufen vorliegt, wandeln Sie es in RGB-Farben um. Aktivieren Sie jetzt im Bedienfeld *Farbton/Sättigung* das Kontrollkästchen *Färben*.

Das gesamte Bild erhält zunächst den Farbton der aktuell eingestellten Vordergrundfarbe (es sei denn, die Vordergrundfarbe ist auf Schwarz oder Weiß eingestellt), wobei die Helligkeitswerte nicht geändert werden, die Sättigung aber schon. Betätigen Sie den Regler *Farbton*, um die gewünschte Farbe einzustellen. Betätigen Sie die anderen beiden Regler, um gegebenenfalls Sättigung und Helligkeit einzustellen. Bestätigen Sie schließlich mit *OK*.

Eine weitere Methode zum Einfärben von Schwarzweißbildern lernen Sie im Anschluss kennen.

Ein Bild in Schwarzweiß konvertieren

Wenn Sie einem Foto einfach über *Bild → Modus → Graustufen* die Farbe entziehen, erhalten Sie häufig keine optimalen Ergebnisse. Photoshop CS4 bietet aber noch eine weitere Möglichkeit, mit der Sie maßgeschneidert Graustufen erzielen. Dabei kann das Programm Ihnen sogar die beste Konver-

▼ **Neu in CS4**

Die Dynamik eines Bilds anpassen
Seit Photoshop CS4 gibt es auch noch eine Dynamik-Einstellungsebene, die Sie ebenfalls über das *Korrekturen*-Bedienfeld zuweisen. Sie erhöhen damit die Intensität der Farben, ohne dass es dabei – wie es beim Erhöhen der Sättigung passieren kann – zu Farbrauschen und sonstigen Störungen kommt.

tierung für das individuelle Bild vorschlagen. Auf Grundlage dieser Einstellungen nehmen Sie anschließend eine Feinabstimmung vor.

1. Konvertieren Sie ein CMYK- oder LAB-Bild in RGB.

2. Klicken Sie dann im *Korrekturen*-Bedienfeld auf das Symbol *Schwarzweiß*.

3. Wählen Sie entweder eine der Voreinstellungen aus dem Popup-Menü *Vorgabe* oder klicken Sie auf die Schaltfläche *Auto*. Wahrscheinlich erzielen Sie mit diesen Maßnahmen noch kein perfektes Ergebnis, aber Sie erhalten einen guten Ausgangspunkt für weitere Optimierungen.

4. Ziehen Sie nun die Regler für die einzelnen Farbkomponenten: Ziehen Sie nach rechts, um den Wert der entsprechenden Farbe zu erhöhen und ihn damit aufzuhellen, nach links, um ihn abzudunkeln. Alternativ bearbeiten Sie die Regler direkt im Bild: Klicken Sie auf eine Stelle im Bild und ziehen Sie – der entsprechende Farbregler wird angepasst. Ist eine Farbe im ursprünglichen Farbbild nur in geringen Anteilen vorhanden, hat der zugehörige Regler kaum Auswirkungen.

Außerdem können Sie das Bedienfeld auch verwenden, um getönte Schwarzweißbilder zu erzeugen, beispielsweise mit dem beliebten Sepiaton. Aktivieren Sie dazu das Kontrollkästchen *Farbton* im oberen Bereich des Bedienfelds. Passen Sie hier Farbton und Sättigung der Tönung an.

Abbildung 14.59
Auch den Befehl Schwarzweiß *weisen Sie am besten über eine Einstellungsebene zu.*

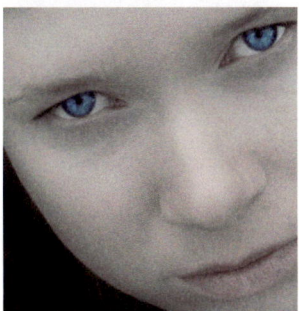

Abbildung 14.60
Auch teilentsättigte Bilder lassen sich mit dem Bedienfeld Schwarzweiß *schnell gestalten: Versehen Sie das Bild mit einer* Schwarzweiß-*Einstellungsebene.*

Abbildung 14.61
Links: Senken Sie die Ebenendeckkraft der Einstellungsebene nach Wunsch. Rechts: Setzen Sie die Vordergrundfarbe auf Schwarz und wählen Sie das Pinsel-*Werkzeug. Aktivieren Sie die Ebenenmaske der Einstellungsebene und malen Sie im Bild alle Bereiche frei, die ihre volle Farbe zurückerhalten sollen.*

Abbildung 14.62
Angepasste Graustufenkonvertie-
rungen ...

Abbildung 14.63
... erzielen Sie mit der Funktion
Schwarzweiß Korrekturen-*Bedien-*
feld.

Abbildung 14.64
Zum Vergleich: das Bild mit einer
einfachen Konvertierung per Bild →
Anpassen → Graustufen

Abbildung 14.65
Den beliebten Sepiaton, der ein antikes Foto simulieren soll, erzeugen Sie mit einem Klick auf das Kontrollkästchen Farbton.

Eigene Schwarzweißeinstellungen speichern

Gefällt Ihnen das Ergebnis und möchten Sie diese Einstellungen auch auf weitere Bilder anwenden, öffnen Sie das Bedienfeldmenü ▾≡ neben dem Popup-Menü *Vorgabe* und wählen Sie *Vorgabe speichern*. Die neue Vorgabe lässt sich ab sofort über das Popup-Menü abrufen.

Farben im Bild gezielt ändern oder ersetzen

Photoshop bietet Ihnen die Möglichkeit, Farben im Bild gezielt zu bearbeiten. Dabei arbeiten Sie mit einer Pipette, um bestimmte Farben im Bild herauszupicken und ihren Farbton, ihre Sättigung und Lab-Helligkeit zu verändern.

 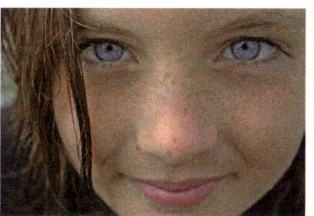

Abbildung 14.66
Mit der Pipette können Sie die gewünschte Farbe direkt im Bildfenster aufnehmen.

1. Wählen Sie *Bild → Korrekturen → Farbe ersetzen*.
2. Aktivieren Sie gegebenenfalls das Kontrollkästchen *Lokalisierte Farbgruppen*, um unansehnliche Übergänge und Artefakte an den Kanten zu vermeiden.

◀ **Neu in CS4**

3. Im oberen Bereich stellen Sie die Toleranz der Pipette ein. Dazu betätigen Sie entweder den Schieberegler oder geben einen Wert in das Eingabefeld ein.

Tipp

Haben Sie die Pipette aktiviert und drücken Sie die ⬆-Taste, wechseln Sie zur Pipette *Hinzufügen* 🖊. Drücken Sie die `Alt`-Taste, wechseln Sie zur Pipette *Entfernen* 🖊.

Abbildung 14.67
Die Dialogbox Farbe ersetzen *enthält ein neues Kontrollkästchen.*

Tipp

Verwenden Sie die Funktion vor allem, wenn Sie ein Bild vorliegen haben, dass keine allzu präzisen Farbkorrekturen erfordert, also eines mit mittleren Farbwerten.

Dialogbox zurücksetzen

Möchten Sie innerhalb der Dialogbox zum Originalbild zurückkehren, klicken Sie entweder auf die Miniatur des Originals links oben in der Dialogbox oder drücken Sie die `Alt`-Taste. Dadurch ändert sich die Schaltfläche *Abbrechen* in *Zurück* (dies funktioniert auch in anderen Dialogboxen).

4. Darunter steht Ihnen eine Miniatur des Bilds zur Verfügung, in die Sie zur Auswahl einer Farbe hineinklicken. Alternativ klicken Sie mit der Pipette in das Originalbild.

5. Aktivieren Sie das Optionsfeld *Bild* unter der Miniatur, werden die Bearbeitungen auf das ganze Bild angewandt.

6. Mit dem Optionsfeld *Auswahl* begrenzen Sie die Bearbeitungen auf die Auswahl mit der Pipette. Dann wird im Vorschaubereich eine Maske angezeigt – die maskierten Bereiche sind schwarz, teilweise maskierte Bereiche haben unterschiedliche Graustufen.

7. Jetzt aktivieren Sie auf der rechten Seite der Dialogbox die linke Pipette und klicken Sie entweder in der Miniatur oder im Bild selbst auf die Farbe, die Sie bearbeiten möchten.

8. Mit den beiden anderen Pipetten *Hinzufügen* und *Entfernen* vergrößern bzw. verkleinern Sie die Auswahl.

9. Nachdem Sie eine Auswahl angelegt haben, stellen Sie im unteren Bereich der Dialogbox die Eigenschaften für Farbton, Helligkeit und Sättigung ein, indem Sie entweder die Schieberegler verwenden oder Werte in die Eingabefelder eingeben.

10. Bestätigen Sie am Schluss mit der Schaltfläche *OK*.

Tiefen, Mitteltöne und Lichter über Variationen einstellen

Die Dialogbox *Variationen* bietet Ihnen eine einfach anzuwendende Alternative zu den zuvor beschriebenen Möglichkeiten. Denn hier stellen Sie Farbbalance, Kontrast und Sättigung eines Bilds in einem Zug ein. Sie müssen keine Werte eingeben oder Regler betätigen, sondern erhalten mehrere Miniaturen mit verschiedenen Variationen zur Auswahl und klicken die gewünschte Miniatur an.

Wählen Sie *Bild* → *Korrekturen* → *Variationen*. Die Dialogbox *Variationen* wird angezeigt. Im oberen Bereich ziehen Sie anhand der zwei Miniaturen einen Vergleich zwischen dem Originalbild und der aktuellen Einstellung. Die Miniatur *Original* bleibt zu jeder Zeit unverändert; die Miniatur *Aktuelle Wahl* hingegen ist immer auf dem aktuellen Stand – jede ausgewählte Miniatur wird hier sofort neben das Originalbild gehalten.

Rechts oben wählen Sie über die drei Optionsfelder, ob Sie die Tiefen, die Mitteltöne oder die Lichter ändern möchten.

Abbildung 14.68
Die Dialogbox Variationen

Legen Sie darunter über den Regler *Fein/Grob* fest, wie stark die Änderungen in den Variationen sein sollen. Pro Reglerstrich wird die Effektstärke verdoppelt.

Das Vermischen von Tonwerten kann zu Tonwertabrissen führen. Dadurch kann es zu unschöner Streifenbildung und zu Abstufungen kommen, da Farben, die im Originalbild unterschiedlich waren, im korrigierten Bild dieselbe Farbe erhalten. Dieses Problem erkennen Sie, indem Sie das Kontrollkästchen *Beschneidung zeigen* aktivieren. Immer, wenn eine Beschneidung in einer Einstellung entsteht, wird der Bereich in den Miniaturen in leuchtenden Farben hervorgehoben.

Abbildung 14.69
Die Beschneidung wird in leuchtenden Farben dargestellt.

Im Hauptbereich der Dialogbox stehen Ihnen mehrere Miniaturen zur Verfügung. Sie sind gemäß ihrer Position auf dem Farbkreis angeordnet. Unter jeder Miniatur sehen Sie, auf welche Weise das Bild gegenüber dem Original verändert wird, wenn die Miniatur angeklickt wird. Je öfter Sie auf eine Miniatur klicken, desto stärker wird der gewählte Farbanteil in der Miniatur *Aktuelle Wahl*. Die Stärke legen Sie über die Option *Fein/Grob* fest.

Um eine Farbkomponente schrittweise aus dem Bild zu entfernen, klicken Sie entsprechend oft auf die Miniatur der im Farbkreis gegenüberliegenden Farbe (der Komplementärfarbe). Auf der rechten Seite der Dialogbox dunkeln Sie über die Miniaturen *Heller* oder *Dunkler* das Bild ab oder hellen es auf. Dazwischen befindet sich wieder die Miniatur *Aktuelle Wahl*, wodurch Sie die Änderungen mit der aktuellen Einstellung vergleichen.

Sättigung anhand von Variationen einstellen

Ebenfalls über die Dialogbox *Variationen* verändern Sie die Sättigung des Bilds. Wählen Sie *Bild → Korrekturen → Variationen* und aktivieren Sie rechts oben die Option *Sättigung*. Verfahren Sie dann wie oben gezeigt.

Farbvorsatzfilter simulieren

Über die *Fotofilter*, die Sie über das entsprechende Symbol im Bedienfeld *Korrekturen* erreichen, simulieren Sie diverse Filter aus der „realen" Fotografie. Am besten erstellen Sie auch hier per *Korrekturen*-Bedienfeld eine *Fotofilter*-Einstellungsebene.

Neben den vorgegebenen Farbfiltern können Sie in diesem Bedienfeld auch Ihre eigene Farbe wählen.

Ein farbiges Bild in eine Strichzeichnung umwandeln

In Kapitel 4 erfuhren Sie, wie Sie ein Graustufenbild in eine Strichvorlage (*Bitmap*-Modus) umwandeln. Ähnliches ist über die Einstellung des Schwellenwerts möglich. Hierzu verwenden Sie gegebenenfalls auch andere Farbmodi als Graustufen. Ein weiterer Vorteil ist, dass der Farbmodus des Bilds erhalten bleibt, wodurch Sie es gleich im Anschluss farblich weiterbearbeiten können. Manchmal erzielen Sie dennoch bessere Ergebnisse, wenn Sie ein Farbbild zuerst in den Modus *Graustufen* umwandeln.

Klicken Sie im Bedienfeld *Korrekturen* auf das Symbol *Schwellenwert*. Mit dem Schieberegler unter dem Histogramm steuern Sie den Farbanteil der beiden Farben Schwarz und Weiß im Bild. Als Alternative geben Sie in das Eingabefeld *Schwellenwert* einen Wert ein.

Abbildung 14.70
Mit Fotofiltern simulieren Sie die Vorsatzlinsen klassischer Kameras.

Nach der Umwandlung entfernen Sie bei Bedarf überflüssige schwarze Pixel mit einem geeigneten Malwerkzeug aus dem Bild. Verwenden Sie dabei eine Ebenenmaske, arbeiten Sie flexibler, weil Sie irrtümlich gelöschte Pixel zurückmalen können.

Eine Tontrennung durchführen

Durch Herabsetzung der Tonwertstufen entfernen Sie weiche Übergänge aus dem Bild. Die Anzahl der Tonwertstufen bestimmen Sie selbst. Das Bild erhält dadurch ein plakatives Aussehen. Experimentieren Sie mit der Tontrennung an eher einfachen Bildern mit klaren Linien und Farbbereichen.

Abbildung 14.71
Das Originalbild (links) wurde über eine Schwellenwert-Einstellungsebene in ein Schwarzweißbild umgewandelt (rechts).

Abbildung 14.72
Links: Holen Sie das Originalbild anschließend teilweise zurück, indem Sie die Deckkraft der Einstellungsebene reduzieren. Dieser Effekt erinnert an eine kolorierte Zeichnung. Rechts: Tontrennung mit drei Stufen

Klicken Sie im Bedienfeld *Korrekturen* auf das Symbol *Tontrennung*. Geben Sie in das Eingabefeld *Stufen* einen Wert für die Anzahl der Tonstufen ein, die das Bild nach der Tontrennung haben soll.

Die Bildschärfe optimieren

Ebenso wichtig wie die bisher besprochene Farbkorrektur ist die Optimierung der Bildschärfe. Praktisch alle Bilder, die Sie eingescannt oder mit der Digitalkamera aufgenommen haben, vertragen eine Schärfung (falls dies Kamera bzw. Scanner noch nicht erledigt haben) – besonders, wenn Sie sie in Photoshop verkleinert haben. Bei diesem Vorgang verliert jedes Bild an Schärfe.

Bei Bildmontagen oder nach der Freistellung ergibt sich hingegen manchmal das Problem von Bildbereichen mit harten Konturen. Solche Bildbereiche sehen nicht besonders wirklichkeitsgetreu aus, da die Elemente wie „aufgeklebt" wirken; sie verschmelzen nicht mit dem Hintergrund. Dieses Problem vermindern Sie, indem Sie einen Weichzeichnungsfilter auf den Bildbereich anwenden. Dadurch werden die Kanten geglättet und um einige Details reduziert. Ebenfalls

Hinweis
Beachten Sie, dass die Weich- und Scharfzeichnungsfilter wie alle Filter nur auf die aktuelle Ebene wirken. Bei den Weichzeichnungs- und Scharfzeichnungswerkzeugen haben Sie die Möglichkeit, diese auf alle Ebenen wirken zu lassen, wie Sie weiter hinten sehen werden.

Achtung
Die Funktionen zum Weich- und Scharfzeichnen sind im indizierten und im Bitmap-Farbmodus nicht anwendbar.

weichzeichnen sollten Sie körnige Bildbereiche, grobporige Hautzonen, Falten usw.

Photoshop bietet Ihnen im Menü *Filter* mehrere Befehle für das Scharf- und Weichzeichnen Ihrer Bilder oder auch von markierten Bildbereichen. Alternativ bearbeiten Sie Bildstellen manuell. Hierzu stehen Ihnen in der Werkzeugpalette die Werkzeuge *Weichzeichner* ⬤ und *Scharfzeichner* △ zur Auswahl.

Bilder weichzeichnen

Um zu scharfe Übergänge abzumildern, steht Ihnen im Menü *Filter* der Menübefehl *Weichzeichnungsfilter* zur Verfügung. Im Untermenü dieses Befehls wählen Sie verschiedene Weichzeichnungsarten, die Sie für spätere Optimierungen auch als Smart-Filter anwenden können.

Am ungenauesten arbeiten die Befehle *Weichzeichnen* oder *Stark Weichzeichnen*, weil die gewählte Funktion ohne Einstellmöglichkeiten unmittelbar am Bild oder am ausgewählten Bildbereich ausgeführt wird. Besser geeignet sind deshalb die Filter *Gaußscher Weichzeichner* und *Matter machen*, da Sie mit diesen Funktionen den Grad der Weichzeichnung festlegen können.

Beim Gaußschen Weichzeichner geben Sie einen Pixelradius zwischen 0,1 und 250 ein. Die Maßeinheit beträgt 1/10 Pixel. Je niedriger Sie den Wert wählen, desto schwächer ist der Effekt.

Bewegungsunschärfe

Ein spezielles Einsatzgebiet für die Weichzeichnung ist die Bewegungsunschärfe. Damit überarbeiten Sie ein Bild so, dass es den Eindruck von Bewegung vermittelt. Indem Sie den Hintergrund eines fahrenden Autos oder dergleichen mit einer leichten Bewegungsunschärfe ausstatten, richten Sie die Aufmerksamkeit außerdem stärker auf das Objekt im Vordergrund.

Wählen Sie *Filter* → *Weichzeichnungsfilter* → *Bewegungsunschärfe* und legen Sie Winkel und Distanz (Geschwindigkeit) fest. Um nur den Hintergrund weichzuzeichnen, das Motiv selbst aber nicht, wählen Sie dieses zunächst mit weicher Kante aus. Kopieren Sie es mit *Ebene* → *Neu* → *Durch Kopie* auf eine neue Ebene. Wenden Sie die Bewegungsunschärfe nun auf die Hintergrundebene an. Alternativ arbeiten Sie hier mit einem Smart-Filter und der zugehörigen Maske; diese Vorgehensweise ist besonders flexibel.

Abbildung 14.73
Die Dialogbox Gaußscher Weichzeichner

Mit dem radialen Weichzeichner arbeiten

Mit der radialen Unschärfe verhält es sich ähnlich wie mit der Bewegungsunschärfe: Auch diese wirkt – ohne weitere Vorbereitungen und Nachbearbeitungen auf ein Bild angewandt – zwar sehr dynamisch, aber sämtliche Bilddetails gehen verloren. In Fällen, in denen dies nicht erwünscht ist, gehen Sie etwa vor wie in den nebenstehenden Abbildungen.

In der Dialogbox des Filters stellen Sie die gewünschte Stärke ein und wählen zwischen *Radial* und *Strahlenförmig*. Im Schaubild rechts unten in der Dialogbox wählen Sie per Mausklick den Ursprung des Effekts.

Option *Sehr gut*

Wenn Sie die Option *Sehr gut* für die Filterqualität wählen, müssen Sie bei Bildern oder Auswahlbereichen mit vielen Pixeln mit langen Rechenzeiten rechnen.

Abbildung 14.74

Hier wurden zunächst Operateur und Assistentin sowie OP-Tisch und Lampe ausgewählt und mit Ebene → Neu → Ebene durch Kopie *in eine neue Ebene konvertiert.*

Abbildung 14.75

Anschließend wurde der radiale Weichzeichner im Modus Strahlenförmig *auf die Hintergrundebene angewandt. Der Mittelpunkt wurde auf die Operationsszene verschoben.*

Abbildung 14.76

Durch die Auswahl wird nur der Hintergrund mit der Unschärfe versehen, während die OP-Szene selbst scharf bleibt.

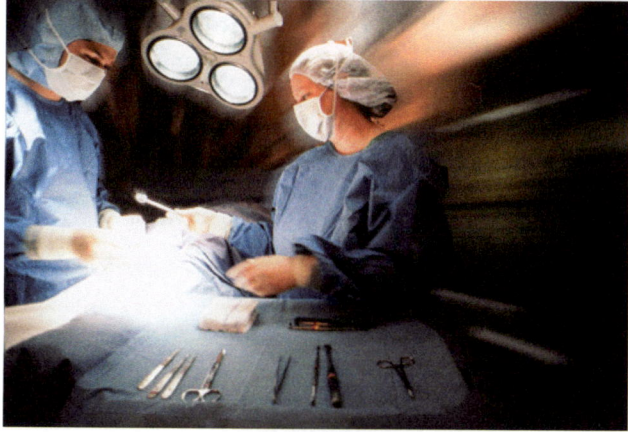

Die Tiefenschärfe eines Bilds ändern

Auf vielen Aufnahmen konkurriert der Vordergrund mit dem Hintergrund, weil beide gleich scharf sind. In Makroaufnahmen wirkt sich dies besonders störend aus. In Photoshop können Sie aber gut kontrollieren, welche Teile des Hintergrunds und des Vordergrunds scharf und welche unscharf erscheinen sollen.

1. Wählen Sie das Motiv aus, das scharf bleiben soll, zum Beispiel mit dem *Schnellauswahl*-Werkzeug. Kehren Sie die Auswahl dann mit `Strg`/`⌘`+`I` um.

2. Zeigen Sie das Bedienfeld *Kanäle* an und klicken Sie auf das Symbol *Kanal als Auswahl speichern*.

Abbildung 14.77
Wählen Sie das Motiv aus, das scharf bleiben soll, und kehren Sie die Auswahl dann um. Erzeugen Sie aus der Auswahl einen Alphakanal.

3. Heben Sie die Auswahl mit `Strg`/`⌘`+`D` auf.

4. Aktivieren Sie den neuen Kanal und weisen Sie ihm den Gaußschen Weichzeichner mit niedrigem Radius zu.

5. Aktivieren Sie den Gesamtkanal und wählen Sie *Filter* → *Weichzeichnungsfilter* → *Tiefenschärfe abmildern*.

Abbildung 14.78
Wählen Sie aus der Dialogbox Tiefenschärfe abmildern *den Alphakanal und regulieren Sie die Weichzeichnung des Hintergrunds.*

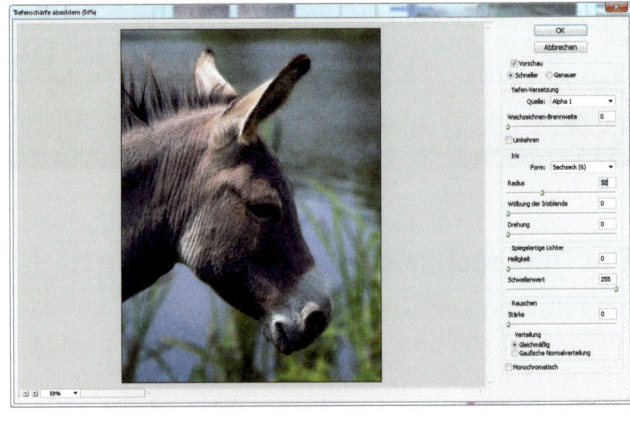

6. Als *Quelle* für die *Tiefen-Versetzung* wählen Sie den Alpha-kanal.

7. Wenn sich Ihr Motiv im Vordergrund befindet, stellen Sie den Regler *Weichzeichnen-Brennweite* auf *0*.

8. Mit *Radius* regeln Sie, wie unscharf der Hintergrund sein soll.

Statt mit einem schwarzweißen Alphakanal können Sie auch mit einem Verlauf arbeiten, dann verringert sich die Tiefen-schärfe zum Beispiel bei Landschaftsaufnahmen langsam.

Bilder scharfzeichnen

Um zu weiche Bilder zu korrigieren, bieten sich die Befehle im Menü *Filter* → *Scharfzeichnungsfilter* an. Hier gilt dasselbe wie für die Weichzeichnungsfilter: Die Menüpunkte *Scharf-zeichnen* und *Stark scharfzeichnen* sind eher nachrangig, weil sie keine Einstellmöglichkeiten haben. Dasselbe gilt für den Befehl *Konturen scharfzeichnen*. Dieser arbeitet zwar etwas differenzierter, weil er nur die Bildkanten schärft und schwach konturierte Bereiche unberücksichtigt lässt – trotzdem haben Sie keine Kontrollmöglichkeiten über die Stärke des Filters.

Unscharf maskieren und selektiv scharf-zeichnen

Gut geeignet für Scharfzeichnungen aller Art ist hingegen der Filter *Unscharf maskieren,* den Sie ebenfalls auf das gesamte oder nur einen Teil des Bilds anwenden können.

1. Wählen Sie *Filter Scharfzeichnungsfilter* → *Unscharf mas-kieren*. Vergewissern Sie sich, dass das Kontrollkästchen *Vorschau* aktiviert ist, damit Sie die Änderungen gleich am Bild verfolgen können.

2. Über die Option *Stärke* legen Sie fest, wie stark der Filter angewandt werden soll. Bewegen Sie hierzu entweder den Schieberegler oder geben Sie in das Eingabefeld einen Wert zwischen 1 und 500 ein.

3. Die Option *Radius* ist dafür zuständig, wie umfangreich der Bereich sein soll, innerhalb dessen die Scharfzeich-nung erfolgt. Der Wert kann von 0,1 bis 250,0 Pixel reichen. Bilder mit hoher Auflösung benötigen einen höheren Radius als Bilder mit niedriger Auflösung.

4. Der *Schwellenwert* bestimmt, wie hoch die Toleranz ist, innerhalb derer nicht scharf gezeichnet werden soll (also wie ähnlich sich Pixel sein dürfen, die nicht scharf gezeich-net werden sollen).

Stark scharfzeichnen

Der Befehl *Stark scharfzeichnen* wirkt etwa viermal so stark wie der Befehl *Scharfzeichnen*.

Tipp

Gehen Sie mit allen Scharfzeich-nungswerkzeugen vorsichtig um, denn Bilder werden sehr schnell überschärft (sie werden körnig und wirken unnatürlich). Zoomen Sie vor der Anwendung der Filter auf 100 % oder 50 %. Sobald sich an den Bildkonturen Halos bilden, ist die Schärfung zu stark. Arbeiten Sie mit einem Smart-Filter, können Sie die Schärfung über die Maske der Filterebene abschwächen.

Abbildung 14.79
Die Dialogbox des Filters Unscharf maskieren *bietet Ihnen drei Einstel-lungsmöglichkeiten.*

Smart-Filter

Auch hier arbeiten Sie besonders flexibel, wenn Sie die Funktion als Smart-Filter auf Ihr Bild anwenden.

Abbildung 14.80
Die Dialogbox des selektiven Scharf-
zeichners

Architekturaufnahmen und Porträts

Nicht jedes Motiv benötigt den gleichen Grad an Scharfzeichnung. Architekturaufnahmen beispielsweise können deutlich schärfer sein als Porträts.

100 % Zoom

Wenn Sie nicht mit OpenGL arbeiten, sollten Sie das Bild zur Beurteilung der Scharfzeichnung bei 100 % oder – falls es im Offsetdruck reproduziert werden soll – bei 50 % Zoomstufe betrachten.

Alternativen zum Schärfen

Eine weitere Möglichkeit, die Schärfe Ihres Bilds zu verstärken, ohne dass es zu Farbsäumen kommt: Duplizieren Sie die Ebene mit dem Bild und wenden Sie den *Hochpass*-Filter auf die obere Ebene an. Verwenden Sie je nach Bild einen Radius zwischen 5 und 50: Je feinere Details Ihr Bild enthält, desto geringer sollte der Radius sein. Enthält Ihr Bild größere Objekte, ist ein höherer Radius ab etwa 30 Pixel passend. Klicken Sie auf *OK*. Ändern Sie den Modus der oberen Ebene in *Überlagern*. Reduzieren Sie abschließend die Deckkraft der Hochpassebene so weit, bis das Bild natürlich aussieht.

Benötigen Sie mehr Kontrolle über die Scharfzeichnung von Details, Tiefen und Lichtern, ziehen Sie den Filter *Selektiver Scharfzeichner* eventuell dem Filter *Unscharf maskieren* vor. In der Dialogbox dieses Filters legen Sie zusätzlich fest, welche Art von Unschärfe Sie abmildern möchten.

Sobald Sie die richtigen Einstellungen gefunden haben, können Sie diese über das Diskettensymbol 💾 neben dem Popup-Menü *Einstellungen* zur späteren Verwendung speichern.

Strategien für die Arbeit mit dem Filter „Unscharf maskieren"

Für optimale Ergebnisse beim Scharfzeichnen gibt es verschiedene Strategien und jeder Bildbearbeiter hat hier sein eigenes Rezept. Am wichtigsten ist es, dass Sie nicht über das Ziel hinausschießen und Farbsäume an den Kontrastkanten Ihres Bilds erzeugen.

Eine mögliche Technik sieht folgendermaßen aus:

1. Stellen Sie zunächst einen hohen Stärke-Wert ein.

2. Anschließend regulieren Sie den Radius. Sie können diesen nach der folgenden Formel berechnen:

$$\frac{\text{Ausgabeauflösung}}{200}$$

3. Stellen Sie dann einen Schwellenwert von 4 Stufen ein.

4. Nun regeln Sie die Werte für Stärke und Schwellenwert herunter, bis Sie das gewünschte Ergebnis erzielt haben.

Neben dem „normalen" Scharfzeichnen mit der Unscharfmaske verwenden Profis eine Reihe von weiteren Techniken, die allesamt die Bildung von Farbsäumen auch bei stärkeren Scharfzeichnungen verhindern sollen:

- Erste Möglichkeit: Schärfen Sie im Lab-Modus den Helligkeitskanal.

- Zweite Möglichkeit: Duplizieren Sie die Hintergrundebene (Tastenkombination $\boxed{Strg}$/$\boxed{⌘}$ + $\boxed{J}$) mit der Füllmethode *Hartes Licht*. Wählen Sie *Filter → Stilisierungsfilter → Relief*. Verringern Sie gegebenenfalls die *Intensität* der daraus resultierenden Schärfung über die Ebenendeckkraft.

- Dritte Möglichkeit: Duplizieren Sie die Hintergrundebene. Versehen Sie das Duplikat mit der Füllmethode *Luminanz*. Versehen Sie dann die Ebene mit dem Filter *Unscharf maskieren*. Duplizieren Sie auch diese Ebene. Wählen Sie *Filter → Weichzeichnungsfilter → Gaußscher Weichzeichner* mit einem *Radius* von ca. 3 an, um Farbsäume zu entfernen. Ändern Sie die Füllmethode der obersten Ebene in *Farbe*.

Porträts weich- bzw. scharfzeichnen

Bei Porträts möchten Sie zwar Details wie Haar, Lippen, Augen und Wimpern scharfzeichnen, Hautbereiche hingegen nicht – diese sollten eher eine leichte Weichzeichnung erhalten. Die Hautstruktur würde sonst vergröbert; Falten, Poren und Hautunreinheiten würden hervortreten. Es gibt mehrere mögliche Techniken, dieses Problem anzugehen.

Bei der einfachsten Methode schärfen Sie lediglich den Rotkanal. In diesem weisen die Hautpartien am wenigsten Detailzeichnung auf.

1. Zeigen Sie das *Kanäle*-Bedienfeld an.

2. Klicken Sie auf die Miniatur des Rotkanals. Klicken Sie aber dabei auf das Kästchen vor dem Gesamtkanal, damit trotzdem das Gesamtbild angezeigt wird.

3. Wenden Sie nun den Filter *Unscharf maskieren* oder den *Selektiven Scharfzeichner* an.

Für ein exakteres Ergebnis benötigen Sie eine Ebenenmaske.

1. Duplizieren Sie die Ebene mit dem Porträt (Tastenkombination $\boxed{Strg}$/$\boxed{⌘}$ + $\boxed{J}$) und markieren Sie die neue Ebene. Wählen Sie *Filter → Scharfzeichnungsfilter → Unscharf maskieren*. Wählen Sie eine entsprechende Einstellung – sie darf ruhig ein wenig zu hoch sein.

2. Reduzieren Sie die Deckkraft der scharfgezeichneten Ebene, bis Augen, Haare, Lippen, Schmuck usw. natürlich wirken. Es macht nichts aus, wenn die Haut zu diesem Zeitpunkt körnig und grob wirkt.

Im Lab-Modus schärfen

Für eine weitere professionelle Scharfzeichnungstechnik benötigen Sie den Lab-Modus, in den Sie Ihr Bild mit *Bild → Modus → Lab-Farbe* konvertieren.

Klicken Sie danach im Kanäle-Bedienfeld auf den Helligkeitskanal, um diesen zu aktivieren. Klicken Sie außerdem auf das Augensymbol vor dem Gesamtkanal, um ihn anzuzeigen (dabei aber den Helligkeitskanal aktiv zu lassen).

Führen Sie die gewünschte Schärfung nun aus. Sie werden merken, dass Sie Ihr Foto nun viel stärker schärfen können als gewöhnlich, ohne dass Artefakte ins Bild kommen.

Abbildung 14.81
Der Helligkeitskanal ist aktiviert, der Gesamtkanal wird angezeigt.

Abbildung 14.82

Links: Original. Mitte: Im Rotkanal weist die Haut am wenigsten Detailzeichnung auf, (rechts) im Blaukanal am meisten.

Abbildung 14.83

Der Rotkanal wurde ausgewählt. Beachten Sie das Auge vor dem Gesamtkanal – im Photoshop-Fenster wird trotz des ausgewählten Rotkanals das Gesamtbild dargestellt (Bild: Kristine Kamm Kreativphotos).

3. Erzeugen Sie ein weiteres Ebenenduplikat und stellen Sie die Deckkraft des neuen Duplikats auf 100 %.

4. Wählen Sie den Befehl *Filter → Weichzeichnungsfilter → Gaußscher Weichzeichner*. Wählen Sie einen recht hohen Radius – das gesamte Bild darf anschließend deutlich zu weichgezeichnet sein.

5. Verringern Sie die Ebenendeckkraft, bis die Haut natürlich aussieht – die Detailzeichnung von Augen, Haar usw. ist momentan noch gleichgültig.

6. Versehen Sie die obere, weichgezeichnete Ebene mit einer Ebenenmaske. Vergewissern Sie sich, dass die Ebenenmaske aktiviert ist.

7. Wählen Sie das *Pinselwerkzeug* mit einer relativ großen, weichen Werkzeugspitze (ein grobes Werkzeug verhindert in diesem Fall Retuschekanten). Stellen Sie die Vordergrundfarbe auf Schwarz.

8. Übermalen Sie alle Bereiche, die nicht weichgezeichnet werden sollen (wie Augen, Lippen oder Haare).

Die Bildkonturen schärfen

Zwar bietet Photoshop Ihnen zum Schärfen von Bildkonturen im Menü einen extra Befehl im Menü *Filter → Scharfzeichnungsfilter*, doch dieser ist in seiner Wirkung ungenau und nicht sehr überzeugend. Zu besseren Ergebnissen gelangen Sie mit der folgenden Methode:

1. Aktivieren Sie im *Kanäle*-Bedienfeld den Rotkanal.

2. Klicken Sie am unteren Bedienfeldrand auf das Symbol *Kanal als Auswahl laden* und dann auf *Auswahl als Kanal speichern*. Heben Sie die Auswahl auf (Strg/⌘ + D).

Abbildung 14.84

So erhalten Sie die Detailzeichnung von Haar, Augen, Schmuck, Lippen und zeichnen gleichzeitig die Haut weich: Duplizieren Sie die Ebene und wählen Sie Filter → Weichzeichnungsfilter → Gaußscher Weichzeichner *(oben).*

Abbildung 14.85

Reduzieren Sie nun die Ebenendeckkraft der oberen Ebene, bis Ihnen die Hautstruktur gefällt. Das Ergebnis sollte nicht „Barbie-glatt", sondern natürlich wirken. Erzeugen Sie dann eine Ebenenmaske und malen Sie Details wie Augen, Lippen, Nasenkontur, Augenbrauen und Haare mit Schwarz frei. Verwenden Sie dazu einen eher weichen Pinsel, damit keine harten Übergänge entstehen (unten).

3. Aktivieren Sie den neuen Alphakanal und wählen Sie *Filter → Stilisierungsfilter → Leuchtende Konturen.*

4. Wählen Sie dann *Filter → Weichzeichnungsfilter → Gaußscher Weichzeichner* mit einem *Radius* von ca. *2–4* (je nach Bildgröße. Bestätigen Sie mit *OK.*

5. Klicken Sie im *Kanäle*-Bedienfeld auf das Symbol *Kanal als Auswahl laden.*

6. Wählen Sie den Gesamtkanal aus. Nun sind nur die Konturen des Bilds ausgewählt. Wenden Sie den gewünschten Scharfzeichnungsfilter an.

Bilder mit Weichzeichner und Scharfzeichner bearbeiten

Als Alternative zu den Dialogboxen stehen Ihnen zum Ändern von Helligkeit und Sättigung eines Bildbereichs in der Werkzeugpalette einige Funktionen zur Verfügung. Mit diesen erledigen Sie manche der bisher erläuterten Bearbeitungen auch manuell. Vorteilhaft ist dabei, dass Sie sich gezielt bestimmten Bildbereichen widmen können.

Wie eingangs schon kurz erwähnt, gibt es zum Weich- und Scharfzeichnen zwei Werkzeuge: den *Weichzeichner* und den *Scharfzeichner*.

1. Aktivieren Sie in der Werkzeugpalette das gewünschte Werkzeug. In der Optionenleiste wählen Sie Werkzeugspitze und Modus.

2. Anschließend legen Sie die Druckstärke des Werkzeugs fest, die zwischen 1 % und 100 % betragen darf. Je höher der Wert, desto stärker wird die Funktion am Bild angewendet.

3. Soll die Weich- bzw. Scharfzeichnung auf alle Ebenen Ihres Bilds wirken, aktivieren Sie das Kontrollkästchen *Alle Ebenen aufnehmen*. Anschließend wenden Sie die Weich- oder Scharfzeichnungsfunktion durch Klicken oder Klicken und Ziehen an bestimmten Bildteilen an.

Wie die Malwerkzeuge lassen sich auch diese Werkzeuge mit unterschiedlichen Werkzeugspitzen ausstatten, so dass Sie bei Bedarf eine größere oder kleinere Werkzeugspitze wählen können, um individuelle Bereiche gezielt zu bearbeiten.

Die Helligkeit und Sättigung eines Bilds manuell bearbeiten

Zum Bearbeiten von Helligkeit und Sättigung eines Bilds gibt es in der Werkzeugpalette drei Werkzeuge:

- Mit dem Werkzeug *Abwedler* ✎ machen Sie Bildbereiche heller.

- Mit dem Werkzeug *Nachbelichter* ☁ dunkeln Sie Bildbereiche ab.

- Mit dem Werkzeug *Schwamm* ◉ lässt sich die Sättigung von Bildbereichen sowohl leicht erhöhen als auch leicht reduzieren. Im Graustufenmodus wird der Abstand der Graustufen zum Mittelwert erhöht oder verringert, also der Kontrast erhöht oder verringert.

Nachdem Sie das gewünschte Werkzeug ausgewählt haben, stellen Sie in der Optionenleiste die gewünschte Werkzeugspitze ein.

Für den *Abwedler* ✎ und den *Nachbelichter* ☁ legen Sie im Popup-Menü *Bereich* fest, welche Helligkeitsbereiche Sie ändern möchten: Mitteltöne, Tiefen oder Lichter. Im Feld *Belichtung* stellen Sie die gewünschte Belichtung zwischen 1

Abbildung 14.86
Originalbild ...

Abbildung 14.87
... bearbeitet mit Nachbelichter *und* Abwedler

und 100 % ein. Je höher der Wert ist, desto stärker wird der Effekt.

Aktivieren Sie gegebenenfalls das Kontrollkästchen *Tonwerte schützen*. Damit vermeiden Sie auch bei mehrmaligem Übermalen derselben Stelle Bildrauschen und Halobildung (beim *Abwedler*-Werkzeug in den Bildtiefen) und Grauschleier (beim *Nachbelichter*-Werkzeug in den Lichtern).

◀ **Neu in CS4**

Für den Schwamm wählen Sie im Popup-Menü *Modus* zwischen *Sättigung erhöhen* und *Sättigung verringern*.

Druckausgabe und Fotoabzüge

15

Gleichgültig, ob Sie Ihre Bilder nur auf einem Tintenstrahl- oder Laserdrucker ausdrucken oder Abzüge entwickeln bzw. sie von einer Offsetdruckerei reproduzieren lassen möchten: Auf jeden Fall sollten Sie vor der Ausgabe einige wichtige Einstellungen vornehmen.

Selbst drucken oder externer Fotoauftrag?

Die einfachste Möglichkeit, Digitalfotos auf Papier auszugeben, ist der eigene Tintenstrahl- oder Fotodrucker. Durch die schnelle Entwicklung der Druckverfahren am Rechner und Spezial-Fotopapier lassen sich heute beim Fotodruck sehr gute Ergebnisse erzielen. Allerdings hat diese Vorgehensweise neben verschiedenen Vorteilen auch Nachteile. Aus diesem Grund lohnt es sich, darüber nachzudenken, ob Sie Ihre Bilder besser entwickeln lassen sollten. Bei der Online-Entwicklung schicken Sie Ihre Bilder über den Browser bzw. eine spezielle Software an den Entwicklungsdienstleister. Ein paar Tage später haben Sie die fertigen Fotos im Briefkasten. Auch die meisten Fotohändler nehmen Ihre CD oder Speicherkarte entgegen und entwickeln Ihre Bilder.

Die folgende Tabelle stellt die Vor- und Nachteile beider Möglichkeiten gegenüber:

Selbst drucken	Entwickeln lassen
Das für gute Ergebnisse erforderliche Spezial-Fotopapier ist recht teuer, dasselbe gilt für die Tinte. Der Ausdruck in bester Qualität kann mehrere Minuten dauern.	Die Online-Entwicklung ist sehr viel günstiger als der Selbstdruck.
Die Qualität reicht häufig nicht an die eines vom Service auf Fotopapier belichteten Bilds heran.	Online entwickelte Digitalfotos bieten die übliche Fotoqualität mit brillanten Farben.
Die Farbe leidet nach einiger Zeit durch Lichteinfluss.	Entwickelte Digitalfotos sind langfristig lichtbeständig.
Der Ausdruck ist sofort verfügbar.	Die entwickelten Bilder erhalten Sie erst nach einigen Tagen.
Selbst gedruckte Fotos müssen manuell beschnitten werden.	Entwickelte Fotos erhalten Sie fertig beschnitten.

Übertragungskosten einrechnen
Wenn Sie viele Bilder entwickeln müssen, können die Übertragungszeiten sehr lang sein. Steht Ihnen nur eine langsame Online-Verbindung zur Verfügung, sollten Sie sich eher bei einem Fotolabor in Ihrer Nähe erkundigen, ob Sie Ihre Digitalbilder auch hier entwickeln lassen können. Bei vielen Anbietern können Sie Ihre Fotos auch auf CD einschicken; allerdings müssen Sie dann häufig zum Erzeugen der CD die Software des jeweiligen Anbieters verwenden.

Die Entwicklung

Bei der Auswahl eines Online-Entwicklers sollten Sie unter anderem darauf achten, dass er

- Ihnen mit einer speziellen Software die Möglichkeit bietet, alle Bilder auf einmal zu übertragen,
- für die Entwicklung gutes Markenpapier verwendet,
- Ihnen die Auswahl zwischen weißen oder abgeschnittenen Rändern lässt, da Bilder aus einer Kompaktkamera nicht auf das analoge 3:2-Papierformat passen. Ein Angebot des 3:4-Papierformats ist besonders vorteilhaft, da dann das Abschneiden der Ränder nicht erforderlich ist (siehe auch nächster Abschnitt). Allerdings passen diese Fotos nicht in die üblichen Flip-Alben.
- wahlweise auf eine Bildoptimierung verzichtet. Wenn Sie selbst Nachbearbeitungen an den Bildern vorgenommen haben und die Bilder erneut optimiert werden, kann dies zu unschönen Ergebnissen führen.

Bevor Sie Ihre Bilder hochladen, sollten Sie für das bestmögliche Ergebnis die Anforderungen für die verschiedenen Fotoformate beachten:

Format	Pixelzahl (mindestens)
9 x 13	1076 x 1526
10 x 15	1230 x 1820
13 x 18	1525 x 2272
20 x 30	2424 x 3627

Digitalbilder selbst drucken

Benötigen Sie Ihre Bilder schnell oder möchten Sie nur das eine oder andere Foto zu Papier bringen, können Sie auch Ihren Tintenstrahldrucker für die Ausgabe verwenden. Je nach Drucker und Papier erhalten Sie ein befriedigendes bis gutes Ergebnis bei akzeptabler Haltbarkeit. Die Farbbrillanz reicht nicht an die eines vom Dienstleister auf Fotopapier belichteten Abzugs heran.

Für das bestmögliche Ergebnis verwenden Sie ein spezielles Fotopapier, das im Computer- und Fotofachhandel erhältlich ist. Dieses gewährleistet, dass die vom Drucker auf das Papier gebrachten Farbtröpfchen weniger verlaufen. Durch eine gut beschichtete und besonders dicke Papieroberfläche hält sich der Ausdruck auch länger.

Für anspruchsvolle Aufgaben können Sie sich einen speziellen Fotodrucker anschaffen. Dieser arbeitet für gewöhnlich

– anders als ein normaler Tintenstrahldrucker – mit dem Thermosublimationsverfahren und erzielt dadurch eine sehr hohe Qualität und hervorragende Farbwiedergabe. Im Vergleich zu einem gewöhnlichen Tintenstrahldrucker ist auch die Haltbarkeit des gedruckten Bilds länger – Letzteres besonders dann, wenn Sie noch ein Papier mit einem speziellen UV-Schutz verwenden.

Allerdings sind sowohl die Fotodrucker selbst als auch das benötigte Material teurer als normale Tintenstrahldrucker und ihr Zubehör. Zudem können günstige Geräte meist nur kleine Fotoformate ausgeben.

Position und Größe des Bilds einrichten

Vor dem eigentlichen Ausdruck richten Sie die Seite so ein, dass Sie das gewünschte Ergebnis bekommen.

1. Wählen Sie *Datei → Seite einrichten* ([⇧] + [Strg]/[⌘] + [P]). Hier richten Sie Papierformat und Seitenränder ein.

2. Legen Sie anschließend in der Dialogbox *Drucken* fest, wie groß Ihr Bild und an welcher Stelle auf dem Blatt es gedruckt werden soll. Dazu wählen Sie *Datei → Drucken* oder drücken Sie die Tastenkombination [Strg]/[⌘] + [P].

3. Aktivieren Sie das Kontrollkästchen *Bild zentrieren*, wenn das Bild in der Mitte des Papiers oder des Films zentriert werden soll. Deaktivieren Sie dieses Kontrollkästchen, können Sie selbst festlegen, welchen Abstand es vom oberen und linken Rand haben soll. Geben Sie diese Angaben in die Felder *Oben* und *Links* ein.

4. Soll das Bild größer oder kleiner gedruckt werden, klicken Sie das Kontrollkästchen *Auf Mediengröße skalieren* an. Oder Sie geben in die Felder *Höhe* und *Breite* neue Werte ein. Alternativ aktivieren Sie das Kontrollkästchen *Begrenzungsrahmen einblenden*. Das Bild erhält dann in der Vorschau an jeder Ecke einen Ziehpunkt. An einem dieser Ziehpunkte skalieren Sie es größer oder kleiner.

5. Starten Sie den Druck über die Schaltfläche *Drucken*.

Den Drucker richtig einstellen

- Stellen Sie vor dem Ausdruck über den Befehl *Datei → Seite einrichten* den Druckertreiber entsprechend ein. Wählen Sie im Druckertreiber die richtige Papiersorte für Ihr Foto aus, zum Beispiel Glossy-, Hochglanz- oder Glanz-/Fotopapier. Die genaue Bezeichnung variiert bei den Herstellern von Druckern und Papier. Stellen Sie die höchstmögliche Auflösung ein. Bei manchen Druckern sind weitere Optionen vorgesehen, wie z.B. Natürliche Farben, was für eine bestmögliche Farbwiedergabe von Fotos sorgt.

- Legen Sie das Fotopapier mit der richtigen Seite in den Drucker ein. Die bedruckbare Seite ist die helle, glänzende Seite des Papiers. Einige Fotopapiere können beidseitig bedruckt werden: Eine Seite ist hochglänzend, die andere seidenmatt.

- Die Temperatur des Papiers wirkt sich auf die Trocknung der Tinte und somit auch auf die Bildqualität aus. Wenn das Papier zu warm ist, trocknet die Tinte zu schnell, was die Bildqualität vermindert. Ist das Papier zu kalt, trocknet die Tinte zu langsam, so dass das Druckergebnis unter Umständen ausfranst.

- Möchten Sie mehrere Ausdrucke hintereinander starten, sollten Sie die bedruckten Bögen stets entnehmen und einzeln zum Trocknen auslegen. Falls es Ihr Drucker ermöglicht, können Sie im Druckertreiber auch eine Pause zwischen jedem Druck festlegen.

- Installieren Sie, wenn möglich, ein Farbprofil für Ihren Drucker, die verwendeten Druckfarben und das Papier. Achten Sie darauf, dass sich Ihr Bild im RGB-Modus befindet. CMYK-Bilder sollten Sie zunächst in RGB konvertieren. Achten Sie darauf, dass im Bereich „Drucken" das Optionsfeld „Dokument" aktiviert ist. Falls Sie ein Farbprofil installiert haben, wählen Sie im Popup-Menü Farbhandhabung den Eintrag Farbverwaltung durch Photoshop. Darunter bestimmen Sie das Farbprofil. Allerdings müssen Sie nun auch das Farbmanagement in Ihrem Druckertreiber ausschalten.

Dateien für den Offsetdruck vorbereiten

Ungenauer Softproof

Beachten Sie, dass der Softproof nicht so genau ist wie ein Andruck, da hier mehrere Kriterien eine Rolle spielen, z.B. Kalibrierung und Qualität des Monitors und natürlich auch die Lichtverhältnisse an Ihrem Arbeitsplatz.

Bevor Sie Ihre Bilddaten Ihrem Produktionspartner liefern, können Sie einen sogenannten Proof erstellen. Traditionell wird vor dem endgültigen Druck ein Andruck gefertigt, mit dem geprüft werden kann, ob die Farben auch richtig herauskommen. Heute übernimmt meist ein Digitalproof diesen Dienst. Er dient als Korrekturunterlage. Als Photoshop-Anwender können Sie einen sogenannten Softproof erstellen, bei dem die Beurteilung, wie das Bild auf einem bestimmten Ausgabegerät aussieht, über den Monitor erfolgen kann. Voraussetzung ist wieder, dass Ihr Monitor entsprechend kalibriert ist.

Farbmanagement

Gerade bei der professionellen Reproduktion bereiten Farben häufig Probleme, da Auftraggeber mitunter schon kleinste Farbabweichungen reklamieren. Das Thema Farbmanagement ist deshalb im Produktionsprozess extrem wichtig. Gleichzeitig ist es jedoch so komplex, dass nicht wenige Kreative und Produktioner sich gerne davor drücken.

Einer der häufigsten Gründe für Farbabweichungen im elektronischen Publizieren sind unterschiedliche Farbräume – zum Beispiel der geräteabhängige RGB-Farbraum von Monitoren und Scannern oder der CMYK-Farbraum für den Druck. In Kapitel 1 erhielten Sie bereits eine Einführung in dieses Thema.

Dort wurde erläutert, dass der CMYK-Farbraum kleiner ist als der RGB-Farbraum. Trotzdem enthält der CMYK-Farbraum Farben, die im RGB-Farbraum nicht darstellbar sind, denn die Farbräume liegen nicht deckungsgleich. Farben, die außerhalb des Bereichs eines Geräts liegen, kann dieses nicht darstellen. Sogar im gleichen Modus – zum Beispiel RGB – kann der Farbumfang zweier Geräte, zum Beispiel einer Digitalkamera und eines Monitors, etwas unterschiedlich sein. Das Ergebnis ist, dass Farben sich unter Umständen optisch verändern, wenn Sie sie auf ein anderes Gerät übertragen.

Dadurch kann es passieren, dass ein von Ihnen gescanntes oder digital fotografiertes Bild auf dem langen Weg über Bildbearbeitungsprogramm, Layoutprogramm und die PostScript-Ausgabe bis hin zur Druckmaschine Ihres Produktionspartners ganz andere Farben zeigt als ursprünglich am Monitor.

Vierfarbige Drucksachen werden im CMYK-Farbraum ausgegeben. Für die Anzeige desselben Layouts am Monitor sowie die Erfassung der enthaltenen Abbildungen per Scanner oder Digitalkamera verwenden Sie hingegen den RGB-Farbraum. Daher kann es in verschiedenen Anwendungsprogrammen zu einem bekannten Phänomen kommen: Sie erstellen am Bildschirm eine Grafik in leuchtenden Farben. Danach lassen Sie im Offsetdruck reproduzieren – und der Druck entspricht überhaupt nicht Ihren Vorstellungen.

Besonders Blau- und Grüntöne wirken am Bildschirm häufig viel lebhafter und leichter als im Ausdruck. Somit ist es sehr schwer vorherzusagen, welche Farben Sie im Druck tatsächlich erhalten. Die Farben am Bildschirm haben in vielen Programmen nicht viel mit den Farben im Druck zu tun.

Hier kommt das Farbmanagement ins Spiel. Dieses soll dafür sorgen, dass sich alle beteiligten Geräte auf dieselben Farbdefinitionen „einigen" – die Abweichungen sollen minimiert werden. Ein Farbmanagementsystem – auch CMS genannt – vergleicht den Farbraum, in dem eine Farbe erzeugt wurde, mit dem Farbraum, in dem die Farbe ausgegeben werden soll, und passt sie bei Bedarf entsprechend an.

Das Ziel der Farbverwaltung ist es, die Parameter für die Ein- und Ausgabegeräte so einzustellen, dass eine enge Übereinstimmung zwischen den Farben auf dem Bildschirm und den gedruckten Farben erzielt wird.

Dabei werden Farbmanagementsysteme (CMS) verwendet. Diese interpretieren und übertragen Farben auf verschiedenen Geräten korrekt. Der Farbraum, in dem eine Farbe erzeugt wurde (zum Beispiel eines Scanners), wird mit dem Farbraum des Ausgabegeräts (zum Beispiel eines Druckers) verglichen und eventuell angepasst, so dass die Farben auf den beteiligten Geräten so identisch wie möglich aussehen. Zu diesem Zweck werden sogenannte Profile verwendet.

Wie die Abbildung unten zeigt, wandelt der Treiber des Scanners das eingelesene Bild in Standard-RGB um. Seine Farben werden für den verwendeten Monitor korrigiert und für das jeweilige Ausgabegerät vierfarbsepariert bzw. in den RGB-Ausgabefarbraum konvertiert.

Die Abbildung zeigt auch, dass LAB (vgl. auch Kapitel 1) im Farbmanagement als Referenzfarbraum verwendet wird. Die Umrechnung von RGB in CMYK erfolgt beispielsweise über die Zwischenstation Lab-Farbraum. Der Anwender bemerkt von dieser Zwischenstation nichts.

Die Ein- und Ausgabegeräte kalibrieren

Naturgemäß ist Ihr Bildschirm der Ausgangspunkt für die Sicherung korrekter Farben. Deshalb sollte Ihr Monitor kalibriert sein, denn hier spielt nicht nur das Alter des Bildschirms eine Rolle, sondern auch die Umgebungslichtverhältnisse. Ob Sie sich die notwendigen Kenntnisse aneignen, um dieses Profil selbst zu erstellen, oder ob Sie einen Consultant damit beauftragen, ist unter anderem eine Frage des Geldbeutels.

Zur Monitorkalibrierung in Eigenregie verwenden Sie eine Software wie Adobe Gamma – für viele Zwecke ist eine solche Kalibrierung völlig ausreichend. Benötigen Sie eine hohe Farbtreue, können Sie ein Kalibriergerät für Ihren Monitor und die passende Software erwerben. Diese Systeme – mittlerweile nicht nur für Röhrenmonitore, sondern auch für TFT-Displays erhältlich – messen mit einem Spektralfotometer oder einem Colorimeter ein Geräteprofil ein und stellen es dem Betriebssystem zur Verfügung. Wenn Sie mit einem Macintosh arbeiten, wird das Geräteprofil an ColorSync übergeben, das die Bildschirmeinstellung dann dementsprechend vornimmt.

Bei teureren Bildschirmen gehört häufig ein entsprechendes Kalibrierungsgerät zum Lieferumfang.

Abbildung 15.1
Diese Abbildung vermittelt einen groben Überblick über die Abläufe beim Farbmanagement.

Abbildung 15.2
Die Scannerkalibrierung ist mithilfe solcher Referenzbilder eine leichte Aufgabe.

Bei den verschiedenen Druckern sind die Hersteller-Standardprofile qualitativ sehr unterschiedlich. Die Profilierung üblicher Flachbettscanner lässt sich sehr einfach selbst bewerkstelligen und lohnt sich daher auf jeden Fall.

Vordefinierte Farbmanagement-Einstellungen verwenden

Photoshop stellt Ihnen Möglichkeiten zum Farbmanagement zur Verfügung. Diese sollten Sie immer dann wahrnehmen, wenn Sie vorhaben, Ihre Bilder professionell reproduzieren zu lassen.

Nicht notwendig ist ein Farbmanagement, wenn Sie Ihre Bilder im Internet veröffentlichen möchten, da Sie hier keinen Einfluss auf die Farbeinstellungen der Monitore Ihrer Besucher haben. Auch wenn Sie sie auf Ihrem Heimdrucker ausgeben möchten, können Sie im Allgemeinen darauf verzichten. Allerdings sollten Ihre Geräte dann aufeinander abgestimmt (kalibriert) sein.

In Photoshop erreichen Sie die meisten Farbmanagementfunktionen über die Dialogbox *Bearbeiten → Farbeinstellungen*. Sie können hier vordefinierte Einstellungen auswählen. Diese genügen meist, um konsistente Farben zu erzeugen. Jedoch ist auch ein weitergehendes Farbmanagement möglich. Öffnen Sie das Popup-Menü *Einstellungen* und wählen Sie den zutreffenden Eintrag. Sinnvoll sind z.B.:

- *Europa, universelle Anwendungen 2.* Wenn Sie für unterschiedliche Ausgabezwecke arbeiten möchten, ist diese Einstellung am besten geeignet. Für CMYK-Konvertierungen bzw. für neu angelegte CMYK-Dateien wird dann der aktuelle Druckvorstufenstandard *Coated Fogra 27* verwendet, für RGB-Bilder das monitortaugliche sRGB. Ein Unterschied gegenüber den nachfolgend genannten Einstellungen ist, dass Sie beim Öffnen von Bildern mit anderen Profilen keine standardmäßige Warnmeldung erhalten – die Bilder werden in dem ihnen zugewiesenen Profil geöffnet. Das bedeutet allerdings, dass Sie sie gegebenenfalls per *Bearbeiten → In Profil umwandeln* selbst in das gewünschte Profil konvertieren müssen.

- *Farbmanagement aus.* Sie können diese Einstellung verwenden, wenn Sie vor allem Webseiten, Bildschirmpräsentationen, Videos und Ähnliches gestalten.

Abbildung 15.3
In der Dialogbox Farbeinstellungen *nehmen Sie die Einstellungen für das Farbmanagement vor.*

- *Europa – Druckvorstufe 2*. Diese Einstellung wählen Sie, wenn Sie Ihre Dateien beispielsweise in InDesign für den Offsetdruck weiterverarbeiten möchten.

- *Monitorfarben*. Dieser Eintrag eignet sich für die Erstellung von Internetgrafiken.

Nun richtet das Programm einen für alle Dokumente gültigen Workflow für das Farbmanagement ein. Dieser ist sowohl für neue als auch für vorhandene Dokumente gültig.

Ein Profil in ein Photoshop-Bild einbetten

Soll das Bild in einem Farbmanagement-Workflow weiterverwendet werden, können Sie beim Speichern das definierte Farbprofil in Ihr Bild einbetten, indem Sie *Datei* → *Speichern unter* wählen und in der Dialogbox das Kontrollkästchen *ICC-Profil* aktivieren.

Öffnen Sie das gewünschte Bild und wählen Sie *Ansicht →
Proof einrichten.*

Aus dem nun eingeblendeten Untermenü wählen Sie den
gewünschten Profilfarbraum.

- Mit dem Eintrag *Eigene* erstellen Sie einen Softproof der
  Farben mithilfe des Farbprofils eines bestimmten Ausgabegeräts.

- Mit dem Eintrag *CMYK Arbeitsfarbraum* erstellen Sie
  einen Softproof der Farben mithilfe des aktuellen CMYK-
  Arbeitsfarbraums, den Sie wie oben beschrieben eingerichtet haben.

- Mit den folgenden Einträgen *Cyan-Platte Arbeitsfarb-
  raum*, *Magenta-Platte Arbeitsfarbraum*, *Gelb-Platte
  Arbeitsfarbraum*, *Schwarz-Platte Arbeitsfarbraum* und
  CMYK-Platten Arbeitsfarbraum erstellen Sie Softproofs
  von einzelnen Farbauszügen mithilfe des aktuellen CMYK-
  Arbeitsfarbraums.

- Mit dem Eintrag *Macintosh RGB* oder *Windows RGB* erstellen Sie einen Softproof der Farben, wobei ein Mac OS-
  oder Windows-Standardmonitor als zu simulierender
  Proof-Profilfarbraum dient. Diese Optionen sind nicht für
  CMYK-Dokumente verfügbar.

- Mit dem Eintrag *Monitor-RGB* erstellen Sie einen Softproof der Farben in einem RGB-Dokument mithilfe des
  aktuellen Monitorfarbraums als Proof-Profilfarbraum.
  Diese Option ist für CMYK-Dokumente nicht verfügbar.

Den Farbproof aktivieren Sie jederzeit über *Ansicht →
Farb-Proof.* Mit demselben Befehl deaktivieren Sie ihn auch
wieder.

Farbschwächen am Monitor simulieren

Wussten Sie, dass ungefähr jeder zehnte Mensch auf der Welt
unter einer Farbschwäche leidet, also „farbenblind" ist? Am
häufigsten kommt dabei die Rot-Farbschwäche (Protanopie)
und die Grün-Farbschwäche (Deuteranopie) vor. Menschen
mit diesem Defizit haben Schwierigkeiten, rote, grüne und
braune Farbtöne und alles, was dazwischenliegt, zu identifizieren.

Photoshop bietet Ihnen jetzt im Menü *Ansicht → Proof einrichten* die Möglichkeit, auch als normalsichtiger Anwender
Ihre Bilder so zu betrachten, wie sie ein Mensch mit den genannten Farbsehschwächen sieht.

Abbildung 15.4
Das Menü Ansicht *bietet Ihnen verschiedene Simulationsmöglichkeiten
für Ihren Softproof.*

▼ **Neu in CS4**

Abbildung 15.5
*Oben: Original; unten: Simulation der
Rot-Farbschwäche (Protanopie)*

Den Farbauftrag reduzieren

Möchten Sie Ihr Bild im Offsetdruck reproduzieren, sollte der Farbauftrag nicht höher liegen als 330%. Oft macht man sich erst Gedanken darüber, wenn von der Druckerei die Rückmeldung kommt: „Die Deckung Ihrer Bilder ist zum Teil viel zu hoch. Bitte den Farbauftrag auf 330% verringern."

Was ist in diesem Fall zu tun?

Farbprofile installieren

Unter Windows installieren Sie ein Profil, indem Sie es mit der rechten Maustaste anklicken und *Profil installieren* wählen. Am Mac kopieren Sie das Profil in den Ordner *Library\Application Support\Adobe\Color\Profiles\Recommended*.

Falls Ihre Druckerei Ihnen ein geeignetes Farbprofil zur Verfügung stellen kann, installieren Sie dieses zuerst. Dann öffnen Sie das Bild in Photoshop und wählen *Bearbeiten → In Profil umwandeln*. Als *Zielfarbraum* wählen Sie das soeben installierte Profil. Achten Sie darauf, dass als *Modul Adobe (ACE)* ausgewählt ist.

Als „Priorität" stellen Sie *Relativ farbmetrisch* ein. Das Kontrollkästchen *Tiefenkompensierung* sollte aktiviert sein. Bestätigen Sie Ihre Einstellungen mit *OK*.

Haben Sie kein Profil von Ihrer Druckerei, wählen Sie ebenfalls *Bearbeiten → In Profil umwandeln*. Wählen Sie als *Zielfarbraum* beispielsweise Coated FOGRA27, wenn das Bild im Bogenoffsetdruckverfahren ausgegeben werden soll. Achten Sie wieder darauf, dass im Pop-up-Menü „Priorität" der Eintrag *Relativ farbmetrisch* ausgewählt ist, und bestätigen Sie Ihre Angaben mit *OK*.

Speichern Sie Ihr Bild.

Ausgabeoptionen für den Offsetdruck festlegen

Nicht alle Optionen aktivierbar

Falls einige Optionen nicht aktivierbar sind, liegt das daran, dass sie vom gewählten Drucker nicht unterstützt werden.

Wählen Sie aus dem Popup-Menü im rechten oberen Bereich der Dialogbox *Drucken* den Eintrag *Ausgabe,* erhalten Sie die Gelegenheit, differenzierte Optionen für den Offsetdruck einzustellen, zum Beispiel Schnittmarken, Auszugsbeschriftungen oder Grundfarbenbalken mitdrucken zu lassen.

- Klicken Sie auf die Schaltfläche *Hintergrund*, um den Farbwähler zu öffnen. Legen Sie hier bei Bedarf eine Hintergrundfarbe fest, die außerhalb des Bildbereichs gedruckt wird. Im Vorschaufeld im oberen Bereich der Dialogbox verfolgen Sie die Auswirkungen Ihrer Auswahl mit. Die Hintergrundfarbe gilt nur für den Ausdruck; das Bild selbst wird dadurch nicht verändert.

- Klicken Sie auf die Schaltfläche *Rand* und geben Sie die gewünschte Randbreite an. Das Bild wird mit einer schwarzen Kontur in der gewählten Breite versehen.

Abbildung 15.6
Nach Auswahl des Popup-Menü-Eintrags Ausgabe *erhalten Sie weitere Einstellmöglichkeiten (Bild: Kristine Kamm Kreativphotos).*

- Klicken Sie auf die Schaltfläche *Anschnitt* und geben Sie einen Wert in Millimeter an. Dieser bestimmt, wie weit die Schnittmarken in das Bild hineinragen. Geben Sie hier nichts an, werden die Schnittmarken außerhalb des Bilds gedruckt. Jede Druckerei hat hier andere Vorgaben; bringen Sie deshalb bei Ihrem Produktionspartner in Erfahrung, wie Sie die Schnittmarken anlegen sollen.

Abbildung 15.7
So versehen Sie das Bild mit einem schwarzen Rahmen.

Passermarken und Schnittmarken
Passermarken werden zum Ausrichten der Farbseparationen bei Mehrfarbdrucken verwendet, Schnittmarken erleichtern die Weiterverarbeitung Ihres Druckerzeugnisses.

- Klicken Sie auf die Schaltfläche *Raster*, um die Rasterweite festzulegen und darüber hinaus die Form der Rasterpunkte für jedes einzelne Raster zu definieren. Mehr darüber erfahren Sie weiter hinten in diesem Kapitel.

- Über die Schaltfläche *Druckkennlinie* gleichen Sie den Tonwertzuwachs bzw. Punktverlust beim Drucken aus. Jeder Drucker gibt die Daten etwas anders aus – bei manchen werden die Tiefen zu dunkel, bei anderen die Lichter. Mit der Druckkennlinie passen Sie Ihr Bild dem jeweiligen Drucker an, ohne dass sich das Bild selbst verändert. Sie arbeiten mit dieser Dialogbox wie mit den Gradationskurven: Durch Ziehen der Kurve können Sie einen bestimmten Bereich aufhellen oder abdunkeln. Aktivieren Sie dazu das Kontrollkästchen *Standardfunktionen des Druckers überschreiben*. Beachten Sie, dass diese Einstellung nur dann einen Sinn ergibt, wenn Sie Ihr Bild im EPS-Format speichern und auf einem PostScript-Drucker ausgeben oder wenn Sie direkt aus Photoshop auf einem PostScript-Drucker drucken.

- Aktivieren Sie das Kontrollkästchen *Interpolation*, wenn Sie ein niedrig aufgelöstes Bild drucken möchten. Normalerweise tritt in einem solchen Fall eine „Treppchenbildung" an schrägen Bildkanten auf. Durch die Interpolation wird das Bild beim Drucken neu berechnet und die Treppchenbildung dadurch gemindert. Ein Nachteil dieses

Verfahrens ist, dass Sie damit meist zusätzliche Unschärfe ins Bild bringen. Außerdem ist auch diese Option nur dann sinnvoll, wenn Sie einen PostScript-Level 2-Drucker haben.

- Aktivieren Sie das Kontrollkästchen *Farbskala & Farbbalance*, damit eine Farbskala mit auf das Papier oder die Druckplatte ausgegeben wird. Dazu muss das Papier bzw. die Druckplatte allerdings größer sein als das Bild.

- Die folgenden Kontrollkästchen aktivieren Sie eventuell, wenn Sie Ihre Datei im Offsetdruck reproduzieren möchten. Fragen Sie bei Ihrer Druckerei nach, welche der Kontrollkästchen *Passermarken, Schnittmarken, Falzmarken, Beschreibung, Schichtseite hinten (seitenrichtig), Auszugsbeschriftungen* und *Negativ* aktiviert werden sollen.

Den Ausdruck von Vektorgrafiken steuern

Wie Sie in den Kapiteln 10 und 11 erfahren haben, werden Texte und Vektorformen auf eigenen Ebenen angelegt.

Beim Ausdruck auf einem PostScript-Drucker bestimmen Sie gegebenenfalls, dass die Elemente auf solchen Ebenen tatsächlich als Vektordaten gedruckt werden. Der Vorteil ist, dass der Text bzw. die Formen auf diese Weise glatte Kanten erhalten.

Bei diesem Verfahren wird für jede Text- und Vektorebene ein eigenes Bild an das Ausgabegerät übergeben.

Die Vektordaten werden über das Pixelbild gedruckt und entlang ihrer Konturen beschnitten. So erhalten die Vektordaten selbst dann ein stufenloses, sauberes Aussehen, wenn das Pixelbild niedrig aufgelöst ist.

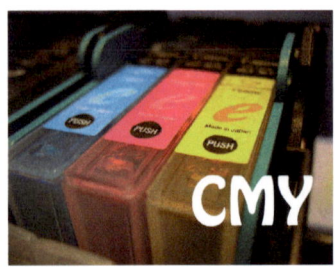

Abbildung 15.8
Obwohl dieses Bild nur über eine niedrige Auflösung verfügt, können die Vektordaten (hier der Text) glatt und stufenlos gedruckt werden.

Allerdings ist zu berücksichtigen, dass Vektordaten den Druckauftrag in den meisten Fällen vergrößern, besonders dann, wenn Sie Ihre Formen bzw. Ihren Text mit Transparenzen ausgestattet haben oder wenn die Formen sich überlappen.

Öffnen Sie die Dialogbox *Drucken* (*Datei → Drucken*). Wählen Sie aus dem Popup-Menü rechts oben den Eintrag *Ausgabe* und klicken Sie links unten auf das Kontrollkästchen *Mit Vektordaten*.

Überfüllungen festlegen

Falls Sie in Ihrem Bild Schmuckfarben verwenden, kann es unter Umständen erwünscht sein, dass Sie mit Überfüllungen arbeiten. Erkundigen Sie sich in Ihrer Druckerei, ob Sie Überfüllungen verwenden sollen oder nicht.

Gehen Sie von zwei einander überlappenden Objekten aus. Bei deaktivierter Überfüllung wird die Farbe derjenigen Teile des unten liegenden Objekts nicht gedruckt, die vom oben liegenden verdeckt wird. Dadurch kann es – besonders wenn Objekte mit klar abgegrenzten Konturen und starken Farbunterschieden einander überlappen – zu kleinen, aber dennoch unangenehm auffallenden Lücken im Ausdruck kommen. Bei reinen Halbtonbildern ist dieses Problem nicht relevant, bei Bildern mit Volltonfarbkanälen können sich hingegen solche Probleme ergeben.

Abbildung 15.9
Links: Druck ohne Überfüllung – schnell kommt es bei Passerungenauigkeiten zu hässlichen Lücken, den sogenannten „Blitzern". Rechts: Druck mit Überfüllung – es können keine Blitzer entstehen.

Photoshop geht beim Überfüllen folgendermaßen vor: Alle unter Schwarz liegenden Farben werden ausgedehnt. Wenn eine Farbe dunkler als die andere ist, wird die hellere Farbe ausgedehnt. Wenn Cyan, Magenta oder/und Schwarz auf Gelb treffen, wird Gelb ausgedehnt. Reines Cyan und reines Magenta werden gleichmäßig untereinander ausgedehnt.

Wenn Sie sich für die Verwendung von Überfüllungen entscheiden, sollten Sie darauf achten, dass diese nicht zu stark sind (ohnehin sollten Sie Überfüllungen niemals auf eigene Faust anwenden). Auch über die Stärke der erforderlichen Überfüllung informieren Sie sich in Ihrer Druckerei.

Abbildung 15.10
Erfragen Sie die geeignete Überfüllungsbreite bei Ihrem Druckdienstleister.

Wandeln Sie das Bild in den CMYK-Modus um. Wählen Sie *Bild → Überfüllen*. In der Dialogbox *Überfüllen* geben Sie im Feld *Breite* den gewünschten Überfüllungswert ein. Bestätigen Sie mit *OK*.

Bilder für das Web und mobile Geräte

Beim Drucken soll das Bild möglichst gut wiedergegeben werden. Hier zählt vor allem die Qualität des Bilds. Bei Bildern, die im Web veröffentlicht werden sollen, ist die kurze Ladezeit und damit die geringe Dateigröße des Bilds das Wichtigste. Die Bildqualität kommt erst an zweiter Stelle. In DSL-Zeiten muss man bezüglich Dateigrößen allerdings zum Glück nicht mehr so sehr haushalten wie noch vor wenigen Jahren. Trotzdem sollten alle Bilder auf einer Webseite zusammen möglichst nicht mehr Speicherplatz als ca. 150 kByte beanspruchen.

Ein wichtiger Unterschied zwischen gedruckten und Online-Bildern ist ihre Auflösung. Die Auflösung von Bildern für gedruckte Medien ist generell viel höher als die Auflösung auf dem Computerbildschirm. Verwenden Sie daher keine Bilder mit zu vielen Details in einer kleinen Skalierung, da die Details auf dem Bildschirm wahrscheinlich verloren gehen. Einfache Bilder sind oftmals wirksamer, da sie die Aufmerksamkeit des Betrachters auf die wichtigen Aspekte lenken.

Bilder zur Optimierung für das Web vorbereiten

Sie sollten Ihr Bild erst dann in einem webtauglichen Format abspeichern, wenn Sie mit der Bearbeitung fertig sind. Bei GIF-Dateien erfolgt eine Farbreduktion auf höchstens 256 Farben (8 Bit, Modus *Indizierte Farben*), so dass subtile Farbunterscheidungen entfernt werden. Bei JPEG-Dateien fallen Bilddetails unter den Tisch. Beides macht eine nachträgliche Bearbeitung nicht gerade leichter. Auf jeden Fall sollten Sie aus diesen Gründen eine Kopie Ihres Originalbilds speichern.

Leider können Sie nicht sagen, ob und wie die Monitore der Betrachter Ihrer Webbilder kalibriert sind und damit, wie die Farben Ihrer Bilder aussehen werden. Die Antwort der Branche auf dieses Problem lautet sRGB. sRGB ist quasi

Abbildung 16.1
Bei Bildern, die gedruckt werden sollen, kommt es vor allem auf die Bildqualität an, weniger auf die Dateigröße.

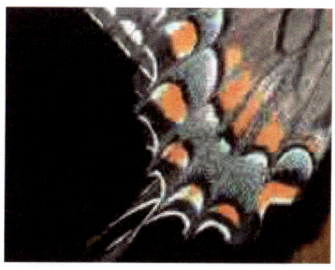

Abbildung 16.2
Bei Bildern für das World Wide Web – hier eine JPEG-Datei mit hoher Kompression und deshalb niedriger Qualität – verhält es sich umgekehrt: Priorität hat die möglichst geringe Dateigröße, was ohne Abstriche bei Qualität und/oder Farbtiefe nicht zu realisieren ist.

der kleinste gemeinsame Nenner, den alle Geräte darstellen können. Es eignet sich damit besonders für Bilder, die am Bildschirm dargestellt werden sollen. Auch ein unkalibriertes Gerät kann normalerweise den sRGB-Farbraum mehr oder weniger exakt wiedergeben – sRGB ist damit ein rundum solider Farbraum, der Ihre Bilder auch auf fremden, unkalibrierten Monitoren ordentlich darstellen sollte.

Einen Nachteil hat sRGB allerdings: Der Farbraum ist so klein, dass er noch nicht einmal sämtliche in CMYK verfügbaren Farben darstellen kann. Bei Bildern aus einer Consumer-Digitalkamera dürfte es jedoch kaum Probleme geben, zumal diese Fotos meist schon in sRGB vorliegen.

In Profil umwandeln contra Profil zuweisen

Verwechseln Sie den Befehl *In Profil konvertieren* nicht mit dem im selben Menü angeordneten Befehl *Profil zuweisen*. Bei der Profilkonvertierung bleibt die Farbdarstellung unverändert (während sich die Farbwerte ändern). Bei der Zuweisung eines Profils hingegen kann sich die Farbdarstellung ändern (wobei die Farbwerte unverändert bleiben).

Falls Sie in Photoshop beispielsweise mit der Farbeinstellung *Europa, Universelle Anwendungen 2* arbeiten, ist sRGB bereits voreingestellt. Wenn Sie Ihr CMYK-Bild in diesem Fall per *Bild → Modus → RGB-Farbe* in RGB konvertieren, wird das Bild automatisch in sRGB konvertiert.

1. Arbeiten Sie hingegen mit einer Farbeinstellung wie *Europa Druckvorstufe 2*, wandeln Sie Ihr Bild mit dem Befehl *Bearbeiten → In Profil umwandeln* um.

2. Aus dem Popup-Menü *Profil* wählen Sie *sRGB*.

Als *Rendering-Priorität* empfiehlt sich in den meisten Fällen „*Relativ farbmetrisch*". Besonders wenn Sie aus einem größeren RGB nach sRGB konvertieren, können Sie es aber auch einmal mit „*Perzeptiv*" versuchen und sehen, ob Sie damit ein besseres Ergebnis erzielen.

Abbildung 16.3
Verwenden Sie für Ihre Webbilder das Profil sRGB.

Sobald Sie Ihr Bild auf diese Weise aufbereitet haben, speichern Sie es in einem webtauglichen Format wie JPEG.

Bildbearbeitung für das Internet

Bilder für das Internet haben üblicherweise eine Auflösung von 72 dpi. Wenn Sie ein Bild über Photoshop für das Web aufbereiten, erhält es automatisch diese Auflösung. Die Gratwanderung beim Erstellen von Bildern für Webseiten besteht darin, dass sich Ladezeit und Qualität die Waage halten müssen. Bilder und Animationen, die im WWW angeboten werden sollen, müssen auf eine möglichst geringe Datenmenge reduziert werden. Anders als bei Druckmedien erhöht im Netz die Datenmenge die Wartezeit des Betrachters.

Es ist jedoch fast unmöglich, ein größeres Bild ganz ohne Qualitätsverlust in eine Datei in annehmbarer Größe zu komprimieren. Daher kann es zu einem Drahtseilakt zwischen Bildqualität und Dateigröße kommen. Schließlich machen überlange Ladezeiten den Anwender nervös (Untersuchungen haben gezeigt, dass die Ladezeit maximal 3 bis 5 Sekunden betragen darf); eine schlechte Bildqualität führt möglicherweise zu einer unangenehmen Atmosphäre auf der Seite.

Beachten Sie bitte, dass Bildbereiche in Bildern, die nur am Monitor angezeigt werden sollen, niemals in volles Schwarz oder Weiß ausbrennen sollten, um zu harte Kontraste zu vermeiden.

Welche Dateiformate eignen sich für das Web?

Nicht jedes Bildformat eignet sich für das Web. Zunächst eine kurze Übersicht über die Stärken und Schwächen webtauglicher Dateiformate:

- Bilder im GIF-Format beinhalten bis zu 256 Farben. Eine nützliche Eigenschaft von GIF-Bildern ist, dass Sie bei Bedarf eine Farbe als transparent definieren. Besonders geeignet ist das GIF-Format für Vorlagen, die auf Vektoren basieren bzw. über große gleichfarbige Farbflächen verfügen (Illustrationen, Vektorformen, Text).

- Das JPEG-Format eignet sich für fotorealistische Bilder mit bis zu 16,7 Millionen Farben. Bei JPEG-Bildern steuern Sie die Dateikomprimierung, indem Sie die Bildqualität ändern. Je niedriger Sie die Qualität ansetzen, desto stärker kann die Datei komprimiert werden und desto kleiner wird die daraus resultierende Datei.

- Das PNG-Format ist eine Alternative zu diesen Formaten und unterstützt ebenfalls transparente Farben (Alphakanäle) für Bilder bis zu 16,778 Millionen Farben. Die Browser der neuesten Generation unterstützen das PNG-Format uneingeschränkt, in älteren Browsern kann es zu Problemen kommen.

Abbildung 16.4
Manches Motiv sieht sogar noch in 16 Farben, die eine besonders kleine Datei ermöglichen, akzeptabel aus.

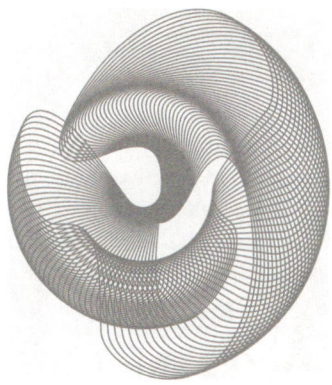

Abbildung 16.5
Auf Vektoren basierende Bilder mit scharfen Konturen und wenigen Farben sollten stets als GIF-Dateien exportiert werden.

Abbildung 16.6
Auch Text ist im GIF-Format besser aufgehoben.

Im Web werden die Formate GIF und JPEG nach wie vor am häufigsten verwendet. Das Format PNG sieht man nicht besonders häufig, obwohl es eine verlustfreie Kompression und vor allem weiche Transparenzen mit Alphakanälen ermöglicht. Das liegt einerseits an einem sehr hartnäckigen Fehler des Microsoft Internet Explorers: Erst in der Version 6.02 ist er wie alle anderen modernen Browser in der Lage, die Transparenzen in PNG-Bildern darzustellen. Stattdessen zeigt er lediglich einen grauen Rahmen. Andererseits sind PNGs deutlich größer als JPEGs oder GIFs.

Die Optimierung von Bildern

Wenn Sie Ihre Bilder ohne weitere Behandlung einfach im Format GIF oder JPEG speichern, führt das beim Komprimieren unter Umständen zu einem starken Qualitätsverlust – Konturen werden unscharf, Farben stimmen nicht mehr, Farbverläufe sind stark abgestuft, Text wird grob. Oder die Qualität stimmt, aber die Dateigröße ist für das WWW nicht akzeptabel. Schnellere Leitungen erzeugen auch mehr Ungeduld beim Surfer.

Deshalb wollen wir uns im Folgenden damit befassen, wie man diese beiden Merkmale optimal ausbalanciert.

Das GIF-Format verwenden

Wie erwähnt, eignet sich das GIF (Graphics Interchange)-Format vor allem für plakative Bilder, Schriften und Vektorgrafiken. Für größere Fotos sollte dieses Format nicht verwendet werden; stattdessen empfiehlt sich JPEG oder PNG. Weniger bekannt ist, dass GIF auch für viele kleine Fotos mit nicht allzu vielen Farbabstufungen recht gut geeignet ist, denn das JPEG-Format hat einen umfangreichen Überbau und sollte daher nur für größere Fotos verwendet werden. GIF-Dateien können Sie nur aus Bitmap-, indizierten oder Graustufenbildern, also aus Bildern mit einer Farbtiefe bis zu 8 Bit, erzeugen.

Farbpaletten

Wenn Sie probehalber ein Echtfarbenbild zunächst als 16-Farben-GIF und dann als 256-Farben-GIF speichern, stellen Sie fest, dass das 256-Farben-Bild deutlich mehr Speicherplatz benötigt. Daher müssen Sie die Zahl der Farben so weit reduzieren, dass kein zu auffälliger Qualitätsverlust auftritt.

Diese manuelle Verringerung der Farbanzahl ist auch in Photoshop möglich. Manchmal sind auch nur 64 oder 32 oder

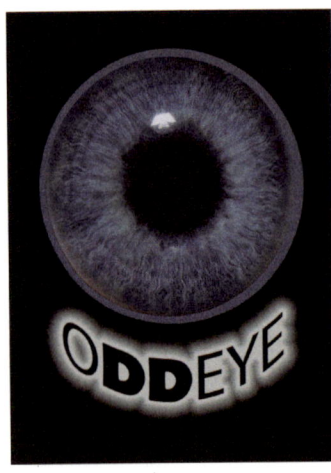

Abbildung 16.7
Damit die scharfen Kanten der Schrift erhalten bleiben, ist zu überlegen, ob das Bild im GIF-Format gespeichert werden sollte. Legen Sie mehr Wert auf die Vielfalt der Farben und weiche Übergänge, sollte das JPEG-Format gewählt werden (dann wird die Datei in diesem Fall wahrscheinlich auch weniger Speicherplatz beanspruchen).

sogar lediglich 16 Farben ausreichend, um ein akzeptables Bild zu erzielen.

Die beste Browser-Kompatibilität erreichen Sie, wenn Sie die websichere Palette verwenden. Diese Palette reserviert die 216 auf Windows- und Mac-Plattformen gleich darstellbaren Farben (oder weniger) für das eigentliche Bild.

Photoshop nennt diese Palette „restriktiv". Wenn Sie Ihr Bild mit der restriktiven Palette abspeichern, entstehen manchmal Farbabweichungen.

Die genaueste Farbwiedergabe des Originals ist mit der sogenannten adaptiven Palette zu erreichen. Dabei analysiert Photoshop das Bild und erzeugt eine Palette, die eine höchstmögliche Ähnlichkeit zum Original garantiert.

Die flexible Farbpalette können Sie als Anwender frei regeln, das heißt, Sie bestimmen, welche und wie viele Farben in der Grafik vorkommen. So bestimmen Sie die Qualität selbst. Dabei kann es aber im Browser auch zu Farbabweichungen kommen. Die exakte Palette, die manchmal für Firmenfarben verwendet wird, zeigt alle in der Grafik vorkommenden Farben an.

Dithering

Wie groß Ihre GIF-Datei wird, hängt also stark von der Farbtiefe ab. Ebenso wichtig ist aber auch, ob Sie die Datei mit Dithering ausstatten und wie gut sich die Bildinformationen komprimieren lassen.

Beim Konvertieren der GIF-Datei kann Photoshop alle Zwischentöne, die durch Verläufe und Glättung (Antialiasing) zustande kommen und nicht in der Farbpalette enthalten sind, durch das Rastern vorhandener Farben simulieren. Dabei werden die Hauptfarben gestreut (gemischt). Diesen Vorgang nennt man Dithering.

Das Dithering vergrößert die Datei, da kaum Pixel mit gleichen Farbwerten aufeinanderfolgen (siehe übernächster Abschnitt). Außerdem entstehen unter Umständen scheckige Flächen bei Farbübergängen.

Komprimierbarkeit

Die Komprimierbarkeit eines Bilds hängt – grob gesagt – von seinem Detailreichtum ab. Große einfarbige Farbflächen lassen sich im GIF-Format besser komprimieren als unregelmäßig gemusterte, wie zum Beispiel fotorealistische Bilder.

Das GIF-Format bedient sich des Lempel-Ziv-Welch-Kompressionsalgorithmus, kurz LZW. Dieser Algorithmus ersetzt

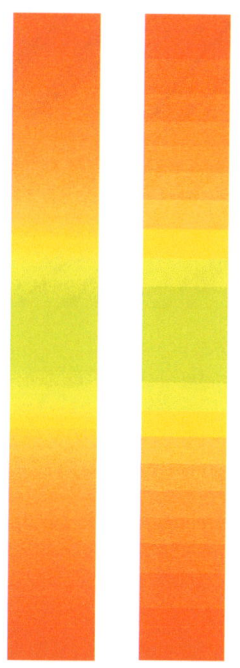

Abbildung 16.8
Farbverlauf mit (links) und ohne Dithering (rechts)

Abbildung 16.9
Die obere Grafik lässt sich am besten komprimieren, die untere – mit deutlichem Abstand – am schlechtesten.

horizontale Sequenzen gleichfarbiger Pixel durch eine Zahl, die ausdrückt, wie lang diese gleichfarbige Sequenz ist.

Die Grafik wird dabei linienweise gescannt. Die Pixelmuster werden untersucht. Für jedes sich wiederholende Muster hält der Algorithmus fest, wie oft es in einer Zeile vorkommt. Horizontale Linien werden gleich zeilenweise komprimiert, wodurch sich die Dateigröße noch weiter reduziert. Daraus folgt: Verlängern Sie gleichfarbige Sequenzen, um Ihre Grafiken möglichst stark komprimierbar zu machen. Zusammenfassend kann man sagen, dass Sie bei der Gestaltung von Grafiken, die Sie in das GIF-Format exportieren möchten, auf Folgendes achten sollten:

- Reduzieren Sie die Farben so weit wie möglich.
- Verwenden Sie möglichst keine Farbverläufe. Wenn Sie aber doch nicht darauf verzichten möchten, entscheiden Sie sich möglichst für horizontale Verlaufsarten.
- Versuchen Sie, möglichst große und einfarbige Flächen darzustellen.
- Größere Fotos speichern Sie besser im JPEG-Format.

Die Pixel einer GIF-Datei werden normalerweise von oben nach unten gespeichert. Wenn Sie Ihr Bild als Interlaced GIF abspeichern, werden die Pixel nicht in linearer Reihenfolge, sondern gleich in größeren Blöcken gespeichert. Die Folge ist, dass das Bild beim Betrachten im Browser erst in einer groben Vorschau, dann in immer feineren Ansichten, in insgesamt drei Durchläufen, dargestellt wird, bis es schließlich vollständig und korrekt angezeigt wird. Dies ist bei großen GIF-Bildern von Vorteil, da der Surfer nicht endlos lange auf eine leere Fläche starren muss. Stattdessen erhält er mit dem immer besseren Vorschaubild schon einmal einen groben Eindruck vom zu erwartenden Bild.

Allerdings sind Dateien mit Interlacing etwas größer als GIFs ohne Interlacing. Man kann sagen, dass sich ab einer Bildgröße von ca. 150x200 Pixel Interlacing lohnt.

Eine GIF-Datei erzeugen

Sie haben verschiedene Möglichkeiten, ein Bild im GIF-Format zu speichern: einerseits auf die übliche Weise über die Befehlsfolge *Datei → Speichern* bzw. *Speichern unter*, andererseits über den Befehl *Für Web und Geräte speichern*. Bei der zweiten Methode haben Sie mehr Einstell- und Vergleichsmöglichkeiten.

1. Wählen Sie *Datei → Für Web und Geräte speichern*. Die gleichnamige Dialogbox öffnet sich.

Abbildung 16.10
Die Dialogbox Für Web und Geräte speichern *(Foto: Kristine Kamm Kreativphotos)*

2. Im zentralen Bereich dieser Dialogbox sehen Sie ein Vorschaubild Ihrer Datei, am oberen Rand des Vorschaufensters vier Register für die Vorschau von verschiedenen Ansichten: *Original, Optimiert, 2fach* und *4fach*.

- Die Registerkarte *Original* zeigt das Originaldokument an.

- Auf der Registerkarte *Optimiert*, die beim Öffnen der Dialogbox standardgemäß geöffnet ist, sehen Sie, mit welchen Verlusten Ihr Bild gespeichert wird.

- Klicken Sie auf *2fach*, erhalten Sie links eine Ansicht des Originalbilds, rechts eine mit den aktuell gewählten Einstellungen.

- Über die Registerkarte *4fach* vergleichen Sie verschiedene Exporteinstellungen miteinander. Im linken oberen Teilfenster wird das Originaldokument angezeigt.

3. Zeigen Sie nun die Registerkarte *Optimiert* oder eine der Registerkarten *Zweifach* oder *Vierfach* an und klicken Sie auf eines der Vorschaubilder.

4. Öffnen Sie das Popup-Menü *Optimierungsformat* im rechten oberen Bereich der Dialogbox und wählen Sie hier das Dateiformat *GIF* aus.

Für jedes Format, also auch für GIF, stehen Ihnen einige vordefinierte Optimierungsoptionen zur Verfügung. Öffnen Sie das Popup-Menü *Vorgabe* und wählen Sie den gewünschten Eintrag. Probieren Sie einige der Einstellungen aus. Die Auswirkungen zeigen sich sofort im angeklickten Vorschaubild.

Rechts unterhalb des Vorschaubilds der optimierten Version zeigt Photoshop außerdem die Eigenschaften der gewählten Einstellung. Links unterhalb des Vorschaubilds sehen Sie, wie groß die Datei wäre, wenn Sie sie mit den gewählten Einstel-

Modem auswählen

Gegebenenfalls geben Sie eine andere Übertragungsgeschwindigkeit vor, um zu prüfen, wie das Bild bei einer schnelleren oder langsameren Internetverbindung lädt. Öffnen Sie dazu rechts oben neben dem Vorschaubild über die Pfeil-Schaltfläche das Bedienfeldmenü ▾≡ und wählen Sie den gewünschten Wert.

Browser-Dithering einschalten

Vergewissern Sie sich auch, dass Browser-Dithering aktiviert ist. Denn nur dann sieht das Bild in der Vorschau so aus, wie es auch im Browser erscheinen wird.

lungen als GIF-Datei speichern würden, und wie schnell sie über ein 28,8 Kbit/s-Modem laden würde. So sollte es Ihnen nicht allzu schwer fallen, die Dateigröße und die Bildqualität miteinander auszubalancieren.

Auf der linken Seite der Dialogbox sehen Sie eine kleine Werkzeugpalette mit einigen wenigen Werkzeugen.

Abbildung 16.11
Die Werkzeugpalette der Dialogbox
Für Web und Geräte speichern

- Das Werkzeug *Hand* 🖑 ermöglicht es Ihnen, auch in der Dialogbox in den Vorschaubildern die Ansicht des Bilds zu bewegen. Mit der Lupe zoomen Sie sich wie üblich in das Bild ein und aus.

- Mit dem *Slice-Auswahl*-Werkzeug 🔪 wählen Sie einzelne Slices in Ihrem Bild. Wie Sie Slices erstellen, erfahren Sie weiter hinten in diesem Kapitel.

- Mit dem Werkzeug *Pipette* 🖋 entnehmen Sie gezielt Farben aus dem Bild, die Sie dann im darunterliegenden Farbfeld sehen.

- Das Farbfeld darunter zeigt die aktuelle Pipettenfarbe und als Letztes können Sie die Darstellung von Slices ein- und ausblenden.

Browser hinzufügen

Wenn noch kein Browser definiert ist, erscheint im Feld für die Internetbrowser ein Symbol mit einem Fragezeichen und im Popup-Menü findet sich ein einziger Eintrag namens *Andere*. Wählen Sie den Eintrag *Andere*, um über die Dialogbox *Vorschau in anderem Browser* einen Browser für Photoshop zu definieren. Wählen Sie bei Bedarf nacheinander mehrere Browser aus – sie erscheinen anschließend alle im Popup-Menü und können für die Vorschau verwendet werden.

5. Möchten Sie Ihre Einstellungen gleich im Browser betrachten, öffnen Sie rechts unterhalb des Vorschaufensters das Popup-Menü ▾ der Browser-Schaltfläche und wählen hier den gewünschten, bei Ihnen installierten Browser aus. Eine temporäre Version des Bilds mit den von Ihnen gewählten Einstellungen wird im Browser-Fenster angezeigt. Darunter erhalten Sie einen Bericht über die Einstellungen.

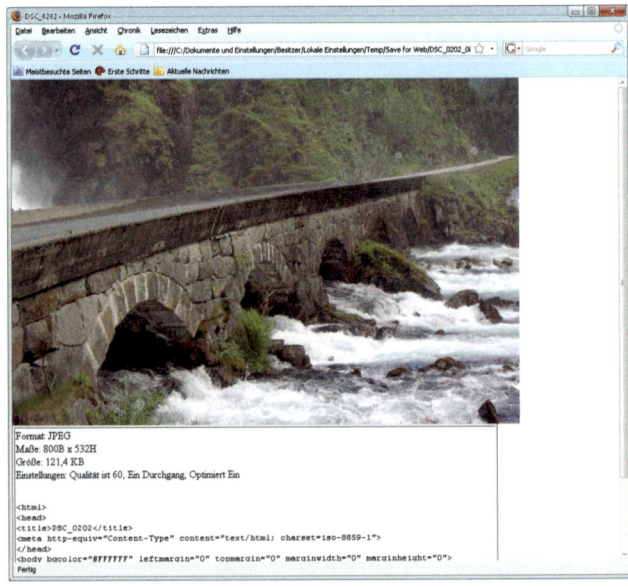

Abbildung 16.12
Unter der temporären Bildversion erscheint im Browser-Fenster ein Bericht.

6. Sobald Sie mit Qualität, Dateigröße und Ladegeschwindigkeit der GIF-Datei zufrieden sind, bestätigen Sie die Dialogbox mit *Speichern*.

7. Die Dialogbox *Optimierte Version speichern unter* öffnet sich.

8. Wählen Sie hier den gewünschten Speicherort und geben Sie dem Bild einen Dateinamen. Klicken Sie abschließend auf *Speichern*. Photoshop speichert das Bild mit den gewählten Einstellungen als GIF-Datei.

Mehrere Optimierungsversionen miteinander vergleichen

In der Dialogbox *Für Web und Geräte speichern* vergleichen Sie mehrere Einstellungen direkt am Bild miteinander.

1. Wählen Sie das Register *4fach* und klicken Sie eines der Vorschaubilder an (nicht das Bild in der linken oberen Ecke, dies stellt das Original dar).

2. Nehmen Sie die gewünschten Einstellungen vor. Klicken Sie in das nächste Vorschaubild und nehmen Sie andere Einstellungen vor. Verfahren Sie analog mit dem dritten Vorschaubild.

3. Haben Sie Ihre Wahl getroffen, markieren Sie das entsprechende Bild mit einem Klick und bestätigen mit *OK*.

4. Klicken Sie auf *Speichern*.

Eigene Einstellungen für Web und Geräte vornehmen

Gelingt es Ihnen nicht, Ihr Bild unter Zuhilfenahme der Voreinstellungen in der Dialogbox *Für Web und Geräte speichern* zufriedenstellend zu optimieren, stellen Sie jeden einzelnen Parameter selbst ein. Beginnen Sie wieder mit dem Popup-Menü *Optimierungsformat*. Wählen Sie Ihr gewünschtes Dateiformat für das Bild, in unserem Beispiel *GIF*.

- Das Popup-Menü *Farbreduktionsalgorithmus* enthält die Farbpaletten. Nachdem Sie die gewünschte Palette gewählt haben, werfen Sie einen Blick ins Feld *Farbtabelle* im Bereich unter den Einstellungsmöglichkeiten. Hier sehen Sie die Farben der gewählten Palette. Die Palette ist hier weitestmöglich reduziert, das heißt, sie enthält keine Farben, die in Ihrem Bild nicht notwendig sind. Möchten Sie beispielsweise ein Foto von einer Zitrone auf weißem Grund optimieren, enthält die Palette sicherlich keine Blautöne. Dadurch bleibt die Farbanzahl und damit auch

Transparenzen in GIFs

So verführerisch die Möglichkeit ist, Transparenzen in GIF-Bildern darzustellen: Beim Festlegen einer Transparenz sollten Sie das Aussehen des Hintergrunds, vor dem das Bild eingefügt wird, berücksichtigen. Es kann sonst zu unschönen Blitzern (andersfarbigen Stellen zwischen den Bildkonturen und dem Hintergrund) kommen. Gegebenenfalls müssen Sie die entsprechende Vorarbeit in Photoshop leisten.

Abbildung 16.13
Ein typisches Problem bei GIFs mit transparenten Hintergründen: Zwischen den Objektkanten und dem Hintergrund zeigen sich Blitzer.

die Dateigröße gering. Die Farbanzahl sehen Sie ganz unten in der Farbpalette als Zahl.

- Öffnen Sie das Popup-Menü *Dither-Algorithmus festlegen* und bestimmen Sie, wie die im Bedienfeld nicht enthaltenen Farben simuliert werden sollen. Das Dithering Ihres Bilds kann hier ein- und ausgeschaltet werden.

- Enthält Ihr Bild Transparenzen, aktivieren Sie das Kontrollkästchen *Transparenz*, um die transparenten Bereiche zu erhalten. Lassen Sie das Kontrollkästchen deaktiviert, erscheinen die Bereiche gefüllt.

- Aktivieren Sie das Kontrollkästchen *Interlaced*, um das sogenannte Interlacing einzuschalten. Dabei stellt der Browser das Bild zunächst in einer groben Auflösung dar und zeigt es dann während des Ladevorgangs in immer feinerer Auflösung.

- Über die Eingabe eines Prozentwerts in das Feld *Lossy* reduzieren Sie die Dateigröße weiter, indem Sie die Bildqualität verringern. Je höher der eingegebene Wert, desto stärker ist auch der Qualitätsverlust.

- Über das Popup-Menü *Farben* verringern Sie die Farbanzahl des GIF-Bilds weiter, um die Datei noch kleiner zu machen. Allerdings ermittelt Photoshop schon von sich aus die beste Farbanzahl und reduziert die Palette entsprechend. Reduzieren Sie die Farbanzahl noch weiter, wird das Ergebnis häufig unschön, besonders wenn kein Dithering eingeschaltet ist. Mit *Auto* legen Sie wieder die von Photoshop ermittelten Farben fest.

Eine Farbreduzierung führt nicht unbedingt zu einer signifikanten Verkleinerung der Dateigröße; auch das Dithering spielt eine Rolle.

- Über das Popup-Menü *Dither* stellen Sie ein, wie viele Farben durch Dithering simuliert werden sollen. Je höher der eingegebene Prozentsatz, desto mehr Farben werden gedithert. Allerdings steigt dann auch der Speicherbedarf.

Wenn Sie das Kontrollkästchen *Transparenz* nicht aktivieren, erhalten im Photoshop-Bild vorhandene Transparenzen die Hintergrundfarbe. Über die Funktion *Hintergrund* stellen Sie die Farbe ein, die zum Füllen der vormals transparenten Bereiche verwendet wird. Dabei können Sie nicht nur die Einträge des Menüs nutzen, sondern auch aus dem Bild eine Farbe entnehmen und festlegen. Verwenden Sie hierzu die Pipette aus der kleinen Werkzeugpalette und füllen Sie sie mit einer Farbe aus dem Bild. Anschließend wählen Sie aus dem Popup-Menü *Hintergrund* den Eintrag *Pipettenfarbe* aus.

Falls Sie eine andere als die websichere Palette gewählt haben, tragen Sie in das Feld *Web-Ausrichtung* einen Wert ein, der bestimmt, inwieweit die Bildfarben der websicheren Palette angeglichen werden, um ein zu starkes Dithering zu vermeiden und damit die Dateigröße zu verringern.

Die Farbpalette direkt bearbeiten

Unterhalb der Optimierungseinstellungen bearbeiten Sie die festgelegten Palettenfarben manuell, um eine weitere Feinabstimmung vorzunehmen.

1. Doppelklicken Sie auf das Farbfeld, das Sie bearbeiten möchten.

2. Photoshop öffnet die bekannte Dialogbox *Farbwähler*. Hier ändern Sie die angeklickte Farbe.

Abbildung 16.14
Der Farbwähler zeigt nur noch websichere Farben.

3. Möchten Sie sicherstellen, dass Sie im Farbwähler nur websichere Farben auswählen können, klicken Sie das Kontrollkästchen *Nur Webfarben anzeigen* an. Die Anzeige ändert sich entsprechend.

4. Suchen Sie die gewünschte Farbe heraus und bestätigen Sie mit *OK*. Photoshop ersetzt die angeklickte Farbe durch die neue Farbe und das Bild im Vorschaufenster ändert sich entsprechend.

Im unteren Bereich der Farbpalette stehen Ihnen einige Schaltflächen zum Bearbeiten der Farben zur Verfügung. Mit Ausnahme der Schaltfläche 🔲 werden diese erst eingeblendet, wenn Sie ein Farbfeld in der Farbpalette anklicken.

- Klicken Sie auf die Schaltfläche 🌐, wird die Farbe zur ähnlichstmöglichen Farbe in der Web-Palette verschoben. Die Farbe erhält in der Farbpalette ein Raute-Symbol 🔳.

- Klicken Sie auf die Schaltfläche mit dem Schlosssymbol 🔒, fixiert Photoshop die ausgewählte Farbe. Sie lässt sich

Mehrere Farbfelder auswählen
Wenn Sie mehrere Farbfelder auswählen möchten, klicken Sie ein Farbfeld als Startpunkt an, halten dann die ⇧-Taste gedrückt und klicken auf das letzte Farbfeld Ihrer Wahl. Die dazwischenliegenden Farbfelder werden mit markiert. Alternativ markieren Sie nicht aufeinanderfolgende Farbfelder, indem Sie sie mit gedrückter Strg/⌘-Taste anklicken.

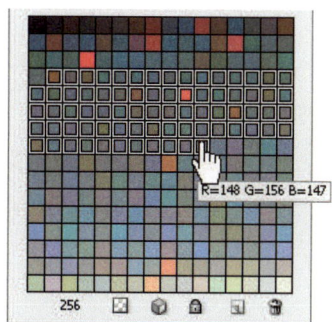

Abbildung 16.15
Durch Ziehen markieren Sie mehrere Farbfelder in der Farbpalette.

Hexadezimalfarben

Falls Sie mit den Hexadezimalfarben vertraut sind, geben Sie deren Werte im unteren Bereich des Bedienfelds in das Feld mit dem #-Zeichen ein.

Abbildung 16.16
Das Bedienfeldmenü der Farbtabelle

dann nicht mehr verändern. Die fixierte Farbe erhält in der Farbtabelle ein kleines Symbol ☐ an der unteren Ecke. Klicken Sie die Schaltfläche erneut an, heben Sie die Fixierung auf.

- Klicken Sie auf die Schaltfläche mit dem Dokumentsymbol ⬕, nehmen Sie die mit der Pipette aufgenommene Farbe in die Farbpalette auf.

- Klicken Sie auf die Schaltfläche mit dem Papierkorbsymbol 🗑, entfernen Sie die markierte Farbe aus der Farbpalette.

Beachten Sie auch das Bedienfeldmenü ▾≡ der *Farbtabelle*, denn hier stehen Ihnen einige weitere Funktionen für die Arbeit in der Farbpalette zur Verfügung. Unter anderem können Sie hier eine Palette speichern und später wieder laden. So stellen Sie unter anderem sicher, dass Sie für alle Bilder auf Ihrer Webseite dieselbe Farbpalette verwenden – unter Umständen ein Geschwindigkeitsvorteil.

Halten Sie sich noch einmal vor Augen, dass sich durch alle Arbeiten in der Dialogbox *Für Web und Geräte speichern* das Originalbild nicht verändert, also auch nicht die Dateigröße. Die von Ihnen festgelegte Dateigröße gilt nur für das optimierte Bild, das Sie in einem webtauglichen Format separat speichern wollen.

Die Bildgröße einstellen

Unter der Farbtabelle können Sie bei Bedarf die Bildgröße neu einstellen. Geben Sie hier entweder genaue Pixelwerte an oder skalieren Sie das Bild in Prozent des Originalbilds. In der Vorschau betrachten Sie die Auswirkungen der Skalierung.

Überschreiben Sie in den Feldern *Breite* und *Höhe* die aktuelle Bildabmessung mit den neuen Abmessungen. Solange das Schlosssymbol aktiviert ist, berechnet Photoshop beim Angeben eines Werts den zweiten Wert automatisch. Deaktivieren Sie das Funktion *Schlosssymbol* mit einem Klick, verschwindet das Verkettungssymbol und Sie können beide Seiten des Bilds neu definieren – es wird verzerrt.

Abbildung 16.17
Die Bildgröße *bei aktiviertem Schlosssymbol ändern*

Abbildung 16.18
Die Bildgröße *bei nicht aktiviertem Schlosssymbol ändern*

Solange das Schlosssymbol aktiviert ist, können Sie die Bildgröße auch über die Angabe eines Skalierungsfaktors neu einstellen. Geben Sie hierzu einen Prozentwert in das Eingabefeld *Prozent* ein.

Legen Sie über das Popup-Menü *Qualität* fest, wie Photoshop die Farben neu berechnen soll.

- Wählen Sie aus dem Menü den Eintrag *Pixelwiederholung*, läuft der Skalierungsvorgang zwar schnell ab; das Ergebnis hat aber vielleicht keine besonders gute Qualität, weil die Pixel nicht neu berechnet, sondern einfach dupliziert werden.

- Eine mittlere Qualität ergibt der Eintrag *Bilinear*.

- Für eine gute Qualität wählen Sie lieber *Bikubisch*. Dadurch erhalten Sie weiche Übergänge im Bild.

- Beim Verkleinern eines Bilds können Sie es auch mit der Methode *Bikubisch schärfer* versuchen, um die Details zu erhalten. Sollte das Bild dadurch jedoch überscharf wirken, verwenden Sie lieber *Bikubisch*.

- Beim Vergrößern von Bildern ist *Bikubisch glatter* häufig die beste Interpolationsmethode.

Klicken Sie auf die Schaltfläche *Anwenden*.

Das JPEG-Format

Für größere Fotos, die Sie im WWW publizieren möchten, eignet sich am besten das JPEG-Format mit der Dateiendung JPG. Die Kompression geht mit Qualitätsverlusten einher. Der Name rührt von der Joint Photographic Experts Group her, die den Kompressionsalgorithmus von JPEG entwickelt hat. Wenn Sie es streng nehmen wollen, ist JPEG eigentlich kein Dateiformat, sondern ein Kompressionsverfahren. Deshalb gibt es mehrere Grafikformate, die sich des JPEG-Kompressionsalgorithmus bedienen.

Beim Komprimieren trennt das JPEG-Format die Helligkeitsinformationen von den Farbtönen und speichert diese wie die Schwarzweißversion des Bilds ab. Subtile Farbunterschiede, die das menschliche Auge meist ohnehin nicht wahrnehmen kann, werden eliminiert. JPEG komprimiert nicht zeilen-, sondern bereichsweise. Anders ausgedrückt: Flächen mit ähnlichen Farbtönen werden zusammengefasst. Je nach eingestellter Qualität variiert die Toleranz für „ähnliche" Pixel. Je höher die Qualität eingestellt ist, desto weniger stark ist die Komprimierung und desto größer ist die Enddatei.

Abbildung 16.19
Bei der in maximaler Qualität exportierten JPEG-Datei sind keine Qualitätseinbußen festzustellen. Die Dateigröße beträgt 109 Kbyte (links). Bei der in schwacher Qualität komprimierten JPEG-Datei zeigen sich besonders in der Vergrößerung die typischen Artefakte. Die Dateigröße beträgt dafür nur noch 11,9 Kbyte (rechts).

Pixel, die innerhalb der Toleranzgröße für einen bestimmten Farbton liegen, passen sich an den Mittelwert der Gesamtfläche an. Durch dieses Verfahren gehen die subtilen Farbunterschiede des Originalbilds verloren.

Progressive JPEGs

Analog zum Interlacing bei GIF-Dateien legen Sie bei JPEG-Dateien eine Progression fest. Das bedeutet, dass solche Bilder im Browser-Fenster in aufeinanderfolgenden Schritten verbessert werden, wobei zunächst nur eine ganz grobe Vorschau angezeigt und das Bild dann immer besser dargestellt wird.

Progressive JPEG-Bilder benötigen allerdings mehr Prozessorkapazität und die Dateien sind zudem etwas größer als die nicht progressiver JPEGs. Auch progressive JPEGs können von allen modernen Browsern dargestellt werden.

Vor- und Nachteile von JPEG

Der JPEG-Kompressionsvorgang ist, wie gesagt, mit Verlusten verbunden – immer gehen Bildinformationen verloren, die sich nicht mehr wiederherstellen lassen. In guten Qualitätsstufen (weniger komprimiert) nimmt das Auge diesen Informationsverlust allerdings wenig bis gar nicht wahr. In niedrigeren Qualitätsstufen (stärker komprimiert) kann es zu groben Unschärfen und Fehlfarben kommen. Ein entscheidender Vorteil von JPEG ist die Möglichkeit, auch RGB-Bilder zu komprimieren, während GIF-Bilder immer eine indizierte Palette haben.

Außerdem ist eine weitaus höhere Kompressionsrate möglich (allerdings bei ziemlich schlechter Qualität): Die Kompressionsrate von JPEG liegt für Fotos bei ca. 10:1 bis 20:1, die von GIF bei ca. 3:1.

Vorbereitung auf die JPEG-Kompression

Bei JPEG-Bildern sind andere Kriterien wichtig als bei GIF-Bildern: die Bildschärfe. Bilder mit scharf abgegrenzten Flächen komprimieren Sie meist besser im GIF-Format.

Je weicher hingegen die Kanten sind, desto besser ist die Kompression, sprich, desto kleiner wird das resultierende JPEG-Bild. Der Filter *Unscharf maskieren* ist daher ungeeignet für ein Bild, das Sie zur JPEG-Kompression vorbereiten. Der Speicherbedarf würde vergrößert.

Mit einer *Gaußschen Unschärfe* hingegen verkleinern Sie die geplante JPEG-Datei erheblich. Wenden Sie diesen Filter

Abbildung 16.20
Dieses Bild lässt sich wegen seiner Unschärfe recht gut komprimieren.

eventuell nur auf den zuvor ausgewählten Bildhintergrund an, während Sie die Vordergrundobjekte scharf lassen.

Die nachträgliche Bearbeitung von JPEG-Dateien vermeiden

Verwenden Sie JPEG stets nur als Exportformat. Jede erneute Speicherung bedeutet auch einen erneuten Bildverlust. Immer wenn Sie eine JPEG-Datei öffnen, bearbeiten und erneut speichern, nimmt die Bildqualität ab – selbst bei niedrigster Kompressionsstufe (bester Qualität). Deshalb sollten Sie stets eine Originaldatei im Photoshop- oder TIFF-Format bereithalten und diese bearbeiten.

Besonders problematisch ist dies bei Digitalkameras. Viele Geräte speichern die Bilder im JPEG-Format. Um das Problem zu reduzieren, speichern Sie das Bild erst in einem verlustfreien Format, zum Beispiel PSD, und bearbeiten es dann für das Web. Erst zum Schluss komprimieren Sie es in eine JPEG-Datei.

Diese Komprimierung führt dennoch zu einem erneuten Qualitätsverlust. Um diesen möglichst gering zu halten, stellen Sie die Kompression möglichst niedrig ein.

Beachten Sie auch: Da die Zahl der möglichen Farbtöne beim Format JPEG (genau wie bei PNG-24) nicht reduziert wird, erscheint hier auch keine Farbpalette.

Ein Bild im JPEG-Format speichern

Um ein Bild im JPEG-Format zu speichern, gehen Sie zunächst genauso vor wie beim Speichern eines Bilds im GIF-Format.

- Am besten wählen Sie, nachdem Sie das Bild auf die beschriebene Weise vorbereitet haben, den Befehl *Datei* → *Für Web und Geräte speichern*.

- Photoshop zeigt die bereits bekannte Dialogbox. Wählen Sie aus dem Popup-Menü *Optimierungsformat* den Eintrag *JPEG*. Die Einstellungen für das JPEG-Format erscheinen. Alternativ wählen Sie ein vordefiniertes JPEG-Set aus dem Popup-Menü *Vorgabe*.

- Wählen Sie dann aus dem Popup-Menü *Komprimierungsqualität* eine Qualität, mit der Sie das Bild für das Web komprimieren möchten. Beachten Sie dabei: Je besser Sie die Qualität einstellen, desto mehr Speicher benötigt das Bild.

Abbildung 16.21
Die Einstellungen des Formats JPEG

Abbildung 16.22

*Optimierung als JPEG-Datei (Bild:
Kristine Kamm Kreativphotos)*

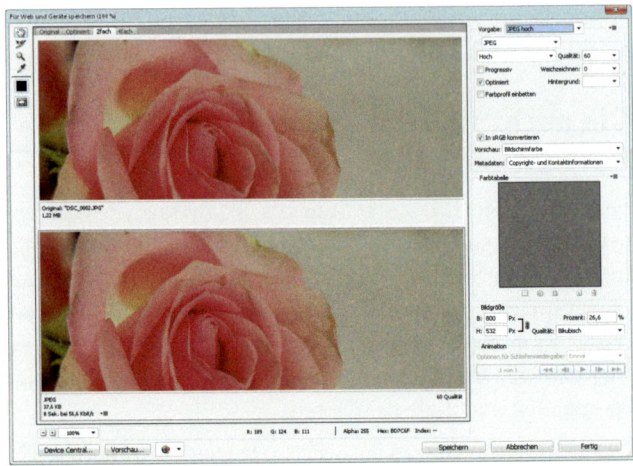

Alternativ zur Komprimierungsqualität geben Sie einen Prozentwert in das Feld *Qualität* ein. Je höher der Prozentwert, desto besser ist die Qualität und desto größer wird die Datei.

Aktivieren Sie das Kontrollkästchen *Progressiv*, um eine JPEG-Datei zu erstellen, die vom Browser in mehreren Etappen geladen wird. Dabei erscheint das Bild zuerst in einer niedrigen Auflösung, bis es komplett geladen und in der richtigen Auflösung angezeigt werden kann.

Aktivieren Sie das Kontrollkästchen *Farbprofil einbetten*, wenn Sie das Farbprofil zusammen mit der Datei speichern möchten. Im Web ist dies allerdings normalerweise nicht notwendig.

- Für eine maximale Datenkompression des Bilds aktivieren Sie das Kontrollkästchen *Optimiert*. Leider unterstützen manche älteren Browser diese Funktion nicht.

- Über die Funktion *Weichzeichnen* zeichnen Sie das Bild gegebenenfalls noch weich, falls Sie das nicht vorher erledigt haben. Auf diese Weise lässt sich das JPEG-Bild stärker komprimieren – zu Lasten der Bildqualität.

- Da das JPEG-Format keine Transparenzen unterstützt, müssen Sie festlegen, in welcher Farbe bisher transparente Bildbereiche gefüllt werden sollen. Verwenden Sie hierzu das Popup-Menü *Hintergrund*. Hier wählen Sie ebenso eine Farbe mit der Pipette und anschließend aus dem Popup-Menü den Eintrag *Pipettenfarbe*. Oder Sie klicken auf das Farbfeld und wählen die gewünschte Farbe aus dem Farbwähler.

PNG (Portable Network Graphics)

Die Einstellungen und einige Einschränkungen des PNG-8-Formats gleichen denen des GIF-Formats.

GIF ist für die Verwendung von Fotos nur eingeschränkt geeignet und JPEG ist schwach, wenn es um genaue Pixelwiedergabe geht. Zudem unterstützt es keine Transparenzen. Es gibt aber ein Kompressionsformat, das die Vorzüge beider Grafikformate in sich vereinigt: PNG (sprich „Ping"). Das Format hat den Durchbruch trotzdem nicht geschafft. Der Grund war/ist der Microsoft Internet Explorer, der erst seit der Version 6.02 Alphatransparenzen in PNG-Bildern unterstützt.

Die Firma Portable Network Graphics Group entwickelte dieses Format mit dem Gedanken, für den kommerziellen und den privaten Einsatz ein lizenzfreies Format mit Transparenz und Interlacing zu schaffen. Im Gegensatz dazu verlangt Unisys Lizenzgebühren für die Implementierung des LZW-Algorithmus in Anwendungssoftware. Das PNG-Format vereinigt alle Vorteile von GIF und JPEG.

Das PNG-Format schneidet auch bei der Komprimierung von Fotos sehr gut ab: Es kann bis zu 32 Millionen Farben darstellen, aber auch eine reduzierte Palette verwenden. Die Transparenzfunktion von PNG ermöglicht 254 Transparenzstufen. Jedes Pixel wird mit den vier Informationen Rot, Grün, Blau und Alpha-Transparenzgrad gespeichert. Dabei gibt der Alphakanal die Transparenzstufe des Pixels an (vgl. auch Kapitel 12). Im Vergleich zu GIF-Bildern erzielen Sie so sehr differenzierte und saubere Transparenzen.

Die Geschwindigkeit der Interlaced-Option von PNG ist bedeutend höher als die des GIF-Formats. Der PNG-Kompressionsalgorithmus lässt sich mit dem von ZIP-Dateien vergleichen. Jedes erkennbare Muster, das mehrfach vorkommt, wird auf höherer Ebene indiziert und durch Kurzinformationen ersetzt. So erzielen Sie hohe Kompressionsraten ohne jeden Verlust.

Das PNG-Format versorgt den Browser mit einer hervorragenden Kontrolle über die Bildanzeige, indem es viele Informationen mitspeichert, zum Beispiel die Gammakorrektur, mit welcher der Browser die Anzeige auf das Computersystem des Anwenders abstimmen kann. Somit werden beispielsweise die bekannten Helligkeitsunterschiede zwischen PC und Mac ausbalanciert (Bilder erscheinen am Mac im Browser heller als am PC).

Abbildung 16.23

Einstellungen für das PNG-8-Format mit 8 Bit (es gibt noch das PNG-24-Format, in dem Sie Echtfarbenbilder speichern).

Abbildung 16.24
Ihre Einstellungen lassen sich zum schnellen Abruf speichern.

Einstellungen als Set speichern

Nachdem Sie Ihre Einstellungen für die Bildoptimierung festgelegt haben, speichern Sie Ihre eigenen Einstellungen als Set. Anschließend stehen sie genau wie die vordefinierten Einstellungen im Popup-Menü *Vorgaben* zur Auswahl.

Das neue Set speichert Photoshop im Ordner *Adobe Photoshop CS4* im Unterordner *Vorgaben* → *Optimierte Einstellungen* im Format IRS.

1. Nehmen Sie die gewünschten Einstellungen vor. Klicken Sie dazu auf das Bedienfeldmenüsymbol neben dem Popup-Menü *Vorgaben* und wählen Sie *Einstellungen speichern*.

2. In der geöffneten Dialogbox *Optimierungseinstellungen speichern* ist der Speicherort schon festgelegt. Geben Sie nur noch dem Set einen Namen und klicken Sie auf die Schaltfläche *Sichern* (Mac) bzw. *Speichern* (Windows).

3. Sehen Sie im Popup-Menü *Optimierungseinstellungen* nach: Ihr gespeichertes Set steht zur Auswahl.

Um ein Set wieder aus dem Menü zu löschen, wählen Sie aus dem Menü *Optimiert* den Befehl *Einstellungen löschen*. Dadurch setzt Photoshop das Menü auf die Standardeinstellungen zurück.

Ein Bild für die gewünschte Dateigröße optimieren

Über das Bedienfeldmenü neben dem Popup-Menü *Vorgabe* bringen Sie ein Bild bei Bedarf auf eine von Ihnen angegebene Dateigröße. Diese Option ist ideal geeignet, wenn Sie genau wissen, dass Ihre Webseite beispielsweise nur noch 10 Kbyte Bildmaterial „verträgt".

Abbildung 16.25
Das Bild auf eine selbstdefinierte Dateigröße optimieren

Hinweis

Haben Sie einen Wert angegeben, der für die Optimierung zu klein ist, stellt Photoshop automatisch die kleinste mögliche Einheit ein.

- Öffnen Sie das Menü und wählen Sie den Befehl *Auf Dateigröße optimieren*.

- In der Dialogbox *Auf Dateigröße optimieren* belassen Sie die Option *Beginnen mit aktuellen Einstellungen* aktiviert, wenn Sie die Einstellungen des Bilds beibehalten möchten. Alternativ überlassen Sie Photoshop die Entscheidung, ob eine GIF- oder eine JPEG-Optimierung sinnvoller ist. In diesem Fall klicken Sie das Optionsfeld *GIF/JPEG automatisch wählen* an. Ganz oben im Feld *Gewünschte* geben Sie die Datenmenge in Kilobyte an, die Sie erhalten möchten.

- Bestätigen Sie zuletzt mit *OK*.

Photoshop führt die Optimierung durch und zeigt das Bild in der gewählten Vorschau.

Ein Bild mithilfe von Slices unterteilen

Viele Webnutzer empfinden die Ladezeit großer Bilder als zu lang, so dass sie bereits die *Zurück*-Schaltfläche betätigen, bevor das Bild erschienen ist. Wenn Sie große Bilder darstellen möchten, arbeiten Sie gegebenenfalls mit sogenannten Tabellenbildern: Das gesamte Bild wird in mehrere kleine Einzelteile zerlegt und auf der Webseite in einer unsichtbaren Tabelle wieder zusammengesetzt – wie ein Puzzle. Durch das Laden der einzelnen Bildteile verringert sich die Ladezeit. Es gibt noch mehr Vorteile des Zerlegens: Das Bild können Sie in seinen einzelnen Teilen besser bearbeiten. Bei Bedarf verwenden Sie in jedem Bildelement unterschiedliche Paletten, das heißt, dass insgesamt mehr als 256 Farben möglich sind. Das ist mehr, als ein einzelnes GIF-Bild erlaubt.

Das Wichtigste bei diesem Verfahren ist die richtige Bildvorbereitung: Die Bilder müssen sehr exakt zugeschnitten sein und genau die gleiche Breite und Höhe haben, denn sonst zeigen sich später Lücken.

In Photoshop führen Sie diese Arbeiten automatisch oder halbautomatisch durch. Das Verfahren nennt sich Slicing.

1. Öffnen Sie Ihr Bild und wählen Sie im *Werkzeuge*-Bedienfeld das *Slice*-Werkzeug. Sie finden es in demselben Fach wie das *Freistellungswerkzeug*.

2. Ziehen Sie rechteckige Rahmen auf dem Bild auf. Den Inhalt jedes Rahmens speichern Sie später als eigene Datei.

3. Sobald Sie die Maustaste loslassen, wird das erste Slice erstellt. Es erhält in seiner linken oberen Ecke eine Nummer.

4. An den Griffen verändern Sie das Slice nun noch, indem Sie das *Slice-Auswahl*-Werkzeug aus dem *Werkzeuge*-Bedienfeld wählen.

5. Fahren Sie mit dem Erstellen von Slices fort, bis Sie das Bild auf die gewünschte Weise unterteilt haben. Bereiche, die Sie nicht mit dem *Slice*-Werkzeug unterteilt haben, werden automatisch zu Slices, damit das Gesamtbild später auf der Webseite erhalten bleibt. Solche Slices werden Auto-Slices genannt. Sie unterscheiden sich durch eine gepunktete Linie von selbst erstellten Benutzer-Slices.

Quadratische Slices

Wie üblich, erzeugen Sie mit gedrückter ⇧-Taste Quadrate.

Abbildung 16.26
Das Bild ist in sechs Slices unterteilt.

Abbildung 16.27
Das zerschnittene Bild wird in der Dialogbox Für Web und Geräte speichern angezeigt.

Slices lassen sich auch automatisch aus Ebenen erstellen. Dann werden alle Pixelbereiche der Ebene zu einem Slice zusammengefasst. Bearbeiten Sie die Ebene, fügen Sie ihr also Pixel hinzu, passt Photoshop den Slice-Bereich automatisch an, so dass er auch die neuen Pixel beinhaltet.

1. Wählen Sie die gewünschte Ebene im *Ebenen*-Bedienfeld aus.
2. Wählen Sie *Ebene → Neues ebenenbasiertes Slice*.

Slices optimieren

1. Um Ihr zerlegtes Bild zu optimieren und zu speichern, wählen Sie *Datei → Für Web und Geräte speichern*.
2. Klicken Sie links oben im *Werkzeuge*-Bedienfeld der Dialogbox *Für Web und Geräte speichern* das *Slice-Auswahl-Werkzeug* an. Bei Bedarf wählen Sie mehrere Slices mit gedrückter ⇧-Taste aus.

3. Markieren Sie das gewünschte Slice und stellen Sie – wie erläutert – die Ausgabeoptionen dafür ein.

4. Wenn Sie Ihre Datei nun speichern, wird neben den Einzelbildern, die Sie durch die Slices markiert haben, auch eine HTML-Datei erzeugt, die bereits Verknüpfungen mit den Bildern enthält, um ihre korrekte Anzeige zu gewährleisten.

5. In der Dialogbox *Optimierte Version speichern unter* stellen Sie ein, was genau exportiert werden soll.

6. Öffnen Sie das Popup-Menü *Dateityp*. Hier bestimmen Sie, dass Sie sowohl eine HTML-Datei als auch die zerlegten Bilder erstellen, dass Sie nur das HTML-Dokument oder nur die Bilder erstellen möchten.

7. Im untersten Popup-Menü legen Sie entweder fest, dass Sie alle Slices exportieren möchten oder dass nur das/die markierte(n) Slice(s) exportiert werden soll(en).

Abbildung 16.28
Hier legen Sie fest, was gespeichert werden soll.

Adobe Device Central nutzen

Viele Webdesigner möchten ihre Bilder nicht nur für die Betrachtung auf normalen Computermonitoren optimieren, sondern auch für die Darstellung auf Handys und Handheld-Computern. Über die *Device Central* können Sie voranzeigen, wie Ihre Bilder auf verschiedenen Handheld-Geräten aussehen werden. Sogar das Umgebungslicht lässt sich simulieren.

Abbildung 16.29
Selbst verschiedene Reflexionstypen können Sie über den Bereich Display *im rechten Bereich der Dialogbox einblenden.*

Klicken Sie in der Dialogbox *Für Web & Geräte speichern* auf die Schaltfläche *Device Central* (siehe Abbildung 16.30).

Abbildung 16.30
Wählen Sie im linken Bereich das gewünschte Gerät aus.

Den Zoomify-Befehl verwenden

Mit der Zoomify-Technik können Sie größere Fotos so speichern, dass sie auf der Webseite zunächst klein erscheinen und erst auf Wunsch des Nutzers genauere Details präsentieren. Die Bilder können größer und kleiner gezoomt werden und erscheinen dabei immer scharf. Damit der Nutzer Ihrer Website die Bilder betrachten kann, muss er den Flash-Player installiert und Flash aktiviert haben.

1. Wählen Sie Datei → *Exportieren* → *Zoomify*.
2. In der folgenden Dialogbox bestimmen Sie unter anderem das Aussehen des Zoomify-Viewers.

3. Nachdem Sie auf *OK* geklickt haben, wird das Bild exportiert und anschließend sofort im Browser angezeigt. Das Zoomify-Steuerelement bietet eine intuitive Oberfläche zum Zoomen und Schwenken des Bilds.

 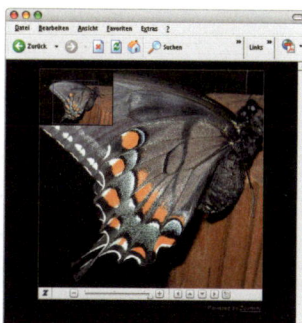

Abbildung 16.31

Nach dem Export des Bilds erscheint es sofort im Browser und kann hier gezoomt und verschoben werden.

Index